6 Des 2001

Liefste D

Met ons 15de huweliks

Baie liefde M

SCHLÖSSER UND PALÄSTE

KARL MÜLLER VERLAG

SCHLÖSSER UND PALÄSTE

INHALT

Übersetzung aus dem Englischen:
Dr. Marion Pausch

Lektorat: Susanne Kattenbeck

ISBN 3-86070-834-1

1 2 3 4 5 03 02 01 00 99

1 Detail des königlichen Wappens über dem Eingangstor des Buckinghampalasts, London.

2–3 Blick auf Neuschwanstein im Winter.

4–5 Der berühmte Spiegelsaal im Schloss von Versailles, Frankreich.

6 Dekoratives Detail mit dem Sonnenemblem, dem Wahrzeichen Ludwigs XIV., Versailles.

6–7 Hauptfassade des Buckinghampalasts, der Residenz der britischen Könige in London.

7 Verzierung am Tor des Schlosses von Versailles.

Der Herausgeber dankt folgenden Personen und Instituten für die freundliche Unterstützung bei der Realisierung dieses Buchs. Soprintendenza per i Beni Ambientali ed Architettonici del Piemonte, dem Personal des Königlichen Palasts von Turin, Giuseppe Fragalà, Präsident der Vereinigung Amici di Palazzo Reale sowie Sonia Bigando; La Liste Civile du Roi et Les Archives Royaux du Palais Royal de Bruxelles; dem Pressebüro von Het Loo; der Stiftung Preußische Schlösser und Gärten Berlin-Brandenburg; Dr. Jolán Bak, Leiter des Schlosses der Esterházy in Fertöd; Dr. Peter Kristiansen, Direktor von Schloss Rosenborg; Dr. Gøran Alm, stellvertretender Leiter des Informationsbüros des Königlichen Schlosses von Stockholm; Dr. Thomas Thiis-Evensen und den Verantwortlichen des Königlichen Schlosses in Oslo.

EINLEITUNG

8 *Auf diesem Foto sind im Vordergrund die Mauern von Windsor Castle zu erkennen, im Hintergrund sieht man die Saint George's Chapel.*

8–9 *Dieses Foto zeigt die Fassade des Neuen Palais von Sanssouci in Potsdam.*

9 links *Dieses Detail gehört zu einer Statue im Gartenparterre von Versailles.*

9 rechts *Auf diesem Foto ist die Botschaftertreppe des Winterpalais von Sankt Petersburg, Russland, zu sehen.*

9 unten *Der Ceresbrunnen befindet sich im Garten des Königlichen Schlosses von Caserta, Italien.*

Die großen Paläste dieser Welt bieten viele Möglichkeiten der Annäherung: Man kann sie unter baugeschichtlichen, architektonischen und kunsthistorischen Gesichtspunkten betrachten, sie als Gesamtkomplex in Augenschein nehmen oder sich auf einzelne Aspekte, zum Beispiel Mobiliar oder Bilder konzentrieren. Häufig faszinieren berühmte Sammlungen, durch die manche Paläste in den Rang einer Gemäldegalerie oder eines Museums aufsteigen. Auch die wechselvolle Geschichte vieler Bauten zieht Wissenschaftler und Besucher in ihren Bann, denn in den Mauern von Palästen und Schlössern, aber auch in den weitläufigen Anlagen und Parks scheint die Zeit oft stillzustehen, sodass der Betrachter meint, in eine längst vergangene Zeit einzutauchen.

Architekten, Künstler und Handwerker, die die Bauten als Ausdruck des herrschenden Geschmacks und Zeitgeists formten, müssen nicht unbedingt im Mittelpunkt stehen, denn in erster Linie dienten die Paläste und Schlösser als Residenzen, in denen die Herrscher ständig lebten oder sich zumindest zeitweise aufhielten. Außerdem veranschaulichten sie die Macht und Bedeutung derer, die sie erbauen ließen oder darin wohnten. Deshalb stellt sowohl die Persönlichkeit der Palastbesitzer als auch die der Palastbewohner ebenfalls einen wichtigen Bezugspunkt dar, über den sich die Bauten erschließen.

Für Versailles vermerkte der Staatsmann und Schriftsteller Saint-Simon in seinen Memoiren unter anderem, dass alle Aktivitäten, zum Beispiel die Bankette und die Spaziergänge im Park, einzig der Hierarchisierung des riesigen Hofstaats dienten. Ludwig XIII. ließ Versailles als Jagdschloss erbauen, und Ludwig XIV., der ganz nach Versailles übersiedelte, ließ das Schloss in einen prächtigen Palast umwandeln. Solange er herrschte, sollte alles in Versailles seine Macht und sein Ansehen sichtbar machen. Dies galt für prunkvolle Palastflügel ebenso wie für den berühmten Spiegelsaal, Bilder, Tapisserien und Skulpturen, Alleen, Brunnen und Wasserspiele in den Gärten.

Eine ähnliche Tendenz zeigen die Schlösser, die Ludwig II. von Bayern errichten ließ. Viele architektonische Elemente, zum Beispiel Türme und Fialen, betonen das Aufwärtsstreben der Gebäude, die sich dem Unerreichbaren entgegenstrecken. In ihnen manifestiert sich das unstillbare Verlangen des tragischen Königs nach einer anderen Welt, die vielleicht gar nicht im Diesseits, sondern lediglich im zunehmend verwirrten Geist des Monarchen existierte.

Nicht viel anders steht es mit dem düsteren mächtigen Klosterpalast von El Escorial. Er spiegelt die Persönlichkeit Philipps II. wider, der hin- und hergerissen war zwischen der ästhetischen Strenge, die sein Glaube im auferlegte, und der Notwendigkeit, ein gewaltiges, fast ganz Europa umfassendes Reich mit angemessener Prachtentfaltung zu regieren.

Auch fällt es nicht schwer, im massiven und dennoch eleganten Roten Fort von Agra den deutlichsten Machtbeweis der Moghulherrscher zu erkennen. Mit diesem Palast versuchten Akbar und Schah Jahan, die Indien im 16. und 17. Jahrhundert regierten, Feinden und Untertanen gleichermaßen ihre Autorität und unantastbare Überlegenheit zu demonstrieren. Sie schufen einen architektonischen Komplex, der das solide Mauerwerk und die tiefen Gräben einer Festung

mit herrlichen Pavillons und mit Gärten kombiniert, in denen sich die mächtigen und weisen Herrscher nach Lust und Laune ergehen konnten.

Das Königliche Schloss im italienischen Caserta wurde für Karl IV., König von Neapel-Sizilien, erbaut. Mitte des 18. Jahrhunderts beauftragte er den berühmten Baumeister Luigi Vanvitelli, ein Schloss zu entwerfen, das Versailles in nichts nachstehen sollte. Die Anlage entstand zu einer Zeit, als die Herrscher bemüht waren, mit immer größerem Aufwand, ihre Residenzen zu wundervollen Ensembles auszubauen. Sie wollten damit nicht nur ihren Lebensstil in einem angemessenen Rahmen entfalten, sondern auch die Bewunderung ihres Hof-

staats und ihrer Untertanen hervorrufen.
Wenn man heute durch die Säle und Galerien großer Paläste, Schlösser und Villen wandelt, nimmt man sie in der Regel mit den Augen von Museumsbesuchern wahr und versucht, sich die wichtigsten Bilder der Orte, ihre Möblierung und Kunstgegenstände einzuprägen. Dabei sollte man aber nicht vergessen, dass die historischen Residenzen in erster Linie als Wohnungen dienten und zum Teil heute noch dienen. Hier lebten Könige und Königinnen, Fürsten, Herzöge und Grafen, Künstler, Priester oder reiche Kaufleute und teilten – wenn auch umgeben von Luxus und Pracht – die Freuden und Leiden allen irdischen Daseins. Besucher sollten sich stets vergegenwärtigen, dass die Mauern, Möbel, Gemälde und Fresken, die sie heute bewundern, Erfolgen und Niederlagen, Liebesaffären, Racheakten und Verrat, politischen Entscheidungen, Ehrenbekundungen und Revolutionen als stumme Zeugen beiwohnten. Jede historische Residenz sollte daher immer zunächst als Wohnraum und erst in zweiter Linie als Museum betrachtet werden. Die in diesem Band präsentierten Schlösser und Paläste sollen deshalb auch nicht nur als Museen, das heißt als Gebäude, in denen man wertvolle Bilder oder Objekte sammelt, katalogisiert und darbietet, vorgestellt werden. Man sollte sich vielmehr bewusst machen, dass die Gegenstände in den Palästen von unterschiedlichen Persönlichkeiten zusammengetragen, erworben oder in Auftrag gegeben wurden, und zwar unabhängig von ihrem sozialen und politischen Status, sodass sich darin der Geschmack, die Neigungen, Interessen und Leidenschaften einzelner Individuen, aber auch die Vorlieben ganzer Generationen oder Epochen widerspiegeln. Dies gilt für die kleine Kollektion in der alten Festung eines Kriegsherrn oder die prächtige Villa eines Landadligen ebenso wie für die großen Kunstsammlungen der Habsburger in Österreich und Spanien, die Schätze der Romanow in Russland, die Möbel und Tapisserien der Häuser Valois und Bourbon in Frankreich, die prachtvollen Besitztümer der niederländischen Oranier und die Kostbarkeiten der Kurfürsten von Sachsen oder der englischen Tudor.
Viele Sammlungen wurden im Lauf der Jahrhunderte vervollständigt und stellen heute unschätzbare Werte dar. Dies gilt zum Beispiel für die über 5000 Gemälde und Zeichnungen des britischen Königshauses, die zum größten Teil in der Queen's Gallery des Buckinghampalasts hängen. Weltberühmte Künstler wie Tizian, Bruegel, Hans Holbein d. J., Frans Hals, Jan Vermeer van Delft, Rembrandt und Lucas Cranach sind in dieser Kollektion vertreten, die die englischen Herrscher von den Tudor bis zu Elisabeth II. zusammengetragen haben. Die Bilder sagen auch viel über den Geschmack ihrer Käufer oder Besitzer aus, über deren Freunde und Feinde, Stärken und Schwächen.
Wie bereits erwähnt, sollten die mächtigen Mauern und eleganten Strukturen der Paläste nicht nur den Reichtum ihrer Besitzer, sondern vor allem deren soziale Position unterstreichen. Wer der herrschenden Klasse angehören wollte, konnte sich nicht damit begnügen, wichtige Ämter zu beklei-

10 oben *Der Thronsaal von Schloss Neuschwanstein.*

10 unten *Die Sonnenuhr von Schloss Wilanów, Polen.*

10–11 *Außenansicht des Schlosses von Queluz (ehemalige königliche Sommerresidenz), Portugal.*

den und Reichtümer anzuhäufen, vielmehr bedurfte es einer konkreten Manifestation dessen, was der Einzelne oder seine Familie in der Gesellschaft darstellten. Kein Bauwerk konnte den Status und die Abstammung des Erbauers so verdeutlichen, wie ein Palast mit großzügigen Sälen, prächtigen Salons, eindrucksvollen Galerien und weitläufigen Gärten.
In seiner Sozialstudie „Die höfische Gesellschaft" bemerkt der deutsche Soziologe Norbert Elias in diesem Zusammenhang: „Der hohe Rang verpflichtet zum Besitz und zum ‚Aufmachen' eines entsprechenden Hauses. Was vom bürgerlichen Wirtschaftsethos aus gesehen als Verschwendung erscheint – wenn er Schulden machen musste, warum schränkte er sich nicht ein?' – ist in Wahrheit Ausdruck des eigentümlichen seigneuralen Standesethos. Dieses Standesethos wächst aus dem Aufbau und Getriebe der höfischen Gesellschaft heraus und ist zugleich eine Voraussetzung für die Aufrechterhaltung dieses Getriebes. Es ist nicht frei gewählt."
Fürsten und Könige errichteten ihre Prachtbauten also vor allem, um die Distanz zwischen der herrschenden Klasse und dem Volk sichtbar zu machen. Der Palast als Ausdruck von Reichtum und Macht schien für die Ewigkeit gebaut und vermittelte dadurch den Eindruck, dass auch die Gesellschaftsordnung unverrückbar ein für alle Mal festgeschrieben sei. Erst die Französische Revolution durchbrach dieses Gesetz.
Heute bezeichnet der Begriff „Palast" ein in der Regel mehrstöckiges Herrschaftsgebäude. Das Wort leitet sich von der lateinischen Bezeichnung

11 *Der Patio de los Leones (Löwenhof) in der Alhambra in Granada, Spanien.*

palatium für die kaiserliche Residenz auf dem Palatin, einem der sieben Hügel Roms, ab. Später erweiterte sich seine Bedeutung und galt nun für Herrscherresidenzen aller Art.
Im Mittelalter erhielt die Palastarchitektur vor allem durch die Kirche neuen Antrieb. Zu einer Zeit, da die Päpste durchaus irdische Machtgelüste hegten und die Prunksucht weltlicher Herrscher nicht selten noch überboten, entstanden mächtige Komplexe wie der Papstpalast in der südfranzösischen Stadt Avignon oder die italienischen Papstresidenzen in Orvieto und Viterbo. Andererseits entwickelten die Fürsten der italienischen Stadtstaaten neue Regierungsformen und suchten in der Folge auch nach neuen architektonischen Impulsen. Der venezianische Dogenpalast mit seiner fast schwerelos wirkenden Struktur und einem Grundriss, der über Jahrhunderte unverändert blieb, mag hierfür als Beispiel dienen.
Im 13. und 14. Jahrhundert veränderten sich auch die Fürstenhöfe von der Festung zur komplexen, aus mehreren Flügeln und Gebäudeteilen bestehenden Anlage. Etwa zeitgleich kamen in den Städten die ersten Rathäuser auf, die, zumindest in Italien, die Bezeichnung *palazzo* für sich in Anspruch nehmen durften.
Im Verlauf des 15. Jahrhunderts, das vor allem in Italien zu den wichtigsten Epochen der Architekturgeschichte zählt, erbaute man die herrlichen Renaissancepaläste der Toskana. Nirgendwo erlebte die Baukunst in jener Zeit solche Höhenflüge wie in Florenz. Hier zählen zu den wichtigsten Renaissancepalästen der Palazzo Medici-Riccardi (1444–1460 von Michelozzo erbaut), der Palazzo Rucellai (nach Plänen von Alberti 1446–1451 erbaut) und der Palazzo Strozzi (1489 von Benedetto da Maiano begonnen). Typisch für jene Zeit war, dass die Paläste erstmals nicht mehr nur den Herrschern als Residenz dienten, und damit in gewissem Sinne öffentliche Gebäude darstellten, sie gehörten nun auch immer häufiger reichen Mitgliedern einer neuen, aufstrebenden Schicht.
In jener Zeit entwickelte sich der Palast zum privaten Wohnraum einzelner Familien und wohlhabender Bürger. In der Regel entstammten sie zwar einem adligen Geschlecht, hatten aber an der direkten politischen Machtausübung wenig bis keinen Anteil und versuchten ihren Status auf diese Weise der Bevölkerung gegenüber zu verdeutlichen.
Während viele der im 15. Jahrhundert erbauten Paläste noch deutlich an Burgen erinnern (ein hervorragendes Beispiel hierfür ist der Palazzo Ducale in Urbino, Italien), verzichtete man ab dem 16. Jahrhundert in Italien völlig auf alle festungsähnlichen Elemente und gab den Palästen ein ganz neues Aussehen. Für diesen Trend stehen zum Beispiel der Palazzo Farnese und der Palazzo Chigi in Rom.
In anderen europäischen Ländern vollzog sich der Wandel allerdings langsamer. Die gotische Tradition sollte noch für geraume Zeit die nord- und westeuropäische Architektur bestimmen. In Frankreich leitete die Fertigstellung des Louvre eine neue Epoche ein. Hier griffen die Bauherren erstmals auf einen veränderten Kanon zu, der vor allem in der innovativen Raumgestaltung zum Ausdruck kam.

12 Blick auf das Winterpalais von Sankt Petersburg.

12–13 Der Große Katharinenpalast von Zarskoje Selo, Russland.

12–13 Im Hintergrund erkennt man die Fassade von Schloss Schönbrunn in Wien.

13 Die Nordseite des Rittersaals (früher Langer Saal) in Schloss Rosenborg, Dänemark.

14 links *Der Paradieskanal im Rang Mahal des Roten Forts von Delhi, Indien.*

14 rechts *Heiliges Emblem der Chakri-Dynastie im Thronsaal des Dusit Maha Prasat in Bangkok, Thailand.*

14–15 *Bronzener Löwe in der Verbotenen Stadt in Peking, China.*

15 links *Mythologische Figur am Tempeleingang im Königlichen Palast von Bangkok.*

15 rechts *Detail einer Inschrift im Topkapi-Palast (Topkapi-Serail) in Istanbul, Türkei.*

16–17 *Statuen als Wandschmuck im Tempelkomplex Wat Phra Keo im Königlichen Palast von Bangkok.*

Vom frühen 17. Jahrhundert an wurde die weltliche Architektur in ganz Europa vom Wandel ergriffen. Der Barockstil setzte mit veränderten Formen neue Maßstäbe, auch bei den Palastbauten. Die Fassaden wurden breiter, die Höfe erhielten eine neue Gestalt, die überkommene rechteckige Struktur ersetzte man durch komplexere Formen. Berühmte Gartenarchitekten wie André Le Nôtre legten Parks und Gärten an, die die Welt noch nie gesehen hatte. Zahllose europäische Fürsten versuchten den Prototyp des Gartens von Versailles im Kleinen nachzubilden.
In den darauf folgenden Jahrhunderten maß man der Raumgestaltung immer größere Bedeutung bei und versuchte vor allem, einzelnen Sälen oder Zimmern eine bestimmte Funktion zuzuordnen. Künstlerische Gestaltung und dekorative Elemente spielten gleichwohl noch immer eine wichtige Rolle. Da der Palast nach wie vor nicht nur Symbol der sozialen und häufig auch politischen Bedeutung seiner Bewohner, sondern auch deren Zuhause war, wollte man nun verstärkt Räume schaffen, die nicht nur Pracht ausstrahlten, sondern auch Komfort boten und einen gewissen Nutzen hatten.
Von den formalen Aspekten, die allen historischen Palästen gemeinsam sind und dennoch das Individuelle jeder Residenz ausmachen, sind vor allem die Gärten zu erwähnen. Sie rahmen das Gebäude ein und stellen doch gleichzeitig eine in sich geschlossene Einheit dar. Die streng symmetrisch angelegten Segmente der Barockgärten, die Springbrunnen, Stallungen, Pavillons, Bühnen, Lauben und Kaskaden unterstreichen nicht nur den Reichtum ihrer Besitzer, sie drücken vielmehr auch das gesellschaftliche und architektonische Ideal ihrer jeweiligen Epoche und Kultur aus. Sie vervollständigen das Bild der Schlösser und Paläste, die sie umschließen, sind zugleich jedoch untrennbarer Bestandteil von deren Struktur. In den Barockgärten ist die Beherrschung der Natur so weit fortgeschritten, dass Bäume und Büsche sich unter der Hand kundiger Gärtner wie Marmor und Stein unter dem Werkzeug der Steinmetzen verhalten. Harmonie und Symmetrie gelten nicht mehr nur für Säulen, Kapitelle und Höfe, sondern auch für die Pflanzen.
Im 18. Jahrhundert betrachtete man die Gärten in England unter den Gesichtspunkten einer neuen Ästhetik. Die Malerei und die veränderten soziokulturellen Gegebenheiten jener Epoche trugen dazu bei, dass die Künstlichkeit des Barock verschwand und der naturbelassene englische Garten sich durchsetzte
Viele Gärten – allen voran natürlich Versailles mit seinem 850 ha großen Park, seinen 200 000 Bäumen und 210 000 Blumen, den 50 Brunnen und 620 Wasserspielen – sind allerdings ohne die vom Barock vorgegebenen Stilmerkmale nicht vorstellbar. Dies gilt zum Beispiel für den herrlichen Park des Schlosses von Queluz, ehemalige Sommerresidenz der portugie-

sischen Könige, und die Alhambra in Granada, die ohne die Wasserbecken mit den in allen Regenbogenfarben schimmernder Fontänen viel von ihrem Charme einbüßen würde.
Auch die herrlichen japanischen Gärten sind von einem bestimmten Weltbild geprägt, wie zum Beispiel der berühmte Steingarten von Ryoan-ji, die Anlagen von Katsura und Shugaku-in oder der Palastgarten von Kyoto-gosho.
Die Reihe prächtiger Gärten ließe sich unendlich fortsetzen, doch sollen hier nur noch der älteste königliche Garten der Welt, der chinesische Beihaipark auf der Westseite der Verbotenen Stadt, und der modernere Mughalgarten im Rashtrapati Bhavan, der offiziellen Residenz des indischen Präsidenten, Erwähnung finden.
Paläste und Gärten aller Länder und Epochen sind Ausdruck der jeweiligen Kultur. Häufig verbinden sich darin die unterschiedlichsten Werte und Auffassungen zu einer harmonischen Einheit. Die Menschen, die solche Bauten anordneten und über Jahrhunderte für ihren Erhalt sorgten, haben unersetzliche Zeugnisse hinterlassen, die es dem Besucher ermöglichen, auch heute noch in längst vergangene Zeiten und weit entfernte Kulturen einzutauchen.

EUROPÄISCHE HÖFE

Ausdruck von Macht und Zeitgeschmack

Von berühmten Architekten entworfen und von genialen Künstlern ausgestattet, waren die herrlichen Paläste europäischer Königsdynastien zugleich architektonische Meisterwerke und Zentren politischer Macht. In diesen Prunkgebäuden entschieden die Herrscher über die Schicksale ganzer Länder, hier wurden große Pläne diskutiert, Ränke geschmiedet, Affären angezettelt und zarte Bande geknüpft. Auf den folgenden Seiten begeben wir uns auf eine Reise, die durch Europa und seine Geschichte führt. Glanz und Pracht der architektonischen Kostbarkeiten, die wir dabei vorstellen, haben die Zeiten überdauert, doch ist die bewegte Vergangenheit an keinem der Paläste und Schlösser spurlos vorübergegangen. Im Lauf der Zeit haben sie alle eine beachtliche Entwicklung durchlaufen, denn immer wieder passte man ihr Aussehen und ihren Stil dem jeweiligen Zeitgeschmack an. Dennoch blieb ihr ursprünglicher Charakter in den meisten Fällen zumindest teilweise erhalten.
In der Regel sind die Prachtbauten nicht das Werk eines Einzelnen, auch wenn sich ihr Name oft mit dem eines berühmten Architekten oder Künstlers verbindet, vielmehr resultiert das harmonisches Gesamtbild erst aus dem Zusammenspiel vieler kreativer Kräfte. Dieses Merkmal zeigt sich besonders deutlich bei den Palästen in Turin und

Caserta. Der Palazzo Reale in Turin wurde im Verlauf von 200 Jahren immer wieder verändert und umgebaut. Mit Guarino Guarini, dem Erbauer der Capella della Santa Sindone, und Filippo Juvarra, der die Scala delle Forbici (Scherentreppe) im Palazzo Reale entwarf, sind nur zwei der berühmtesten Architekten genannt.
Luigi Vanvitelli leitete die Arbeiten am Schloss von Caserta von 1752 bis 1773. Es wurde für Karl IV. erbaut und gilt als das „italienische Versailles". Erst ein Jahrhundert nach Baubeginn konnte das Schloss endgültig fertig gestellt werden. Vanvitellis Grundriss ist bis heute unverändert, lediglich das Innere des Schlosses wurde im 19. Jahrhundert umgebaut.
Ein vollkommenes Beispiel harmonischer Architektur stellt Schloss Fontainebleau dar, das unter Franz I., Heinrich II. und Heinrich IV. erbaut wurde. 1528 erteilte Franz I., König von Frankreich, den Auftrag, das aus dem 12. Jahrhundert stammende Jagdschloss zu erweitern. Er engagierte italienische Künstler, die Wände und Decken mit einem eleganten Dekor verzierten. Dank der Stuckaturen, Fresken und Ölgemälde mit denen Rosso Fiorentino, F. Primaticcio, Nicolò dell'Abate und Benvenuto Cellini Schloss Fontainebleau verschönerten, breitete sich die florentinische Renaissance bald auch in ganz Frankreich aus.
Bedeutende Baumeister, darunter Louis Le Vau, der die französische Architektur des 17. Jahrhunderts prägte, legten Hand an, bis Versailles seine heutige Gestalt erhielt. Zunächst erweiterte man das Jagdschloss, das Ludwig XIII. 1624 hatte erbauen lassen. Zu erwähnen sind in diesem Zusammenhang auch André Le Nôtre, der die wundervollen Gärten plante, Jules Hardouin-Mansart, der Hofbaumeister von Ludwig XIV. und Erbauer des Grand Trianons, und schließlich Jacques-Ange Gabriel, der das Petit Trianon schuf.
In Wien begannen im Jahr 1695/1696 unter der Leitung von Johann Bernhard Fischer von Erlach die Arbeiten an Schloss Schönbrunn. 1744 nahm Nicolaus Franz von Pacassi den Umbau vor, und der Holländer Steckoven legte zusammen mit dem Österreicher Ferdinand von Hohenberg in der zweiten Hälfte des 18. Jahrhunderts die Gärten an.

__18 oben__ Fassade von Schloss Sanssouci, Potsdam.

__18 unten__ Im Hintergrund der Haupteingang des Schlosses der Esterházy in Fertöd, Ungarn.

__18–19__ Das Apollobecken im Garten von Versailles, Frankreich.

__19 unten__ Der Patio de los Leones (Löwenhof) in der Alhambra in Granada, Spanien.

__19 oben rechts__ Detail einer Freske in der Sala dell'Età dell'Oro im Schloss von Caserta, Italien.

__19 Mitte rechts__ Der Ballsaal Vita Havet (Weißes Meer) im Schloss von Stockholm, Schweden.

In London erwarb Georg III. im Jahr 1762 Buckingham Palace, die königliche Residenz. Unter Georg IV. wurde diese von John Nash zum königlichen Palast umgebaut. Die Arbeiten verschlangen jedoch solche Unsummen, dass Nash schließlich gehen musste. 1837 übernahm Edward Blore die Leitung des Projekts, doch erst 1913 entstand unter dem Architekten Aston Webb die Fassade aus Portland-Stein, die dem Gebäude sein heutiges Aussehen verlieh.
Auch bei einem Besuch der Alhambra in Granada wird deutlich, dass es mehr als eines einzelnen Künstlers bedurfte, um dieses bemerkenswerte Beispiel arabischer Baukunst mit seiner komplexen und erlesenen kalligraphischen Architektur sowie das herrliche Zusammenspiel der dekorativen Elemente und die fantastischen Lichteffekte zu schaffen.
Das Gleiche gilt für den Klosterpalast von El Escorial, denn auch an diesem Komplex wirkten viele Architekten mit. Der spanische König Philipp II. wollte eine königliche Begräbnisstätte errichten und weihte dem heiligen Laurentius eine Kirche. 1563 begann Juan Bautista de Toledo mit dem Bau, den Gianbattista Castello („il Bergamasco") fortsetzte. Er schuf unter anderem die prächtige Treppe, die Kirche und Palast verbindet. Juan de Herrera entwarf die großartige Bibliothek. Aber auch viele andere Künstler und Architekten trugen zur Vollendung des Bauwerks bei, das die UNESCO zum Weltkulturerbe erklärt hat. Hierzu zählen zum Beispiel Antonio Villacastin und Pompeo Leoni, der unter anderem lebensgroße, feuervergoldete Bronzestatuen Karls V. und Philipps II. entwarf, sowie der Römer Giovanni Battista Crescenzi, der im Jahr 1564 die Königskrypta erbaute.
Fast immer brachten verschiedene Künstler, oft aus den unterschiedlichsten Ländern, ihr Talent und ihr handwerkliches Geschick ein. Sie errichteten die Gebäude, entwarfen den Dekor, füllten die Räume mit Kunstgegenständen und verbanden meisterlich funktionale und ästhetische Aspekte mit Wohnkomfort.
Die Tatsache, dass Kunst und Kultur im europäischen Raum trotz nationaler Besonderheiten viele einheitliche Züge tragen, verdanken wir nicht zuletzt den Bauherren und Künstlern, die an großen Palästen mitgewirkt haben. Architekten, Maler, Bildhauer und Tischler versuchten stets, den Anforderungen ihrer Auftraggeber zu genügen und bildeten oftmals Schulen, die eine bestimmte Stilrichtung überall in Europa – und oft darüber

hinaus – bekannt machten und für deren Verbreitung sorgten. Deshalb nehmen Reisende, die verschiedene europäische Paläste, Schlösser und Villen besichtigen, oftmals Ähnlichkeiten wahr oder wundern sich über Déjà-vu-Erlebnisse. In Wirklichkeit begegnen sie lediglich unterschiedlichen Ausdrucksformen eines Zeitgeists, der auf gemeinsamen stilbildenden Erfahrungen verschiedener Künstler einer Epoche oder der regen Reisetätigkeit einer Künstlerschule beruht.

Wenn man sich zum Beispiel vergegenwärtigt, auf welche Weise der Barock Europa eroberte, stellt man fest, dass dieser Stil im 16. Jahrhundert in Rom als Antwort auf die Krise der Renaissance entstand. Von hier aus gelangte er mit italienischen Künstlern, die an französischen Königs- und Fürstenhöfen arbeiteten, und über französische Künstler, die Italien bereisten, nach Frankreich. Bald schon machte sich sein Einfluss auch in Belgien, den Niederlanden, Spanien und Portugal bemerkbar, wobei sich gewisse Grundelemente mit landestypischen Aspekten vermischten, sodass der Barock in jedem Staat eine individuelle Note erhielt. Die ungehinderte Verbreitung einer Kunstrichtung in ganz Europa führte dazu, dass der Stil eine Art internationale Prägung erhielt, bewirkte andererseits aber auch, dass einzelne Künstler und ihre Kunden neue Ideen entwickelten, die ihren technischen Fähigkeiten, ihren Bedürfnissen und ihrem Geschmack entsprachen. Ein weiteres Mal wird deutlich, dass vor allem in Europa die Erbauer großer Residenzen ihren Palästen individuelle und unauslöschliche Züge verliehen, ja, dass sie den prächtigen Palazzi, imposanten Schlössern oder eleganten Villen geradezu den Stempel ihrer eigenen Persönlichkeit aufgedrückt haben.

__20__ Blick auf den Alcázar von Segovia, Spanien.

__20–21__ Die Nordfassade des Großen Kremlpalasts in Moskau. Im Hintergrund links sind die Kuppeln der Teremkirche und der Mariä-Himmelfahrt-Kathedrale zu sehen; rechts im Bild ist der Glockenturm „Iwan Welikij" („Iwan der Große") zu erkennen.

__21 links__ Außenansicht des Haupteingangs von Schloss Schönbrunn, Wien.

__21 oben__ Die Bibliothek des Klosters von El Escorial bei Madrid.

__21 unten__ Das Victoria Memorial vor dem Buckinghampalast in London.

22 oben Dieses Gemälde von Horace Vernet (1789–1863) hängt im Eingangsbereich der Galleria Sabauda. Es zeigt den König von Sardinien, Karl Albert, der Ehrenbekundungen seiner Truppen entgegennimmt.

22–23 Hinter dem Schlossplatz erhebt sich die königliche Residenz. Im Zentrum des Ehrenhofs befindet sich der Palast, das Herz des historischen Turin. Dieser Bereich umfasst noch eine Reihe weiterer Bauten, darunter den Palazzo Madama, die königliche Kirche San Lorenzo, den Palazzo Chiablese, die Cappella della Santa Sindone, den Dom, die Armeria Reale (Königliche Waffensammlung), die Bibliothek, die königlichen Verwaltungsgebäude, das Hofarchiv, das Theater und in der Vergangenheit auch die Münze und die Reitschule. Das Museo d'Antichita (Museum des Altertums) ist in den Palmenhäusern des Palastgartens untergebracht. Nicht weit davon liegen die Überreste des römischen Theaters und der antiken Stadtmauern. Weiter nordwestlich steht das zinnenbewehrte römische Stadttor, die Porta Palatina.

22 unten links und 23 oben rechts Überall in den Gärten des Königlichen Palasts stößt man auf allegorische Figuren und Darstellungen. Die Monatsstatuen aus dem 17. Jahrhundert, die Jahreszeiten von Ladatte und der Brunnen von Martinez, einem Neffen von Juvarra, stehen in den eleganten Alleen, in denen Besucher noch heute lustwandeln können.

22 unten rechts Für König Karl Albert entwarf Pelagio Palagi die Ziergitter, die den Palast gegenüber von Abbondio Sangiorgios Statuen der Dioskuren begrenzen.

DER KÖNIGLICHE PALAST VON TURIN

Residenz der Herzöge von Savoyen

Als der savoyische Herzog Emanuel Philibert (15128–1580) Turin im Jahr 1560 zur Hauptstadt des Herzogtums von Savoyen machte, dachte er gar nicht daran, in das alte Castello d'Acaja zu ziehen. Vielmehr quartierte er sich im benachbarten Bischofspalast ein, der größer war und sich vor allem mitten in Turin befand. Von hier aus konnte man die Stadt und zwei ihrer Einfallstore, die Porta Pretoria und die Porta Palatina, kontrollieren.
Emanuel Philibert ließ den Palazzo Vecchio, auch Palazzo di San Giovanni genannt, erweitern und mit Gemälden sowie Skulpturen verzieren, die schon bald eine große Sammlung bildeten. In den Galerien reihen sich die Ahnherren des Hauses Savoyen aneinander. Viele Gemälde zeigen sie mit den Symbolen ihrer Macht, vor dem Hintergrund eroberter Ländereien und konfiszierter Schlösser und häufig mit Jesus Christus als Schutzherrn an ihrer Seite.
In Übereinstimmung mit den Gesetzen des Manierismus vereinte Emanuel Philibert Objekte aus der Tier- und Pflanzenwelt sowie Mineralien in seinen Galerien. So ließ er zum Beispiel unterschiedliche Marmorarten aus den verschiedenen Steinbrüchen des Piemont verbauen.
Karl Emanuel I. (1562–1630) richtete im Palazzo Vecchio eine Bibliothek und ein Observatorium mit Büchern, mathematischen Instrumenten und Kodexen ein. Zwischen 1583 und 1584 schrieb er einen Wettbewerb aus, an dem „achtbare Männer" aus ganz Italien teilnehmen durften. Zu ihnen gehörten unter anderem Pellegrino Tibaldi, Francesco Orologi und Ascanio Vitozzi. Vitozzi entwarf den Platz vor dem Schloss und den Herzogspalast. Die Grundsteinlegung erfolgte 1584. Ein Holzmodell der Zimmerleute Beltramo und Enchier zeigt den zweistöckigen Palast mit flachen Halbsäulenreihen und rautenförmigen Quadern. Verschiedene Architekten erweiterten den Palazzo Vecchio.
Unter der Aufsicht eines begabten Höflings namens Emanuele Tesauro, der vor allem gerne mythologische Motive und Szenen aufgriff, fertigte Giovenale Boetto Zeichnungen für die Maler an, während Quirico Castelli aus Lugano und die Gebrüder Botto vergoldete Holzintarsien schufen. Bernadino Quadri kümmerte sich um alle Marmorarbeiten, Jan Miel, Claude

23 unten *Dieser niederländische Stich zeigt den Herzogspalast mit den Gartenanlagen. Vermutlich entwarf Carlo Morello den symmetrisch angeordneten Park. Er grenzt an die Grüne Bastion, die den Komplex auf der Ostseite mit ihrem Wachturm schützte. Die Darstellung ist nicht realistisch, doch handelt es sich um das einzige Bild, das die Anlage in ihrer ursprünglichen, von Emanuel Philibert in Auftrag gegebenen Form zeigt. Später nahmen sein Sohn Karl Emanuel I. und dessen Nachfolger zahlreiche Umbauten vor.*

23 oben links *Viktor Emanuel II., hier auf dem Rücken seines Pferds, war der erste König von Italien. Er folgte seinem Vater Karl Albert, der 1849 zugunsten seines Sohns abdankte, auf den Thron. Viktor Emanuel II. ließ seinem Minister Graf Cavour freie Hand in der Einigungspolitik.*

24–25 Der Alkovensaal präsentiert sich noch immer weitgehend so, wie Carlo Morello ihn zwischen 1662 und 1663 gestaltete. Das Mobiliar und die Eingänge fügte Sebastiano Ricci im 18. Jahrhundert hinzu; die Kamine aus Marmor stammen aus dem 19. Jahrhundert. Besondere Beachtung verdienen die Sammlung orientalischer Vasen und die zahlreichen Bilder.

24 Dieses Detail des von Pelagio Palagi entworfenen Dekors für den Audienzsaal zeigt das Wappen des Hauses Savoyen inmitten einer Siegeskrone mit eleganten Bändern. Die Palmetten, die das Wappen umrahmen, entsprechen dem neoklassizistischen Stil.

Dauphin, Bartolomeo Caravoglia, Giovan Andrea Casella, Antonio und Giovanni Fea aus Chieri sowie Francesco del Cairo verschönerten den Palast mit ihren Gemälden.
Auch nachdem man im Jahr 1646 mit dem Bau des Palazzo Reale begonnen hatten, wurden die Säle des Palazzo Vecchio wiederholt instandgesetzt, bis ein Brand im 18. Jahrhundert den Palast und das angeschlossene Theater verwüstete. Das Feuer zerstörte unersetzliche Werte und einige der schönsten Säle des Piemont. Binnen weniger Stunden endete auf diese Weise die glanzvolle Geschichte des Alten Palasts. Umso mehr bemühte man sich, den neuen Palast zu einer würdevollen Residenz für die Herrscher zu gestalten.
Der Palazzo Reale ist eine kompakte Vierflügelanlage, in die man über den Ehrenhof gelangt. Im östlichen der beiden Flügel des Ehrenhofs ist seit 1837 die Armeria Reale, die Königliche Waffensammlung, untergebracht. Heute dient sie als Museum, in dem man kunstvoll geschmiedete Prunkwaffen und Schwerter des Mittelalters und der Renaissance bewundern kann.
Zahllose Kostbarkeiten im Palazzo Reale beschwören die Geschichte derer herauf, die ihn erbauten, verschönerten und bewohnten. Die wertvolle Gemäldesammlung mit den Porträts von Mitgliedern des savoyischen Königshauses zeugt von der hohen Kultur und großen Weltoffenheit der Fürsten und Prinzen, die sich sowohl als Kunstsammler wie auch als Mäzene betätigten.
In all ihrer Pracht blicken diese Zeugen einer bewegten Vergangenheit

Die Säle der Tugenden, der Siege, des Friedens (Thronsaal), der Rätsel und des Schlafs sind mit Wandbehängen, kostbaren Möbeln, geschnitzten und vergoldeten Alkoven, Spiegeln und Glas ausgestattet.
Der Saal der Würdenträger trägt das Motto des Herzogs: „Ad ortum solis ab hesperio cubili“, um die universelle Würde des Amts zu unterstreichen.
Im Thronsaal kann man allegorische Darstellungen bewundern, welche die charakteristischen Merkmale der idealen Fürstin – Schönheit, Bescheidenheit, Freundlichkeit und Milde – zeigen. Sie gruppieren sich auf der vergoldeten Decke rings um ein Gemälde von Jan Miel.
Im Alkoven der Franziska von Orléans preisen Decke und Wandschmuck die Tugenden der französischen Kronlilie. König Chlodwig, dem Engel einen mit der Blume verzierten Schild überreichen, findet sich hier ebenso wie zahlreiche Putten, die verschiedene Tugenden symbolisieren.
Der Audienzsaal von Herzog Karl Emanuel II. wird auch Saal der Zeit von den Wänden auf den Besucher herab. Die dargestellten Frauen bergen den Schlüssel zum Verständnis der Bilder, denn sie sind das Bindeglied zu den europäischen Höfen, die sie anlässlich ihrer Heirat verließen, um fortan im eleganten Palast von Turin zu leben. Dieser wetteiferte im 17. und 18. Jahrhundert mit den königlichen Residenzen von Frankreich und England um die Position des angesehensten Hofs und verdankt einen Großteil seines Glanzes der Epoche des piemontesischen Barock, in der die Herrscher von Savoyen zahlreiche Künstler zu sich einluden.
Die fürstlichen Gemächer liegen im Hauptflügel, insbesondere die Räume von Herzog Karl Emanuel II. und seiner Frau Franziska von Orléans, wegen ihrer zerbrechlichen Schönheit auch „Liebestaube“ genannt.

25 oben *Pelagio Palagi verband das königliche Sommerschlafgemach mit dem Ankleidesaal und schuf daraus für Karl Albert einen neuen Speisesaal. Das Deckengemälde von Gonin fasst das Leben des Umberto Biancamano ins Bild. Die Wandbehänge wurden nach Zeichnungen von Beaumont in Turin angefertigt. Auf den Türpaneelen aus dem 18. Jahrhundert erkennt man Herzoginnen des Hauses Savoyen.*

25 unten *Der königliche Thronsaal ist vielleicht der älteste Saal des Palasts und befindet sich noch in den Gemäuern des ehemaligen Bischofspalasts. Der ursprüngliche Name, Saal des Friedens, bezog sich auf das Deckengemälde von Jan Miel mit dem lateinischen Motto: „Multis melior pax una triumphis“. Erst nach 1830 erhielt er seine heutige Bezeichnung. Die vergoldete Deckentäfelung über den Verzierungen aus dem 19. Jahrhundert schuf Botto di Savigliano um 1662.*

genannt, weil die Gemälde hier Tag, Nacht, Jahr und Ewigkeit thematisieren.
Viktor Amadeus II. (1666–1732), der Nachfolger Karl Emanuels II., entspross der zweiten Ehe des Herzogs mit der Französin Marie Jeanne von Nemours. Er wünschte für seinen Palast ein Sommerappartement mit Blick auf den Hof und ein Winterappartement mit Blick auf den Garten und die Danielgalerie. Der Wiener Maler Daniel Seyter, der die Decke zwischen den vergoldeten Gipsstuckaturen gestaltete, gab diesem Teil des Palasts seinen Namen.
Von 1668 bis 1682 erbaute Guarino Guarini die Barockkapelle Santa Sindone, die das berühmte Turiner Grabtuch hütete. Sie ist dem Westflügel des Königspalasts angeschlossen. Auch Bernardino Quadri und Antonio Bertola wirkten an dem Gebäude mit, Letzterer gestaltete den Altar. Der König hatte durch die Galleria Sindone direkten Zugang zur Kapelle. Im gruftartigen Innenraum der Kapelle, der vollkommen mit schwarzem Marmor verkleidet ist, befand sich der kostbarste Besitz des Hauses Savoyen, das Grabtuch Christi. Erst Umberto II. (1904–1983) übereignete es dem Vatikan.

Nachdem Viktor Amadeus II. im Jahr 1713 König von Sizilien geworden war, befahl er den Italiener Filippo Juvarra an seinen Hof. Der Baumeister und Nachfahre einer Silberschmiedfamilie hatte unter anderem in Rom für Kardinal Ottoboni gearbeitet.
Im Jahr 1714 kam er in Turin an. Auf dem Höhepunkt der piemontesischen Kunstentfaltung koordinierte er die Arbeiten einer Gruppe berühmter Künstler, die den Palast mit Bildern, Skulpturen und Möbeln ausstaffierten. Unter ihnen hatte Francesco Beaumont, der Schöpfer einer Reihe herrlicher Fresken, eine herausragende Rolle inne. Juvarra selbst schuf die berühmte Scala delle Forbici (Scherentreppe) und entwarf die Lackarbeiten für den Chinesischen Salon.
Auch im Palazzo Madama kann man sein Schaffen bewundern. Dort errichtete er im Jahr 1718 die monumentale Säulenfassade mit einer ausladenden Freitreppe. Im Inneren des Palazzo Madama gestaltete er eines der schönsten Treppenhäuser Italiens.
Der Königliche Palast wurde immer weiter vergrößert: Karl Emanuel III. (1701–1773), zunächst Herzog von Savoyen, wurde 1730 König von Sizilien: Karl Emanuel I. Er ließ eine Gartenterrasse errichten, um auf diese Weise Raum für zwei weitere Suiten zu gewinnen. In der einen bewahrte man spezielle Archive auf, in der anderen brachte man ausländische Herrscher unter. 1738 wurde eine neue Galerie fertig gestellt, die den Schweizer Salon mit der Kriegsgalerie verbindet. Die Galerie, die zur Cappella della Santa Sindone führt, endet im Schweizer Salon, einem majestätischen Saal mit einem Freskenzyklus, der die sächsischen Ursprünge des Hauses Savoyen zelebriert. Antonio und Giovanni Fea hatten diese Gemälde zwischen 1660 und 1661 geschaffen, denn Savoyen gehörte zum Kreis der bedeutendsten europäischen Mächte, und so wünschte man die bisher überlieferte Abstammung vom Grafen von Provence durch eine noblere Linie zu ersetzen. Madama Reale, Maria Christina von Frankreich, die Gemahlin von Viktor Amadeus I. und Tochter Heinrichs IV. von Frankreich, hatte den Historiker Guichenon beauftragt, den Stammbaum des Hauses Savoyen bis zu den Sachsen Signeard, Widukind, Otto I., Bernhard und Friedrich zurückzuverfolgen. Deren Leben und ihre Geschichte finden sich auf den Wänden des Salons wieder. Das bedeutendste Werk in diesem Saal ist jedoch das Gemälde der Schlacht von Saint-Quentin, das Palma d. J. zwischen 1582 und 1585 im Andenken an Emanuel Philibert für dessen Sohn Karl Emanuel I. schuf.
In der Zwischenzeit hatte man die Königliche Kapelle erbaut und sie durch eine Kapelle erweitert, die Beatus Amadeus IX. gewidmet wurde. An ihrer Gestaltung hatten viele verschiedene Künstler mitgewirkt.
Unter Karl Emanuel III. übernahm der Architekt Benedetto Innocente Alfieri

26 oben links *Die doppelläufige Treppe (Scherentreppe) entwarf Filippo Juvarra, als Karl Emanuel III., der Sohn Viktor Amadeus' II., im Jahr 1722 heiratete.*

26 Mitte links *Diese Madonna mit Kind und Heiligen befindet sich in der Privatkapelle der Königin. Vermutlich stammt das Bild von Carlo Maratta (1625–1713).*

26 unten links *Der Ballsaal ist ein prächtiger Empfangssaal. Palagi entwarf ihn zwischen 1835 und 1842.*

26 rechts *Die Danielgalerie (oben) wurde nach dem österreichischen Künstler Daniel Seyter benannt. Er malte das Fresko „Apotheose eines Helden" (unten), auf dem Jupiter König Viktor Amadeus dessen ruhmreiche Vorfahren präsentiert.*

27 *1997 brach auf der heute restaurierten Haupttreppe ein Feuer aus, das Gemälde und Stuckaturen, das Deckenfresko mit dem Bild Karl Alberts und die großen historischen Gemälde von Ferri, Gastaldi, Gamba und Bertini schwer beschädigte.*

CARLO
ALBERTO

28 oben links *Das Foto zeigt den Versammlungssaal des Staatsrats. Unterhalb der vergoldeten Einlegearbeiten von Pietro Botto und Francesco Borello erkennt man Verzierungen und Möbel von Pelagio Palagi. Auf dem kleinen, von geflügelten Siegesgöttinnen getragenen Tisch unterzeichnete Karl Albert, König von Sardinien, am 4. März 1848 die Verfassungsurkunde. Besonders beeindruckend ist das Deckenfresko von Jan Miel aus dem 17. Jahrhundert, das den Titel „Schlafender Hannibal zwischen den Iberern“ trägt.*

28 oben rechts und unten links *Der Chinesische Salon im Königlichen Palast von Turin ist ein Meisterwerk künstlerischer Komposition. 1732 gab der italienische Baumeister Filippo Juvarra in Rom 60 chinesische Lackpaneele (oben, Detail) in Auftrag, die die Graveure Sariga, Omma und Bogetto unter Juvarras Anleitung in prächtige Rahmen einfügten. Pietro Massa, ein Fachmann für chinesische Lackmalerei, schuf weitere Paneele, um den Dekor des Salons zu vervollständigen.*

die Planung, die zuvor in Juvarras Händen gelegen hatte. Er beaufsichtigte die Fertigstellung der Danielgalerie, entwarf das Boudoir der Königin und schmückte die Kapelle der Königin, den ehemaligen Miniatursaal, aus. Zu den bekannten Malern, die während dieser Epoche für das Haus Savoyen arbeiteten, gehörte Gregorio Guglielmi.

Unter Viktor Amadeus III. (1726–1796) tendierte der Stil immer deutlicher zum Neoklassizismus. Pietro Piffetti und Luigi Prinotto, die Tischlermeister, trugen dem mit einem immer reicher verzierten Mobiliar Rechnung. Skulpturen von Francesco Ladatte, Gobelins sowie Tapisserien und Wandbehänge, die die Turiner Manufaktur Demignot nach Vorlagen von Beaumont hergestellt hatte, ergänzten die ohnehin prachtvolle Einrichtung der Säle und Gemächer. Der Tischlermeister Guiseppe Maria Bonzanigo stattete ebenfalls zahlreiche Säle des Palasts mit Möbeln aus.

Nach der französischen Besetzung im Jahr 1799 und der Restauration nahm man die Arbeiten während der Regierungszeit von Karl Albert (1798–1849) wieder auf. Diese leitete ab 1832 der mit der Verschönerung der königlichen Paläste beauftragte Maler Pelagio Pelagi. Zusammen mit einem Stab von Mitarbeitern gestaltete er den Schweizer Salon, den Saal der Leibwache, den Thronsaal und den Audienzsaal neu.

Als Viktor Emanuel II. (1820–1878) Maria Adelaide von Österreich heiratete, modernisierte Pelagi vier Säle im zweiten Stock des Palasts. Einer davon, der Ballsaal, entstand durch die Verbindung des Prinzessinnensaals mit dem Saal der Eintracht. Er stellt das reinste Beispiel neoklassizistischen Stils im Königlichen Palast dar.

Unter der Herrschaft von Viktor Emanuel II. entwarf Domenico Ferri die neue Treppe, und unter dem nachfolgenden König Umberto I. (1844–1900) dekorierte der Architekt Stramucci den Speisesaal und den Thronsaal der Königin neu.

Nahezu alle Modernisierungen, die man im Anschluss daran in Angriff nahm, wurden unter rein funktionalen Gesichtspunkten durchgeführt.

Am 2. Juni 1946 ging der Palast mit Inkrafttreten der republikanischen Verfassung in den Besitz des Staats über. Seitdem ist er Besuchern als Museum zugänglich, das die Geschichte des Hauses Savoyen und die von ihm zusammengetragenen Werke zeigt. Die Gärten des Palasts verdienen ebenfalls Beachtung. Als typische Barockanlagen entsprachen sie dem Konzept des Absolutismus, boten jedoch ungeachtet aller Symmetrie auch idyllische Flecken. Auf den Wällen von Turin gelegen, konnte man sich in ihnen nach Lust und Laune ergehen.

Die Gestaltung des Parks erforderte viel Mühe und verursachte horrende Kosten. Eine Verfügung, die Emanuel Philibert unterzeichnete, nennt die stolze Summe von „fünftausendachtundsechzig Lire und elf Soldi". Teile des Springbrunnens – ein Zyklop und vielleicht die Monatsstatuen – sind heute noch erhalten.
Der auch als Engelsbastion bekannte Garittone, den vermutlich Vitozzi entwarf, ist ebenfalls noch weitgehend intakt. Er erhielt seinen Namen, nachdem Karl Emanuel II. ihn für seine kranke Gemahlin in verschiedenen Grüntönen hatte gestalten lassen, weil sie von hier aus gerne über die Ebene blickte. Eine bemalte Pergola und Amoretten mit verschiedenen symbolischen Objekten, die der Trauer des Herzogs Ausdruck verliehen, vervollständigten das Bild.
Heute ist nur noch wenig von dem Barockgarten erhalten, zum Beispiel eine Brunnenfontäne, die Tritonen und Nereiden umspielt.
Der Garten verschlang auch weiterhin hohe Summen: Im Jahr 1698 erhielt Du Parc für seine Arbeiten eine entsprechende Geldanweisung.
In den Palmenhäusern des Gartens befindet sich heute das Museo d'Antichita (Museum des Altertums) das Funde aus der Vorgeschichte bis zur Zeit der Völkerwanderung beherbergt.

28–29 *Unter der freskenverzierten Decke, die Daniel Seyter mit den „Vier Jahreszeiten" schmückte, hängen im letzten Saal der Königinnengemächer Wandteppiche mit dem Zyklus von Don Quijote. Der Boden mit reichen Einlegearbeiten, vergoldete Rocailles und elegante Möbel vervollständigen diesen sehr feminin wirkenden Raum.*

DAS SCHLOSS VON CASERTA

Sinnbild aufgeklärter Herrschaft

Am 20. Januar 1752 legte Karl IV., König von Neapel-Sizilien den Grundstein einer königlichen Residenz, die Schlösser wie Versailles oder Buen Retiro in nichts nachstehen sollte. Die Zeremonie fand in einer malerischen Umgebung am Fuß eines Hügels statt, von dem aus man das weite, fruchtbare Land bis hin zum Meer und zur einige Kilometer entfernten Stadt Neapel überblicken konnte. Kavallerieregimente und Fußtruppen in Uniform standen in Reih und Glied auf den Grundlinien des geplanten Gebäudes, während Artillerietruppen Salven aus großen Kanonen abfeuerten. Ein hölzerner Pavillon im Zentrum des Geländes erwartete den König und seine Gemahlin sowie den päpstlichen Nuntius, der bei der Grundsteinlegung den Segen sprechen sollte. Vollkommene Stille trat ein, als der Monarch eine achteckige Marmorschatulle, in der sich Medaillons mit den königlichen Porträts befanden, in ein vorbereitetes Loch schob, einen viereckigen mit Kreuzen verzierten Marmorblock darüber legte, mit einer silbernen Kelle Mörtel darauf gab und den Grundstein darüber platzierte. Anschließend legte Luigi Vanvitelli, der Baumeister des Schlosses, einen zweiten Stein nieder, der eine lateinische Inschrift trug, die besagte, dass das königliche Schloss, der Sitz des Papsts und die Macht des Königs währen mögen, bis dieser Stein das Licht wieder erblicke. Die Überlegungen, die den König veranlassten, ein Schloss an dieser Stelle zu erbauen, waren politischer und gesellschaftlicher Natur: Er wollte den Abstand des Hofs zum Meer vergrößern, das eine stetige Gefahr darstellte (erst 1742 war die englische Flotte in der Bucht von Neapel vor Anker gegangen und hatte gedroht, die Stadt

30 oben *Dieses Gemälde von S. Fergola (1799–1874) zeigt ein Reitturnier aus dem Jahr 1846 vor dem Königsschloss von Caserta. Das Gebäude diente zu diesem Zeitpunkt bereits seit einigen Jahren als königliche Residenz und die Bauarbeiten waren nahezu abgeschlossen. Auf den ursprünglich vorgesehenen Mittelturm mit der Kuppel sowie auf die vier Ecktürme hatte man verzichtet.*

30 unten *Die Astraiagruppe mit Justitia zwischen Herkules und einer allegorischen Darstellung der Provinzen des Königreichs Neapel schuf V. Villareale im Jahr 1813. Die vergoldeten Stuckskulpturen beherrschen den großen Saal, der während der französischen Herrschaft über Neapel im neoklassizistischen Stil ausgestaltet wurde.*

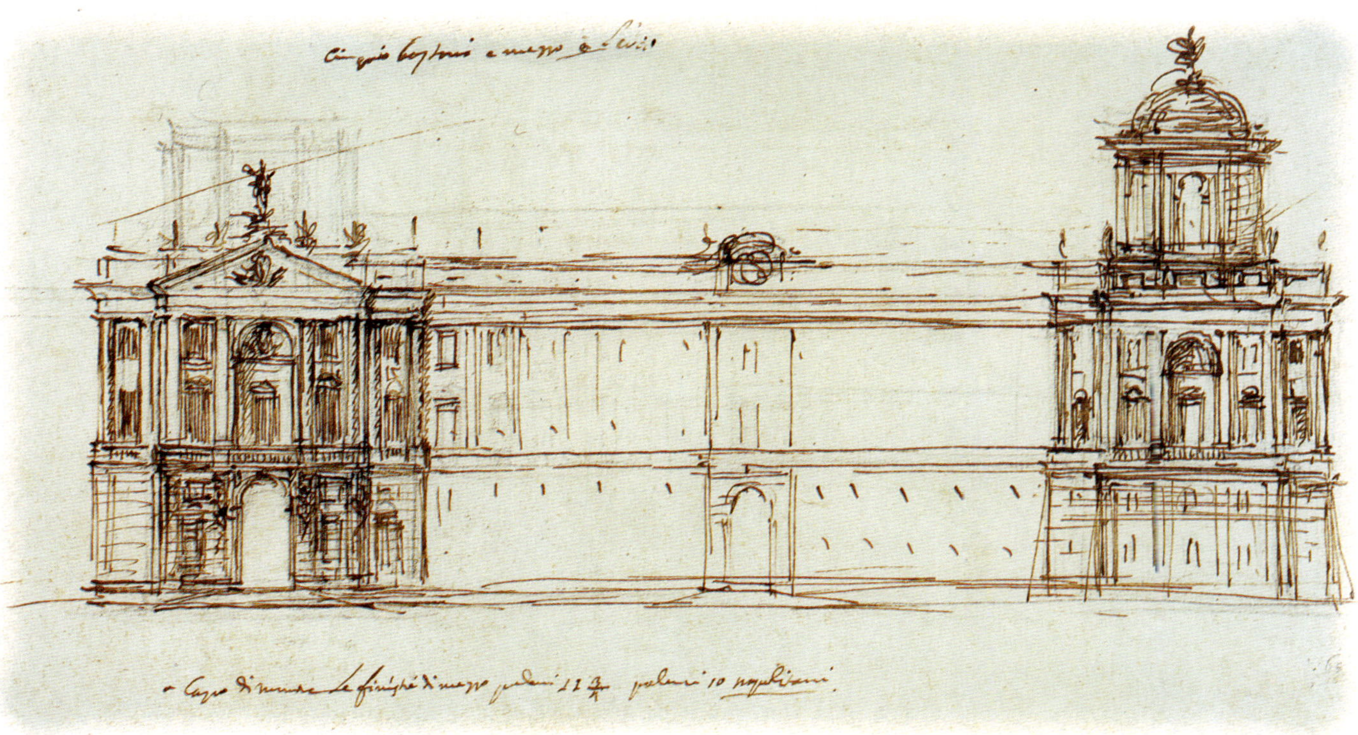

30–31 *Der riesige Schlossgarten zeichnet sich durch Reihen großer Wasserbecken aus, deren Zentralachse langsam absteigt. Sie sind mit Statuen verziert und von Grünflächen sowie viereckigen Beeten eingerahmt.*

31 oben *Am oberen Teil der Fassade rahmen vier ionische Säulen eine große Exedra mit Balkon ein.*

31 unten *Luigi Vanvitellis Zeichnung illustriert, wie das Schloss geplant war. Diese Pläne legte der Baumeister dem König im Dezember 1751 vor. Bei der hier abgebildeten linken Seite der Fassade erkennt man deutlich, dass Vanvitelli noch zwischen Ecktürmen und klassischen Giebeldreiecken schwankte.*

32 Im 18. Jahrhundert tendierten die europäischen Höfe dazu, ihre Residenzen fernab der großen Städte zu errichten. Viele Baumeister entwarfen in dieser Zeit monumentale Gebäude. Dies galt unter anderem für M. Gioffredo, der Pläne für ein niemals verwirklichtes Schloss von Caserta zeichnete. Vermutlich übernahm er viele Ideen von Vanvitelli.

32–33 Besucher, die aus Neapel kommen, erblicken als Erstes den gewaltigen Gebäudekomplex. Höhe und Breite der Fassade sind gut ausgewogen; die wohlproportionierten Fenster verweisen auf die Zahl der dahinter liegenden Stockwerke.

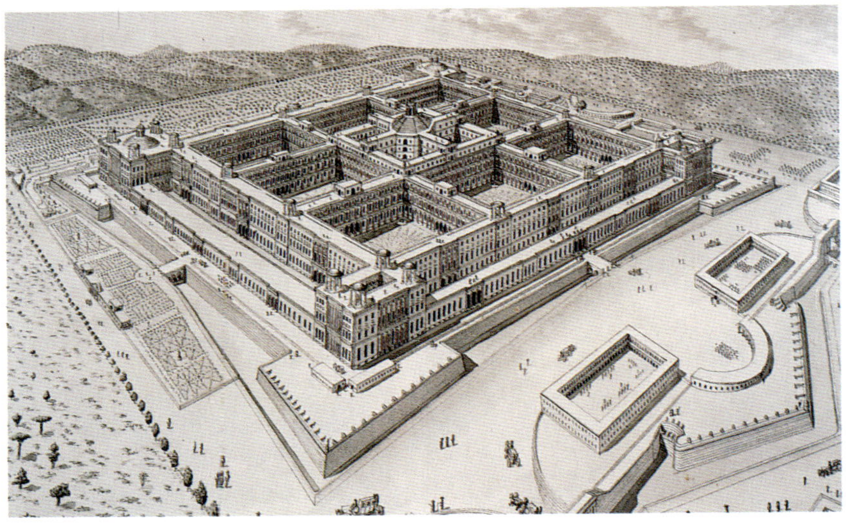

33 oben *Die prächtige Tonnengewölbedecke des Thronsaals ist mit vergoldeten Stuckaturen verziert und wird von Gennaro Maldarellis Gemälde beherrscht. Es zeigt die Grundsteinlegung für das Schloss, die am 20. Januar 1752 in Anwesenheit von Karl IV. stattfand.*

33 unten *Dieses Bild von G. Cammarana (1766–1850) zeigt den ruhmreichen Bourbonenkönig Ferdinand IV., umgeben von seinen Vorfahren. Der Monarch verlegte die königliche Residenz von Portici nach Caserta, das zu diesem Zeitpunkt noch im Bau befindlich war.*

zu bombardieren), außerdem boten die Arbeiten am Schloss Beschäftigung für die vielen Künstler und Handwerker, die Mitte des 18. Jahrhunderts in Neapel lebten, und schließlich gab es in den Wäldern der Umgebung, Vögel und Wild in Hülle und Fülle, sodass der Hof hier der Jagd frönen konnte.
Karl IV. wollte ein autarkes Gebäude errichten, in dem sich alle zum Regieren des Königreichs notwendigen Kräfte und Einrichtungen unterbringen ließen. Königsresidenz und Verwaltungszentrum sollten zugleich den Mittelpunkt einer neuen, noch zu erbauenden Hauptstadt bilden.
Um dieses Vorhaben zu verwirklichen, rief der Monarch aus Rom den unermüdlichen Baumeister Luigi Vanvitelli an seinen Hof, der sich bereits als Maler und Stadtplaner einen Namen gemacht hatte. Das Projekt verdankte sein Gelingen vor allem Vanvitellis Flexibilität. Die kompositorische Logik des Schlosses zeichnet sich aus durch „stereometrische Strenge der architektonischen Komposition und hohe Komplexität der Kernpunkte des Schlosses" (De Seta). Zu diesen gehören unter anderem die weitläufige zentrale Vorhalle, das Vestibül auf der Etage der königlichen Gemächer, die große Treppe, die königliche Kapelle, das Hoftheater und die Gärten.
Am 7. Dezember 1751 legte Luigi Vanvitelli seine „Erklärung der Pläne für das königliche Schloss" dem Hof offiziell vor. Sie umfasste eine schriftliche Einleitung, in der der Baumeister unter anderem die Ortswahl des Königs lobte, sowie 14 Zeichnungen, die alle Teile des Schlosses im Detail zeigten. Karl IV. und seine Gemahlin nahmen die Entwürfe so begeistert auf, dass die Grundsteinlegung bereits im darauf folgenden Monat stattfinden konnte. Das Gelände verwandelte sich in eine riesige Baustelle, über die Vanvitelli die Aufsicht führte. Die umfangreiche Ausrüstung und die Zahl der Arbeiter vor Ort zogen viele Schaulustige an, die aus Neapel anreisten, um das Spektakel mit eigenen Augen zu sehen. Wohlhabende Aristokraten und Söhne reicher Familien aus europäischen Ländern, die die damals in dieser Schicht übliche Bildungsreise absolvierten, um die Kunstdenkmäler Italiens kennen zu lernen, berichteten, wie sehr sie der Umfang der Bauarbei-

ten beeindruckt hatte. Der Hofarchivar Luigi Niccolini notierte für den Zeitraum von 1755–1763 Folgendes: 3 Bauleiter, 14 Verwalter, 300 Steinmetzen, 1810 Arbeiter, 200 Frauen, 166 zu Zwangsarbeit verurteilte Strafgefangene, 245 türkische Sklaven, 160 christliche Sklaven und 438 Wachen waren an dem Bau beteiligt. Darüber hinaus transportierten Elefanten, Kamele und andere Lasttiere Materialien aller Art. Im Juni 1752 hatte man bereits sämtliche Fundamente gelegt und mit dem Bau der Mauern begonnen. Im nächsten Jahr entstand ein Aquädukt, der Wasser von den Tifatinibergen zum Schloss und von dort weiter bis nach Neapel bringen sollte. Am 7. Mai 1762 erreichte das Wasser das Schloss und erweckte damit einen bedeutenden Teil der Anlage zum Leben.
1756 stellte man schließlich das Erdgeschoss und das erste Stockwerk fertig. Im selben Jahr deckte man das Dach über die ersten 53 Säle und Gemächer.

Am 10. August 1759 verschied Ferdinand VI. von Spanien, dessen Nachfolge sein Halbbruder Karl IV. (als König Karl III. von Spanien) antreten musste. Am 7. Oktober 1759 reiste der Monarch ab. Für Vanvitelli brachte diese politische Entwicklung große Unannehmlichkeiten mit sich, denn zum einen flossen die Gelder nun nicht mehr so reichlich, zum anderen verlor er einen Gönner, der sich für seine Arbeit tatsächlich interessiert hatte. Gleichwohl gingen die Arbeiten weiter. Der Thronfolger Karls IV., sein Sohn Ferdinand IV., war zu jenem Zeitpunkt erst acht Jahre alt, deshalb leitete zunächst Fürst Bernardo Tanucci die Staatsgeschäfte.
1760 begann man mit dem Bau des Hoftheaters, und zwei Jahre später traf der Marmor ein, den Königin Maria Carolina persönlich für den Dekor ausgewählt hatte. Ende 1763 war die Westfassade fast vollendet.
1764 herrschte in Neapel eine schwere Hungersnot, sodass die Arbeiten

34 oben *Die Inbetriebnahme des Aquädukts am 7. Mai 1762 löste großen Jubel aus. A. Joli hielt den bedeutenden Augenblick in diesem Gemälde aus dem Jahr 1769 fest. Es zeigt die feierliche Einweihung des Wasserfalls.*

34–35 *Grottenartige Bögen, aus denen geflügelte Amoretten als Verkörperung der 28 Winde aufsteigen, säumen den Wasserfall, der in das Becken des Aiolosbrunnen fließt. Ursprünglich sollte sich im Zentrum Juno auf einem von Pfauen gezogenen Wagen erheben, doch wurde dieses Vorhaben nie ausgeführt.*

34 unten links *Dieser Brunnen zeigt Ceres mit dem Wappen von Trinakrien (Sizilien), umgeben von Statuen, die die sizilianischen Flüsse Anapo und Limeto verkörpern. Gaetano Salomone schuf den Brunnen zwischen 1783 und 1784 aus carrarischem Marmor.*

34 unten rechts *Dieser Dianabrunnen (hier die Aktaiongruppe) ist das Werk einer Gruppe von neoklassizistischen Bildhauern, darunter Solari, Persico, Brunelli und Violani. Er entstand zwischen 1785 und 1789.*

35 oben *Der von Vanvitelli entworfene Aquädukt, der Wasser aus den Tifatinibergen herbeiführt, speist auch diesen künstlichen Wasserfall. Der Aquädukt versorgte nicht nur die Brunnen, sondern auch das Schloss mit Wasser und verlief dann weiter bis nach Neapel.*

35 Mitte *Auch der Venus- und Adonisbrunnen, der zwischen 1784 und 1785 entstand, stammt von Gaetano Salomone. Die Göttin im Zentrum will Adonis davon abhalten, den Keiler zu jagen, der ihm zum Verhängnis werden sollte.*

35 unten *Der ovale Dianabrunnen wird aus einem künstlichen Wasserfall gespeist. Man erkennt die Göttin, die von Nymphen umgeben ist. Sie ist erzürnt, weil Aktaion sie beim Baden überrascht hat.*

36 oben links *Obgleich der Thronsaal nicht der größte Raum des Schlosses ist, wirkt er überaus majestätisch und würdevoll. Gaetano Genovese entwarf ihn nach 1827 mit vergoldetem Stuckwerk und korinthischen Säulenpaaren, die die Türen einrahmen.*

36 unten links *Die Schlosskapelle wurde 1784 am Weihnachtstag geweiht, aber erst nach 1837 vollendet. 1943 schlug eine Bombe durch das Dach ein und zerstörte den größten Teil der Inneneinrichtung, Gemälde und die Orgel neben dem Altar.*

bis 1767 niedergelegt wurden. Nachdem der Vesuv am 22. Oktober 1767 ausgebrochen war, ging man mit neuem Elan ans Werk, denn Ferdinand IV. war mit der königlichen Familie aus Portici an den Hängen des Vulkans ins sichere Caserta geflüchtet.
1769 fand die Einweihung des Hoftheaters statt, doch gelang es nicht, bis zum Tod Vanvitellis am 1. März 1773, weitere Teile des Schlosses fertig zu stellen. Nun übernahm Carlo, der Sohn Vanvitellis, die Leitung, doch obwohl er die Pläne seines Vaters präzise verfolgte, konnte auch er den Bau nicht zum Abschluss bringen.
Am Weihnachtstag 1784 wurde die Schlosskapelle geweiht. Im Jahr 1790 waren die ersten königlichen Gemächer (die „alten" Gemächer) bezugsfertig. Auch mit der Anlage der Gärten ging es voran. Der englische Garten entstand zum Beispiel zwischen 1785 und 1830. Mit der Vollendung des Dekors in den „neuen" Gemächern erhielt das Schloss sein endgültiges, bis heute weitgehend unverändertes Aussehen.
Die königliche Familie lebte bis 1860 in Caserta. Nach der Einigung Italiens ging der Besitz an das Haus Savoyen über und fiel 1919 an den italienischen Staat, der ihn als Museum und Park für das Publikum zugänglich machte. In der Nacht zum 24. September 1943 zerstörte eine Bombe der Alliierten große Teile der Kapelle. Heute zählen das Schloss von Caserta und seine wundervollen Gärten zu den touristischen Hauptattraktionen von Kampanien. Jedes Jahr bestaunen über eine Million Menschen dieses hervorragend erhaltene und beeindruckende Bauwerk.
Von Westen aus betrachtet, wirkt das Schloss besonders majestätisch: Die breite Allee, die es mit Neapel verbindet und als perspektivische Achse für Schloss und Park dient, bildet den Hauptbezugspunkt des Komplexes. Das Gebäude selbst ist rechteckig mit vier identischen Höfen, die von den Seitenflügeln und den beiden Abschnitten begrenzt werden, die sich im Mittelpunkt kreuzen.
Luigi Vanvitellis Pläne schlossen eine mächtige Kuppel auf einem langen Rundturm im Kreuzpunkt sowie vier

36 rechts *Den Thronsessel im Empirestil, der die hintere Wand des Thronsaals beherrscht, fertigte Genovese aus vergoldetem Holz. Die beiden Armlehnen haben die Gestalt von Greifen; der Sitz ist mit Seide aus San Leucio bespannt.*

große quadratische Ecktürme ein, die die Fassade um zwei Stockwerke überragen sollten, doch wurde dieses Vorhaben nie verwirklicht. Die Türme hätten einen vertikalen Kontrapunkt gesetzt, die Kuppel hätte darüber hinaus ein zentripetales Element gebildet.

Die Fassade besteht im unteren Teil aus Steinquadern, im oberen Teil dominieren Abschnitte mit Säulenreihen. Sie rahmen zwei Fensterebenen ein, die erste auf der Höhe der königlichen Gemächer, die zweite auf der Höhe der Adelssuiten. Ein Giebel mit viereckigen Fenstern und einer Balustrade, für die Vanvitelli eine lange Statuenreihe gezeichnet hatte, vervollständigen die Fassade.

Drei Vorbauten mit Halbsäulenreihen und ein Tympanon, das ursprünglich eine Statue Karls IV. zieren sollte, prägen die Fassade. Der bogenförmige Eingang zur Großen Portikus befindet sich in der Fassadenmitte, die Durchbrüche zu den Höfen an den Seiten. Der Gesamtkomplex besteht aus sieben Stockwerken: Zwei von ihnen bilden das Untergeschoss und dienten als Vorratskammern, Küchentrakte und Ateliers. Im Erdgeschoss und im ersten Stock lagen die Wohnräume

36–37 *Die marmorne Haupttreppe verläuft senkrecht zur Achse des Achtecks, das den Mittelpunkt des Gebäudes bildet. Die Treppe führt vom unteren Vestibül zu den königlichen Gemächern. Der mittlere Abschnitt wirkt aufgrund der drei Bögen, die den Durchgang zum oberen Vestibül bilden, besonders elegant.*

37 *Das Appartement von Königin Maria Carolina umfasste vier Gemächer. Im dritten, dem Badezimmer, ist dieses Fresko mit wasserschöpfenden Nymphen zu sehen.*

der Höflinge. Die königlichen Gemächer erstreckten sich über die dritte Etage, wobei sich die des Königs nach Norden, die seiner Gemahlin nach Süden öffneten. Hohe Würdenträger waren im vierten Stock untergebracht, die fünfte und die letzte Etage boten anderen Mitgliedern der königlichen Familie und des Hofs Raum. Außer der mächtigen Haupttreppe gibt es noch 26 weitere Treppen, die die verschiedenen Stockwerke mit den insgesamt 1217 Zimmern untereinander verbinden.
Ein großes achteckiges Vestibül im Kreuzpunkt des inneren Schlosskörpers öffnet sich zu den vier Höfen und zur Haupttreppe, die zu den oberen Stockwerken führt. Ein prächtiges, ebenfalls achteckiges oberes Vestibül befindet sich genau über dem unteren und bietet Zugang zur Cappella Palatina, den königlichen Gemächern, dem Thronsaal und der Bibliothek. Das Hoftheater ist über die beiden Nordhöfe zu erreichen. Der Park erstreckt sich bis zur Großen Portikus. Der lange überdachte Gang dieser lichtarmen und schattenreichen Galerie, die das Schloss kreuzt, betont den hellen Park in der Entfernung. Dort fällt der Blick zunächst auf die lange

38 oben *Dieses Gemälde von G. Cammarano (1820) mit dem Vesuv im Hintergrund zeigt König Franz I. und seine Familie vor der Büste von Ferdinand IV.*

38 unten *Das Theater fügte Vanvitelli seinen Plänen auf Wunsch des Königs hinzu. Ferdinand IV., ein großer Theaterliebhaber, engagierte Giovanni Paisiello als Kapellmeister.*

38–39 *Der Marssaal wurde während der französischen Besetzung von Neapel fertig gestellt und zeigt deutlich den Einfluss des neoklassizistischen Empirestils. Beachtung verdienen die ionischen Säulen und die Paneele. Die von französischen Künstlern gefertigten Flachreliefs zeigen den Gott Mars und Kriegsszenen.*

Kette von Wasserbecken, unterbrochen von ovalen Flächen mit Statuen und Brunnen, die meist mythologische Gestalten wie Aiolos und Hera, Ceres, Venus und Adonis, Diana und Aktaion zeigen.
Im Osten sieht man den Wasserfall, der aus einer Grotte auf dem Hügel gespeist wird, wo der Aquädukt endet. Ebenfalls im Osten, jedoch südlich zur Linie der Brunnen, erstreckt sich der englische Garten. Hier wachsen exotische Bäume, und hier liegt auch das romantische „Bad der Venus“ inmitten von künstlichen Ruinen. Karl IV., der sich sowohl mit dem Bau von Caserta als auch mit Ausgrabungen in Pompeji und Herkulaneum befasste, versuchte hier beide Aspekte miteinander zu verbinden. In seinem Buch „Voyage Pittoresque“ („Malerische Reise“), einem Standardwerk über italienische Kunst zur Zeit der Aufklärung, schrieb Abt Richard de Saint-Non: „Das Schloss allein ist eine Reise nach Italien wert, nicht nur der gewaltigen Größe des Baus und der außergewöhnlichen Architektur wegen, sondern auch, weil man hier die seltensten und schönsten Marmorarbeiten in überaus reicher Zahl bestaunen kann ...“

39 links *Die Biblioteca Palatina umfasst drei aneinander grenzende Säle. Königin Maria Carolina ließ sie einrichten, um das Image eines kultivierten, aufgeklärten Hofs zu unterstreichen.*

39 rechts *Der Astraiasaal ähnelt in seiner Form dem Marssaal. Valerio Monreale stattete ihn im Jahr 1813 aus. Der Dekor trägt bereits dem damals aufkommenden französischen Stil Rechnung.*

40–41 Im Quellensaal fanden die königlichen Audienzen statt. A. Dominici verzierte ihn mit Amoretten und Girlanden. J. Ph. Hackert, Kammermaler Ferdinands IV. schuf die Ansichten von Häfen des Königreichs an den Wänden. Die Bilder zieren heute noch Stoffe aus der Seidenmanufaktur von San Leucio.

40 links *Zu den großflächigen Gemälden im Alexandersaal gehört auch eines von G. Maldarelli, das die Übergabe des Königreichs von Neapel an Ferdinand IV. zeigt.*

40 rechts *Der Saal des Goldenen Zeitalters veranschaulicht den Geschmack eines Hofs, der noch den Themen und stilistischen Elementen des Barock verhaftet war. Zugleich illustriert er die Kunstfertigkeit neapolitanischer Handwerker, die zahlreiche Stadt- und Landhäuser reicher Adliger ausgestattet hatten und ihre Erfahrung hier einbrachten.*

41 oben rechts *Das Thema der Deckenfresken gab den Jahreszeitensälen ihren Namen. Sie dienten als Empfangsräume für das erste königliche Appartement, das im Südwestflügel des Schlosses entstand. Dieses Bild zeigt den Herbstsaal: Dominici malte die Begegnung zwischen Bacchus und Ariadne, Fumaro gestaltete die Girlanden und Ranken.*

41 links *Dieses Detail des Deckenfreskos von Dominici im Quellensaal zeigt ein Freiluftkonzert mit rotwangigen Damen und lachenden Amoretten unter Girlanden.*

41 Mitte rechts *M. Rossis Fresko zeigt die Hochzeit von Alexander dem Großen und Roxane. Es beherrscht die kurze Seite der großen Decke im Alexandersaal, in dem sich nur nicht-adlige Gäste aufhielten. Das Gemälde weist Einflüsse der Venezianischen Schule auf, die im 18. Jahrhundert viele königliche Residenzen gestaltete.*

41 unten rechts *Den Sommersaal gestaltete F. Fischetti zwischen 1777 und 1778. Persephone zeigt sich hier Ceres, nachdem sie die Unterwelt verlassen hat. Der Saal ist mit weißen und vergoldeten Holzpaneelen an den Wänden und am Boden mit bemalten Kacheln verziert. Der Naturforscher Gerolamo Segato schuf den Holztisch mit Achatplatte.*

DAS SCHLOSS VON VERSAILLES

Symbol des Absolutismus

42 oben rechts *Dieses Gemälde aus dem 17. Jahrhundert zeigt Ludwig XIV. auf dem Höhepunkt seiner Macht. Er schuf Versailles als Symbol und Wahrzeichen der absoluten Monarchie.*

42 oben links *Dieses Ornament, das Wappen der Kapetinger, prangt an einem der schmiedeeisernen Gitter am Eingang von Versailles.*

42 unten links *Dieses Bild von Pierre Patel aus dem Jahr 1668 zeigt Versailles mit dem von Louis Le Vau angelegten Rundhof. Später gliederte ihn Jules Hardouin-Mansart in die Gesamtanlage des Schlosses ein.*

Versailles, des Sonnenkönigs Lieblingskind, gilt bis heute nicht nur als Wahrzeichen der französischen Monarchie, sondern als Symbol absolutistischer Macht. So stilbildend wirkte die gewaltige Anlage, dass Fürsten und Herrscher bis ins entfernte Russland sie nachzubilden versuchten, und noch heute bezeichnet fast jedes europäische Land irgendein Schloss voller Stolz als sein Versailles.
Bevor Ludwig XIV. sein Großprojekt in Angriff nahm, befand sich an der Stelle des heutigen Schlosses ein einfaches Jagdschloss, das Ludwig XIII. im Jahr 1624 inmitten einer sumpfigen, von Wäldern und Ried umgebenen Ebene hatte erbauen lassen. Bereits als Knabe lernte der Thronfolger das Jagen. „Ich werde nie verstehen", schrieb der Herzog von Saint-Simon später in seinen Memoiren, „warum der König Saint-Germain-en-Laye mit seinen Wäldern, Flüssen und Weiden gegen Versailles eintauschte: den tristesten und unwirtlichsten Platz auf Erden, ohne Ausblick, Wasser oder Ackerland, dafür aber umso sandiger und sumpfiger."
Ab 1661 errichtete Louis Le Vau den Kernbau um die Cour d'honneur (Ehrenhof), heute Cour Royale. Der ursprüngliche Bau ist noch in der Cour de Marbre (Marmorhof) zu erkennen. Bevor mit dem Umbau des Schlosses begonnen wurde, legte André Le Nôtre das grandiose Gartenareal an, das für die Vergnügungsfeste des Königs genutzt wurde. Höhepunkt dieser Feste war 1664 das drei Tage dauernde „Fest der verzauberten Inseln", das in die Geschichte einging.
Ludwig XIV. wollte das geliebte Jagdschloss seines Vaters keinesfalls aufgeben, deshalb beschloss er, es zu vergrößern. Das Modell, an dem er sich orientierte, hatte er bereits vor Augen: Es war das herrliche Schloss von Vaux-le-Vicomte, das von 1656 bis 1661 für seinen Finanzminister Nicolas Fouquet nordöstlich von Melun erbaut worden war. Ludwig XIV.

43 oben *Über eine breite Treppe gelangt man zum Bassin de Latona (hier von der Gartenseite aus fotografiert), genannt: „Latona unter den in Frösche verwandelten Aufrührern."*

43 unten *Die Gärten sind ein Meisterwerk der Landschaftsarchitektur. Weite Flächen wechseln mit Labyrinthen, Wasserbecken und Statuen von Nymphen, Göttern, Sphingen und Titanen. André Le Nôtre (1613–1700) legte den herrlichen Barockgarten von 1662 bis 1688 an. Er prägte die europäische Gartenarchitektur bis ins 18. Jahrhundert.*

42 unten rechts *Jules Hardouin-Mansart (1646–1708), seit 1674 Hofarchitekt Ludwigs XIV., trug wesentlich dazu bei, dass Versailles seine heutige Gestalt erhielt. 1699 ernannte der Sonnenkönig Hardouin-Mansart zum „Surintendant des Bâtiments du Roi". Er vermochte die kulturpolitischen Vorstellungen des Monarchen perfekt umzusetzen: Versailles gilt bis heute als Ausdruck der absoluten Macht des Sonnenkönigs.*

42–43 *Diese Luftansicht zeigt Versailles, eines der perfektesten Beispiele französischer Architektur des 17. Jahrhunderts, in all seiner Pracht. Mit vier Millionen Besuchern gehört das Schloss nach dem Louvre zu den meistbesuchten Stätten Frankreichs.*

44 oben *Das „Viergespann des Apollo" entsteigt dem Großen Kanal, um seinen Lauf über den Himmel zu beginnen. Das achteckige Becken mit der Skulptur von Jean-Baptiste Tuby in der Mitte bildet den Endpunkt einer ausgedehnten Grünfläche.*

44–45 *Das Gartenparterre zeigt die allegorischen Gestalten der Flüsse Frankreichs. Die beiden großen Becken verleihen dem Garten durch ihre Fontänen Dynamik, dienen zugleich aber auch als Spiegel, in denen Betrachter bestimmte architektonische Details des Schlosses noch einmal wahrnehmen können.*

44 unten links *Dieses Bild zeigt den Marmorhof, dessen Name sich auf die Pflastersteine bezog. Das Schloss bildet den Kern der Anlage von Versailles, und die ältesten Gebäude befinden sich, auch wenn sich ihr Aussehen verändert hat, noch immer im Zentrum des Schlosses.*

zog den Architekten Louis Le Vau, den Maler Charles Le Brun und den Gartenarchitekten André Le Nôtre heran. Le Vau baute die erste Orangerie und entwarf die Ménagerie. 1668 begann man nach seinen Plänen mit dem Erweiterungsbau an der Gartenfassade, deren Gliederungssystem auch für das gewaltige Erweiterungsprojekt Jules Hardouin-Mansarts verbindlich blieb. 1672 nahm Le Vau das Appartement des Bains sowie die Botschaftertreppe (Escalier des Ambassadeurs) in Angriff.
Jules Hardouin-Mansart führte ab 1678, inzwischen Architecte du Roi, die Arbeiten weiter. Er bemühte sich, dem Schloss eine einheitliche Linie zu geben. Die Terrasse, die sich zu den Gärten hin öffnete, musste der herrlichen Galerie des Glaces, der Spiegelgalerie, weichen. Vergeblich versuchte Jean-Baptiste Colbert, Generalkontrolleur der Finanzen und Nachfolger von Fouquet den Herscher davon zu überzeugen, dass Versailles den Todesstoß für die durch unzählige Kriege erschöpften Finanzen des Lands bedeute. Allein im Jahr 1684 beliefen sich die Kosten auf ca. acht Millionen Francs. Als einzige Antwort veranstaltete der Sonnenkönig ein weiteres legendäres Fest, das Unsummen verschlang.
1682 siedelte Ludwig mit seinem Hof nach Versailles über. Nun erst entwickelte sich das Schloss zu dem Barockpalast, der in der ganzen Welt als Symbol absolutistischer Macht gilt. Frankreich war inzwischen zur wichtigsten europäischen Nation aufgestiegen, und von Versailles aus fällte der Sonnenkönig seine Entscheidungen. Eigentlich konnte man nicht mehr von einem einfachen Schloss sprechen, lebten hier doch ständig etwa 20000 Personen, darunter unzählige Höflinge und Diener. Sie fanden sich täglich zu bestimmten Ritualen etwa dem morgendlichen „Lever du Roi" (der Aufstehzeremonie des Königs) ein, um dem Herrscher zu huldigen und einen Blick von ihm zu erhaschen oder gar ein Wort von ihm zu hören. Jeder Schritt des Königs war bis ins kleinste Detail geregelt und bot ihm die Möglichkeit, Gunstbeweise (zum Beispiel das Entfernen des Nachtgeschirrs) zu verteilen oder in Ungnade gefallene Höflinge durch Nichtbeachtung zu strafen.
Die Bauarbeiten dauerten während der gesamten Herrschaft Ludwigs XIV. an. Man vergisst oft, dass sie nicht nur Geld, sondern auch zahlreiche Menschenleben kosteten. Rund 30000 Arbeiter waren ständig am Werk, Tausende von ihnen starben bei Unfällen, verhungerten oder erfroren. Viele Opfer forderte auch der nutzlose Versuch, die nahe gelegene Eure umzuleiten, um das rund 60 km lange Netz von Kanälen mit Wasser zu füllen, das die Gärten des Schlosses durchzog.
Das kleine Dorf Versailles, das bis 1661 nur aus einigen Bauernhöfen bestanden hatten, beherbergte 1713 etwa 45000 Einwohner. Der König hatte verfügt, dass kein Haus höher sein dürfe als das Schloss, eine heute noch respektierte Regel. Auf der Straße von Paris nach Versailles herrschte reger Betrieb, denn viele Höflinge, die im Schloss selbst keine Wohnung bekommen hatten, fanden sich täglich im Schloss ein.
Versailles war nach strengen Regeln gegliedert: Prinzen, Minister und hohe Würdenträger lebten im Nord- und im Südflügel mit Blick auf die Gärten,

45 oben *Eine ausgeprägte Liebe zum Detail kennzeichnet alle Gebäude und Skulpturengruppen in Versailles. Drei Männer, der Architekt Louis Le Vau, der Maler Charles Le Brun und der Gartenarchitekt André Le Nôtre, ermöglichten es dem König, seinen Traum zu verwirklichen. Zuvor hatten sie bereits Vaux-le-Vicomte, das Schloss für Ludwigs Finanzminister Nicolas Fouquet erbaut.*

45 unten *Dieses Gemälde von Jean-Baptiste Martin (1659–1735) zeigt König Ludwig XIV. auf dem Rücken seines Pferds. Im Hintergrund erkennt man das bereits weitgehend fertig gestellte Schloss von Versailles.*

44 unten rechts *Die Fassade des Prinzenflügels öffnet sich zu den Gärten hin. Hier liegt sie im warmen Licht der untergehenden Sonne und spiegelt sich im Wasser des Gartenparterre.*

während die Appartements der Höflinge sich zur Stadt hin öffneten. Die königlichen Gemächer befanden sich im ersten Stock des Mitteltrakts, die des Herrschers lagen nach Norden, die seiner Gemahlin nach Süden hin. Zwei Marmortreppen, die heute nicht mehr existierende Botschaftertreppe und die Treppe der Königin, führten zu ihnen empor.
Der König selbst verfasste im Jahr 1689 eine kleine Schrift mit dem Titel „Manière de montrer le jardin de Versailles", die heute in der Pariser Nationalbibliothek aufbewahrt wird. Darin gibt er Hinweise zur Besichtigung des Gartens von Versailles, den Le Nôtre ganz nach seinen Vorstellungen gestaltet hatte. Ludwig XIV. liebte hohe Bäume und wählte persönlich Pinien, Pappeln und Platanen aus, die er aus allen Teilen Frankreichs, aus Flandern und Italien kommen ließ. Ebenso sehr mochte er Blumen, besonders stark duftende, und der Gärtner Le Bouteux war ständig auf der Suche nach neuen und seltenen Arten, an denen der König Gefallen finden konnte. Zwar gibt es kein Bild, das den Sonnenkönig in den Alleen von Versailles zeigt, doch kann man ihn sich in seinen kostbaren Gewändern, mit Schnallenschuhen und Federhut gut vorstellen, wie er, von Höflingen umgeben, die Rabatten, Brunnen und Wasserbecken entlangschritt.
Für einige der Becken hatte man sogar eigens Gondeln aus Venedig im-

portieren lassen. Gegen Ende seiner Herrschaft gehörte der Park zu Ludwigs liebsten Beschäftigungsfeldern. André Le Nôtre (1613–1700), Sohn des königlichen Gartenbaumeisters Jean Le Nôtre, hatte bei dem Maler Simon Vouet studiert und sich mit der römischen Kultur vertraut gemacht. In ihm fand Ludwig den perfekten Gartenarchitekten, der jede seiner extravaganten Ideen umzusetzen vermochte. Le Nôtre entwarf keinen einfachen Garten, sondern eine barocke Parklandschaft voller Überraschungen. Hier konnte der König seiner Phantasie freien Lauf lassen und die Szenerie für seine wundervollen Feste nutzen. Der Architekt formte die Natur wie eine Theaterbühne, er setzte unterschiedliche Effekte ein, schuf Vorhänge aus Baumreihen und markierte die Eckpunkte mit kleinen Wäldchen. Mythologische Figuren, Wasserbecken, Fontänen und Labyrinthe sorgten für Abwechslung. Im Grand Canal schwamm eine Miniaturflotte mit Kriegsschiffen für nachgestellte Seeschlachten, ein beliebter Zeitvertreib

47 links *Der persönliche Geschmack des Königs und sein Wille, jeden Besucher in Erstaunen zu versetzen, spiegeln sich deutlich im Salon de Mars wider. Der Raum mit der vergoldeten, bemalten Decke und dem roten Damast an den Wänden gehörte ebenfalls zu den Grands Appartements. In diesem Saal fanden Bälle und Konzerte statt.*

47 oben rechts *Der Salon de Diane besticht vor allem durch die zahlreichen Gemälde und Fresken, die die großen Deckenlünetten zieren. Zum Dekor gehören ferner erlesen geschmückte Paneele und Marmorbüsten, darunter ein berühmtes Porträt Ludwigs XIV. von Bernini. Motive aus Schifffahrt und Jagd, die sich mit dem Mythos der Diana verbinden, stehen im Vordergrund. Dieser Raum war ebenfalls ein Teil der Grands Appartements.*

46–47 *Der Salon de l'Abondance gehört zu den persönlichsten Räumen in den königlichen Gemächern. Der üppige Dekor umfasst viele Gemälde, darunter Porträts von Königen in Barockrahmen, außerdem Büsten von Philosophen und kostbare Möbel. Die Wandbespannung wechselte man im Rhythmus der Jahreszeiten aus.*

46 *Der Salon de Vénus befindet sich in den Grands Appartements und ist der gleichnamigen Göttin gewidmet. Die Decke zieren Fresken mit Szenen aus der antiken Mythologie; in den Marmornischen stehen Statuen antiker Helden.*

47 unten rechts *Dieses Detail eines wundervollen Deckengemäldes („Apotheose des Herkules; 1733–1736) zeigt die Vergöttlichung des Herkules. Es stammt von François Lemoyne (1688–1737) und befindet sich im Salon d'Hercule. Dieser Raum verbindet den älteren Teil des Schlosses mit einem der neuen Flügel, den Jules Hardouin-Mansart entwarf.*

des Hofs. Le Nôtre teilte das Areal nach dem klassischen Kanon in drei Teile: das Broderieparterre, die Boskette aus beschnittenen Hecken und den Park mit seinen wuchernden Baumbeständen. Kanäle und Wege durchschneiden die symmetrische Anlage, und Gartenplastiken komplettieren die dekorative Komposition. Die Gärten boten Raum für ein romantisches Tete-a-Tete, höfische Intrigen, ausgedehnte Spaziergänge und heimliche Treffen. Sie sind in west-östlicher Richtung angelegt, sodass der König von seinen Gemächern aus genau auf die Königsallee blickte, die hinter dem Apollobecken beginnt und sich über 3 km schnurgerade vom Schloss am Grand Canal entlangzieht. In regelmäßigen Abständen gehen quer oder diagonal verlaufende Wege ab, die zu den entfernteren Teilen des Parks führen.

Im Jahr 1661 begannen 50 der besten französischen Bildhauer den Garten mit Statuen zu bestücken. Zu ihnen gehörten François Girardon, Antoine Coysevox, Étienne Le Hongre und viele weitere Mitglieder der Académie Royale, die zunächst unter der Leitung des Hofmalers Charles Le Brun, später unter Jules Hardouin-Mansart arbeiteten. Zuerst fertigten sie Modelle aus Gips und stellten diese eine Zeit lang in den Alleen des Parks auf. Natürlich entschied letztlich der König darüber, ob die Statuen in Bronze gegossen werden sollten. Dies geschah dann in der königlichen Kanonenschmiede der Gebrüder Keller. Andere Statuen schuf man aus rosafarbenem Marmor aus dem Languedoc oder aus grünem pyrenäischem Marmor. Die Gärten bilden eine Art Olymp mit Figuren aus der antiken Mythologie. Die Titanen und Giganten in den Brunnen und Fontänen wirken, als seien sie in ewige Kämpfe verstrickt. Diese Welt aus Stein inspirierte den Sonnenkönig, der seine Höflinge nur allzu gerne mit Charakteren aus der Welt der Göttersagen verglich. Eines Tags befand der Herrscher die Figuren jedoch für zu ernst und befahl, ihnen junge Tänzer und Cupidi zur Seite zu stellen. So entstand die Wasserallee, in der steinerne Knaben und Mädchen in Dreiergruppen zu tanzen scheinen, während sich das Wasser wie ein silberner Vorhang über sie ergießt. Die über 300 Figuren bilden heute zusammen mit den Büsten, Marmorvasen und Bronzegruppen das größte Freilichtmuseum der Welt.

48 Mitte links *Den Salon de la Guerre (Salon des Kriegs) dekorierte Coysevox mit Medaillons, die die Siege des Sonnenkönigs zeigen. Das bekannteste Stuckrelief ist wohl „Ludwig XIV. zu Pferde", das einen Teil der Wandverkleidung darstellt (links).*

48 unten links *Ludwig XIV. ließ sich gerne als Friedensbringer darstellen. Das Gemälde Lemoynes, das den König in dieser Funktion zeigt, gab dem Salon de la Paix seinen Namen.*

48 oben rechts *Die Pläne zur Oper entstanden unter Ludwig XIV., der Bau geht auf Ludwig XV. zurück. In dem wohlproportionierten Saal fanden 1000 Besucher Platz. Der Boden lässt sich auf die Höhe der Bühne bringen, sodass man den Raum für Bälle nutzen konnte.*

48 Mitte rechts *Hauptmerkmal des Salons de l'œil-de-bœuf ist das große ovale, von goldenem Stuckwerk eingerahmte Fenster.*

48 unten rechts *Die Dekoration des Spiegelsaals schuf Le Brun. Sie illustriert wichtige Ereignisse aus dem Leben des Sonnenkönigs. Ludwig erscheint auf den Gemälden in Gestalt eines antiken Helden.*

49 *Jules Hardouin-Mansart schuf die zweigeschossige Schlosskapelle am nördlichen Flügel. Sie wurde 1710 von Robert de Cotte vollendet. Die Empore war Mitgliedern der königlichen Familie vorbehalten.*

In den Gärten fanden regelmäßig Konzerte mit Barockmusik statt, untermalt vom leisen Plätschern des Wassers in den Fontänen. Noch immer ziehen die Wasserspiele in Versailles viele Besucher an. Zwischen Mai und September finden sich an manchen Sonntagen Tausende von Zuschauern ein. Am Neptunsbecken gibt es auch Vorführungen bei Dunkelheit, die noch an die Zeit des Sonnenkönigs erinnern. Aus Neptuns Mund sprudeln 44 Fontänen bis zu 20 m hoch. In der Thetisgrotte imitiert eine hydraulische Uhr den Gesang der Vögel und die vier Pferde des

Apollo scheinen aus den Tiefen der Fluten emporzusteigen.
Viele Bereiche des Parks und Statuen aus der Zeit Ludwigs XIV. sind heute verschwunden, doch kann man sie noch auf Bildern im Museum von Versailles bewundern. Zum Beispiel ersetzte der romantische englische Garten die Königsinsel.
Es war nicht leicht, den Garten mit Wasser zu versorgen. Im Jahr 1665 gab es nur eine einzige Pumpe, die 600 m³ Wasser pro Tag lieferte. Ein Jahrzehnt später baute man ein Meisterwerk der Hydraulik, das die achtfache Menge bereitstellte.
Die Herrschaft Ludwigs XIV. war keine Zeit ungetrübten Glücks und die Bewohner von Versailles lebten nicht

50–51 *Die Schlachtengalerie im Musée de Versailles ist 110 m lang. König Louis Philippe ließ sie zu Ehren der großen militärischen Siege Frankreichs erbauen. Dafür mussten vier Appartements von Mitgliedern der königlichen Familie weichen. Die Gemälde zeigen Könige und berühmte Generäle auf dem Schlachtfeld.*

51 oben *Dieses Gemälde von Horace Vernet trägt den Titel „Die Schlacht von Jena". Es zeigt Napoleon, der unter einem wolkenverhangenen Himmel seine Truppen abreitet.*

51 unten *Am 21. Dezember 1242 siegte Ludwig der Heilige in der Schlacht von Taillebourg. Der Maler Eugène Delacroix (1798–1863) malte die Szene nach seinen Vorstellungen („Schlacht von Taillebourg", 1837).*

unbedingt in einem Paradies auf Erden. Im Winter 1709 brach eine Hungersnot aus, während gleichzeitig eine entsetzliche Kälte herrschte. Durch den Park streunten beutegierige Wölfe. 1711 starb der Thronfolger als letztes von sieben unehelichen Kindern des Sonnenkönigs. 1714 traf das gleiche Schicksal den Herzog von Berry, den Enkel Ludwigs XIV. Nur ein Urenkel war noch am Leben, ein Kind, das als Ludwig XV. (1710–1774) den Thron besteigen sollte. Im Jahr 1715 starb Ludwig XIV.

Schon bald nach seiner Krönung verließ sein Nachfolger Versailles und wohnte fortan in Vincennes. 1722 kehrte er jedoch mit seinem Hofstaat nach Versailles, seinen Geburtsort, zurück. Er führte die unter Ludwig XIV. begonnenen Arbeiten zu Ende und initiierte einige eigene Projekte, zum Beispiel den Salon d'Ercole, die Oper und das Petit Trianon, das nach Entwürfen des Architekten Jacques-Ange Gabriel errichtet wurde. Andere Teile des Schlosses wie das Appartement des Bains und die Botschaftertreppe ließ er abreißen. Schließlich modernisierte er die Gemächer des Königs, der Königin und der Prinzen.

Gabriel baute das Neptunsbecken um und stellte die Statuen von Adam, Bouchardon und Lemoyne auf. Ludwig XVI. plante weitere tief greifenden Veränderungen am Schloss. Zunächst ließ er jedoch neue Bäume im Park pflanzen. 1783 ließ er den Hameau de la Reine errichten.

Am 5. Mai 1789 kurz vor Ausbruch der Französischen Revolution versammelten sich die Generalstände in Versailles. Zunächst hoffte der Adel noch auf eine friedliche Lösung, doch dann überstürzten sich die Ereignisse.

In der Nacht des 6. Oktober verließ der König heimlich das Schloss und traf mit Marie Antoinette zusammen, die ihre Gemächer ebenfalls in aller Eile geräumt hatte. Marie Antoinette war 1770 mit Ludwig XVI. verheiratet worden und fand sich im luxuriösesten Schloss Europas an der Seite eines Jünglings wieder, der lieber zur Jagd ausritt, als sich seiner Gattin zu widmen. Die Königin vertrieb sich die Zeit damit, Unsummen zu verschwenden, wodurch sie sich beim Volk von Paris äußerst unbeliebt machte.

Am 21. Juni 1791 wurde Ludwig XVI. auf der Flucht in Varennes entdeckt. Die revolutionsfeindliche Haltung des Königs führte schließlich am 10. August 1792 zum Sturm auf die Tuilerien. Ludwig wurde abgesetzt und mit seiner Familie im „Temple"

50 unten links *E. Fragonard (1780–1850) malte dieses Bild, das Franz I. am 14. September 1515 auf dem Schlachtfeld von Marignano zeigt.*

50 unten rechts *Auf diesem Bild Pigots aus dem 19. Jahrhundert belagert der Herzog von Guise Mitte des 16. Jahrhunderts die Stadt Calais.*

52–53 *Die Salle des Gardes de la Reine gehört zu den Räumen, in denen Handwerker und Architekten den Dekor besonders üppig gestalteten. Marmor, Flachreliefs und die Gewölbedecke, die Noël Coypel mit mythologischen Fresken bedeckte, bilden die Ausstattung.*

52 unten links *Das Schlafzimmer des Königs, das Herz des Schlosses, wurde im ursprünglichen Stil wiederhergestellt. Die Gemälde an den Wänden hatte der 1715 verstorbene Sonnenkönig zum größten Teil persönlich ausgewählt.*

52 unten rechts *Das Uhrenkabinett gehört zu den Petits Appartements und öffnet sich zur Cour de Marbre hin. Der helle Raum mit vergoldeten Stuckverzierungen verdankt seinen Namen der astronomischen Uhr aus dem 18. Jahrhundert.*

53 unten *Das Schlafzimmer der Königin wurde meisterhaft restauriert. Eine Lyoner Seidenmanufaktur bildete sämtliche Stoffe und Teile des Vierpfostenbetts auf der Grundlage von Stichen und Originalstofffragmenten nach. Der Raum gehört zu den geschichtsträchtigsten des Schlosses, denn hier kamen immerhin 19 blaublütige Kinder zur Welt. Zwei französische Königinnen und zwei Prinzessinnen starben hier. Marie Antoinette hielt sich am 6. Oktober 1789 in diesem Raum auf, als die Revolutionäre das Schloss umstellten.*

53 oben links *Dieses Foto zeigt den Deckel einer Schmuckschatulle aus der Werkstatt des Goldschmieds Schwerdtfeger. Sie steht im Schlafzimmer der Königin.*

53 oben rechts *Der Maler Jean Nocret verewigte die Mitglieder der königlichen Familie als Götter auf dem Olymp. Der Sonnenkönig, natürlich in Gestalt des Zeus, sitzt auf der rechten Seite im Kreise seiner Frau und seiner Kinder.*

inhaftiert. Am 21. Januar 1793 wurde der König auf der Place de la Concorde hingerichtet. Das gleiche Schicksal ereilte Marie Antoinette: Sie wurde am 16. Oktober 1793 geköpft.
Vor der Revolution umfasste das Gelände von Versailles eine Fläche von 8000 ha, um die sich eine fast 40 km lange Mauer zog. Von den ehemals 24 Eingängen sind nur noch fünf geblieben. Auch ein Teil des kleinen Parks, der große Park, in dem der König zu jagen pflegte, und die Dörfer innerhalb der Umfassungsmauer sind verschwunden. Heute beläuft sich die Gesamtfläche nur noch auf 850 ha.

Es dauerte über 50 Jahre, bis Versailles den Vorstellungen des Sonnenkönigs entsprach. Ludwigs Nachfolger nahmen Veränderungen vor und gaben dem Schloss und den Gärten schließlich jenes Aussehen, das Besucher heute noch fasziniert.
Während und nach der Französischen Revolution wurde das Schloss geplündert. Was dabei nicht entwendet oder zerstört worden war, brachte man in den Louvre; Bücher und Medaillen erhielt die Bibliothèque Nationale, und die Möbel wurden versteigert.
In den leeren Räumen quartierte man das Institut für Naturgeschichte, eine

54 oben *Die Portikus des einstöckigen Grand Trianons öffnet sich zum Garten hin. Die Fassaden sind heute mit weißem und rosafarbenem Marmor verkleidet.*

54 Mitte *Den Liebestempel im Park des Petit Trianons entwarf Richard Mique im Jahr 1778 für Marie Antoinette. Eine Kopie von Edmé Bouchardons Statue „Amor" steht in der Mitte. Das Original befindet sich im Louvre.*

Bibliothek, ein Konservatorium und ein Museum ein. Von 1833 bis 1837 ließ Louis Philippe das Schloss als Nationalmuseum wiederherstellen. Nach dem Ersten Weltkrieg konnte man mit Spendengeldern des amerikanischen Millionärs Rockefeller mit der Sanierung des Schlosses beginnen. Die französische Regierung setzte die Arbeiten nach 1945 fort.

Wenn man die vergoldeten Eingangsgitter hinter sich gelassen hat, betritt man eines der prächtigsten Königsschlösser der Welt. Unzählige Spiegel, mächtige Treppen, mit kostbarer Seide bespannte Räume, Damasttücher und riesige Leuchter, Glanz und königliche Grandeur ziehen jeden Besucher in ihren Bann. In der Cour des Ministres (Ministerhof) befanden sich die Gebäude der königlichen Regierungsbeamten, in der Cour Royale steht ein Reiterstandbild Ludwigs XIV. aus dem Jahr 1835. Um die Cour de Marbre (Marmorhof) gruppieren sich die ältesten Teile des Schlosses.

Die Westfassade des Schlosses ist über 570 m lang. Im Inneren liegt die Enfilade der Säle mit Porträts von Königen, Königinnen, Mätressen und hochrangigen Persönlichkeiten. Das große Appartement des Sonnenkönigs stattete eine Lyoner Seidenmanufaktur in zweijähriger Arbeit mit den originalen Seidenstoffen aus. Im Schlafzimmer von Marie Antoinette kamen immerhin 19 blaublütige Kinder, darunter Ludwig XV. und Ludwig XVII., zur Welt. Zwei Königinnen und zwei Prinzessinnen starben hier.

Im Thronsaal steht der 3 m hohe Thron Ludwigs XIV. auf einem goldenen Teppich. Den berühmten Spiegelsaal, der 73 m lang und 10,5 m hoch ist, schuf Hardouin-Mansart zwischen 1678 und 1684. Die Dekoration stammt von Le Brun; zum Dekor gehören ferner Marmorbüsten und vergoldete Fackeln. Durch 17 große Fenster fällt Licht auf die 17 blinden Bögen mit 306 Spiegeln und auf die Möbel aus massivem Silber an den Wänden. Es handelt sich um Nachbildungen, da man die Originale eingeschmolzen hatte, um Kriegsschulden zu begleichen. Der Raum diente als Durchgangssaal und für Staatsempfänge. Am 28. Juni 1919 wurde hier der Versailler Vertrag unterzeichnet.

54 unten *1764–1768 schuf Jacques-Ange Gabriel das Petit Trianon, das in der Nähe des Grand Trianons steht, im neoklassizistischen Stil. Ludwig XV. verbrachte hier angenehme Stunden mit seiner Mätresse Madame Dubarry.*

54–55 *Ludwig XIV. nutzte das Grand Trianon als Rückzugsort. Es wurde 1687 bis 1688 von Hardouin-Mansart geschaffen, aber erst 1710 vollendet. Nur enge Familienangehörige und einige wenige Diener hatten hier Zutritt. Auch Marie Antoinette liebte das Schlösschen sehr. Sie ließ die Gärten in ihrer bis heute erhaltenen Form anlegen.*

55 oben *Dieses Bild, das im Schloss hängt, zeigt das Grand Trianon, wie es im 17. Jahrhundert aussah.*

55 unten *Der Hameau de la Reine steht am Ufer eines kleinen künstlichen Teichs im Park des Petit Trianons. Das rustikale Gut unterschied sich grundlegend vom Rest des Parks. Hier schlüpften Königin und Hofdamen in die Rolle von Bauersfrauen und inszenierten romantische Schäferspiele.*

Es folgen die Appartements de la Reine, die Salle des Gardes de la Reine (Saal der Wachen der Königin), der Krönungssaal, die Appartements du Dauphin et de la Dauphine und die Oper. Dieses Meisterwerk begann der Architekt Gabriel zwischen 1748 und 1749, es wurde jedoch erst von 1762 bis 1770 zur Hochzeit Ludwigs XVI. und Marie Antoinettes fertig gestellt. Das Grand Trianon, das Le Vau als Lustschlösschen für Ludwig XIV. und Madame de Maintenon erbaute, ein Traum aus weißen und blauen Porzellankacheln, begeisterte bereits die Zeitgenossen des großen Monarchen. Hier konnte sich der König ungestört mit seiner Mätresse treffen. Das Porzellan ist nicht mehr erhalten, doch wirkt das ganz in weißem und rosafarbenem Marmor gehaltene Grand Trianon so prunkvoll wie eh und je. 1763 befahl Ludwig XV. seinem Architekten Gabriel, einen neuen Pavillon zu errichten, der genug Raum zum Wohnen bieten sollte. 1768 entstand das Petit Trianon. Ludwig XVI. machte es seiner Gemahlin Marie Antoinette zum Geschenk. Später bevorzugte sie jedoch den Hameau de la Reine, ein künstlich angelegtes Gut, das an einem kleinen Teich lag.
Der Hameau gehörte zu den letzten Rückzugsorten der Monarchie vor dem Ausbruch der Französischen Revolution, eine Theaterkulisse fernab vom wirklichen Leben, das mit der Phantasiewelt der letzten absolutistischen Herrscher Frankreichs nichts gemein hatte.

56 oben *Die Chambre de l'Empereur (Schlafzimmer des Kaisers) im linken Flügel des Grand Trianons wurde ursprünglich für Ludwig XVI. erbaut. Später nutzte Marie Antoinette den Raum. Der Dekor mit exotischen Accessoires, Möbeln im Empirestil und korinthischen Säulen entspricht vollkommen dem Geschmack der damaligen Zeit.*

56 unten *Im Theater der Königin in den Gärten des Trianons veranstaltete Marie Antoinette Vorführungen, zu denen sie nur wenige Auserwählte einlud.*

56–57 *Auch das Grand Trianon besitzt einen Spiegelsaal, den Ludwig XV. als Kabinettsaal nutzte. Die Ausstattung der Appartements in diesem Gebäude wurde während der Französischen Revolution geplündert und zerstört. Napoleon I. ließ sie wieder herrichten.*

57 unten links *Fünf Kronleuchter im Empirestil beleuchten 24 Gemälde von Cotelle in der Halle des Grand Trianons.*

57 unten rechts *Der Grüne Salon trägt seinen Namen aufgrund der Farbe der Möbel und der Wandverkleidung. Er zählt zu den am reichsten ausgestatteten Räume des Grand Trianons.*

SCHLOSS CHAMBORD

Prachtbau an der Loire

Weder Blois noch Amboise oder eines der anderen malerischen Schlösser an der Loire genügten dem französischen König Franz I., um seine Macht und Größe zur Schau zu stellen. Als der Monarch von seinen ersten erfolgreichen Feldzügen heimkehrte, war er beseelt von dem Wunsch, ein großes, spektakuläres und außergewöhnliches Jagdschloss zu errichten. Er wollte mit dem Bau von Chambord ein Schloss schaffen, das Ausdruck seiner Persönlichkeit war, und das die Nachwelt ausschließlich mit ihm in Verbindung bringen sollte.

Der König ritt durch das Loiretal, das die französischen Könige seit langem zu ihrem Sitz auserkoren hatten, bestieg in Gien ein Boot und begab sich auf die Suche nach dem idealen Ort für sein Vorhaben. Die Dächer des Schlosses von Sully zogen ebenso an ihm vorbei wie La Bussière und die Zitadelle von Beaugency. Schließlich gelangte der Monarch in einen riesigen Wald in der menschenleeren Sologne im Département Loire-et-Cher. Dieser Wald war reich an Wild und eignete sich perfekt als Jagdrevier. Der König gab den Befehl zum Anlegen und ritt am Fluss Cosson auf dem alten Weg entlang, der die Täler von Loire und Cher miteinander verband. Hier besaßen die Grafen von Blois bereits ein kleines Jagdschlösschen aus dem 12. Jahrhundert, das der König zum größten Renaissanceschloss Europas ausbauen sollte. Das sumpfige Terrain war zwar zum Bebauen ungeeignet, doch wagte niemand sich dem Befehl des Königs zu widersetzen. Außer der Liebe zur Jagd beeinflussten vermutlich noch andere Gründe die Wahl des Herrschers: Nicht weit entfernt befand sich die Stadt Blois, die unter Ludwig XII. zur französischen Hauptstadt aufgestiegen war. Die dortige Residenz gehörte jedoch nicht Franz I., sondern seiner Gattin Claudia. Außerdem lag das Schloss von Amboise, in dem der König seine Jugendjahre verbracht hatte, in der Nähe.

Im Jahr 1519 begann man mit den Arbeiten. 1800 Arbeiter, Zimmerleute, Maurer und viele andere Handwerker errichteten ein gewaltiges Schloss mit insgesamt 400 Räumen, 80 Treppen, 365 Fenstern, 300 Feuerstellen und einem Wald von Giebeln, Türmchen und Kaminen auf dem Dach. Überall leuchtete die goldene Lilie auf blauem Grund, das Symbol der französischen Könige. Das Schloss liegt in einem 5500 ha großen Park, in dem es viel Wild gibt. Um den Park zieht sich eine 32 km lange Mauer, mit deren Bau man im Jahr 1542 begann, vollendet wurde sie jedoch erst 1645 unter Gaston von Orléans.

Eigentlich wollte der König die Loire umleiten, doch begnügte er sich letzt-

58 oben rechts *Dieser Stich aus dem 19. Jahrhundert zeigt Franz I. mit seiner Schwester Margarete von Navarra. Das Bild hängt im Schloss von Chambord.*

58 unten links *Diese Ansicht von Chambord findet sich auf einer Sèvres-Vase aus dem Jahr 1824. König Karl X. ließ sie für einen der Räume des Schlosses anfertigen.*

58–59 *Chambord gehört zu den schönsten und bekanntesten Schlössern der Loire. Die Bauarbeiten zogen sich über mehrere Jahrzehnte hin.*

Franz I. wollte mit Chambord ein Schloss errichten, das alle anderen Königsschlösser entlang der Loire übertreffen sollte. Am 6. September 1519 unterzeichnete er den königlichen Befehl, der den Bau einleitete. Leider sind nur wenige Dokumente erhalten, die Auskunft über das Projekt, seine Planung und die angefallenen Kosten geben könnten. Das Schloss liegt in einem 5500 ha großen Park. Schon von weitem sieht man die imposante Dachterrasse, deren Giebel, Türmchen und Kamine wie eine Miniaturstadt wirken.

59 oben links *Dieser Gobelin aus dem 16. Jahrhundert zeigt Franz I. beim Aufbruch zur Jagd. Die Jagdleidenschaft des Königs bestimmte unter anderem den Ort, den er für sein Schloss wählte, wesentlich mit. Es liegt inmitten der wild- und waldreichen Sologne im Département Loire-et-Cher.*

59 oben rechts *Vermutlich entwarf der geniale Maler und Erfinder Leonardo da Vinci Teile des Schlosses. Die Doppelwendeltreppe, eines der Wahrzeichen des Schlosses stammt mit großer Wahrscheinlichkeit von ihm.*

endlich damit, den Graben mit Wasser aus dem nahe gelegenen Cosson zu füllen.
Franz I. rief berühmte Künstler an seinen Hof, die an den Entwürfen mitwirken sollten. Zu ihnen gehörten vermutlich Leonardo da Vinci sowie Domenico da Cortona (Boccadoro), ein Schüler von Giuliano da Sangallo. Der Monarch konzentrierte seine ganze Aufmerksamkeit und sein Vermögen auf Chambord.

Das absolutistische Weltbild ist in jedem Raum, ja fast in jedem Stein von Chambord präsent. Das gesamte Schloss ist nicht als Residenz – als Wohnung des Königs – angelegt, sondern versucht die Macht des Herrschers in Stein zu meißeln. Allerdings erinnert, von einigen speziell ausgestatteten Zimmern abgesehen, nicht mehr viel an die ursprünglich geplante Funktion des Schlosses als Jagdsitz. Offenbar wollte der König mit diesem Bau nicht nur seinen Untertanen, sondern auch den anderen europäischen Herrschern, insbesondere seinen größten Konkurrenten, dem Habsburger Karl V. und dem englischen König Heinrich VIII., seine Größe deutlich vor Augen führen.
Die gesamte Anlage basiert auf dem Grundriss eines griechischen Kreuzes, den man bis zu diesem Zeitpunkt vor allem beim Bau italienischer Kirchen verwendet hatte. Die Symmetrie der Gemächer und Suiten in den einzelnen Etagen ist nahezu perfekt: Zu

60 oben links *Die Abkürzung „FRF“ (François, Roi de France) prangt wie ein königliches Siegel auf zahlreichen Mauern des Schlosses. Auch das Wappentier des Königs, der Salamander, taucht überall auf.*

Mit großer Wahrscheinlichkeit schuf der geniale Leonardo da Vinci die zentrale Doppelwendeltreppe, auf der zwei Personen gleichzeitig auf- und abgehen können, ohne einander zu begegnen.
Über der Doppelwendeltreppe prangt eine riesige Lilie, das Symbol des Königs, ergänzt durch die Buchstaben FRF (François, Roi de France) und den Salamander, das Wappentier des Monarchen, das im gesamten Schloss über 700 Mal auftaucht. Einige Male ließ Franz I. seine Initialen auch so anbringen, dass Gott sie vom Himmel aus gut lesen konnte.

jedem Stockwerk gehören vier Türme, vier quadratische Räume und eine große kreuzförmige Halle. Die vier Tore liegen genau auf den Kardinalpunkten, vermutlich als Anspielung auf die Tore des himmlischen Jerusalem.
Zunächst beabsichtigte Franz I., das Gelände um das Schloss trockenlegen zu lassen und einen tiefen Graben um Chambord zu ziehen. Dieses Vorhaben hätte jedoch noch einmal so viel gekostet wie der gesamte Bau des Schlosses.
In der Vorstellung des Königs sollte man die Renaissancetreppe empor-

60 unten *Diese Luftansicht von Chambord macht die riesigen Ausmaße des Schlosses deutlich. Es liegt in einem 5500 ha großen Park und diente als Jagdsitz. Die 32 km lange Mauer und die Anlage mit dem großen Donjon und den vier Rundtürmen symbolisierten Macht und Stärke der französischen Monarchie.*

60–61 *Auch diese Luftansicht zeigt das Schloss, das Franz I. sein „chez moi“ (Zuhause) nannte. 1519 begann man mit den Bauarbeiten, doch erst 1552, fünf Jahre nach dem Tod des Königs, war das Schloss vollendet. Heinrich II., der Sohn Franz' I., ließ die Kapelle fertig stellen. Das riesige Schloss stand oft leer, denn die französischen Könige hielten sich hier nur selten auf.*

60 oben rechts und 61 unten *Dieses Bild vermittelt einen Eindruck von der Eleganz der italienischen Dachterrasse. Wenn man zwischen den Türmchen und Kaminen lustwandelt, erschließt sich der Reichtum des Dekors in seiner ganzen Fülle.*

62 oben *Das Sommergemach Franz' I. liegt im zweiten Stock. Es ist mit Jagdtrophäen und Tapisserien aus dem 17. Jahrhundert ausgestattet.*

62 Mitte links *Die Tapisserien in diesem Raum stammen aus dem späten 16. Jahrhundert. Sie zeigen Franz I. bei der Jagd.*

62 unten links *Das Schlafzimmer Ludwigs XIV. wurde 1681 eingerichtet. In diesem Raum logierte von Zeit zu Zeit auch der Herzog von Orléans. Acht Jahre lang (1725–1733) bewohnte der polnische Exilkönig Stanislaus I. Leszczynski die Gemächer.*

62 rechts *Zwei Treppen schließen die Ecken der äußeren Flügel ab. Sie sind im Stil der italienischen Renaissance erbaut und wirken daher besonders luftig und leicht.*

62–63 *Die eindrucksvolle Doppelwendeltreppe mit einer nach oben und einer nach unten führenden Spirale bildet den Mittelpunkt des Schlosses. Das Gewölbe zieren die Initialen des Königs und sein Wappentier, der Salamander.*

63 *An der Basis ist die Doppelwendeltreppe 7 m breit. Sie führt bis zur Laterne empor, die den gesamten Bau krönt.*

steigen, durch die Räume schreiten und schließlich eine der Dachterrassen betreten, von wo aus sich ein herrlicher Blick auf den riesigen Park bietet. Vor allem das Dach, das mit seiner Fülle an Giebeln, Türmchen und Kaminen von weitem wie eine Miniaturstadt wirkt, diente der Verherrlichung des Königtums und unterstreicht den Wunsch des Herrschers, seine Position zu bekräftigen. Ebenso wie das Dach ist auch das Innere des Schlosses ein Labyrinth, in dem man sich leicht verirren kann.
Die Appartements befinden sich in den vier Türmen. Die quadratischen Fenster im Stil der italienischen Renaissance öffnen sich zum Park hin, sodass man von hier aus den Auszug und die Rückkehr der Jäger beobachten konnte. Große Feuerstellen und Kamine fallen ins Auge; ansonsten entsprechen Möbel und Dekor ganz der französischen Tradition. Auch wenn sich der König nie lange hier aufhielt und das Schloss die meiste Zeit des Jahrs über verlassen war, galt es doch als Inbegriff der absoluten Monarchie. Es beeindruckte sogar Ludwig XIV., der Chambord zum idealen Veranstaltungsort für Feste und Paraden erkor und sich beim Bau von Versailles zweifellos von diesem Schloss inspirieren ließ.
In Chambord fand zum Beispiel die Uraufführung von Molières Theaterstück „Der Bürger als Edelmann“ statt. Erst nach Ludwig XIV. verlor das Schloss an Bedeutung, behielt jedoch seine symbolische Bedeutung, denn es machte nach wie vor deutlich, was absolute Macht allein durch den Willen und die Vorstellungskraft eines einzigen Herrschers hervorzubringen vermochte.
Im 17. Jahrhundert übernahmen die Grafen von Orléans das Schloss für eine Weile, und von 1725 bis 1733

__64 oben rechts__ Nur wenig erinnert in Chambord an Karl X. Er bestieg den französischen Thron im Jahr 1824. Er verfolgte das Ziel, die absolute Monarchie wieder einzuführen. In der Julirevolution des Jahrs 1830 wurde er jedoch gestürzt und floh nach England ins Exil.

__64 unten rechts__ Dieses Bild zeigt den Sonnenkönig Ludwig XIV. (1638–1715) in Militäruniform. Er liebte Chambord, hielt sich jedoch nur selten hier auf, um zu jagen oder Feste zu veranstalten.

__65 links__ Das erste Vorzimmer im Appartement von Ludwig XIV. ist mit Porträts von Königen, Königinnen und hochrangigen Adligen ausgestattet, die das Schloss besuchten.

__64–65__ Zwar ist das Schloss nur zum Teil möbliert, doch hängen in einigen Räumen wertvolle und interessante Porträts von Königen, Königinnen und bedeutenden Persönlichkeiten. Dieses Bild zeigt Maria Leszczynska, die Königin von Frankreich, die Ludwig XV. im Jahr 1725 heiratete.

überließ Ludwig XV. Chambord seinem Schwiegervater, dem polnischen König Stanislaus I. Leszczynski, als Exildomizil. Dieser befahl, den Wassergraben zuzuschütten, weil er im Sommer einen unerträglichen Gestank verbreitete.

Während der Französischen Revolution wurde Chambord wie die meisten anderen Symbole der verhassten Monarchie vollständig geplündert. Im 19. Jahrhundert kam es in den Besitz des Bourbonen Henri Charles, Graf von Chambord, der sich jedoch nicht lange hier aufhielt.

1932 kaufte schließlich der französische Staat das Schloss, ließ es mit einem gewaltigen Kostenaufwand renovieren und machte es der Öffentlichkeit zugänglich.

Chambord stand im Verlauf seiner über 400-jährigen Geschichte immer wieder über lange Phasen leer. Insgesamt war es nur 20 Jahre lang wirklich bewohnt, und keiner seiner späteren Besitzer wollte oder konnte die riesige Residenz seinem eigenen Geschmack oder seinen Bedürfnissen anpassen. Das Gleiche gilt auch für die meisten anderen großen Loire-Schlösser.

Da man beim Bau von Chambord von Anfang an einem einzigen Grundplan folgte, wirkt das Schloss außerordentlich einheitlich, was bei dieser Größe und Bedeutung äußerst selten der Fall war. Viele Gobelins und Accessoires zeugen von der leidenschaftlichen Begeisterung Franz' I. für die Jagd. Im Erdgeschoss des Schlosses dokumentiert ein Zyklus von Tapisserien die Geschichte der Jagden Franz' I. Auch Ludwig XIV. jagte gerne und verwandelte den Sport in ein spektakuläres Zeremoniell.

Seit 1947 ist der Park von Chambord ein Naturschutzgebiet, in dem vor allem Rotwild, Wildschweine und Füchse leben.

Während der Regierungszeit des französischen Präsidenten Georges Pompidou fanden private Jagden um Chambord statt, doch heute bleibt das Wild wieder weitgehend sich selbst überlassen.

1981 ernannte die UNESCO Chambord zum Weltkulturerbe. Neben Chenonceaux, das nur wenige Kilometer entfernt ebenfalls in einem wundervollen Park am Wasser liegt, und Versailles gehört es zu den meistbesuchten Schlössern Frankreichs und ist das Wahrzeichen des Loiretals.

Pro Jahr zieht es etwa 800 000 Besucher hierher, die sich in den Weiten des Parks ebenso verlieren wie im Labyrinth der Zimmer.

80 Schlafzimmer, das Kutschenmuseum, die königlichen Appartements, die Schlosskapelle und natürlich die Dachterrassen stehen zur Besichtigung offen. In einem bizarren Wald von Giebeln, Türmchen und Kaminen können die Touristen lustwandeln und den Blick auf den Park genießen.

Von hier herab blickte 1539 bereits Karl V., als er auf dem Weg nach Gent im Loiretal rastete.

Heute beherrschen Reisebusse und Gruppen aus aller Welt das Bild von Chambord. Ein Teil des riesigen Parks steht ihnen mit besonderen Angeboten wie Kanufahrten auf dem Cosson, geführten Spaziergängen mit Wildhütern und Kutschfahrten offen. Bestandteil dieses Programms sind auch die Reiterspiele, die im Mai, Juni und September täglich auf der großen Wiese vor dem Schloss stattfinden.

65 unten links *Auf diesem Porträt aus dem 17. Jahrhundert trägt Heinrich IV. (1553–1610) einen Mantel mit Königslilien. Der König hielt sich nur selten zur Jagd in Chambord auf, da er Fontainebleau bevorzugte.*

65 unten rechts *Dieses Bild zeigt Ludwig XIII., den Nachfolger Heinrichs IV. Er überließ seinem Bruder Gaston von Orléans Schloss Chambord als Apanage. Dieser hielt sich hier mehrfach für längere Zeit auf.*

66 oben links *Diese Ansicht zeigt Schloss Fontainebleau vom Wasserbecken des Grand Parterre aus gesehen. Der französische Garten ähnelt immer noch dem Original, das Louis Le Vau und André Le Nôtre im 17. Jahrhundert anlegten. Zuvor befand sich an seiner Stelle bereits ein anderer Garten, den Franz I. in Auftrag gegeben hatte. Im Wasser steht die Kopie einer Tiberstatue, deren Original während der Französischen Revolution entfernt wurde und sich heute im Louvre befindet. Hinter den großen Fenstern des hier abgebildeten Gebäudes mit der offenen italienischen Galerie liegt der Ballsaal.*

66 oben rechts *Für Heinrich IV. schuf der Ingenieur Francini die Dianafontäne, die den Mythos der Jagdgöttin in Erinnerung ruft. Die Fontäne befindet sich im alten Königinnengarten gegenüber der Galerie des Cerfs (Hirschgalerie) im Süden des Schlosses. Der Garten grenzt an das Dorf Fontainebleau.*

66–67 *Diese Luftaufnahme fasst den Gesamtkomplex von Fontainebleau ins Bild. Franz I. hielt sich hier wie die meisten französischen Könige gerne auf. Von Ludwig VII. im Jahr 1137 bis zum Ende des Zweiten Kaiserreichs im Jahr 1870 war das Schloss regelmäßig bewohnt.*

SCHLOSS FONTAINEBLEAU

Lieblingsresidenz französischer Könige

Franz I. (1494–1547) kehrte nach seiner Niederlage gegen Karl V. und seiner Gefangenschaft in Madrid im Jahr 1526 nach Frankreich zurück und hielt sich meist in der Nähe von Paris auf. In dem 17 000 ha großen Waldgebiet um Schloss Fontainebleau konnte er nach Herzenslust seiner großen Leidenschaft, der Jagd, frönen.
Vom ursprünglichen Schloss, einem Jagdschloss aus dem 12. Jahrhundert, ist nur noch der Turm erhalten, der einst im ovalen Ehrenhof stand. Vermutlich befanden sich zur Zeit von Philipp August (1165–1223) und Ludwig dem Heiligen (1214–1270) die Gemächer der Könige in diesem Turm. Philipp der Schöne kam 1268 in Fontainebleau zur Welt und starb 1314 auch hier. Über acht Jahrhunderte – vom Krönungsjahr Ludwigs VII. (1137) bis zum Ende des Zweiten Kaiserreichs (1870) – erlebte das Schloss alle entscheidenden Phasen der französischen Geschichte mit.

Im Jahr 1528 kam Franz I. auf die Idee, das weitgehend verfallene Jagdschloss abzureißen und ein völlig neues Schloss zu errichten. Der König ließ einen Teil der Porte Dorée (Goldene Tür), den Ballsaal, die Trinitékapelle und die bis heute berühmte, Galerie Franz' I. errichten. Er rief die Künstler Rosso Fiorentino, Francesco Primaticcio, Nicolò dell'Abate und Giacomo Vignola an seinen Hof, typische Vertreter des Manierismus, die später die Schule von Fontainebleau gründeten. Besucher können heute noch einen Teil ihrer Arbeiten in der Galerie, im Ballsaal und im Schlafzimmer der Duchesse d'Etampes, der Mätresse des Königs, bewundern. Hier erzählen die inzwischen mehrfach restaurierten Fresken die Geschichte Alexanders des Großen und seiner Gattin Roxane.
Franz I. ließ die Zimmer und Salons üppig mit Meisterwerken aller Art – Gold- und Silberobjekten, Waffen und

67 oben *Der rechte Flügel, auch Königinmutterflügel (Appartement des Reines Mères) genannt, öffnet sich nach Westen hin. Philibert Delorme entwarf ihn im 16. Jahrhundert für die Gemächer Heinrichs II.*

67 unten *Dieser Stich, eine Arbeit von Matthäus Merian d. Ä. aus dem 17. Jahrhundert, zeigt eine Gesamtansicht von Fontainebleau.*

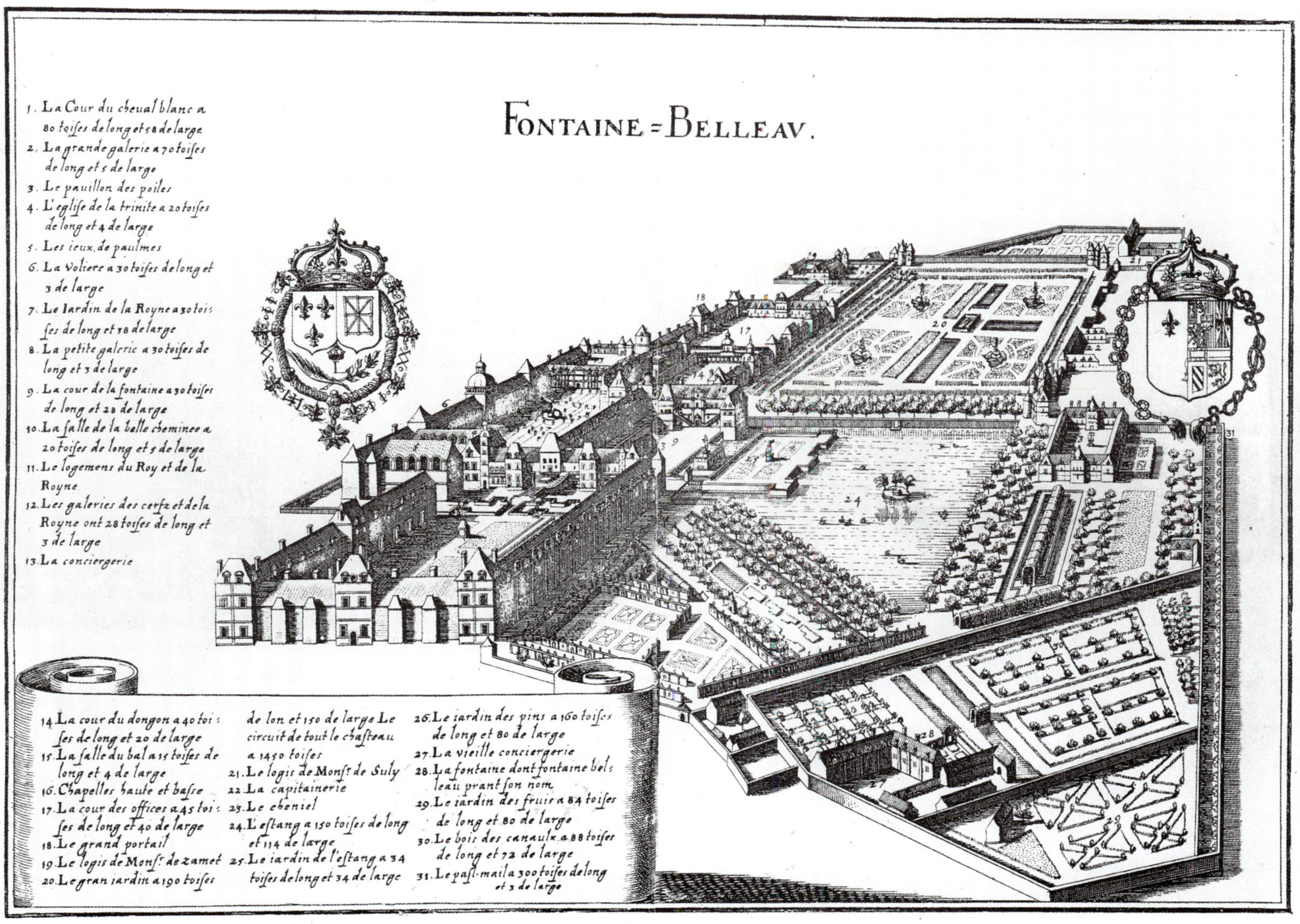

68 Mitte Die Cour Ovale ist der älteste Teil des Schlosses. An diesem Hof mit dem Donjon aus dem 12. Jahrhundert liegen die königlichen Gemächer. Im Hintergrund rechts erkennt man die Porte Dauphine.

68 unten Franz I. ließ die Porte Dorée erbauen und beeindruckte damit sogar Karl V. 1539 besuchte Karl V. Chambord und Fontainebleau. Hier durchschritt er den Bogen, den man ihm zu Ehren prächtig dekoriert hatte.

Tapisserien, vor allem jedoch Gemälden italienischer Künstler – ausstatten. Letztere hatte er während seiner Feldzüge jenseits der Alpen kennen gelernt, als er das Herzogtum Mailand zunächst eroberte, 1525 jedoch in der Schlacht von Pavia wieder verlor.
Der König engagierte Architekten wie Sebastiano Serlio, Maler wie Francesco Primaticcio und Andrea del Sarto, Bildhauer wie Benvenuto Cellini und darüber hinaus Innenausstatter, Dekorateure und Stuckateure, die seine Residenzen im Stil der Renaissance verschönern sollten. Außerdem schwebte über allem der Geist Leonardo da Vincis, der seine letzten Jahre auf Schloss Cloux bei Amboise verbracht hatte und dort 1519 gestorben war. Man kann sich gut vorstellen, welche Genugtuung Franz I. erfüllte, als sein Erzrivale Karl V. die Schlösser Chambord und Fontainebleau besuchte, jene Machtsymbole seiner Herrschaft, denen auch der Hofdichter Ronsard so manche Zeile widmete.
Im 16. Jahrhundert besaßen die französischen Könige so viele Schlösser, dass sie in der Regel von einem zum anderen zogen, ihren gesamten Hof-

68 oben Die Galerie Franz I. liegt im Obergeschoss und öffnet sich zur Cour de la Fontaine, die sich rechts vom Eingang befindet. 1528 begann man mit den Arbeiten zu diesem Teil des Schlosses. Große Bögen im Erdgeschoss tragen den oberen Teil des Gebäudes. Die Galerie verband die königlichen Gemächer mit der Cour du Cheval blanc (Hof des weißen Pferds).

68–69 Die Cour du Cheval Blanc wird auch Cour des Adieux genannt, weil Napoleon hier nach seiner Abdankung im Jahr 1814 ein letztes Mal seine Wachen grüßte. Mit dem Bau der großen hufeisenförmigen Treppe wurde 1544 unter Franz I. begonnen.

__69 oben links__ Die Porte Dauphine, auch „Tauftür" genannt, erinnert an die Zeremonie bei der Taufe Ludwigs XIII, die am 14. September 1606 mit großem Prunk und Pomp im Ovalen Saal stattfand.

__69 oben rechts__. Der Nordflügel der Cour du Cheval Blanc, der Ministerflügel, entstand um 1530. Heute befindet sich hier der Haupteingang des Schlosses.

staat, Wagen mit Pelzen, Tapisserien, Silbertellern und Möbeln im Schlepptau, denn diese kostbaren Objekte gehörten zum beweglichen Inventar des Herrschers. Wenn dieser abreiste, war das Schloss weitgehend leer und blieb oft jahrelang verlassen.

Die Nachfolger Franz' I. gaben ebenfalls enorme Summen aus, um Fontainebleau zu verschönern, denn das Schloss war inzwischen zur Lieblingsresidenz der Könige aufgestiegen. Heinrich II. (1519–1559) ließ den Ballsaal umgestalten, den seine Frau, Katharina von Medici, für fantastische Empfänge im Stil ihrer florentinischen Heimat nutzte. Unter Heinrich IV. (1553–1610) entwickelte sich Fontainebleau zu einem echten Wohnpalast, in dem auch die Prinzen lebten. Einer von ihnen war der spätere König Ludwig XIII., der 1601 zur Welt kam und 1606 in der Cour Ovale mit solchem Pomp getauft wurde, dass das Ereignis in die Geschichte einging. Heinrich IV. ließ das Schloss radikal umbauen. Er fügte neue Flügel hinzu, gestaltete den Garten um und beauftragte Künstler wie Toussaint Dubreuil, Amboise Dubois und Martin Fréminet mit der Innenausstattung.

Nach dem Tod des Herrschers ließ Ludwig XIII. die Arbeiten fortsetzen. Bald jedoch bevorzugte er als Domizil einen kleinen Jagdsitz, der auf einer Ebene im Südwesten von Paris stand. Dieses Schlösschen sollte Ludwig XIV. in das gewaltige Versailles verwandeln. Doch auch der Sonnenkönig suchte Fontainebleau zunächst regelmäßig während der Jagdsaison zwischen September und November auf. Für seine Mätresse, Madame de Maintenon, ließ er die Gemächer über der Porte Dorée herrichten. Die von Primaticcio dekorierte Galerie d'Ulysse (1541–1570) wurde bereits unter Ludwig XIV. wieder zerstört.

70 oben *In der Galerie Franz I. hängen zahlreiche berühmte Gemälde. Stuckaturen, Intarsien und Deckenfresken ergänzen die Ausstattung. Die Galerie wurde zwischen 1531 und 1540 vollendet. An ihr wirkten italienische, französische und flämische Künstler mit, die unter der Leitung von Rosso Fiorentino (1494–1540) arbeiteten. 1530 hatte der König den Italiener an seinen Hof gerufen.*

71 oben links *Dieses Fresko zeigt einen Elefanten. Er trägt eine Decke mit Lilien und einem großen F, dem Wappenbild und dem Anfangsbuchstaben des Königs. Das exotische Tier sollte verdeutlichen, dass die Macht des Herrschers bis in die entlegensten Teile der Erde reichte.*

71 unten *In einem Oval aus vergoldetem Stuck prangt die Nymphe von Fontainebleau, eine Arbeit aus dem 19. Jahrhundert. Zusammen mit Primaticcios „Danae" ergänzt sie 12 Fresken von Rosso Fiorentino .*

70–71 *Wenn das Sonnenlicht durch die Fenster fällt und den Saal erhellt, kommen die Fresken und die Paneelen mit herrlichen Einlegearbeiten aus Holz richtig zur Geltung. Die Galerie Franz' I. ist fast 60 m lang und annähernd 6 m breit. Sie liegt in jenem Flügel des Schlosses, den Franz I. im Jahr 1528 anbauen ließ, um die königlichen Gemächer mit der Trinitékapelle zu verbinden, die König Ludwig der Heilige in unmittelbarer Nähe des Schlosses hatte erbauen lassen.*

70 unten links *Zum ausgefallenen Dekor der Galerie gehören auch Stuckaturen und Fresken im oberen Bereich, ergänzt durch Blumenmotive und Putten.*

70 unten rechts und 71 oben rechts *Dieses herrliche Fresko von Rosso Fiorentino zeigt den Tod des Adonis. Daneben gibt es eine Vielzahl anderer Renaissancemalereien. Die meisten stellen mythologische Szenen dar und sollten die gerechte Herrschaft des weisen Königs unterstreichen.*

72 *Der Salon Franz' I. zeichnet sich durch die schöne Kassettendecke und die Feuerstelle aus dem 16. Jahrhundert aus. Zur damaligen Zeit diente der Raum der Gattin des Herrschers als Schlafgemach. Später gestaltete man ihn zum Bankett- und Musiksaal um. Die kostbaren Tapisserien, Möbel und goldenen Artefakte stammen aus der Mitte des 19. Jahrhunderts.*

72–73 *Mitte des 19. Jahrhunderts machte Napoleon III. aus der Galerie de Diane eine Bibliothek. Heute stehen hier 16 000 Bücher. Der Globus am Eingang der Galerie gehörte Napoleon I.*

73 oben links *Die Feuerstelle trägt das Zeichen Primaticcios (1504–1570). Im Jahr 1532 wurde der Künstler von Franz I. nach Fontainebleau berufen.*

73 unten links *Dieses Foto zeigt ein Detail der 1633 erbauten Kapelle, die reich verziert ist. Der Bildhauer Francesco Bordoni besorgte den Dekor, Jean Dubois malte das Altarbild (1642).*

73 oben rechts *Der Salon Ludwigs XIII. wurde nach dem Nachfolger Heinrichs IV. und Sohn der Maria von Medici benannt. Die großen Gemälde schuf Ambroise Dubois.*

Da der Hof unter dem Sonnenkönig ins Riesenhafte gewachsen war, musste Ludwig XV. neue Wohnräume schaffen. In Fontainebleau ließ er den Südflügel der Cour du Cheval Blanc anbauen, den der Architekt Gabriel im Jahr 1738 entworfen hatte. Außerdem ordnete man unter Ludwig XV. die Gemächer des Königs anders an und stattete sie neu aus. Die berühmte Königstreppe (Escalier du Roi) entstand in dieser Zeit, und die Galerie Franz' I. wurde auf das Doppelte verbreitert, sodass sie sich nun auch zum Jardin de Diane (Dianagarten) hin öffnete. Schließlich gestaltete man noch den Ratssaal um. Die Schlafzimmer des Königs und der Königin erhielten neues Holzschnitzwerk, das Jean-Baptiste Pierre und Carle van Loo anfertigten; die Fresken schuf der berühmte Künstler François Boucher. Während seiner Herrschaft ließ Ludwig XV. auch die Petits Appartements (Kleine Appartements) verändern. Die pompöse Tischzeremonie seines Vorgängers schaffte der Monarch ab und reduzierte die Formalitäten auf das Notwendigste. Die Tage, die er in Fontainebleau verbrachte, verliefen immer nach dem gleichen Schema: Nach einem kurzen Frühstück kleidete man den König zur Jagd an, dann brach die Gesellschaft mit Hunden und schallenden Hörnern auf, um zwei Stunden später zurückzukehren. Es folgte eine Visite bei der Königin und den Prinzen. Anschließend arbeitete der Herrscher bis zum Abendessen, das mittlerweile ohne musikalische Begleitung und im Kreise der engsten Familie stattfand. Nach dem Dinner begab sich Ludwig XV. zu den Gemächern von Madame Pompadour, um dort einige Stunden im Kreise von Vertrauten und Freunden zu verbringen.

Nachdem er sich mehrmals zur Jagd in Fontainebleau aufgehalten hatte, beschloss Ludwig XVI., das Schloss nach seinen Vorstellungen zu gestalten. Er ließ die Gemächer der Königin mit Trompe-l'œil-Arabesken verzieren und stellte einen herrlichen Sekretär sowie einen Arbeitstisch, beide aus Elfenbein und vergoldeter Bronze, hinein.

Während der Französischen Revolution verschwanden alle Möbel aus dem Schloss, doch die Bausubstanz blieb weitgehend erhalten.

Napoleon I. (1769–1821) erklärte Fontainebleau zu einer seiner Lieblingsresidenzen und ließ das Schloss neu möblieren.

73 unten rechts *In der Trinitékapelle fanden wichtige Ereignisse wie die Hochzeit Ludwigs XV. im Jahr 1725 und die Taufe Napoleons III. (1810) statt. Das Gebäude aus dem 16. Jahrhundert erhebt sich über den Mauern eines alten Klosters. Die Innenausstattung stammt aus dem späten 16. und dem frühen 17. Jahrhundert. 1608 gab Heinrich IV. bei Martin Fréminet die Deckengemälde in Auftrag, die die Erlösung der Menschen zeigen. Im Zentrum des Gewölbes ist Christus am Tag des Jüngsten Gerichts zu sehen.*

74 oben links *Nach dem Tod Franz' I. setzte sein Sohn, Heinrich II., die Arbeiten in Fontainebleau fort. Wie sein Vater betätigte er sich als Mäzen und Kunstsammler. Er vertraute die Ausstattung der Räume dem Architekten Philibert Delorme an und rief abermals Francesco Primaticcio und Nicoló dell'Abate aus Italien herbei. Letztere verzierten die Wände des hier abgebildeten Ballsaals.*

74 unten links *„Appoll und die Musen auf dem Parnass" heißt dieses Fresko im Ballsaal. Eine Gruppe von Künstlern unter der Leitung von Nicoló dell'Abate gestaltete es 1550 nach den Entwürfen von Primaticcio.*

74 oben rechts *Ursprünglich sollte sich anstelle der schön bemalten und intarsienverzierten Kassettendecke ein Tonnengewölbe befinden, doch entschied man sich schließlich für die Decke im Stil der italienischen Renaissance.*

74–75 *Dieses Bild zeigt den Ballsaal in seiner ganzen Pracht. Heinrich II. ließ den wundervollen Saal ausstatten, um in Fontainebleau eine sichtbare Erinnerung an seine Herrschaft zu hinterlassen. Der Raum ist ca. 30 m lang; seine Fenster öffnen sich auf der einen Seite zum Garten, auf der anderen zur Cour Ovale hin. Über der Eingangstür befindet sich eine Orchestertribüne. Viele Berichte aus der Zeit Heinrichs II. erzählen von den rauschenden Festen, die hier stattfanden.*

75 *Die Feuerstelle nimmt das Zentrum der Rückwand des Ballsaals ein. Delorme entwarf den imposanten und üppig verzierten Kamin mit den beiden bronzenen Satyrn von Primaticcio zur Linken und zur Rechten. Während der Französischen Revolution wurden die Statuen zerstört und erst 1966 nachgebaut. Der Buchstabe „H" für Heinrich prangt in der Mitte mit einem weiteren, entweder einem „C" (für Catherine, Katharina von Medici) oder mit einem „D" für Diane de Poitiers, die Mätresse des Königs.*

Als feststand, dass der Papst Napoleon hier zum Kaiser krönen würde, verwandelte man das alte königliche Schlafzimmer in einen Thronsaal, dessen Einrichtung Besucher bis heute bewundern können. Die königlichen Gemächer sollten prächtig, freundlich und behaglich wirken. Noch immer kann man die Appartements du Pape in Fontainebleau besichtigen. Nach der Trennung von Kaiserin Josephine im Jahr 1809 bezog Napoleons Gattin Marie Louise deren Räume. Zwischen seinen zahlreichen Feldzügen bewohnte Napoleon I. das Innere Appartement. Am prächtigsten ist der neoklassizistische Thronsaal mit seinen Seiden- und Brokatstoffen, die Napoleon mit Hunderten goldener Bienen besticken ließ.

Auch der Salon Rouge präsentiert sich heute noch mit dem Interieur aus dem Jahr 1808. Über der Feuerstelle hängt eine Pendeluhr aus Sèvres-Porzellan in Form einer Säule. Geflügelte Siegesgöttinnen zeigen die Stunden an. In diesem Raum dankte Napoleon I. am 6. April 1814 ab. Die Cour du Cheval Blanc wird seit dieser Zeit auch Cour des Adieux genannt.

Heute können Geschichtsinteressierte und Liebhaber großer Schlachten in Fontainebleau das Leben des großen Generals anhand von Dokumenten und Ausstellungsstücken nachvollziehen.

Napoleons Nachfolger, Ludwig Philipp (1773–1850) und Napoleon III. (1808–1873), schätzten Fontainebleau ebenfalls sehr und nahmen eine Reihe von Umbauarbeiten vor.

Heute wirkt das Schloss auf die meisten Besucher noch immer überaus prachtvoll. Es fällt nicht schwer, in die Atmosphäre einzutauchen, die von dem Wahrzeichen königlicher Macht mit seiner 800-jährigen Geschichte ausgeht

76 oben *Dieses Bild zeigt den Tellersalon mit einem geometrischen Schnitzwerk, das die Sammlung französischen Porzellans gut zur Geltung bringt.*

76 unten *Die Wände des großen Empfangssaals in den Gemächern der Königinmutter sind über und über mit Tapisserien bedeckt. Ein prächtiger Kristallleuchter aus dem 19. Jahrhundert hängt von der vergoldeten Holzdecke herab.*

76–77 *Der Spielsalon von Marie Antoinette wird auch Grand Cabinet de la Reine genannt. Hier empfing die Königin Gäste und veranstaltete Konzerte. Ludwig XVI. ließ den Raum restaurieren, doch beendete man die Arbeiten erst während des Ersten Kaiserreichs. Auf den Hockern ließen sich die Damen nieder, um ihre Krinolinen nicht zu zerknittern.*

77 unten links *Dieses Bild zeigt eine Porzellanmalerei aus der berühmten Manufaktur von Sèvres. Das Stück gehört zu einer Sammlung, die in den Gemächern der Königinmutter zu sehen ist.*

77 unten rechts *Das Fresko im ovalen Rahmen zeigt Alexander den Großen beim Zähmen des Bukephalos. Es befindet sich über einer der Türen, die zum Gemach der Duchesse d'Etampes führen. 20 Stuckstatuen von Primaticcio betonen die Größe des Raums.*

La PORTE DORÉE
du PALAIS

78–79 *Napoleon I. gab den Thronsaal in seiner heutigen Form in Auftrag, wobei er am üppigen Dekor nichts verändern ließ. Zuvor hatte sich hier das Schlafzimmer des Königs befunden. Möbel und Accessoires stammen aus verschiedenen Epochen. Das vergoldete Schnitzwerk schuf Verberckt im Jahr 1752. Das Porträt Ludwigs XIII. über der Tür entstand in der Schule von Philippe de Champagne.*

78 *Das Schlafzimmer des Kaisers gehört zu den Petits Appartements de l'Empereur. Alle Möbel in diesem Raum sind Originalstücke, die Napoleon I. selbst in Auftrag gab. Die Räume im oberen Stockwerk stattete er später aufwändiger aus.*

79 oben *Napoleon I. bewohnte die Petits Appartements während der kurzen Friedenszeiten zwischen seinen zahlreichen Feldzügen. Diese Räume stattete er schlichter aus als die Säle und Salons für offizielle Empfänge im ersten Stockwerk.*

79 unten *Das Schlafzimmer Napoleons I. gehörte zu den sechs Gemächern, die das Appartement des Kaisers umfasste. Sie alle waren mit kostbaren Möbeln im Empirestil ausgestattet. Diesen Raum bewohnte Napoleon zwischen 1808 und 1809.*

80 oben links und unten Der Alcazaba, die arabische Zitadelle, die die Alhambra umschließt, wirkt noch heute wie eine mächtige Festung. Acht Türme (ursprünglich waren es 24) durchbrechen die dicken Mauern. Wie in der arabischen Architektur üblich, ist das Areal zwar nach außen hin abgeschlossen, doch gelangt Licht auf den unterschiedlichsten Wegen in die Festung.

80 oben rechts Von den Mauern der Festung, die ihre heutige Gestalt zahlreichen Umbauten verdankt, fällt der Blick auf Granada. Die Stadt wuchs und blühte nach der Eroberung durch die Araber. Die Alhambra liegt isoliert auf einer Anhöhe. Sie diente nicht nur als Militärstützpunkt sondern auch als Machtsymbol.

DIE ALHAMBRA

Die Rote Festung von Granada

81 oben *Die Miniatur vom Orden vom Goldenen Vlies aus dem 15. Jahrhundert zeigt Kaiser Karl V., König Karl I. von Spanien. Der Kaiser war ein Enkel der Katholischen Könige. Er erteilte den Auftrag zum Bau des Renaissancepalasts innerhalb der Mauern der Alhambra.*

80–81 *Die Abenddämmerung taucht die Alhambra in ein warmes rotes Licht. Im Hintergrund erkennt man die Sierra Nevada. Der Glockenturm der Kirche Santa María la Reale und die klassische Silhouette des nicht fertig gestellten Palasts von Karl V. heben die durch die Christen vorgenommenen Veränderungen hervor.*

Nur wenige Paläste rufen derartig starke Gefühle hervor wie die Alhambra, und nur wenige werden so eindeutig mit einer anderen Kultur in Verbindung gebracht. Doch wer die Alhambra allein als ein Monument arabischer Kunstfertigkeit begreift, läuft Gefahr, den historischen und kulturellen Zusammenhang falsch einzuschätzen, in dem dieses Bauwerk entstand.

Die Araber vollbrachten in Spanien wissenschaftliche und künstlerische Leistungen, die andernorts undenkbar waren. Von 711 an (als die arabischen Invasoren die Westgoten endgültig besiegten) bis zum 2. Januar 1492, als Granada vor dem katholischen Heer kapitulierte, waren die Mauren im Süden der Iberischen Halbinsel mehrere Jahrhunderte lang die bestimmende Kraft.

Im spanischen Mittelalter verbanden sich die christliche, die islamische und die jüdische Kultur zu einer Synthese, wie man sie nirgendwo sonst findet. Die drei monotheistischen Religionsgruppen lebten lange Zeit in gegenseitiger Toleranz miteinander. Ihr Verhältnis war dabei weit weniger kriegerisch, als man es sich heute vielleicht vorstellen mag. Es existierte ein an der Wirtschaft orientiertes Kastensystem, wie Américo Castro es in seiner viel diskutierten, aber brillanten Darstellung der Geschichte Spaniens betont. Die Christen waren meist Soldaten, die Mauren Handwerker und Landwirte und die Juden übten intellektuelle Berufe aus.

Dieses Gleichgewicht der Kulturen galt sogar noch während der Zeit, als die katholischen Könige von Nordspanien aus immer größere Teile der arabischen Gebiete zurückgewannen. Die Eroberung der Iberischen Halbinsel war in erster Linie politisch und ökonomisch, weniger religiös motiviert.

Nach dem Sieg der Christen in der Schlacht von Las Navas de Tolosa von 1212 geriet der arabische Teil Spaniens zunehmend unter die Herrschaft katholischer Könige und die muslimischen Herrscher wurden tributpflichtig. Das Königreich Granada überlebte nur dank seiner geographischen Lage und einer besonderen politi-

81 unten *Das Gemälde von Carlos Luis Ribera y Fieve zeigt die Katholischen Könige Isabella und Ferdinand, die die Reconquista mit der Eroberung von Granada abschlossen, vor dem Hintergrund der Alhambra. Das Bild stammt aus dem Jahr 1890. Heute hängt es in der Kathedrale von Burgos.*

82 oben Dieses Bild zeigt ein Arrangement mit Azulejos (bemalte und glasierte keramische Fliesen). Es bildet einen wunderbare Kontrast zur fein gearbeiteten Tür, die halb geöffnet zum Patio de los Arrayanes (Myrtenhof) führt. Die Araber waren sehr geschickte Handwerker: Meisterlich bearbeiteten sie Holz, Leder, Metall und Keramik.

82–83 Wie an vielen anderen Stellen in der Alhambra wird auch im Patio de los Arrayanes (Myrtenhof) das Sonnenlicht von durchbrochenen hölzernen Wandschirmen gefiltert.

82 unten *Der hohe Torre de Comares (Komares-Turm) dominiert die Nordseite des Patio de los Arrayanes (Myrtenhof). Die Seitentürme und das untere Dach sind neueren Datums. Der mittlere Bogen ist höher als die anderen, sodass hier die dahinter liegende Arkade sichtbar wird.*

83 oben links *In der islamischen Kunst spielen kleine Elemente im Gesamtbild eine große Rolle, ohne dabei ihre eigene Bedeutung zu verlieren. In jedem Detail drückt sich die Fähigkeit aus, mit einfachsten Materialien Schönheit zu schaffen.*

schen Situation lange Zeit im Schatten der Reconquista.
Der bedeutendste italienische Arabist, Francesco Gabrieli, schrieb dazu: „Das lange Überleben jenes Gürtels der arabischen Kultur in Spanien hing eng mit dem zusammen, was sich im christlichen Teil Spaniens ereignete: Dort hatte man die Bemühungen um die Reconquista, die als nahezu abgeschlossen betrachtet wurde, fast eingestellt. Im 14. und 15. Jahrhundert prägten Rivalitäten und Krisen das Verhältnis der spanischen Länder untereinander. Davon war vor allem Kastilien betroffen, das den Krieg gegen die Araber angeführt hatte ... In der Zeit politischer Intrigen und interner Kleinkriege bestiegen noch etwa 20 Nasridenherrscher im 13., 14. und 15. Jahrhundert den Thron in Granada und schrieben dabei das letzte glorreiche Kapitel des andalusischen Arabertums. Sie brachten eine blühende Kultur hervor und schufen prächtige Bauwerke."
Nachdem Ferdinand II. von Aragonien und Isabella I., Königin von Kastilien, ihre Reiche 1469 durch Heirat vereint hatten, wobei die politische und religiöse Einheit das Fundament des neuen Königreichs bilden sollte, war auch das Schicksal Granadas besiegelt. 1492 eroberten die Spanier nicht nur die Stadt, sondern zwangen auch die Juden zur Wahl zwischen Taufe und Vertreibung.
Granada, das seit 1238 von den Herrschern des Hauses Nasrid regiert wurde, musste sich stets im Spannungsfeld zwischen christlicher Welt und maurischem Nordafrika behaupten. Um nicht zwischen beiden zerrieben zu werden, wurden vielfältige und zum Teil widersprüchliche Bündnisse geschlossen.
Die Grundlage des wirtschaftlichen Wohlstands bildete der Handel mit den Christen, besonders der Seidenhandel. Begünstigt wurde er durch die Emigration von Mauren aus den von Christen eroberten Gebieten. In den beiden bedeutenden Häfen des Königreichs, Málaga und Almería, gab es italienische Handelskolonien, und verschiedentlich standen christliche Künstler im Dienst von Mauren. So findet man beispielsweise in den Malereien in der Sala de los Reyes (Saal der Könige) maurische Gestalten in ritterlichen Szenen, obwohl die Darstellung menschlicher Figuren in der islamischen Kunst verboten ist.

83 unten links und oben rechts *Der Patio de los Arrayanes (Myrtenhof) verdeutlicht die Vorliebe der Araber für Dekoration und Ornamente, die sich unendlich oft wiederholen. Das geometrischen Muster im oberen Bogenteil macht diese Technik anschaulich.*

83 unten rechts *Diese Bögen, die von typischen Säulen im Alhambra-Stil getragen werden, stehen im Patio de los Arrayanes (Myrtenhof). Die islamische Kunst verwendet stets gerne Bögen. In Spanien übernahm man sogar den charakteristischen Hufeisenbogen der Westgoten, der später durch reich dekorierte Bögen ersetzt wurde.*

84 oben links *Dieses Detail findet sich im Patio de los Leones (Löwenhof). Es zeigt, wie Mukarnas (Zellenwerk) auf Bögen eingesetzt werden und welch herrliche Effekte dadurch entsteht. Der Betrachter hat den Eindruck, als weiche das Ensemble zurück.*

84 Mitte links *Diese Ansicht vom Patio de los Leones verdeutlicht, warum dieser Hof als Juwel der islamischen Kunst in Spanien gilt. Er misst 28,5 x 15,7 m. 128 Säulen aus weißem Marmor zieren die 6 m hohen Galerien. Aus der gleichförmigen Umrandung des Hofs hebt sich der Pavillon in der Mitte hervor.*

84 unten links *Auf dieser Luftaufnahme erkennt man die perfekte Struktur des Patio de los Leones deutlich. Vier Wasserkanäle führen von vier korrespondierenden Räumen zur Mitte. Der Hof wurde gründlich erneuert: Die Restaurierungsarbeiten betrafen vor allem die zwei nach vorne gesetzten Pavillons und die Dächer der Galerien.*

84 Mitte *Dieser Ausschnitt vom Löwenhof zeigt die Charakteristika des Albambra-Stils: sehr schlanke Säulen, stark gestelzte Bögen und ein fein ziselierter Dekor.*

84 oben rechts *Die besondere Atmosphäre des Patio de los Leones ist auch ein Effekt der hohen Kunst, das Licht zu modulieren. Die architektonische Struktur des Hofs fängt das Licht nicht nur ein, sie variiert es auch von größter Helligkeit bis hin zu tiefster Dunkelheit. Der Hof versinnbildlicht die Schöpfung insgesamt. Das Licht in seinen unendlichen Nuancen ist Abbild der Vielfalt der Schöpfung.*

84 Mitte rechts *Betrachtet man die Bögen und Säulenreihen genauer, erkennt man, dass sich ihr Dekor – aller scheinbarer Monotonie zum Trotz – von Bogen zu Bogen und von Kapitell zu Kapitell unterscheidet.*

84 unten rechts *12 Löwen gruppieren sich um das Becken des Löwenbrunnens im Haremshof der Albambra.*

85 *Die verkürzte Innenperspektive zeigt die Vielfalt und die Fülle der verschwenderischen Verzierungen, die die Wände der Albambra vollständig bedecken.*

86 oben links *Zwei Säulenordnungen kennzeichnen die mittlere Vorderfront der Westfassade des Renaissancepalasts von Karl V. Die Rondelle und Giebel unterstreichen die Symmetrie des Gebäudes.*

86 oben rechts *An der Südseite des Palasts von Karl V. sind klassische Elemente der italienischen Renaissance zu erkennen. Der Baumeister Pedro Machuca verbrachte einen für ihn prägenden Lebensabschnitt in Rom. Dieser Einfluss wird zum Beispiel in der Gestaltung der zweiten Etage mit dem römischen Triumphbogen sichtbar. Mit dem Bau des Palasts wurde im Jahr 1526 begonnen, doch obwohl die Arbeiten ohne Unterbrechung bis ins frühe 17. Jahrhundert andauerten, gilt er als unvollendet.*

Hier zeigt sich, dass Christen und nicht allzu gottesfürchtige Araber, die man vor allem in der gehobenen Schicht der Mauren fand, häufig zusammenarbeiteten.
Die rätselhafteste Gestalt, die das intellektuelle Leben der Stadt prägte, war Ibn al-Chatib, Historiker, Dichter und Wesir am Hof der Nasriden in Granada. Er fiel 1371 in Ungnade und floh nach Fès. Dort wurde er 1374 im Gefängnis ermordet. Er „schien Qualitäten und Makel des sterbenden spanischen Arabertums zu verkörpern: Er war ausgesprochen gebildet, seiner Heimat zutiefst verbunden und besaß einen ausgeprägten Sinn für islamische Tradition – all dies war kombiniert mit einem starken Hang zu Intrige, Macht, politischem Leichtsinn und zur unbedachten Schwächung der in internen Streitigkeiten verfangenen Kräfte, deren Konflikte auch dann nicht endeten, als die Bedrohung durch die christlichen Angreifer zunahm" (Gabrieli).
Auf der linken Seite des Flusses Darro stand Mitte des 9. Jahrhunderts bereits eine Burg. Sie lag in 84 m Höhe auf dem Sabica-Hügel, von dem aus man die gesamte Ebene überblicken konnte. Sie wurde jedoch nur in Zeiten der Gefahr benutzt und verfiel allmählich. Die Burg bestand aus dem roten eisenhaltigen Lehm des Hügels und wurde deshalb „al-Hamra" oder „Rote Festung" genannt. Der Name ging auf den neuen Palast über, den Sultan Mohammed I., der Begründer der Nasridendynastie, auf den Ruinen der alten Festung erbauen ließ. Seit diesem Augenblick hörten die Baumaßnahmen an der Alhambra nicht mehr auf, und sie entwickelte sich zu einer Art lebendem architektonischen Organismus.
Die verschiedenen Um- und Neugestaltungen, die der Vergrößerung und

86 unten *Die Marmorfassade des Palasts von Karl V. ziert ein Flachrelief, auf dem Heldenszenen zu sehen sind. Auch diese kleinen Details machen den Einfluss der italienischen Renaissance deutlich. Sie prägt das Gesamtbild des Palasts.*

86–87 *Die Ledermalerei in den drei Alkoven in der Sala de los Reyes (Saal der Könige) wurde von christlichen Künstlern ausgeführt. Das mittlere Bild zeigt zehn Araber, die als die zehn Könige von Granada gelten. Die verkürzte Perspektive vermittelt einen guten Eindruck von den Mukarnas der Gewölbe. Sie haben die für arabische Bauwerke typische Halbkreisform. Bemerkenswert sind auch die obere Reihe kleiner Fenster und die deutlich gegeneinander abgegrenzten Stuckflächen.*

87 oben *Das Foto zeigt ein dekoratives Element am Eingangstor zum Palast Karls V.*

87 unten *Der innere Hof des Palasts von Karl V. gilt als eines der Meisterwerke der italienischen Renaissancearchitektur. Der Durchmesser des Hofs beträgt 31 m. Besonderes Merkmal sind die zwei Ebenen. Die untere Ebene mit dorischen Säulen wurde 1568, die obere Ebene mit ionischen Säulen 1616 fertig gestellt.*

88 oben links *Der schmale Durchgang, der von der Sala de las dos Hermanas ins Freie führt, gehört zu den charakteristischen Merkmalen der Raumstruktur in der Alhambra. Das kalligraphische Muster verläuft als horizontales Band am Fuß des dritten Bogens auf der linken Seite. Wie stets in der islamischen Kunst folgt der Dekor strengen ästhetischen Grundsätzen. Die dekorativen Elemente zeigen geometrische Motive und Blumenornamente.*

Verschönerung dienten, sind allerdings nicht immer leicht zu datieren. Jusuf I., der die Festung 1333–1354 umbauen ließ, verdankt die Alhambra ihre imposante Erscheinung: Er ließ einige der Tore und Türme, die heute noch erhalten sind, und die Sala de los Embajadores (Saal der Botschafter) errichten.
Unter Mohammed V. (1354–1391) wurden die bedeutendsten Teile des Palasts gebaut. Dazu zählen das elegante Oratorium des Mexuar (Audienzhalle) mit seiner beeindruckenden Mihrab (Gebetsnische), der Patio de los Arrayanes (Myrtenhof) und der Patio de los Leones (Löwenhof) mit den dazugehörigen Gebäuden. Vermutlich entstanden nach dem Tod Mohammeds V. keine weiteren bedeutenden Bereiche mehr, und das Gebäude wurde aufgrund der innenpolitischen Lage vernachlässigt.
Unmittelbar nach der Reconquista nahm die Krone umfangreiche und kostspielige Instandsetzungsarbeiten in Angriff. Man ließ neue Gebäude in der befestigten Anlage errichten: das Kloster „San Francisco" (1495), den Palast Karls V. (Baubeginn 1526), eines der ansprechendsten Beispiele eines Palasts, der im Sinne der italienischen Renaissance erbaut wurde, und die Kirche Santa María la Real (Baubeginn 1581). An der Stelle, an der heute die Kirche steht, befand sich einst die Moschee, die jedoch so baufällig war, dass sie nach ihrer christlichen Weihe innerhalb weniger Jahrzehnte abgerissen werden musste. Nach einer Explosion im Jahr 1590 musste man große Teile wieder aufbauen, so auch den Cuarto Dorado, das goldene Zimmer, das einen neuen Dekor erhielt.
Bis zum 17. Jahrhundert durchliefen die Restaurierungsarbeiten verschiedene Phasen. Zwischen 1718 und 1829 war die Alhambra nicht bewohnt. Erst Mitte des 19. Jahrhunderts nahm man die Restaurierungs- und Ausgrabungsarbeiten wieder auf – von nun an aber wissenschaftlich fundierter und mit wesentlich mehr Elan.
Aufgrund ihrer verwickelten und vielseitigen Baugeschichte hat die Alhambra einiges von ihrem ursprünglichen Glanz eingebüßt. Im Lauf der Jahrhunderte ging viel vom gemalten Dekor und von den Farbeffekten der dekorativen Elemente verloren, die einzige Ausnahme bilden die Azulejos, jene typischen farbigen Fliesen, die viele Wände zieren.
Darüber hinaus sind bis auf wenige Ausnahmen, wie die Alhambra-Vase

88 unten links *Die Sala de los Embajadores (Saal der Botschafter) ist der größte und höchste Raum der Alhambra. Der 11 x 11 m große und 18 m hohe Saal wirkt besonders feierlich. Der Raum gliedert sich in zwei vertikale Ebenen: Die untere Ebene zeichnet sich durch acht mit Balkonen versehene Fenster aus, die zweite Ebene besitzt 20 kleine Fenster. Die gesamte Wandfläche zieren Stuckaturen, die einen herrlichen farblichen Kontrast zur Decke aus Zedernholz bilden. Letztere nimmt den Stern als geometrisches Motiv auf, der sich auch auf den Wänden findet.*

88 rechts *Dieses Detail der Stuckverzierung in der Sala de los Embajadores verdeutlicht den kunstvollen Wechsel stilisierter Motive mit den Erhebungen des Reliefs.*

88–89 *Dieses Foto zeigt die wunderschöne, mit Mukarnas versehene Decke der Sala de las dos Hermanas (Saal der zwei Schwestern). Die Decke wirkt, als würde sie explodieren. Die ursprünglich goldene Farbe der Mukarnas verstärkte diesen Effekt noch.*

89 *Auch in der Sala de los Embajadores (Saalder Botschafter) finden sich Azulejos. Dieser Ausschnitt zeigt die Farben, die immer wieder in der Alhambra auftauchen, ebenso wie den Stern, den man überall in der arabischen Festung in unterschiedlichen Größen findet.*

90 Mitte links *Vom Ausguck des Daraxagartens aus hat man einen schönen Blick in den Garten: Die Fenster öffnen sich nach drei Seiten, während die vierte Seite zur Sala de los Ajimeces (dem Saal der Zwillingsfenster) führt. Auch hier verbinden sich geometrische Muster mit stilisierten Blumenmotiven.*

90 unten links *Wasser war für das tägliche Leben der Alhambra von zentraler Bedeutung. Deshalb gab es in der Festung viele künstliche Teiche und Becken, die als Reservoire dienten. Diese Seen werden bis heute nach ihrem spanischen Namen* acequias *genannt.*

aus dem 14. Jahrhundert (auch als Gazellen-Vase bekannt), Möbel und andere Einrichtungsgegenstände verschwunden.
Wie in der islamischen Architektur üblich, haben auch in der Alhambra Wasser und Licht eine große Bedeutung. Der Wechsel von Licht und Schatten, von innen und außen ist nicht abrupt: Hohe Fenster und mit Stuck verzierte Wandschirme lassen das Sonnenlicht in die schattigsten Winkel dringen. Die überdachten Säulenhallen dienen als Durchgang und untergliedern gleichzeitig größere Säle (zum Beispiel in der Sala de los Embajadores, dem Saal der Botschafter).
Wenn man sich zum unentwegten Fließen und Plätschern des Wassers noch die Wandverzierungen denkt, die man sich als farbenprächtige Blumenmotive vorstellen muss, so ahnt man etwas von den Freuden des islamischen Paradieses und seiner irdischen Hofstätte. „Und diejenigen, welche glauben und das Rechte tun, wahrlich, wir wollen ihnen Behausungen geben in Gärten mit Söllern, durcheilt von Bächen, ewig darinnen zu verweilen. Schön ist der Lohn der Wirkenden!“, heißt es entsprechend in der 29. Sure (29/58) des Korans.
Von religiösem Symbolismus ist auch die Gestaltung des Patio de los Leones geprägt, in dem vier Quellflüsse die vier Flüsse des Paradieses des Korans darstellen. Das Wasser der Bäche fließt in der Mitte in einem Brunnen zusammen, um den sich 12 Löwen gruppieren. Ursprünglich ging man davon aus, dass sie im 10. und 11. Jahrhundert entstanden, doch heute datiert man sie auf die Zeit Mohammeds V.
Im selben religiösen Geist ist auch die Decke der Sala de los Embajadores konzipiert: Sie symbolisiert die Kuppeln der sieben Himmel. Die Inschriften auf den Fenstern und im Gewölbe spielen sowohl auf die Macht des Herrschers als auch auf die Macht Gottes an. So wird zum Beispiel die 27. Sure (27/3) über das Reich aus dem Koran zitiert, in der es heißt: „Er, der sieben Himmel übereinander erschaffen hat, und du schaust nicht in der Schöpfung des Erbarmers eine Disharmonie. Erhebe den Blick: Siehst du Risse?“
Die Decke hat, wie immer in der islamischen Architektur, eine mächtige, abstrakte Bedeutung, die direkt auf das Vollkommene verweist. Analog dazu mildern Höfe die Übergänge von einem Raum zum anderen in der Vertikalen ab. Diese Architektur verweigert sich jeder Art strikter räumlicher Trennung sowohl in der vertikalen als auch in der horizontalen Ebene, und das, obwohl sie mit ei-

90 oben rechts *Die verkürzte Perspektive auf die Gärten des Generalife zeigt eine der Hauptattraktionen, die blühenden Rosen. Im 14. Jahrhundert erbaut, diente der Generalife den Nasridenherrschern als Sommerresidenz.*

90 Mitte rechts *Dieses Foto von einem der Gärten des Generalife zeigt den andalusischen Gartenstil, wie man ihn auch heute noch kennt. Während der Zeit der Mauren wurde die Fläche hauptsächlich landwirtschaftlich genutzt, wie es für eine Villa außerhalb der Stadtmauern durchaus üblich war.*

90 unten rechts *Der Daraxagarten stellt den letzten Überrest des inneren Palastparks dar. Der Springbrunnen stammt aus dem Jahr 1626.*

91 *Der Patio de la Acequia (Wasserbeckenhof) gehört zu den Hauptattraktionen des Generalife. Der Name des etwa 50 m langen und 13 m breiten Hofs bezieht sich auf das lange Wasserbecken in der Mitte.*

nem begrenzten Raum auskommen musste, der ihr durch hohe, nur mit kleinen Öffnungen versehene Mauern vorgegeben war.
Das Licht wird in Innenhöfen gebündelt und gelangt nach vielfältigen Brechungen in unterschiedlicher Stärke in die Räume. Säulen und Bögen erzeugen und verstärken diese Effekte. Die Bögen im Patio de los Leones unterscheiden sich zum Beispiel in ihrer Gestaltung; die schlanken Säulen sind typisch für den Alhambra-Stil. Sie haben konkave Sockel, Ringe am Säulenschaft und variierende Kapitelle. Abstrakte dekorative Elemente prägen die gesamte ästhetische Gestaltung. So finden sich zu den jeweiligen Räumlichkeiten passende Arabesken und kalligraphische Inschriften, etwa Liebesgedichte im Patio de los Leones und epische oder kriegerische Verse in der Sala de los Embajadores. Weitere häufig eingesetzte Elemente sind die Azulejos sowie die komplexeren Mukarnas (ein Wabenmuster, das den achten Himmel repräsentiert, in dem Allah residiert) in der Sala de las dos Hermanas (Saal der zwei Schwestern) oder in der Sala de los Abencerrajes (Saal der Abencerragen) und vor allem das wunderbare Stuckwerk.
Von jeher machte die einzigartige Lage der Alhambra ihre architektonische Besonderheit aus: Die Bewohner der Alhambra überblickten von ihrem Palast aus nicht nur den ältesten Stadtteil Albaicín, das Zigeunerviertel, das bis heute sein ursprüngliches Aussehen nicht verloren hat, sondern auch den Generalife, die Sommerresidenz der Nasridenherrscher und das herrliche Panorama der Sierra Nevada. Städtische Gebiete in der Nähe von unberührter und von bearbeiteter Natur, das waren die grundlegenden Züge der islamischen Vorstellung einer idealen Landschaft, der man kaum je wieder so nahe kam wie während der Nasridenherrschaft in Granada.

92 oben links *Der Daraxagarten ist eine ruhige und friedvolle trapezförmige Anlage in der Alhambra.*

92 Mitte links *Das Foto zeigt den Patio de la Acequia (Wasserbeckenhof). Bäume, Blumen und Springbrunnen schaffen hier eine ganz besondere Atmosphäre.*

92 unten links *Die Springbrunnen in der Alhambra sollen an die Worte des Korans erinnern, demzufolge alles Leben aus Wasser erschaffen wurde.*

92 rechts *Das Wasserbecken in diesem Hof am Eingang des Generalife besticht durch seine anmutige geometrische Form. Besonders in Zeiten der Belagerung mussten die Bewohner der Alhambra über große Wasservorräte verfügen. Im Generalife benötigte man das Wasser hauptsächlich zur Bewässerung der landwirtschaftlichen Nutzflächen.*

92–93 *Dieser Blick von den Gärten des Generalife auf die Alhambra fasst den gesamten Palast ins Bild. Deutlich sind die zinnenbewehrten Türme zu erkennen, von denen aus König Abu Abd Allah Mohammed (Boabdil) den Fall des letzten islamischen Bollwerks auf spanischem Boden beobachtet haben mag. Im Hintergrund rechts schimmern die weißen Häuser des Albaicín (Zigeunerviertel).*

93 *Die italienisch inspirierte Kastenform der Hecken im Garten des Generalife kontrastiert mit der Gartengestaltung in der Alhambra und im Albaicín. Die Gärten des Generalife sind völlig anders angelegt als arabische Gärten, und es wachsen hier auch andere Pflanzen.*

DER KLOSTERPALAST VON EL ESCORIAL

Residenz Philipps II.

94 oben *Dieses Bild von Tizian zeigt Philipp II. Heute hängt es in der Galleria Palatina in Florenz. Philipp II. ist darauf als junger Mann zu sehen. Tizian (1476(?)–1576) arbeitete sowohl für Karl V. als auch für Philipp II. Er hinterließ berühmte Porträts beider Könige.*

Aus Dankbarkeit für den Sieg in der Schlacht von Saint-Quentin am 10. August 1557 beschloss der spanische König Philipp II., etwa 60 km nordwestlich von Madrid ein Kloster zu Ehren des heiligen Laurentius zu errichten. Sein Festtag ist der 10. August, und nach ihm wurde das Gebäude San Lorenzo el Real de El Escorial genannt. Mit dem Bau entsprach Philipp II. auch einem Wunsch seines Vaters Kaiser Karls V., der seinen Sohn 1558 auf dem Sterbebett gebeten hatte, den Habsburgern in Spanien ein Mausoleum zu errichten.

Es war nicht leicht, das Projekt zu verwirklichen. Schon die Wahl des Orts stellte ein Problem dar, mit dem sich eine Gruppe von Technikern zu befassen hatte. Wegen seiner Nähe zu Madrid, der neuen Hauptstadt des Reichs, fiel die Wahl auf El Escorial. Die Gegend war außerdem reich an Wasser und Baumaterial. Auch die Wahl des Baumeisters gestaltete sich schwierig: Zunächst spielte man mit dem Gedanken, einen Italiener zu beauftragen, doch dann entschied man sich für einen Schüler Michelangelos: Juan Bautista de Toledo.

1562 stand der Entwurf für das Gebäude und die Arbeiten begannen am 23. April 1563. Als Assistenten von Juan Bautista de Toledo engagierte man Juan de Herrera. Nach dem Tod des Meisters übernahm de Herrera 1567 die Leitung des Projekts.

Bis zum Tod von de Toledo waren die Südfassade und das erste Stockwerk des Hofs der Evangelisten fertig gestellt. De Toledo konnte dabei auf zahlreiche Helfer zurückgreifen. Zu seiner Zeit setzte sich die ab der Renaissance übliche Aufgabenteilung von Architekt und Bauleiter durch.

De Herrera vollendete den Rest der Fassade und entwarf die imposante Basilika (1575–1582). Die Bauarbeiten dauerten über 20 Jahre und endeten am 13. September 1584.

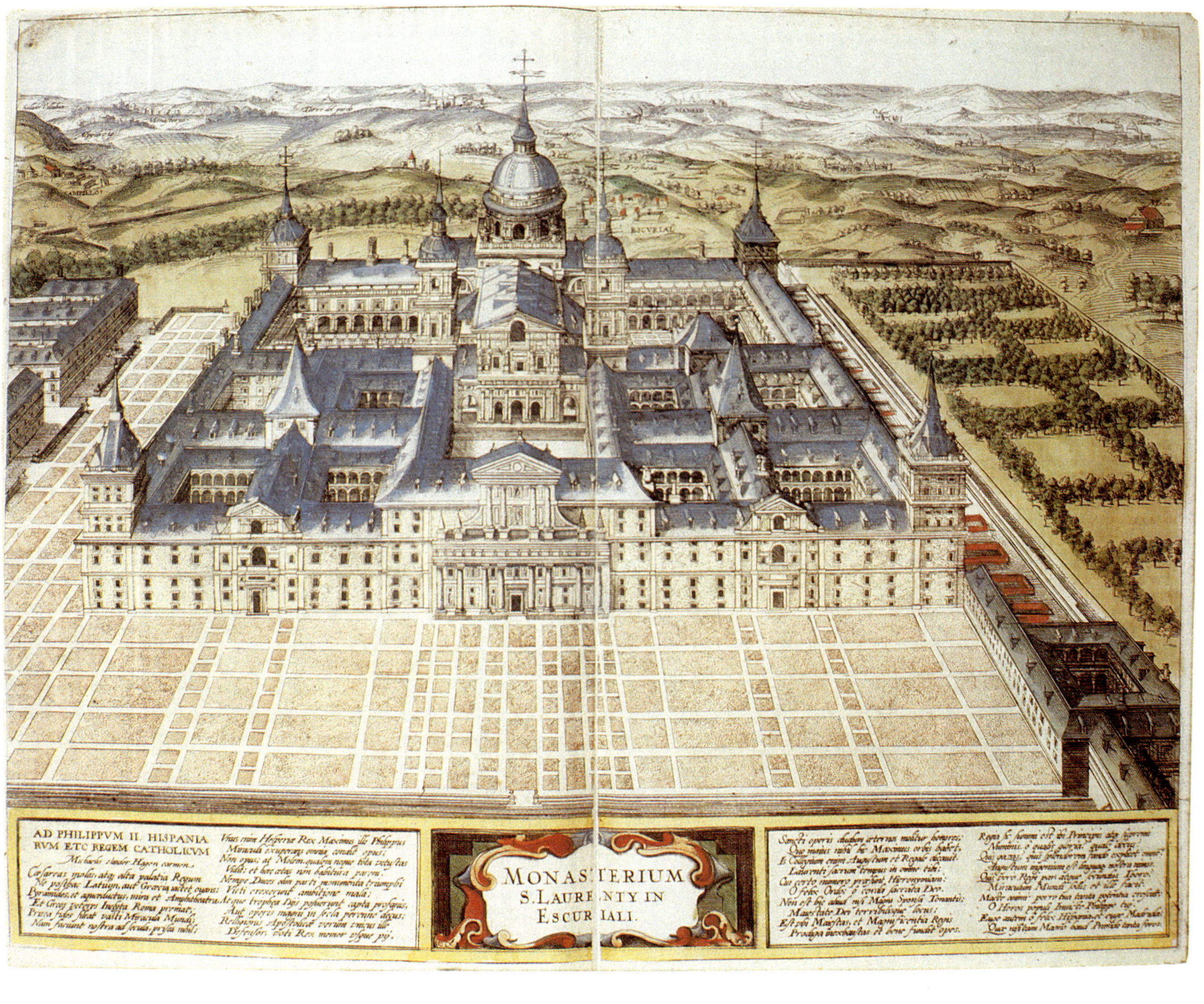

94 Mitte *Die Hauptfassade des Escorial besteht aus drei monumentalen Teilfassaden. Für den Transport der großen Steinblöcke der mittleren Fassade verwendete man Karren, die von 40 Ochsenpaaren gezogen werden mussten. Die Steinskulptur des heiligen Laurentius über dem Eingangsportal ist über 4 m hoch.*

95 oben links *Diese Ansicht der rechten Seitenfassade unterstreicht die klare architektonische Gliederung. Deutlich sichtbar sind die geometrische Anordnung der Fenster und die monumentale Gesamtanlage mit den beiden seitlichen Türme. Das Dach besteht aus Schiefer, der aus Steinbrüchen in der Nähe des Klosters gewonnen wurde.*

94 unten *Schon während der Bauarbeiten galt der Escorial als achtes Weltwunder. Zahlreiche spanische Dichter schwärmten von ihm, und ausländische Reisende beschrieben ihn. Es entstanden viele Zeichnungen und Stiche. Dieses Bild zeigt ein Aquarell mit lateinischer Legende.*

94–95 *Diese Gesamtansicht des Escorial mit der Hauptfassade im Vordergrund vermittelt einen Eindruck von der Komplexität der imposanten Anlage. Die Kirche erhebt sich in der Mitte des Komplexes.*

95 oben rechts *Das Gewölbe im Chorvorraum bemalte der Künstler Luca Giordano mit Szenen aus dem Leben des Salomo. Diese wie andere Fresken wirken, als blicke man direkt in den Himmel hinein.*

96 links *Sechs biblische Könige beherrschen die Fassade der Kirche des Escorial. Der Bildhauer Juan Bautista Monegro, von dem auch die Statue des heiligen Laurentius an der Hauptfassade des Escorial stammt, schuf die Skulpturen. Die Stein- und Marmorfiguren tragen Zepter und Kronen aus vergoldeter Bronze.*

Philipp II. war ein konsequenter Vertreter des Zentralismus. Er wollte mit dem gigantischen Palast nicht allein seiner Familie oder der spanischen Monarchie ein Denkmal setzen. Als hochgebildeter und strenggläubiger Katholik wusste er die Aussagekraft und den Symbolgehalt von Bauwerken wohl einzuschätzen. Für den Anhänger der Gegenreformation galt es, die Ideale der katholischen Monarchie zu verteidigen, die durch die Reformation, den protestantischen Merkantilismus und die antiabsolutistisch gesinnten Kräfte mehr und mehr in Frage gestellt wurden. Der Escorial sollte die Weltanschauung der Habsburger verkörpern, die zwar an vielen Punkten nicht mehr der sozialen und kulturellen Realität entsprach, die der König dafür aber umso verbissener zu verteidigen gedachte.
Während der Planungsphase zog man verschiedene architektonische Modelle der klassischen Antike sowie den Tempel Salomos, wie er in der Bibel beschrieben wird, heran. Ob dieser tatsächlich Eingang in die Entwürfe fand, wurde in der Vergangenheit zwar viel diskutiert, konnte jedoch nicht geklärt werden. Jedenfalls meinten Zeitgenossen, diesen Archetyp biblischer Architektur im Palast von El Escorial wieder zu entdecken.
Die ästhetische Gestaltung des Escorial zeichnet sich durch die Originalität gegenüber früheren Bauwerken aus, die eine erstaunliche Unabhängigkeit von italienischen Modellen beweist. Noch im 20. Jahrhundert wurde der Palast als beispielhaft angesehen. Zeitgenössische Dokumente belegen, dass der König selbst jeden Schritt der Bauarbeiten begutachtete, diskutierte und genehmigte.

96 oben links *Die Kirche bildet das Herz des Escorial. Sie überragt den Patio de los Reyes (Hof der Könige). Zwei Türme flankieren die imposante Fassade. Eine Passage führt unter sechs dorischen Säulen zu einem überwölbten Vorhof. Die Statuen der sechs biblischen Könige stehen auf einem Balkon. Über dem Tympanon erhebt sich die 90 m hohe Kirchenkuppel.*

96 oben rechts *Im großen Patio de los Evangelistas von Juan Bautista de Toledo wird der Einfluss der italienischen Renaissance sichtbar.*

Man wird dem Escorial nicht gerecht, wenn man ihn nur als imponierend bezeichnet. Zwar sind die reinen Zahlen schon aussagekräftig (die Anlage umfasst eine Fläche von 206 x 161 m), doch vermag eine nur quantitative Wahrnehmung des Palasts, der zu seiner Zeit als achtes Weltwunder galt, dessen eigentliche Bedeutung und Dimension nicht zu erfassen. Der Palast ist zweifellos eindrucksvoll, aber auch streng und massiv und unendlich weit von der Vorstellung entfernt, die spanische Kunst sei ausschweifend, üppig oder überwinde das Harmonieempfinden der Renaissance.

Tatsächlich entfernt sich die spanische Architektur an diesem Punkt relativ weit von italienischen Vorbildern. Selbst die Kirchengewölbe haben kaum etwas mit der römischen Tradition gemein.

Auf den ersten Blick beeindruckt die enorme Masse grauen Granits und das Spiel der Perspektiven von Haupt- und Nebenfassaden. Symmetrie bestimmt den Bau, sie wird sichtbar bei Fenstern und Dachfenstern sowie bei den mächtigen Türmen an jedem Fassadenende. Der Mittelteil der Hauptfassade ist leicht erhöht und hat Ein- und Ausbuchtung auf beiden Stockwerken. Dieser Bereich wirkt ungeachtet seines Materials und seiner Farbgebung ungemein dynamisch. Diese Architektur hat nicht viel vom dekorativen Geschmack der Renaissance, denn in Spanien gestaltete man den Eingangsbereich zu jener Zeit besonders gerne als Triumphbogen. Auch erinnert hier nichts an die für das barocke Spanien typischen Tore, die oft im Kontrast zur nüchternen Fassade standen.

96–97 *Das Gewölbe vor der Hauptkapelle zeigt die Himmelfahrt Mariens. Bemerkenswert ist vor allem die Anordnung der Figuren im zur Verfügung stehenden Raum.*

97 oben *Das große Fresko von Luca Giordano im Gewölbe der Kirche befindet sich am nächsten zum Chor und zeigt das Jüngste Gericht. Der italienische Barockmaler arbeitete von 1692 bis 1693 im Escorial und stellte hier sein Können unter Beweis.*

97 unten *Das Fresko von Luca Giordano, das sich in der Kirche befindet, zeigt die* Ecclesia militans *als hierarchisch organisierte Gemeinschaft der Gläubigen auf der Erde im Einklang mit der triumphierenden Kirche, der Gemeinschaft der Unsterblichen, die bereits die Nähe Gottes genießen.*

98 oben links *Das Tabernakel der Capilla Mayor (Altarraum) entwarf der Architekt des Klosters, Juan de Herrera. Die Struktur erinnert an die der großen Custodias (Gefäße, in denen die große Hostie für die Aussetzung des Allerheiligsten in der Monstranz aufbewahrt wird), die spanische Goldschmiede Ende des 15. Jahrhunderts bei großen Prozessionen verwendeten.*

98 unten *Diese Gruppe von Betenden aus vergoldeter Bronze stammt von Pompeo Leoni. Sie steht in der Capilla Mayor und zeigt Philipp II., drei seiner vier Frauen und seinen Vater Karl V.*

98 oben rechts *Der königliche Pantheon befindet sich unter der Capilla Mayor in der Kirche. Er hat einen Durchmesser von 10 m. Hier befinden sich die letzten Ruhestätten spanischer Könige.*

99 *Die Capilla Mayor beherrscht die gesamte Kirche. Sie stammt von dem Mailänder Künstler Giacomo Trezzo. Die Bronzestatuen fertigte zum Teil Leoni; die Bilder gehen auf Tibaldi und Zuccari zurück. Die übliche Ikonographie der Retabel verbindet sich hier zu einem ausgefallenen Gesamtkunstwerk, das die religiösen Empfindungen der Gläubigen ansprechen soll.*

Die Kirchenkuppel zählt zu den bedeutendsten des 16. Jahrhunderts auf der Iberischen Halbinsel. In die Kirche gelangt man über den Patio de los Reyes (Hof der Könige), eine Gestaltung, die der ideologischen Absicht nicht entbehrt. Der Hof bildet einen in sich geschlossenen Raum, der zur inneren Einkehr einlädt. Diese Absicht entsprach durchaus der damaligen Zeit, in der die Mystik blühte. Überhaupt spielen die Höfe als offene und

doch zugleich begrenzte Flächen im Gesamtkonzept des Escorial eine wichtige Rolle.

Juan de Herrera nahm die Gedanken auf, die Francesco Paciotto im Zusammenhang mit dem italienischen Kirchenbau formuliert hatte, und interpretierte sie dahingehend, dass sich kein einzelnes Element dem Ganzen entziehen dürfe. Diese Maxime beherrscht den gesamten Entwurf. Ein Zusammenspiel findet aber nicht allein zwischen den Räumen statt, sondern betrifft auch ihre Atmosphäre: Die Monumentalität des Patio de los Reyes kontrastiert zum Beispiel mit dem Hof der Evangelisten. Der Hof der Könige huldigt sechs Königen des Alten Testaments, die den Bau und die Verehrung des Tempels von Jerusalem förderten. Er basiert auf einem von de Herrera abgewandelten Entwurf Paciottos. Demgegenüber wurde der Hof der Evangelisten von Juan Bautista de Toledo gestaltet. Er erinnert noch stärker an den italienischen Stil, dem die spanische Starrheit und Strenge fehlt.

Um den Escorial zu verstehen, muss man auch seine Kunstwerke betrachten. Der Palast enthält davon Tausende, die speziell für ihn angefertigt wurden, oder die Philipp II. und seine Nachfahren dorthin brachten. Erwähnenswert sind die Skulpturen der Mailänder Künstler Leone und Pompeo Leoni (Vater und Sohn) in der Kirche.

Mehrfach gab Karl V. Arbeiten bei den beiden in Auftrag. Von ihnen stammen unter anderem auch die Bronzestatuen, die den Hochaltar zieren, sowie die Grabstatuen von Karl V. und seinem Sohn Philipp II., die sich perfekt in das von de Herrera geschaffene Szenario einfügen.

Das Bauwerk erfüllte stets zwei Funktionen. Zum einen diente es als Kloster der Hieronymiten, die eine enge Beziehung zur Königsfamilie unterhielten. Da sie einen großen Teil ihrer Zeit im Gebet verbrachten, hielt die Königsfamilie sie für Garanten des göttlichen Heils. Ab dem 19. Jahrhundert traten die Augustiner, die bis heute im Kloster leben, an ihre Stelle. Darüber hinaus war der Escorial aber auch Königsresidenz. Ursprünglich wollte Philipp II. ihn als Alterssitz nutzen, doch hielt er sich bereits ab 1571 häufig hier auf. Unter anderem logierte er während der Sommermonate und der wichtigsten kirchlichen Feiertage im Escorial.

Palast und Kloster bergen zahlreiche Schätze, unter anderem eine Vielzahl kostbarer Reliquien, die aus allen Teilen Europas stammen und dem König häufig als Geschenk übersandt wurden. Sie machen deutlich, dass Philipp II. überall als Vorreiter des katholischen Glaubens galt.

Die Gemäldegalerie des Escorial kann sich in vielen Bereichen durchaus mit der des Museo del Prado (Madrid) messen, das im Übrigen zahlreiche Bilder des Klosterpalasts ausstellt. Große spanische und ausländische Künstler wie El Greco, Velázquez, Tintoretto und Bosch, die am ehesten dem Geschmack der Habsburger entsprachen, sind hier vertreten.

Eines der Werke, die eigens für den Escorial in Auftrag gegeben wurden, ist das „Martyrium des heiligen Laurentius“ von Tizian. Es gefiel dem König jedoch nicht besonders und erhielt daher keinen Platz in der Kirche. Auch das „Martyrium des heiligen Mauritius und der Thebanischen Legion“ (das dem König ebenfalls missfiel) sowie der „Traum Philipps II.“, beides Werke von El Greco, gehören zu den Auftragsarbeiten. Andere Bilder sind weitsichtige Erwerbungen, etwa die Gemälde von Ribera, die sich heute im Escorial und im Prado befinden.

Viele wertvolle Kunstwerke gelangten aus privaten Beständen und von anderen europäischen Höfen in den Escorial, wie Cellinis berühmtes Kruzifix, ein Geschenk des Großherzogs von Toskana aus dem Jahr 1586. Dekorateure und Freskenmaler, darunter zahlreiche Italiener wie Luca

100 *Diese Arbeit einer deutschen Schule verbindet geometrische und architektonische Motive. Ein besonderer Effekt entsteht durch die Kombination verschiedener Holzarten.*

101 links *Das Schlafzimmer von Isabella Clara Eugenia, der Tochter von Philipp II., ist ebenso schlicht gehalten, wie die Räume, die Philipp II. selbst bewohnte.*

101 oben rechts *Der Thronsaal wirkt eher schlicht. Die flämischen Wandteppiche und die Azulejos, die Teile der Wände verkleiden, datieren aus dem 16. Jahrhundert. Das Interieur veranschaulicht den kargen Lebensstil der spanischen Habsburger.*

101 unten rechts *Die herrliche Holztür, die zum Thronsaal führt, stammt aus dem Jahr 1567. Bemerkenswert ist der Eindruck von Tiefe der durch die Säulen entsteht.*

102 oben *Die Räume der Bourbonen enthalten eine ungewöhnliche Sammlung von über 300 Wandteppichen. Sie stammen zum Teil aus Flandern, andere kommen aus der berühmten Königlichen Teppichmanufaktur von Madrid, die bis heute existiert.*

102 unten *Der Saal der Schlachten ist eine 55 m lange Galerie. Auf einer der Wände gestalteten verschiedene italienische Künstler im Jahr 1587 ein Fresko, das den Sieg Johanns II. über die Araber bei Higueruela im Jahr 1431 zeigt. Auf der anderen Wand, die in verschiedene Felder unterteilt ist, sind die Schlacht von Saint-Quentin und weitere große Siege von Philipp II. dargestellt.*

Cambiaso, Pellegrino Tibaldi und Luca Giordano, verschönerten im Lauf der Jahrhunderte den Escorial. Philipp II. beauftragte italienische Künstler (Granello, Tavarone, Castello und Cambiaso), die Schlacht von Higueruela (1431) zu malen, in der Johann II. die Mauren besiegt hatte. Die Szene, eine realistische Darstellung, nimmt eine ganze Wand der Galerie ein. Auch von seinem Sieg in Saint-Quentin ließ Philipp II. ein Bild anfertigen.
Die Bibliothek fasziniert zunächst aufgrund ihrer Dimensionen, dann aber auch aufgrund des offensichtlich funktionalen Konzepts, das ihr zugrunde liegt. Die Fresken von P. Tibaldi verleihen dem Saal überdies eine ganz besondere Atmosphäre. Zwischen 1587 und 1593 schuf der Italiener die Artes liberales im Deckengewölbe und die Allegorie „Die Theologie“ über der Eingangstür.
Kostbare Bücher gehören ebenso zur Sammlung des Escorial wie wertvolle Handschriften und einzigartige Inkunabeln. Wissenschaftler aus aller Welt führen hier Forschungsarbeiten durch. Den Grundstock der Bibliothek bildeten 4000 Bände aus der Privatsammlung Philipps II. Im Lauf der Zeit ergänzten Diego Hurtado de Mendoza, ein Schriftsteller und Gesandter in England, Venedig und Rom, der Historiker Jerónimo Zurita und der Bibelforscher Arias Montano den Bestand. Montano leitete im Auftrag Philipps II. die Herausgabe der berühmten „Antwerpener Bibel“, die Christophe Plantin in Antwerpen druckte. Außerdem katalogisierte er die Bibliothek des Escorial. Berühmt ist diese nicht allein aufgrund ihres umfangreichen Bestands (ca. 130 000 Bände), sondern auch, weil sich hier kostbare Raritäten und Schätze befinden. Dazu gehören Handschriften der heiligen Theresia von Ávila, wichtige griechische Kodexe und eine einzigartige Sammlung arabischer Manuskripte aus Beständen der Bibliothek des Sultans von Marokko, die Philipp III. 1611 konfisizierte. Die Bibliothek vermittelt einen Eindruck von den Interessensgebieten des Königs. Die bescheidenen Räume, die er bewohnte, geben indes Aufschluss über seine Persönlichkeit.
Fast erinnern sie an Mönchszellen. Azulejos zieren die Wände bis zur halben Höhe, darüber sind die Zimmer weiß verputzt. Der strenge Lebensstil des Monarchen, der ganz in seinen Pflichten aufging, kommt hier deutlich zum Ausdruck. Arbeitsgerät gibt es in Hülle und Fülle, ebenso wie Bücher, Stiche und Gemälde, die von einer nie befriedigten Neugier zeugen.
Der Escorial repräsentiert nicht allein eine Epoche, sondern auch eine historische Persönlichkeit. Diese Verbindung war so stark, dass das Gebäude nach dem Ende der Dynastie der Habsburger in Misskredit geriet. Als die Bourbonen 1700 mit Philipp V. die Herrschaft in Spanien übernahmen, wollten sie die Räumlichkeiten des Escorial nicht einfach übernehmen und ließen daher im 18. Jahrhundert einen Teil des Palasts umbauen. Heute bewundern Besucher nicht zuletzt die ausgefallene Sammlung von Teppichen, die nach Kartons von Goya entstanden. Ebenfalls beliebt ist die Casita del Príncipe, das Prinzenhaus, das der Architekt Juan de Villanueva im Jahr 1773 errichtete.

102–103 *Die Bibliothek befindet sich in einer großen rechteckigen Halle von etwa 10 m Höhe. Für Wissenschaftler steht ein kleinerer Leseraum zur Verfügung. Er wird von den Augustinern, die immer noch hier leben, betreut. Die Schaukästen enthalten einige besonders wertvolle und ungewöhnliche Werke.*

103 oben *Die Salas Capitulares, Kapitelsäle, wurden im 16. Jahrhundert mit Fresken versehen. Sie beherbergen Gemälde und kunsthandwerkliche Objekte. Im Zuge der Renovierungsarbeiten im Escorial in den 60er- und 70er-Jahren des 20. Jahrhunderts wurden die Kunstwerke neu geordnet.*

DAS SCHLOSS VON QUELUZ

Die portugiesische Liebe zum Rokoko

104 oben *Diese Sphinx aus dem 18. Jahrhundert hütet das Geheimnis der vollkommenen Harmonie im Garten von Queluz.*

104 links *Auf den Fliesen im Azulejosgang im Schloss von Queluz sind mythologische Figuren, Springbrunnen und Gärten dargestellt.*

Das Schloss von Queluz gilt als portugiesisches Versailles. Das bedeutendste Bauwerk der portugiesischen Architektur des 18. Jahrhunderts liegt 10 km nordwestlich von Lissabon. Die Wahl dieses Orts im frischen Klima des Landesinneren, aber nahe der Hauptstadt, war durchaus sinnvoll. Hier verbinden sich auf harmonische Weise die Lebensart des 18. Jahrhunderts und das Ideal sorgloser Sommerferien in ländlicher Idylle, wo die Etikette weniger streng und das gesellschaftliche Leben einfacher und unterhaltsamer war als in Lissabon.

Die ungezwungene Atmosphäre zeigt sich beispielsweise im fließenden Übergang von privaten Gemächern (wie Schlafzimmern und privaten Salons) und öffentlichen Räumen (wie Thronsaal, Musikzimmer und Kapelle). Die Anlage prägt nicht mehr der spanische Barock, sondern der französische Klassizismus. Trotzdem fehlt es dem Gebäude nicht an einem eigenen nationalen Charakter, der sowohl im Detail als auch in der Gesamtkonzeption deutlich wird.

Das Schloss steht auf dem ehemaligen Besitz von Cristovão de Moura, dem Marquis von Castelo Rodrigo. Als die Dynastie Bragança nach 1640 der 60-jährigen Herrschaft der Spanier in Portugal ein Ende setzte, konfiszierte sie das Anwesen, das von nun an zur traditionellen Ausstattung des zweitgeborenen Prinzen gehörte. Der Infant Peter (1717–1786), der zweite Sohn von Johann V. und Bruder Josephs I., gestaltete das Landhaus zu einem Schloss um.

Aufgrund seiner Komplexität gehört Queluz zu den Bauwerken, an denen sehr lange gearbeitet wurde. Die Arbeiten begannen im Jahr 1747 nach einem Entwurf von Mateus Vicente de Oliveira, endeten jedoch erst 1790. Unter der Leitung des Franzosen Jean-Baptiste Robillon wurden 1760 der Westflügel fertig gestellt, der Skulpturenraum dekoriert und der Thronsaal renoviert. Unzählige Maler, Stuckateure, Bildhauer und Graveure wirkten an dem Bau mit.

Nach dem Feuer im Lissabonner Ajuda-Palast war Queluz zum Hauptsitz des Prinzregenten Johann VI. und seiner Gemahlin Carlota Joaquina geworden. Die fliehende Königsfamilie verließ das Schloss im Jahr 1807. Als sie 1821 nach Portugal zurückkehrte, bezog Carlota Joaquina das Schloss wieder. Von Zeit zu Zeit wohnten dort auch die beiden Söhne von Johann VI., Michael und Peter, die sich gegenseitig den Thron streitig machten.

104–105 *Der große Springbrunnen im Neptunsgarten (auch als Hängender Garten bekannt) ist perfekt gegenüber der Hauptfassade des Schlosses platziert. Der Garten strahlt eine intime und private Atmosphäre aus. Die friedliche und freundliche Szenerie des Gartens wird von der inneren Schlossfassade begrenzt.*

104 unten links *Entsprechend der Mode des 18. Jahrhunderts ist sowohl das Innere als auch das Äußere von Queluz in blassen Farben gehalten. Der portugiesische Schriftsteller José Saramago bezeichnete das Schloss als eine mit Zucker überzogene Mandel.*

104 unten rechts *Die große Löwentreppe, ein Entwurf von Jean-Baptiste Robillon, gehört zu den interessantesten Elemente des Schlosses. Als Architekt des 18. Jahrhunderts befreite Robillon die Treppenaufgänge von allen ideologischen Wertvorstellungen und betonte ihre technische Strenge, die vor allem in der Gabelung der Aufgänge zum Ausdruck kommt.*

105 oben *Die Springbrunnen im Garten schaffen verborgene Nischen, in denen sich schon manch geheimes Tete-a-Tete abgespielt haben mag.*

105 Mitte *Der Park von Queluz bietet vielfältige Szenerien: Hier dominiert die geometrische Gleichförmigkeit der Alleen. Mit Azulejos dekorierte Mauern begrenzen die Wege. Diese Fayencekacheln zieren die Wände des Holländischen Kanals, der den unteren Bereich des Gartens durchzieht und die heute trockengelegten Brunnen speiste.*

105 unten *Die strikte französische Gestaltung des Gartens passt gut zur fröhlichen aber strengen Harmonie, die überall in Queluz zu finden ist.*

106–107 *Nüchterne Farben und ein schlichter, jedoch stets eleganter Dekor zeichnen den Thronsaal aus, der früher auch als Ballsaal fungierte. Die Gestaltung des Deckengewölbes mit seinen Ausbuchtungen erinnert an die italienische Leichtigkeit von Filippo Juvarra. Der große venezianische Lüster ist gut zu sehen: Kronleuchter spielten bei Interieurs des 18. Jahrhunderts eine bedeutende Rolle.*

Oliveira, unter dessen Leitung der Mittelteil des Schlosses und die beiden Flügel entstanden, entwarf ein nicht übermäßig großes Gebäude und legte vor allem Wert auf eine freundliche und wohnliche Atmosphäre. Doch die später hinzugefügten Teile laufen dieser Maßgabe Oliveiras mitunter entgegen. Einige dekorative Elemente im lokalen Stil werden den Ansprüchen Oliveiras jedoch durchaus gerecht: Die mit blauen und weißen Azulejos getäfelten Flächen, die man im Innen- und Außenbereich des Schlosses findet, gelten als eines der ursprünglichsten Beispiele portugiesischer Dekorationskunst. Mit den Azulejos schuf man große szenische Darstellungen. Die ursprünglichen geometrischen Muster der arabischen Fliesen waren den bildlichen Darstellungen gewichen. Üblich war ein

Wie in anderen europäischen Palästen lässt sich die architektonische Struktur nur dann in ihrer Gesamtheit erfassen, wenn man weitere Stilelemente betrachtet. So spielen zum Beispiel auch die Gärten, die das Schloss umgeben, für das Gesamtbild der Anlage eine bedeutende Rolle. Selbst wenn die Struktur und die Pflanzengattungen nicht mehr denen der Vergangenheit entsprechen und neue dekorative Elemente die Gärten verschönern, kann man sich auch heute noch die ursprüngliche Gestaltung vorstellen. Die innere Fassade des Schlosses öffnet sich zum bezaubernden Neptunsgarten. Brunnen, Wasserfälle, Statuen und die französisch geprägten Blumenbeete verliehen und verleihen auch heute noch bis zu einem gewissen Grad diesem Garten einen besonderen Reiz.

106 unten *Im Azulejosgang finden sich die schönsten Fliesen des Schlosses. Die blauen und weißen Kacheln des unteren Teils zeigen Jagd- und Fischerszenen im Stil des Rokoko. Die größeren mehrfarbigen Kacheln im oberen Teil stellen im neoklassizistischen Stil Allegorien und heitere Szenen dar. Die Kacheln ersetzen die ursprünglichen Trompe-l'œil-Fresken, die Azulejos imitierten. Auf der rechten Seite steht eine Kutsche. Portugal besitzt eine der größten Kutschensammlungen im Museu Nacional dos Coches in Lissabon.*

blaues Muster auf weißem Hintergrund.

Am deutlichsten tritt der ausländische Einfluss in dem Pavillon zutage, den Robillon im Ostteil des Schlosses gestaltete. An den Balustraden und den dorischen Säulen ist der Klassizismus des französischen 18. Jahrhunderts zu erkennen, der Robillon prägte.

Einen ganz eigenen Stil entfaltet die herrlich dekorierte Treppe, die außen zum Eingang des Schlosses hochführt. Sie zählt sicher zu den gelungensten Elementen des Gebäudes.

Nicht in allen Bereichen ist das Ambiente so ungebrochen erhalten wie in den Gärten. Zum Beispiel fehlt das ursprüngliche Mobiliar fast völlig. Leider lässt es sich heute kaum wiederherstellen, denn die Familien der portugiesischen Aristokratie des 18. Jahrhunderts besaßen einen sehr eigenen Geschmack. Die Einrichtung drückte eine bestimmte Art von Intimität aus, die sich in einer Familie über Generationen entwickelt hatte. Wie Mario Praz in seinem faszinierenden Buch „La filosofia del arredamento“ (Die

107 *Von Norden und Süden fällt Licht in den Thronsaal, in dem oft Bälle und Empfänge stattfanden. Der Baldachin über den Thronsesseln entspricht nicht dem Stil des Raums. Es handelt sich hierbei um eine spätere Ergänzung. Erst ab dem 19. Jahrhundert empfing man hier ausländische Gesandte.*

108 oben *Farbenfroh und lebendig präsentiert sich der Teesalon. Er ist bekannt für seine Wandmalereien, die Stillleben und Szenen aus dem Landleben zeigen. Zur luxuriösen Ausstattung gehören besonders viele Objekte aus Silber.*

108 unten *Das Don-Quijote-Zimmer hat seinen Namen von den Bildern, die Szenen aus dem Roman von Cervantes darstellen. Der kunstvoll gestaltete Holzboden nimmt die Kreisform der Decke auf.*

Philosophie der Einrichtung) schildert, hatte jedes Element der Einrichtung seine spezielle Bedeutung und seinen eigenen Wert. Es wurde gezielt für ein bestimmtes Arrangement ausgewählt, wenn nicht sogar speziell dafür entworfen und hergestellt, zum Beispiel, um ein bestimmtes Zimmer zu dekorieren oder um andere Möbelstücke zu ergänzen, um ein besonderes Licht zu erzeugen oder weil es zu den Menschen passte, die sich gewöhnlich in dem Raum aufhielten. Glücklicherweise ist jedoch wenigstens der ursprüngliche Dekor von Queluz noch weitgehend erhalten.
So können Besucher noch die Atmosphäre der Epoche, in der das Schloss bewohnt war, spüren. Die Räume sind, wie bis Ende des 19. Jahrhunderts üblich, als Enfiladen angelegt und hatten jeweils eigene Funktionen. Sowohl in öffentlichen als auch in privaten Räumen findet sich eine Fülle an Materialien, Techniken, Farben und Licht. Holz oder Stuck, oft vergoldet, sowie Spiegel und Glas prägen das Bild. Wie in anderen europäischen Herrscherhäusern ist auch hier die Absicht erkennbar, eher in einem Raum als im gesamten Gebäude eine durchgängige Atmosphäre zu schaffen. Diese beruht oft auf einzelnen Gegenständen: Man findet orientalisches und europäisches Porzellan, Teppiche aus Arraiolos, wo sich die berühmteste Manufaktur des Landes befand, und Goldschmiedearbeiten aus der königlichen Sammlung.
Auch Bilder spielen für die Ausstattung eine wichtige Rolle. Das Zimmer des Königs schmücken die von Manuel da Costa und José Antonio Narciso geschaffenen Darstellungen aus dem Leben des Don Quijote. Im Zimmer der Königin hängen Cherubim, und im Teesalon findet man Szenen aus dem ländlichen Leben. Es ist also weniger eine durchgängige architektonische und dekorative Linie, die das Auge des Betrachters erfreut, als vielmehr der beständig wechselnde Eindruck, den die Räume hervorrufen.
All dies verleiht Queluz eine freundliche Intimität. Eine solche Wirkung geht auch von der sich zum inneren Garten öffnenden Fassade des Mitteltrakts aus. Dieser im Unterschied zu den einstöckigen Flügeln zweistöckige Teil verkörpert ebenso das typische Rokoko wie die stets in zarten Tönen gehaltene Farbgebung.
Der portugiesische Charakter von Queluz offenbart sich bei einem Vergleich mit den beiden bekanntesten Beispielen iberischer Architektur derselben Zeit: dem Königspalast in Madrid, von dem sich Queluz als Landsitz grundlegend unterscheidet,

und der spätbarocken Schlossanlage La Granja de San Ildefonso bei Segovia, die vor allem wegen ihrer Springbrunnen berühmt ist. Die beiden spanischen Paläste entfalten einen Prunk, in dem der italienische und der französische Geschmack der Zeit triumphiert. Queluz bietet dagegen ein lebendiges Beispiel portugiesischer Kunst und lässt sich daher besser mit dem nahe gelegenen Palast von Sintra (Palácio da Pena) vergleichen.
Die Romantiker, allen voran Lord Byron, liebten diesen Palast wegen der Schönheit der Landschaft und wegen der hier spürbaren spätmittelalterlichen Stimmung. Vor diesem Hintergrund wird Queluz als Ausdruck des neuen ästhetischen Empfindens des 18. Jahrhunderts begreifbar.

Darüber hinaus ist Queluz als eindrucksvollstes Beispiel des Rokoko in Südportugal anzusehen. Dieser entwickelte sich hier unter dem direkten Einfluss des Hofs und hebt sich deutlich gegenüber vergleichbaren Beispielen in Nordportugal, zum Beispiel in Braga oder Porto, ab. Der elegante und feinsinnige Rokoko des Südens übernahm die französische Vorliebe für große freie Außenflächen und entfaltete seine Lust am Dekor im Inneren. Im Norden bildete sich dem gegenüber eher eine sakrale Architektur heraus, deren Skulpturen und Friese mit der Fassade zu einer Einheit verschmelzen. Die hier erzielte Ausdruckskraft erreichte ihre höchste Eleganz mit dem brasilianischen Architekten Aleijadinho (1738–1814).

108–109 *Im Toucador (Ankleideraum) der Königin hängen hübsche Gemälde mit spielenden Cupidos. Auffällig sind die zarten Farben der Decke und die ungeheure Menge an Spiegeln. Durch die Kombination verschiedener Holzarten wird auf dem Boden ein herrlicher Effekt erzielt. Für viele Fußböden und Schnitzereien im Schloss verwendete man hochwertiges brasilianisches Holz.*

109 *Dieses Schlafgemach zeichnet sich durch neoklassizistische Elemente aus, wie zum Beispiel die Messingteile am Bett und die goldgelbe Farbe der Decke.*

DER BUCKINGHAM-PALAST

Spiegel der Monarchie

Der Buckinghampalast zählt zu den bekanntesten Sehenswürdigkeiten Londons. In der offiziellen Hauptresidenz des britischen Königshauses wohnt die Queen, wenn sie nicht in Windsor, Sandringham oder Balmoral Castle weilt. Im Unterschied zu vielen anderen Residenzen ist der Buckinghampalast kein Museum, sondern in erster Linie Wohn- und Arbeitsstätte des Königshauses. Die mächtige klassische Struktur bildet eine abgeschlossene Einheit und zugleich einen der zentralen Punkte im Westen Londons. Verglichen mit anderen Palästen blickt der Buckinghampalast auf eine verhältnismäßig kurze Geschichte als königliche Residenz zurück. Um den Palast angemessen zu würdigen, sollte man ihn zunächst in seiner direkten Umgebung betrachten. Elegante Häuser sowie der St. James' Park und der Green Park umgeben den Palast. Nähert man sich ihm vom Admiralty Arch (Admiralitätsbogen) von Trafalgar Square aus, reihen sich zur Rechten prächtige Gebäude aneinander. Beachtung verdienen unter anderem die klassischen Fassaden von Carlton House Terrace und Clarence House, dem Domizil der Königinmutter.

Marlborough House, das die Großmutter der Königin, Queen Mary, nach dem Tod ihres Manns bezog, ist ein rotes Backsteingebäude aus dem frühen 18. Jahrhundert. Die Gemahlin Georgs V. kümmerte sich um die Sanierung des Palastinneren und um die Restaurierung der Möbel. Sie brachte sie in eine historisch korrekte Ordnung, die heute noch respektiert wird. An das Gebäude schließt sich St. James' Palace an, ein Backsteinpalast im Tudorstil mit Ziegeldächern und einer Kapelle, in der Prinzessin Diana in der letzten Nacht vor ihrer Beerdigung aufgebahrt war. Dann folgt Lancaster House, ein Gebäude für Regierungsempfänge, das direkt neben dem Green Park liegt.
Der Buckinghampalast ist die ideale Königsresidenz, Sinnbild einer jahrhundertealten Monarchie, die sich gern modern und bürgernah gibt. Das Gebäude steht am Ende eines etwa 800 m langen, von Bäumen gesäumten Boulevards. The Mall ist eine Prachtstraße, auf der die Mitglieder des Königshauses anlässlich von Hochzeiten, offiziellen Besuchen ausländischer Staatsgäste oder Beerdigungen defilieren.
Der Buckinghampalast erhebt sich hinter hohen vergoldeten Gittern und Toren inmitten eines ausgedehnten Privatgartens, der von Ziegelmauern umgeben ist. An die Residenz grenzt der öffentliche und ebenfalls berühmte St. James' Park. Seit über 350 Jahren bildet er eine freie Fläche inmitten der Stadt. In vielen Klassikern der englischen Literatur findet er Erwähnung.
Wenn man sich dem Buckinghampalast nicht über The Mall nähern möchte, so kann man auch durch den Park spazieren und den Palast zunächst von der Brücke aus betrachten, die über den künstlich angelegten See führt. Breite Wege zweigen zur Hyde Park Corner und zum Wellingtonbogen ab. Die Straße, die die Südseite des Parks begrenzt, heißt Birdcage Walk. Sie führt zum berühmten Glockenturm Big Ben und zum Parlamentsgebäude, dem Palace of Westminster, am Ende der Parliament Street. Außer dem beliebten Zeremoniell der Wachablösung an The Mall findet jeden Nachmittag ein weniger bekannter Changing of the Guard mit der Leibwache der Königin statt.
Der Buckinghampalast bleibt trotz der beliebten Parks und der berühmten Häuser in der Nachbarschaft Hauptanziehungspunkt dieses Bereichs der Stadt. Wenn die rot-blau-goldene königliche Standarte vom Fahnenmast über dem Dach des Haupteingangs weht, ist die Queen zu Hause.

110 oben *Zu den Künstlern, die unter Königin Viktoria Berühmtheit erlangten, gehörte Franz Xaver Winterhalter. Dieser malte besonders gerne hochrangige Persönlichkeiten in aufwändiger oder exotischer Kleidung und Pose, wie dieses Porträt der Queen belegt.*

110 Mitte *Ursprünglich waren die Wappentiere, die das königliche Emblem halten, Leoparden, dann entschied man sich jedoch für den berühmten Löwen und das Einhorn. Das Symbol der Monarchie prangt im vergoldeten Lorbeerkranz über einem der Eingangstore.*

110 unten *Unter den zahlreichen Gemälden im Speisesaal befindet sich auch dieses Porträt von König Georg IV. Der Monarch trägt die Uniform des berühmten Hosenbandordens.*

110–111 *Inmitten von Gärten steht der Palast aus dem 18. Jahrhundert. Hinter dem später angefügten Ostflügel liegt, umgeben von Gebäuden, der Paradeplatz. Vergoldete Gitter grenzen das Grundstück gegen The Mall ab.*

111 oben *Der St. James' Park und der Green Park umschließen den Palast mit ihren ausgedehnten Grünflächen. Vom See aus bietet sich ein herrlicher Blick auf die Fassade. Noch spektakulärer wäre sie, hätte man John Nashs Entwürfe vollständig umgesetzt. Er plante einen Hof zwischen zwei hohen Flügeln, vor denen sich Statuen erheben sollten.*

112–113 *Der Große Saal ist ein Raum mit einer niedrigen Decke. Er liegt unter dem Stockwerk mit den Adelsgemächern. Um die Illusion von mehr Raum zu schaffen, legte John Nash den Boden tiefer, der wie die Säulen aus carrarischem Marmor besteht. Den großen fein gearbeiteten Kamin schuf Joseph Theakston. Ursprünglich waren die Wände aus farbigem Alabaster. Der weißgoldene Dekor, den man heute bewundern kann, stammt aus dem Jahr 1902.*

Ein außergewöhnliches Domizil ist dieser weiträumige Palast mit der kiesbestreuten Paradefläche vor der berühmten Fassade zweifellos. Der dahinter liegende Hof verbirgt den Hauptflügel des Palasts vor den Blicken neugieriger Besucher. Im Inneren marschieren Wachen auf dem Paradeplatz vor der steinernen Fassade auf und ab, häufig in den bekannten roten Uniformen und mit schwarzen Bärenfellmützen auf dem Kopf. Jeden Tag zur gleichen Stunde wird hier der Verkehr gestoppt, damit die traditionelle Wachablösung stattfinden kann. Sie zählt zu den touristischen Hauptattraktionen von London, und das Rondell vor dem Palast zieht zahlreiche Menschen an. In der Mitte des Kreisels steht eine Statue von Königin Viktoria: das Victoria Memorial. Das prächtige Monument mit seinen Stufen und Balustraden bietet einen hervorragenden Blick auf den Palast. Obwohl das Gebäude erst unter der Herrschaft von Karl I. auf dem offenen Gelände im Westen Londons erbaut wurde, hat es sich seit dieser Zeit stark verändert. Frühe Drucke belegen, dass hier vor drei Jahrhunderten noch ein großes Landhaus in ländlicher Umgebung stand. Es gehörte zunächst Lord Goring, später dem Grafen von Arlington, der es vollkommen umgestaltete. Als der Herzog von Buckingham, dessen Namen der Palast heute noch trägt, das Gebäude erwarb, baute er es, kaum 25 Jahre später, abermals um, obwohl es schon damals annähernd so mächtig und groß war wie heute. Weitere Veränderungen nahm Georg III. ab 1762 vor. Unter architektonischen Gesichtspunkten erlebte der Palast seine höchste Blüte nach 1820, denn der Sohn Georgs III., der Prinzregent und spätere König Georg IV., gab der Residenz ein neues Aussehen, das sie

113 oben *In einer kühnen barocken Drehung führt die Große Treppe zu den Staatsgemächern empor. Durch reich verzierte Oberlichter dringt Tageslicht ein. Samuel Parker baute die ursprünglich von James Wyatt konstruierte Treppe nach Nashs Plänen um. Er fertigte auch die vergoldeten Beschläge für die von Nash entworfenen Spiegeltüren aus Mahagoni in den Empfangssälen. Der Stil der bemerkenswerten goldbronzenen Balustrade findet sein Echo in der Gipsverzierung, die sich rings um die Rückwand zieht.*

113 unten *Der Wachraum ist der erste Raum einer Abfolge traditioneller Suiten, die man in allen großen englischen Palästen findet. In dem kleinen apsisartigen Raum mit Gipsreliefs von William Pitts stehen kostbare Skulpturen unter wertvollen Tapisserien. Pitts schuf einen Großteil der Gipsreliefs in den Staatsgemächern.*

in wesentlichen Teilen bis heute beibehalten hat.
Georg IV. engagierte den berühmten Architekten John Nash, dessen Pläne ausgezeichnet mit den Vorstellungen des Monarchen harmonierten, da beide theatralische Effekte liebten. Für Nash belegen dies zum Beispiel die Nash Terraces im Regent's Park sowie der exotische Royal Pavillon in Brighton. Viele von Nashs Entwürfen fanden, verborgen vor dem Auge der Öffentlichkeit, Eingang in die Architektur des Palasts. Leider waren seine Ideen nicht immer gut durchdacht, ein Mangel, der später des Öfteren Sorge bereitete.
Nach dem Tod des Königs im Jahr 1830 wurde Nash entlassen. Seine Stelle nahm der kompetente, aber unsensible Edward Blore ein, der Nashs Konzept weitgehend verdarb. Ein neues Gebäude sollte für die junge Nichte des Königs, Viktoria, entstehen. Sie heiratete als Queen Victoria im Jahr 1840 Prinz Albert von Sachsen-Coburg-Gotha, und das Paar entwickelte eigene Vorstellungen davon, wie das zukünftige Heim aussehen sollte.
Blore fügte dem Palast den neuen Ostflügel mit Schlafräumen und Kinderzimmern hinzu. Außerdem modernisierte er die Küche. Die graue Fassade aus Portland-Steinen (ursprünglich Caen-Steine) präsentiert sich noch weitgehend so, wie Königin Viktoria sie Mitte des 19. Jahrhunderts gestalten ließ. Sie plante auch größere Staatsgemächer und einen Ballsaal, um ein angemessenes Ambiente für ihre Familie zu schaffen. Heute wird der Ballsaal für Staatsbankette mit bis zu 170 Gästen genutzt.

114 oben *Der Green Drawing Room zählt zu den schönsten Räumen des Palasts. Von der Decke bis zum Parkettboden spiegelt er John Nashs Stilempfinden und den Geschmack der ausgehenden georgianischen Epoche wider. Hier warten hohe Gäste auf ihren Empfang im Thronsaal. Joseph Browne fügte dem Raum später die Marmorkamine hinzu.*

114 unten *Wie ein Korridor erstreckt sich die über 40 m lange Gemäldegalerie über die Räume des ersten Stockwerks im alten Buckingham House. Sie sollte ursprünglich die niederländischen und flämischen Bilder Georgs III. aufnehmen, die zur Gemäldesammlung der Queen gehören. Die Holzschnitzereien fertigte der bekannte britische Holzschnitzer Grinling Gibbons im 17. Jahrhundert.*

Der neue Flügel schloss die offene Hofseite des spätgeorgianischen Palasts, der von zwei großen Seitenflügeln eingerahmt wurde. Ursprünglich sah Georg IV. einen triumphbogenartigen Eingang vor, der Trafalgar and Waterloo Arch (Trafalgar- und Waterloobogen) genannt werden sollte. Der von Nash entworfene Durchgang war jedoch zu eng für Viktorias Staatsmantel, deshalb setzte man ihn nach dem Bau um. Der heute unter dem Namen Marble Arch bekannte Bogen steht seitdem an der Nordostseite des Hyde Parks. Der weiche Caen-Stein der neuen Fassade erodierte jedoch rasch, sodass der Architekt Aston Webb ihn ab 1913, unter Georg V., Stück für Stück ersetzte.
Die Ostfassade ist der am besten bekannte Teil des Palasts. In der Mitte des ersten Stockwerks befindet sich der berühmte Balkon, auf dem sich

die königliche Familie bei offiziellen Anlässen dem Volk zeigt. In diesem Teil des Palasts kann man die unterschiedlichen, alten und neuen Steine gut voneinander unterscheiden. Der jüngere, blassere Portland-Stein der Frontseite verdeckt den goldbraunen Stein des älteren Teils des Buckinghampalasts.
Bis vor kurzem durften Besucher ohne offizielle Einladung den Palast nur anlässlich der Ausstellungen betreten, die regelmäßig in der Queen's Gallery im Süden des Hauptgebäudes an der Buckingham Road stattfanden. Inzwischen öffnet er seine Pforten auch im Sommer, wenn die königliche Familie die Ferien im schottischen Balmoral Castle verbringt.
Ein festgelegter Parcours führt den Besucher über zwei Stockwerke durch große Korridore, Salons und Empfangssäle voll prächtiger Wand- und Deckenverzierungen, Möbel und Kunstwerke. Aus hohen Fenstern blickt man über die Parks, privaten Gärten, Seen und The Mall.
Durch den südlichen Eingang gelangt man in den Empfangsbereich mit den Porträts aus dem Haus Hannover. Von dort aus führt der Weg weiter zur Prince of Wales Door und über den Ambassadors' Court bis zum inneren Eingang. Die Säle im Ostteil sind für das Publikum nicht zugänglich doch ist hier ohnehin nur der prächtig vergoldete Mittlere Saal, der zum Balkon im ersten Stock führt, von Interesse.
Die Fassade, auf die Besucher nun blicken, ließ Nash erbauen. Ins Auge fällt die doppelte Portikus mit dorischen und korinthischen Säulen: der Große Eingang. Er zeigt deutlich den Einfluss von Claude Perraults Entwurf für die Säulenfassade der Ostfront des Louvre und bildet einen klaren Kontrast zu Blores Ostteil. Die rückwärtigen stuckverzierten Mauern unterstreichen das hohe künstlerische Niveau des eleganten alten Palasts mit seinem unnachahmlichen Stil.

114–115 *Der Thronsaal mit den beiden geflügelten Genien, die Girlanden über die Thronsessel halten, ist der theatralischste Raum des Palasts. Bernasconi, der Chefstuckateur des Buckinghampalasts, schuf diese beiden Skulpturen. Die Gipsfriese greifen eines der wenigen mittelalterlichen Themen auf. Die scharlachroten Seidenbehänge wurden kürzlich restauriert, die vier Goldornamente stammen vermutlich aus Carlton House.*

115 *Dieses Bild zeigt eines von zwei japanischen Lackgefäßen auf einem Sockel aus vergoldeter Bronze. Das im französischen Stil der zweiten Hälfte des 18. Jahrhunderts gehaltene Objekt gehört zu den Kostbarkeiten der Gemäldegalerie.*

Zur Rechten liegt der Prunksaal mit Böden und Pfeilern aus carrarischem Marmor. Auf der anderen Seite des Eingangs führt die Große Treppe zum ersten Stock empor. Über die doppelseitige Treppe mit der bronzenen Balustrade gelangt der Besucher zu einer Reihe von Sälen, die – wenngleich verkürzt – die festgelegte Abfolge der Staatsgemächer veranschaulichen. Einen vollständigen Parcours bietet Hampton Court mit den von Christopher Wren entworfenen königlichen Empfangsräumen.
Die Staatsgemächer atmen noch immer den Geist des genialen Architekten John Nash und gehören zu den am reichsten ausgestatteten der Erde. Sie spiegeln den pompösen Stil und die Verherrlichung der britischen Kunst unter Georg IV. wider.
Auf den Wachsaal und den Green Drawing Room folgt der Thronsaal. Der kleine Wachsaal ist üppig mit Statuen ausgestattet. Im Green Drawing Room, früher Queen Charlotte's Salon, versammeln sich Gäste, wenn im Thronsaal oder im Musiksaal Empfänge stattfinden. Auf den ersten Blick wirkt er eher golden als grün. Mit Ausnahme der seidenen Wandpaneele und der Blenden ist Grün aber die vorherrschende Farbe. Noch dominanter ist das Rot des sich anschließenden Thronsaals. Am Ende des bemerkenswerten lang gestreckten Saals steht das Proszenium mit den

Thronsesseln. Purpurrote Wandbehänge, vergoldete Ornamente, ein großflächiger Gipsfries und ein riesiger Kronleuchter beherrschen den Raum. Diese drei Säle gestaltete Nash.
Die Gemäldegalerie, die sich über die Räume des ersten Stocks zieht, liegt zwischen zwei Abfolgen von Staatsgemächern und hat mehrere Eingänge. Durch die Glasdecke fällt Licht in die lang gezogenen Säle. Hier hängen berühmte Gemälde, darunter flämische und niederländische Arbeiten aus dem Besitz Georgs IV. Leider mangelt es an einer mit dem Katalog übereinstimmenden Nummerierung. Von der Galerie aus gelangt man durch die Lobby und den Silk Tapestry Room in die East Gallery und von dort aus zur West Gallery. Sie enthalten eine Vielzahl von Schätzen, dienen jedoch in erster Linie als Korridore, denn sie verbinden die von Nash erbauten Staatsgemächer mit denen, die sein Schüler James Pennethorne ab 1853 hinzufügte. Den Weg zum State Dining Room verschönern erlesene Möbel, wertvolle Bilder und Por-

116 *Der aktuelle Dekor des White (ursprünglich North) Drawing Room stammt aus dem 19 Jahrhundert. Die Decke mit den italienischen Gipsstuckaturen geht allerdings auf Nash zurück. Der Palast beherbergt eine der interessantesten Möbelkollektionen Großbritanniens.*

117 oben links *Das Bogenfenster des Musiksaals ist das hervorstechende Merkmal der Gartenfront von Buckingham Palace. Im Inneren tragen lapislazulifarbene Alabastersäulen eine außergewöhnlich fein vergoldete Decke. Der Parkettboden, hier zum größten Teil unter einem Teppich verborgen, besteht aus exotischen Hölzern.*

117 oben rechts *Die Ostgalerie ist in Wirklichkeit ein Verbindungsraum, enthält jedoch genau wie die anderen Zugänge zu Königin Viktorias Ballsaal von 1855 eine Vielzahl kostbarer Möbel und Bilder. Das große Gemälde im Vordergrund rechts zeigt Königin Viktoria, Prinz Albert und ihre Kinder.*

117 Mitte *Marble Hall, unterhalb der Gemäldegalerie, wirkt niedrig, jedoch mit seinem Boden und den Säulen aus carrarischem Marmor durchaus harmonisch. Die hölzernen Girlanden über den Kaminen stammen aus Carlton House und veranschaulichen die Kunstfertigkeit englischer Holzschnitzer des 17. Jahrhunderts.*

117 unten *Canovas Skulpturen fanden in England immer großen Zuspruch. Diese Nymphe mit Putte stammt aus dem Jahr 1817.*

zellanobjekte. Der Speisesaal ist ebenfalls in Rot gehalten und besticht durch den gewaltigen Mahagonitisch und die lebensgroßen königlichen Porträts unter der gewölbten, vergoldeten Decke. Ins Auge fällt vor allem das von Thomas Lawrence gemalte Bild Georgs IV. im Krönungsstaat. Auf den Dining Room, dessen Fenster sich wie die aller Säle auf der Westseite des Palasts zu den Gärten hin öffnen, folgen drei weitere Säle, die zu den schönsten des Palasts gehören. Als Erstes betritt man den für Staatsempfänge genutzten Blue Drawing Room. Nash entwarf nicht nur die herrliche Decke, sondern auch die imitierten Onyxsäulen und die Reliefs dieses atemberaubenden Saals. Unmittelbar dahinter liegt der Musiksaal mit einem breiten, halbrunden Bogenfenster, das neben der gewölbten, kuppelförmigen Decke und dem

118 oben *Dieser reich verzierte Rundtisch diente vermutlich nur als Zierobjekt. Die zahlreichen Einlegearbeiten weisen ihn als Werk aus dem frühen 19. Jahrhundert aus. Wegen der Kameen mit Köpfen bedeutender Generäle der Geschichte heißt er „Table of the Grand Commanders“ (Tisch der großen Kommandeure). Ludwig XVIII. von Frankreich schenkte ihn dem britischen Prinzregenten.*

118 Mitte *Den State Dining Room mit seiner üppig verzierten Decke gestaltete zum größten Teil der Architekt Blore für Wilhelm IV. Interessant sind die Porträts der Könige und Königinnen. Die Kamine aus Marmor mit weißen Frauenfiguren, die Instrumente spielen, zeigen, dass der Raum ursprünglich als Musiksaal gedacht war.*

118 unten *Der Prinzregent liebte es, seltene Objekte für seine Residenz zu sammeln. Unter anderem erwarb er viele Uhren in oftmals überraschenden Formen, zum Beispiel diese Apolloubr aus Marmor und vergoldeter Bronze. Das französische Stück, das Philippe Thomire im Jahr 1810 schuf, zeigt den Lauf der Sonne.*

118–119 *Der Blue Drawing Room ist ganz im georgianischen Stil gehalten. Ursprünglich war er als roter Saal konzipiert und mit Alabastersäulen, purpurroten Vorhängen und Wandbehängen ausgestattet. Sein heutiges Aussehen erhielt er im frühen 19. Jahrhundert während der Regierungszeit von Königin Mary. Aus dieser Zeit stammen die blaue Velourstapete und die hohen korinthischen Säulen, deren Bemalung an Onyxmarmor erinnern soll. Beachtung verdient auch die von Nash entworfene gewölbte Kassettendecke.*

fantastischen Parkettfußboden das hervorstechendste Merkmal bildet. Hier empfangen König oder Königin Gäste vor Beginn eines offiziellen Banketts.
Schließlich betritt man den White Drawing Room. Der französisch inspizierte Saal ist ganz in warmen Gold- und Weißtönen gehalten. Unter einer ebenfalls von Nash entworfenen Decke mit herrlichen Stuckaturen des Italieners Bernasconi erfreuen Wandverzierungen aus dem 19. Jahrhundert das Auge. Mitglieder der königlichen Familie können den Saal durch eine verborgene Spiegeltür betreten und versammeln sich hier, ehe sie Gäste im Musiksaal empfangen. Vom White Drawing Room führt die Ministers' Staircase (Ministertreppe) in die Marble Hall mit beachtenswerten Skulpturen von Canova. Wie so viele kostbare Objekte im Buckinghampalast waren sie einst für Carlton House, das Domizil des Prinzregenten, bestimmt und wurden hierher gebracht, als man Carlton House abriss.
Der Bow Room (Bogensaal) sollte eigentlich als Bibliothek dienen und zu den Gemächern Georgs IV. gehören. Obwohl der Palast diesem König seine Entstehung zu großen Teilen verdankt, lebte der Monarch nicht hier. Nach seinem Tod nahm sein Bruder, Wilhelm IV., die Fertigstellung des Bauwerks in die Hand, doch sollte auch er das Ende der Arbeiten nicht erleben. 1810 ließ Queen Mary die Marmorkamine im französischen Stil einbauen.
Vom Bow Room aus gelangen Besucher unterhalb des gleichfalls von Nash entworfenen Bogenfensters im Westflügel ins Freie. Gemeinsam mit dem damaligen Obergärtner von Kew Gardens kümmerte sich der große Architekt auch um den Park. Der Bow Room öffnet sich zum Garten hin. Von hier führt ein Weg zum Grosvenor Gate. Nicht weit von hier befinden sich die königlichen Stallungen, die für Besucher zugänglich sind. Touristen können hier unter anderem die Goldene Staatskutsche bewundern, die seit 1760 für Krönungszeremonien benutzt wird.

HAMPTON COURT

Das Tudorschloss an der Themse

120 oben *Als junger Mann brachte Heinrich VIII. gute Anlagen mit. Aufgrund seines Aussehens und seiner militärischen Begabung war er zu Beginn seiner Regierungszeit sehr beliebt. Mit zunehmendem Alter wurde er jedoch*

immer dickköpfiger und schreckte auch vor Grausamkeiten nicht zurück. 1536 schuf Hans Holbein d. J., einer der bedeutendsten Maler jener Zeit, dieses Porträt des inzwischen fettleibigen Königs.

Im 16. Jahrhundert ließ Thomas Wolsey (1472/1473–1530), der Erzbischof von York, am Themseufer eines der schönsten Schlösser Englands erbauen: Hampton Court. Das imposante Gebäude vermittelt einen lebhaften Eindruck davon, wie reiche Adlige oder Mitglieder des Klerus zu jener Zeit lebten. Das Schloss liegt inmitten eines weitläufigen Jagdreviers, und die Gärten dehnen sich in der Nähe des Themseufers aus. Das Schloss steht westlich von London am Ausgang eines malerischen Dorfs mit wunderschönen alten Häusern.
Viele der großen britischen Paläste waren im Besitz englischer Adelsfamilien, die auf eine lange Geschichte zurückblicken konnten oder als Kaufleute zu Ansehen, Besitz und Titel gekommen waren. Gelegentlich konnte es aber auch ein Mitglied der nichtadligen Schicht zu etwas bringen. Thomas Wolsey, der Sohn eines Metzgers, stieg bis zum Kardinal (1515) und päpstlichen Legaten (1518) auf. Gerade zu jener Zeit hatte sich England unter der Regierung des ersten Tudorkönigs Heinrich VII. konsolidiert. Er hatte König Richard III. im Jahr 1485 in der Schlacht bei Bosworth geschlagen und seiner Dynastie, dem Hause Tudor, damit den Weg zur Herrschaft geebnet. Der älteste Sohn Heinrichs VII., der alle Anlagen zum König mitbrachte, starb als Prince of Wales. Sein Bruder Heinrich trat die Thronfolge an und bestieg 1509 als Heinrich VIII. den Thron. Unter seiner Herrschaft erhielten junge, dynamische Männer großartige Möglichkeiten, um sich zu verwirklichen. Der scharfsinnige und überaus ehrgeizige Thomas Wolsey aus Ipswich stieg in der neuen, vom Hause Tudor etablierten Hierarchie der Macht rasch auf und übernahm 1515 das einflussreiche Amt des Lordkanzlers. Damit war er nach dem König der mächtigste Mann in England.

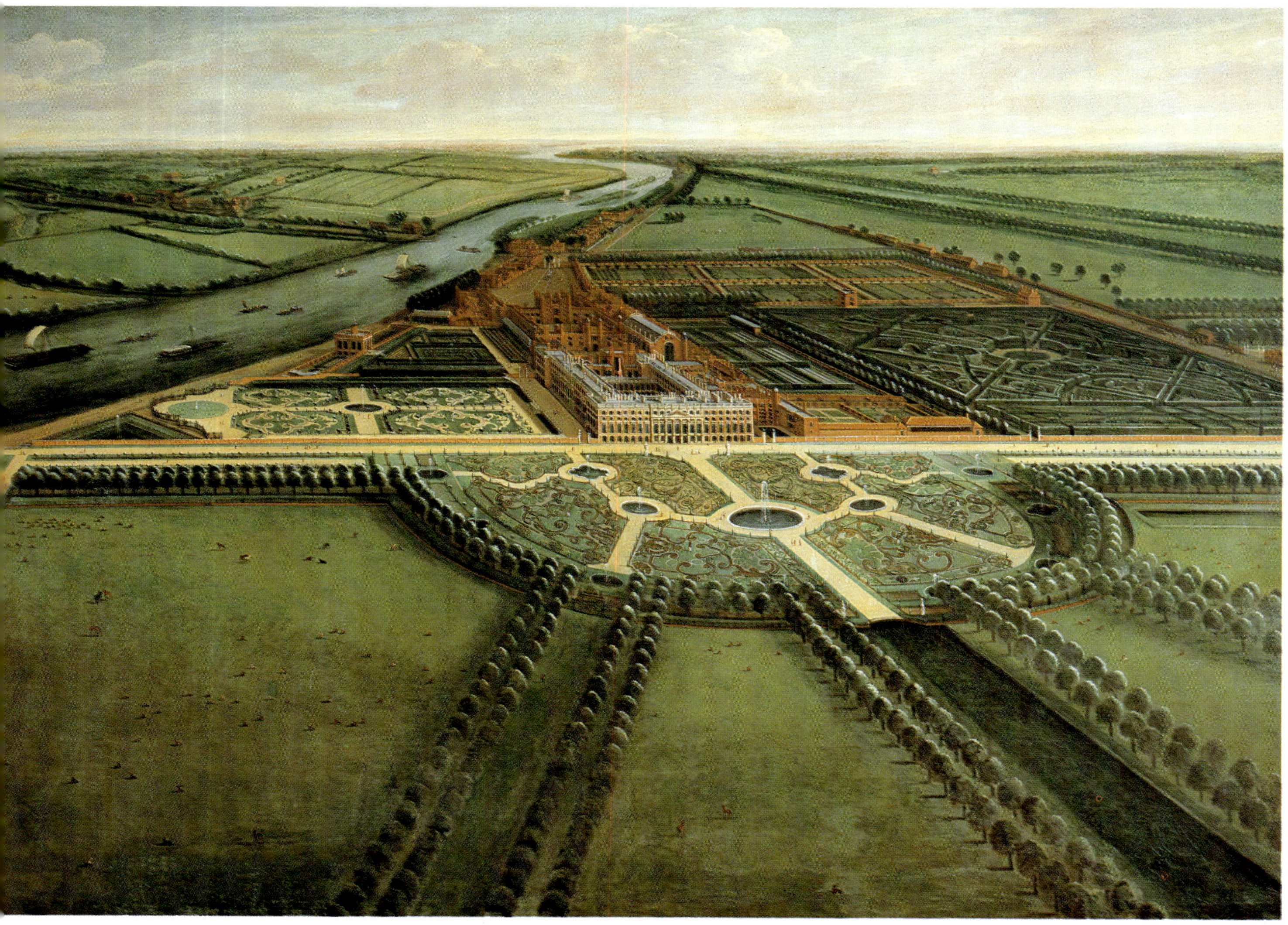

120 Mitte *Das königliche Wappen an der Außenseite der Chapel Royal, der Königlichen Kapelle, zeigt zwei Engel, die die Krone über den in vier Felder unterteilten Schild halten. Große Ereignisse im Leben Heinrichs VIII. fanden an diesem Ort statt, zum Beispiel die Taufe seines Sohns und Nachfolgers, Eduards VI. Heinrichs fünfte Ehefrau, Katharina Howard, beteuerte hier ihre Unschuld, bevor der König sie wegen Ehebruchs hinrichten ließ. Die sechste – und letzte – Ehe wurde dagegen in Queen's Closet geschlossen.*

120 unten *In den beiden Hauptgemächern der Wolsey Rooms hängen historische Gemälde und einige Renaissancebilder. Dieses zeigt das Schloss nach den von Ch. Wren vorgenommenen Umbaumaßnahmen.*

120–121 *Ab 1530 begann man den Privy Garden für Heinrich VIII. anzulegen. Er wurde häufig verändert und erhielt erst vor kurzem das Aussehen des 17. Jahrhunderts zurück. Er bildet nun wie zur Zeit Wilhelms III. von Oranien eine harmonische Ergänzung zur Südfront.*

121 oben *1545 entstand dieses Bild der Familie von Heinrich VIII., das im Whitehall Palace hängt. Es zeigt den König mit seiner dritten Frau, Johanna (Jane) Seymour, die seinen Sohn Eduard, den späteren Thronfolger, gebar. Dieser steht auf dem Bild neben Heinrich. Auch die beiden Töchter des Königs, Maria und Elisabeth, sind zu erkennen.*

121 unten *Das Schloss, das viel Raum einnimmt, liegt inmitten eines ausgedehnten Reviers, das die Könige gerne nutzten, um auf die Jagd zu gehen. Kardinal Wolsey hatte es 1514–1522 erbauen lassen und 1526 Heinrich VIII. geschenkt. Diese Luftaufnahme zeigt den Westeingang mit den beiden Tudorhöfen und dem Dach der Großen Halle.*

122 oben *Die Atmosphäre im von allen Seiten umschlossenen Base Court entspricht vollkommen der Tudorzeit. Ohne Mühe kann man sich vorstellen, dass im nächsten Moment Wolsey persönlich den Hof betritt. Durch das Anna-Boleyn-Tor mit der astronomischen Uhr gelangt man in den stark veränderten Uhrenhof, den Innenhof des hier abgebildeten Wolsey-Hauses. Es wird von der Großen Halle und der Cumberland Suite begrenzt.*

Als viel versprechender junger Mann zog der König aufstrebende Persönlichkeiten in seinen Bann, zu denen auch Wolsey gehörte. Er diente dem König so gut und erfolgreich, dass er es zu großem Reichtum brachte. Sein Lebenswandel gestaltete sich fast noch aufwändiger als der des Monarchen. Dies war jedoch zur damaligen Zeit höchst gefährlich, wie mehrere Beispiele belegen, und auch Wolsey sollte in Ungnade fallen.
Zunächst jedoch erwarb er ein Grundstück mit einem dazugehörigen Landhaus von einem religiösen Orden. Von 1514–1522 ließ er das Haus in den berühmten Hampton Court umwandeln. Dann jedoch fiel Wolsey dem Wahn des Königs zum Opfer, der sich nicht damit begnügte, selbst gut zu regieren, sondern auch zahlreiche männliche Nachkommen hinterlassen wollte. Da ihm seine erste Frau Katharina von Aragonien nur eine Tochter gebar, wollte er erneut heiraten. Hierzu hätte Papst Klemens VII. die erste Ehe des Königs annulieren müssen. Dies lehnte er jedoch unter dem Druck Kaiser Karls V. ab. Wolsey, der vom Heiligen Vater eine Nichtigkeitserklärung der Ehe erlangen sollte, scheiterte. Er wurde 1529 seines Amts enthoben, verbannt und des Hochverrats angeklagt. Thomas Wolsey starb 1530 als Gefangener auf dem Weg nach London zu seinem Prozess.

Im Jahr 1533 kam es schließlich zum Bruch zwischen Heinrich VIII. und der katholischen Kirche, als Heinrich die Ehe mit Katharina durch den von ihm ernannten Erzbischof von Canterbury annulieren ließ und seine Mätresse, die junge und hübsche Hofdame Anna Boleyn heiratete.
Heinrich VIII. gab Unsummen für den Umbau von Hampton Court aus, bis das Schloss 1540 endlich seinen Wünschen entsprach. Nun umfasste es Privatgemächer und Empfangssäle, verschiedene Höfe, eine Große Halle, die berühmte Kirche, riesige Küchentrakte, Bowlingbahnen, Vergnügungsgärten und den weitläufigen Park. Gleichwohl kann man an vielen Stellen noch Teile entdecken, die Wolsey erbaute, zu ihnen gehört unter anderem der eindrucksvolle Base Court.

1689 wurde Hampton Court unter König Wilhelm III. von Oranien erneut umgebaut. Der König beauftragte den berühmten Architekten Christopher Wren, das Schloss zu erneuern.
Unter Georg II. wurden die königlichen Gemächer neu dekoriert. 1737 nutzte der Hof Hampton Court zum letzten Mal, und obwohl Capability Brown sich als königlicher Gärtner über 20 Jahre um Haus und Gärten kümmerte, zeigte die königliche Familie kein Interesse mehr an Hampton Court.
Erst Königin Viktoria ließ das Gebäude restaurieren und öffnete es nach

122 unten *Der runde Brunnen bildet den Mittelpunkt des Privy Garden's, der sich symmetrisch von der Südseite des Schlosses bis zum Fluss hinabzieht.*

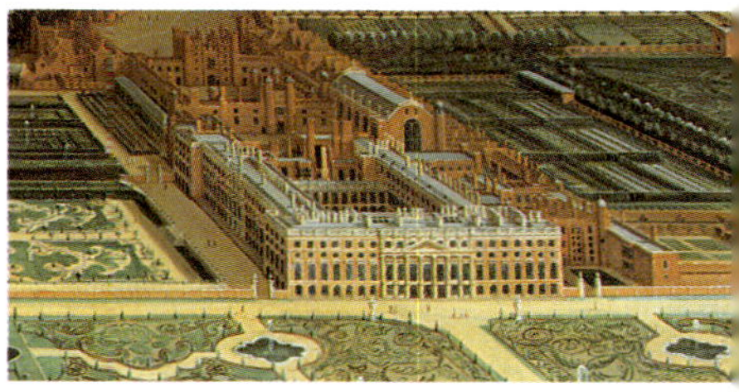

122–123 *Auf jeder Seite des Haupteingangs, der an der Westfassade des Schlosses liegt, stehen Säulen mit Kriegstrophäen. Wilhelm III. von Oranien ließ diesen Eingang, das Trophy Gate (Trophäentor), erbauen. Über dem Tor prangt, flankiert von zwei schmalen Türmen, das Wappen Heinrichs VIII.*

123 oben *Die astronomische Uhr, eine komplexe Uhr mit großem Zifferblatt, fertigte Nicholas Oursian für Heinrich VIII. an.*

123 unten *Dieses Foto zeigt eine Ansicht des Pond Garden's. An dieser Stelle befanden sich ursprünglich Teiche, in denen man Süßwasserfische für die königliche Tafel züchtete. Heinrich VIII. ließ den Garten mit Statuen von Wappentieren und Sonnenuhren verzieren. Nicht weit entfernt befindet sich der 1924 angelegte Knot Garden, der veranschaulichen soll, wie man Gärten zur Zeit der Tudors gestaltete.*

1838 für Besucher. Dem Stil der damaligen Zeit entsprechend, versuchte man dem Schloss sein früheres Aussehen zurückzugeben. Vieles, was man heute sieht, stammt also aus dem 19. Jahrhundert.

Das dramatischste Ereignis in der jüngeren Geschichte von Hampton Court war ein Brand, der 1986 große Teile der königlichen Gemächer zerstörte. Die Renovierungsarbeiten dauerten sechs Jahre und gingen als aufwändigste Sanierung des Jahrhunderts in die englische Geschichte ein. Seit 1995 erstrahlt das Schloss wieder in altem Glanz. Seit dieser Zeit erneuerte man nur noch den berühmten Privy Garden Wilhelms III. von Oranien, der sich bis zur Themse hinabzieht. Da der Fluss in der Geschichte Londons von jeher eine überaus wichtige Rolle spielte, sollte man sich Hampton Court per Boot von Kingston on Thames aus nähern. Genauso hielten es Heinrich VIII. und sein Hofstaat, die ihre Schiffe am etwa 20 km entfernten Whitehall Palace bestiegen und sich westwärts rudern ließen. Schon damals bot sich dem jungen König bei der Ankunft ein erfreulicher Anblick. Heute heben sich darüber hinaus noch einige schöne rote Ziegelsteinfassaden gegen die Grünflächen des Parks ab, den die eleganten schmiedeisernen Tore von Jean Tijou begrenzen.

Eine Augenweide ist der Palast aber auch, wenn man vom Bahnhof aus darauf zukommt. Überquert man den Fluss, so liegt Hampton Court auf der rechten Seite. Durch ein großes Tor gelangt man an einer Reihe von Tudorgebäuden vorbei zum Eingang. Der Weg führt durch das Haupttor mit Skulpturen der königlichen Wappentiere in den den Base Court, der sich seit Wolsey nur wenig verändert hat. Von der Mitte des Hofs aus sieht man das westliche Ende der Kapelle, die Heinrich VIII. fertig stellen ließ. Sein Zeichen sowie Zeichen und Initialen seiner Tochter Elisabeth I.

124 oben *Die 32 m lange und 18 m hohe Great Hall (Große Halle) ist der größte Saal von Hampton Court. Die herrliche Stichbalkendecke erreicht mithilfe von Auslegerbalken eine Breite von 40 m. Eine eingelassene Platte auf dem Boden markiert die ehemalige Feuerstelle. Der Rauch zog durch eine Öffnung in der Mitte der bemalten Decke ab. Buntglasfenster erinnern an Wolsey und die sechs Frauen von Heinrich VIII . Die Halle wurde zuletzt 1840 restauriert.*

124 unten *Der Abraham-Teppich-Zyklus entstand eigens für die Große Halle. Der Brüsseler Weber Wilhem Pannemaker fertigte die Tapisserien mit eingewobenen Gold- und Silberfäden im Jahr 1540. Sie werden nur zu speziellen Anlässen ausgestellt. Heinrich VIII. besaß über 2500 Tapisserien.*

125 *Die Chapel Royal gehört zu den wenigen Hinterlassenschaften aus der Tudorzeit. Noch immer finden hier Gottesdienste statt. Die üppig vergoldete und stark skulptierte Decke im typisch englischen Gewölbestil und der reich verzierte Altar zeugen noch, genau wie die Große Halle, vom Glanz Heinrichs VIII.*

DIEV ET MON DROIT

zieren das Tor zu beiden Seiten. Anna Boleyn, Elisabeths Mutter, ist auf dem gegenüberliegenden Tor verewigt, das in den Clock Court (Uhrenhof) führt. Der Name des Hofs bezieht sich auf die große astronomische Uhr aus dem Jahr 1540. Zu Wolseys Zeiten stellte der Clock Court den inneren Hof dar. Er wurde im Lauf der Zeit immer wieder verändert.
Der überaus elegante Fountain Court (Brunnenhof), den Ch. Wren für Wilhelm III. von Oranien und Maria II. Stuart entwarf, liegt unterhalb der Staatsgemächer. Ein Durchgang führt zu Wrens barocker Süd- und Ostfront. Besucher können zwischen sechs Rundgängen durch den Palast wählen. Sie verdeutlichen die verschiedenen, oft kontrastierenden Aspekte und Stilrichtungen, die in den Bau Eingang fanden.
Ein Muss sind die Staatsgemächer Heinrichs VIII. mit der Great Hall und der Chapel Royal. Hier befinden sich auch das Great Watching Chamber, das Pages' Chamber und die Haunted Gallery (Spukgalerie). Katharina Howard, die fünfte Gemahlin Heinrichs VIII., soll den König hier um Gnade angefleht haben, ehe er sie wegen angeblichen Ehebruchs hinrichten ließ. Wachen mussten die schreiende Frau wegtragen. Seitdem soll ihr Geist in der Galerie umgehen. In den Wolsey Rooms residierte der Kardinal vermutlich persönlich. Diese kleinen Zimmer im Tudorstil mit den originalen Feuerstellen, feinen Paneelen und Möbeln der Frührenaissance atmen noch ganz die Zeit des Lordkanzlers. Hier hängen zahlreiche Renaissancebilder, die zusammen mit jenen in der Renaissancegalerie eine umfangreiche Sammlung bilden.
Ein weiterer Parcours führt zu den königlichen Gemächern, eine Folge von Räumen im Hochbarockstil, die man wieder so möbliert hat, wie sie ursprünglich aussahen. Die Queen's State Apartments umfassen ebenfalls einige schöne Räume mit Blick auf den Park. Die Georgian Rooms zeigen, wie man zur Zeit des letzten Hofs, der in Hampton Court residierte, lebte.

126 *Das Treppenhaus des Königs (King's Staircase) mit seinen breiten Steinstufen erbaute Wren für Wilhelm III. auf der Seite der alten Staatsgemächer. Antonio Verrio bemalte Wände und Decken.*

127 oben *Dieser Raum wurde nicht als Schlafzimmer, sondern für bestimmte Zeremonien genutzt. Hier kleidete man den König an, während ein Höfling, der in der Gunst des Herrschers stand, den Eingang zu dem Gemach bewachte. Vergoldete Stühle, ein Deckengemälde von Verrio und Schnitzwerk von Grinling Gibbons verleihen dem Raum Atmosphäre. Beachtung verdienen auch die Spiegel von Gerrit Jenson.*

127 Mitte *1694 begann man das Staatsgemach der Königin für Maria II. herzurichten. Ihre Schwester und Nachfolgerin, Königin Anna, gab den Schmuck für den Queen's Drawing Room in Auftrag. Sie bildet den Mittelpunkt der beiden hier fotografierten Gemälde.*

127 unten *Die Queen's Gallery wurde für Maria II. erbaut. Zunächst hing hier Andrea Mantegnas „Triumphzug Caesars", heute sind Tapisserien aus dem 18. Jahrhundert zu sehen. Die Stühle stammen aus dem Jahr 1737. Bemerkenswert ist auch die marmorne Feuerstelle auf der linken Seite.*

__128–129__ Die ursprüngliche Form des Great Watching Chamber's konnte weitgehend bewahrt werden. Erhalten blieben auch die vergoldete Decke und die Tapisserien. Vier von ihnen hängen über den Türen. Sie zeigen Wappen, hier das Emblem Kardinal Wolseys.

__128__ Dieses Porträt Kardinal Wolseys zeigt den Kirchenfürsten auf dem Höhepunkt seiner Macht. In den noch erhaltenen Wolsey Rooms soll er selbst residiert haben. Er fiel in Ungnade, weil er Papst Klemens VII. nicht überzeugen konnte, die Ehe von Heinrich VIII. und Katharina von Aragonien zu annullieren. Der Glanz von Hampton Court überstieg aber auch den des englischen Königshofs und trug auf seine Weise zum Ruhm und zum Untergang des Lordkanzlers bei.

129 oben *Das Schlafzimmer der Königin gehört zu den Georgian Rooms und wurde von Königin Karoline benutzt. Tapisserien aus Mortlake zeigen englische Seeschlachten. Die Gemächer wurden während der letzten Phase ausgestattet, in der sich der englische Hof in Hampton Court aufhielten. Nach dem Tod der Königin im Jahr 1745 hielt sich Georg II. August nur noch selten hier auf. Das schwindende Interesse der Könige an Hampton Court erweist sich aus heutiger Sicht als Glücksfall: Das Schloss blieb auf diese Weise von Moden späterer Jahrhunderte verschont und präsentiert sich noch weitgehend so, wie man es ursprünglich erbaut und ausgestattet hatte.*

129 unten *Die große Familie Georgs II. August benötigte viel Platz. Als Georgs dritter Sohn, der Herzog von Cumberland, alt genug war, um eigene Räume zu beziehen, schuf man die Cumberland Suite auf der Ostseite des Uhrenhofs. William Kent entwarf die Gemächer, darunter das hier abgebildete elegante Schlafzimmer.*

Auch der Küchentrakt ist einen Besuch wert. Er nimmt die Nordseite des Schlosses ein und versorgte ursprünglich zweimal pro Tag 800 Personen mit Essen. Die Great Kitchen verfügt über sechs Feuerstellen, eine von ihnen ist noch mit Küchengeräten ausgestattet. Gewürze und Obst, Fleisch und Fisch, Holz und Holzkohle lagerten in den mehr als 50 Räumen. Auch eine Kerzenzieherei befand sich hier. Außerdem gab es eine Konditorei für Süßspeisen, eine Pastetenbäckerei mit fünf großen Pastetenöfen und drei Keller, in denen man Wein und Bier lagerte. Ein Teil der Küche wurde nachträglich wieder eingerichtet, um Besuchern einen Eindruck von der Zeit zu vermitteln, als man hier Tausende von Schafen, Hirschen, Ochsen und Schweinen briet, Fasane, Hasen und Wildschweine abhing, Pasteten backte und gefüllten Fisch zubereitete.

Die Gärten von Hampton Court sind die beliebtesten von ganz England. 41 Gärtner kümmern sich um den Privy Garden mit seinen Terrassen, die South Gardens mit dem Knot Garden und dem Pond Garden sowie um die übrigen weitläufigen Grünflächen mit ihren zahlreichen Springbrunnen und Wasserspielen. Zu den Gärten gehört auch das berühmte Labyrinth aus der Tudorzeit, das man 1690 aus über 6 m hohen Hainbuchenhecken anlegte. Inzwischen wurden sie durch Eiben ersetzt. 7500 Bäume stehen im Park, darunter eine tausendjährige Eiche im Home Park.

Die älteste Kulturpflanze ist der Great Vine (Großer Weinstock), der als ältester Weinstock der Welt gilt und sein Gewächshaus vollständig überwuchert hat. Er wurde bereits 1768 angepflanzt, hat einen Umfang von über 30 cm und bringt alljährlich im September über 700 süße blaue Trauben hervor.

Im Home Park richtet die Royal Horticultural Society (Königliche Gartenbaugesellschaft) alljährlich eine Blumenschau aus. Hier leben auch etwa 300 Hirsche, die von den Rudeln Heinrichs VIII. abstammen.

Noch eine letzte Überraschung birgt der märchenhafte Palast: Die neun berühmten Kartons von Andrea Mantegna, die den „Triumphzug Caesars" zeigen. Sie hängen heute in der restaurierten Lower Orangery.

DER KÖNIGS-PALAST VON BRÜSSEL

Stolz Leopolds II.

130 oben *Dieses Porträt von Lieven de Winne zeigt Leopold II., der von 1865 bis 1909 über Belgien herrschte. Er entstammte dem Haus Sachsen-Coburg-Gotha und ließ eine Vielzahl von Gebäuden errichten. Unter anderem baute man während seiner Regierungszeit den Königlichen Palast um.*

Wer sich mit der Geschichte der Stadt Brüssel beschäftigt, wird schnell feststellen, dass sie sehr komplex ist. Dynastische Wirren und Revolutionen, mächtige und berühmte Gestalten haben sie geprägt und dazu beigetragen, dass die „Hauptstadt Europas" in ihrer heutigen Form entstand.
Ursprünglich war Brüssel ein kleiner Marktflecken an der Senne, doch vergrößerte es sich unter dem Einfluss der Herzöge von Brabant und später der Herzöge von Burgund Schritt für Schritt.

Im Verlauf des 15. und 16. Jahrhunderts bewohnten viele Herrscher den nüchternen Ort und trugen zur wirtschaftlichen wie kulturellen Entwicklung der Stadt bei. Zu ihnen gehörten die Herzogin Maria von Burgund, die spätere Frau Maximilians I., und der habsburgische Kaiser Karl V. Während seiner Regierungszeit blühten in Brüssel und ganz Flandern die Künste und Wissenschaften. 1522 ordnete Karl V. den Bau einer Kapelle im gotischen Stil an, die unter architektonischen Gesichtspunkten eine Verlängerung

130 Mitte *Die Hauptfassade des Königlichen Palasts in Brüssel überragt die weitläufige Place des Palais gegenüber des königlichen Parks. Seine heutige Form erhielt der Palast im frühen 20. Jahrhundert unter der Leitung des Architekten Henri Maquet. Die Flagge über der mittleren Kuppel wird gehisst, wenn der König sich im Land befindet.*

130 unten *Dieses Detail einer Miniatur von Henri Edmond Delacroix zeigt eine allegorische Darstellung der herrschenden Dynastie.*

Vor diesem historischen und kulturellen Hintergrund muss man die Entstehung des Königlichen Palasts betrachten, dessen ältester Teil bereits im ausgehenden 11. Jahrhundert erbaut wurde.
Brüssel gewann im frühen 15. Jahrhundert rasch an Bedeutung, als das Herzogtum Burgund zum Königreich der Niederlande gehörte. Herzog Philipp der Gute machte die alte Festung in Brüssel zu seiner Hauptresidenz und begann ab 1431, den schlichten Bau in einen Herzogspalast zu verwandeln, der seiner Dynastie und der Stadt würdig sein sollte.
Der Palast stand auf dem Coudenberg, einem Hügel unweit der Kathedrale Saint-Michel (früher St. Gudulakirche). Bei neueren archäologischen Grabungen wurden die Überreste der prächtigen Großen Halle freigelegt, die zum Palais Coudenberg gehörte. Philipp der Gute hatte diese Halle, ein Juwel der gotischen Architektur, 1452 erbauen lassen, um hier Festlichkeiten und Empfänge abzuhalten.

der Großen Halle bildete. Ab 1596 lebte in dem Palast die Enkelin von Karl V., die Infantin Isabella, mit ihrem Gatten, Albrecht VII. von Habsburg und Generalgouverneur der Niederlande. Beide waren in Brüssel und Umgebung sehr beliebt. Sie förderten nicht nur Künste und Handwerk, sondern erwogen auch als Erste die Unabhängigkeit Belgiens von den Niederlanden.
Der Glanz des Herzogspalasts sollte indes nicht lange währen. Ein Brand zerstörte ihn in der Nacht zum 3. Februar 1731.
Über 40 Jahre lang häufte sich der Schutt an der Place des Bailles, der heutigen Place Royale, an jener Stelle, an der der Palast einst gestanden hatte.
1780 wurde Joseph II. durch den Tod seiner Mutter Maria Theresia Alleinherrscher in den habsburgischen Erblanden. Er begann mit dem Bau des Königlichen Palasts. Im Süden der Warande, die das ehemalige Palais Coudenberg umgeben hatte, ließ der

130–131 *Ende des 19. Jahrhunderts schufen Georges Van den Bos und Leon Cardon die allegorischen Deckengemälde der Langen Galerie. Die Armsessel im Stil Louis-quatorze wurden dem Geschmack des 19. Jahrhunderts angepasst und mit kostbarem roten Damast überzogen.*

131 *Diese Zeichnung aus den Palastarchiven zeigt den Plan, den Tielman François Suys zur Modernisierung der Fassade entwarf. Suys setzte die Arbeiten fort, die durch den Tod von Vander Staeten unterbrochen worden waren. 1829 konnte Wilhelm I. den Palast beziehen.*

132–133 Der imposante Thronsaal wird durch mächtige Säulen auf quadratischer Basis in drei Abschnitte gegliedert. Berühmte Bildhauer wie Rodin und Vincette hinterließen hier Zeugnisse ihrer Kunst. Vincette schuf die Flachreliefs über den beiden Eingängen, die die Flüsse Maas und Schelde, die Symbole der beiden Regionen Flandern und Wallonien, zeigen. Von Auguste Rodin stammen die vier Flachreliefs in der Mitte des Saals. Jedes stellt zwei belgische Provinzen dar.

132 Die Venedigtreppe bildet den Hauptzugang zu den oberen Stockwerken. 1867 schuf der Maler Jean-Baptiste Van Moer hier mehrere Bilder von Venedig und dem Canale Grande, die dem Treppenhaus seinen Namen gaben.

133 oben links Diese Miniatur von H. E. Delacroix wird im Palastarchiv aufbewahrt. Das belgische Wappen wird von allegorischen Figuren und dem Motto „Einheit verleiht Stärke" eingerahmt. Im unteren Teil sind Symbole der belgischen Provinzhauptstädte und Porträts von Leopold I. und seiner Gattin Louise zu erkennen. Leopold regierte Belgien von 1831 bis 1865. Ganz unten sieht man die Embleme der drei Kinder des Königspaars.

133 unten links Der Marschall-Salon diente ursprünglich als Audienzsaal, wurde ab dem 19. Jahrhundert jedoch als Speisesaal und Salon genutzt. Hier hängen Porträts von König Leopold I. und Königin Louise.

133 oben rechts Das elegante Flachrelief, das sich um die Wände des Großen Vorzimmers zieht, schufen der französische Bildhauer François Rude und der Flame Jean-Louis Van Geel in der ersten Hälfte des 19. Jahrhunderts. Rude stellte Handel, Schifffahrt (s. Abbildung), Überfluss und Klugheit allegorisch dar, Van Geel illustrierte Industrie, Landwirtschaft, Frieden und Macht sowie die Vereinigung des Nordens und Südens der Niederlande.

133 unten rechts Eine Marmorstatue der Minerva beherrscht das von Alphonse Balat entworfene Große Treppenhaus. Die Treppe sollte den Weg zu den Empfangssälen verkürzen und diesem Teil des Gebäudes Glanz verleihen.

Monarch vier Gebäude errichten. Der erste Teil des Gouverneurspalasts von Brüssel bot dem Statthalter des Königs der Niederlande Domizil; hier waren auch Diplomaten und Militärführer untergebracht. Der Bau selbst fügte sich in ein architektonisches Gesamtkonzept, das die Neugestaltung des Quartier Léopold vorsah. Verschiedene Architekten, in erster Linie jedoch Guimard und Zinner, sollten den Park neu entwerfen, den zu jener Zeit vier Straßen mit wunderbaren Häusern umschlossen. Auf der Basis eines Plans, den der Architekt Barré vorgelegt hatte, legte man die Place Royale über der ehemaligen Place des Bailles an. 1785 wurde die Hofkirche Saint-Jacques-sur-Coudenberg vollendet, die den Platz überragt. Unter der Herrschaft der Österreicher (1713–1794) verwandelte man zwei der vier Gebäude in Residenzen für die Diplomaten Luigi von Barbiano Belgiojoso und Baron Bender.
In den darauf folgenden Jahrzehnten gestaltete sich die politische Situation unter dem Einfluss der Französischen Revolution zunehmend schwieriger, zumal Joseph II. bei seinen Untertanen nicht gerade beliebt war. Die Brabanter Revolution hatte die provisorische Unabhängigkeit der Niederlande von Österreich zur Folge.
Nach dem Tod Josephs II. im Jahr 1790 regierte Kaiser Leopold II. mit eiserner Hand, um jeden weiteren Aufruhr im Keim zu ersticken.
1797 geriet Brüssel unter französische Herrschaft, doch zeigten die Franzosen kein Interesse an der Architektur der Stadt, sodass es in jener Zeit nicht zu Veränderungen kam. Nach dem Sturz Napoleons im Jahr 1815 erklärte man Wilhelm I. zum König der Niederlande und machte Brüssel zusammen mit Den Haag zur Hauptstadt. Sogleich beschloss der Staatsrat, endlich eine angemessene königliche Residenz in Brüssel zu erbauen. Man kaufte das gesamte Gebiet um die Residenzen Benders und Belgiojoso zurück und engagierte zahlreiche Architekten, die Pläne für eine Verbindung der beiden Gebäude entwarfen. Gislain Joseph Henry begann mit dem Bau einer majestätischen, von fünf Säulen getragenen Arkade, welche die Rue Héraldique überspannen sollte, doch starb er, ehe sein Projekt vollendet war. Henrys Nachfolger Charles Vander Staeten konnte den Bau ebenfalls nicht zu Ende führen, da es an Geld mangelte. Der letzte mit dem Umbau betraute Architekt, Charles Tielman François Suys, ließ die begonnene Arkade abreißen. An ihre Stelle trat eine Säulengalerie mit sechs korinthischen Säulen. Die Rue Héraldique verwandelte er in den Innenhof des Schlosses. 1829 waren die Arbeiten abgeschlossen, doch wirkte der Palast immer noch nicht wie eine Königsresidenz, sondern

eher wie das pompöse Empfangsgebäude einer erfolgreichen Bürgersfamilie. Im darauf folgenden Jahr fand das Projekt ein jähes Ende, als in Brüssel die nationale Revolution ausbrach, die sich gegen Wilhelm I. und die Abhängigkeit von den Niederlanden richtete.
Die Belgier erkämpften ihre Unabhängigkeit und ernannten 1831 Leopold I. von Sachsen-Coburg-Gotha zu ihrem König. Er siedelte in den Brüsseler Palast über, nahm jedoch keine wesentlichen Umbauten vor. Lediglich den prächtigen Palast Karls von Lothringen, in dem er seine offiziellen Empfänge abhielt, ließ Leopold im Stil von Versailles ausstatten. Im Unterschied zu seinem Vater interessierte

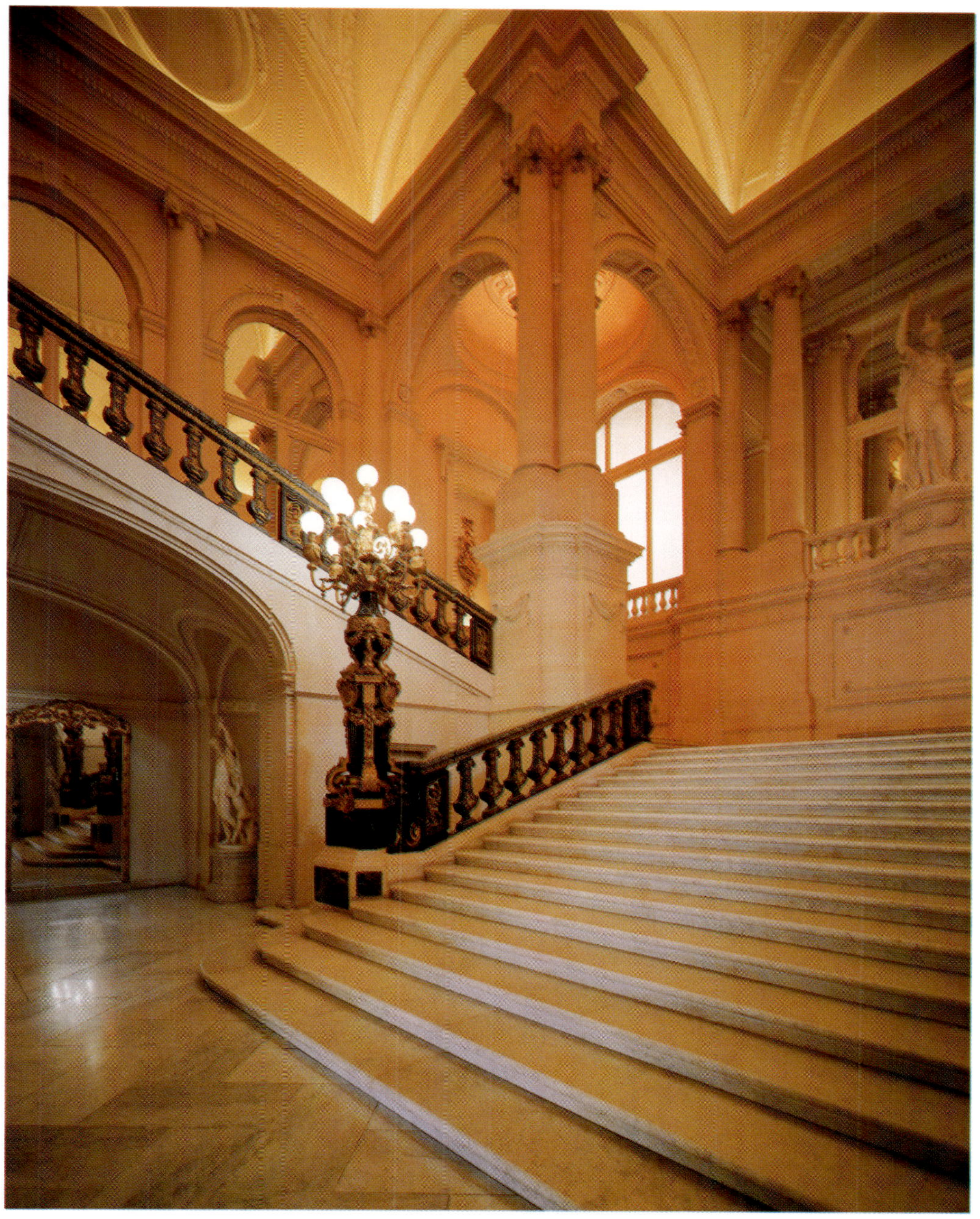

sich Leopold II., der Herzog von Brabant und designierte Thronfolger, überaus stark für die Architektur des Königlichen Palasts. 1858 stellte er den Architekten Alphonse Balat ein, der über 50 Jahre lang für Leopold arbeiten sollte. In dieser Zeit entstand unter anderem der linke Flügel des Palasts, den der Herzog zu seinem privaten Domizil machte. Nach und nach stattete er das Gebäude mit Brunnen und Glasflächen aus.

Die Erweiterungs- und Erneuerungspläne, die man bereits Leopold I. unterbreitet hatte, kamen nun alle ohne Probleme zur Verwirklichung, zumal Belgien als aufsteigende Nation im Kreise der europäischen Kolonialmächte zu jener Zeit über genügend finanzielle Mittel verfügte. Auf diese Weise konnte Alphonse Balat in den darauf folgenden Jahren den Palast vollständig umgestalten und ihn Zug um Zug in eine echte und angemessene königliche Residenz verwandeln. Zu den größten Projekten gehörte der Umbau der Fassade, die nun im Stil Louis-seize gehalten war und sich harmonisch in das Quartier Léopold einfügte. Ab 1861 lagen die Arbeiten, die zuletzt nur schleppend vorangekommen waren, jedoch brach, da nun weniger Geld zur Verfügung stand.

Erst als Leopold II. den Thron bestieg, ging man daran, das Innere des Palasts zu verschönern. Die Aufmerksamkeit galt zunächst der Haupttreppe, dann den Sälen, in denen Gäste des Brüsseler Hofs logierten. Nachdem man sie renoviert und neu möbliert hatte, begann man, die Empfangsräume neu auszustatten.

Balat entwarf auch die Große Galerie, den Thronsaal und den Salon des Denkers, der noch heute als Totenzimmer für Mitglieder der königlichen Familie dient. Über eleganten Säulen können Besucher im Thronsaal Flachreliefs des berühmten französischen Bildhauers Auguste Rodin bewundern. Beachtung verdient auch der Marmorsaal. Hier hängen über den Feuerstellen Gemälde von Louis Joseph Gallait, die Kaiser Karl V. und Gottfried von Boullion zeigen. Über den beiden breiten Türen, die in die zwei Palastflügel führen, zieren Flachreliefs von Thomas Vincette die Wände. Sie zeigen die beiden Flüsse, die Belgien durchqueren, die Maas und die Schelde. Eigentlich sollte der Umbau des Schlosses bereits 1860 abgeschlossen sein, doch dauerten die Arbeiten noch weitere 20 Jahre.

1903 stellte der Staat schließlich die Gelder zur Verfügung, die man benötigte, um die Erneuerung der Fassade abzuschließen.

Der Architekt Maquet führte die Maßnahmen nach Balats Originalplänen durch. Leopold II. zeigte sich dennoch nicht vollständig zufrieden und wünschte weitere Umbauten, die einen harmonischeren Gesamteindruck schaffen sollten. Er kaufte das alte Hotel Bellevue und gliederte es mithilfe eines halbkreisförmigen Pavillons in den Palast ein. Am gegenüberliegenden Flügel verfuhr er ähnlich mit dem Hotel Walkiers. Danach legte man vor der Hauptfassade einen Garten an und verschönerte den Ziergiebel mit einem allegorischen Flachrelief von Vincette, das den Titel „Belgien zwischen Landwirtschaft und Gewerbe" trägt.

Im Inneren schuf man weitere Räume, unter anderem den Spiegelsaal und die Fontainebleau Appartements.

Der König verfolgte noch weiter gehende Pläne, doch zeigte nach seinem Tod im Jahr 1909 niemand mehr Interesse. Seitdem fanden im Quartier Léopold keine größeren Umbauten mehr statt, sieht man von der Modernisierung der Rue Bellevue ab, die in Place des Palais umbenannt wurde. Die königliche Familie lebte bis 1935 in der Residenz. Nach dem frühen Tod von Königin Astrid entschied ihr Ehemann, Leopold III., nach Schloss Laeken überzusiedeln, und seine Nachfolger behielten diesen Wohnort bei. Heute stellt das Gebäude, das über den Ruinen des ehemaligen Herzogssitzes von Coudenberg erbaut wurde, ein schönes Beispiel für die Architektur des 18. und 19. Jahrhunderts dar. Es dient als Verwaltungszentrum und wird nach wie vor für königliche Empfänge genutzt.

134 oben links *Der Große Weiße Salon gehörte zu den Gemächern, in denen hohe österreichische Würdenträger logierten. Maquet baute ihn auf Anordnung Leopolds II. um und stattete ihn mit eleganten Möbeln im Empirestil aus.*

134 unten links *Wegen der großen Vase aus Berliner Porzellan aus dem 19. Jahrhundert heißt der hier abgebildete Salon Vasensaal. Bemerkenswert sind daneben auch der Kronleuchter im Stil Louis-quatorze und die Büste Leopolds II. im Hintergrund.*

135 oben *Im Goyasaal wurden wichtige österreichische Gäste untergebracht. Der Name des Saals bezieht sich auf die großen Wandbehänge aus der königlichen Manufaktur von Santa Barbara in Madrid, für die Francisco José Goya Entwürfe anfertigte.*

134 rechts *Dieses Bild zeigt ein anderes Detail der allegorischen Miniatur, die Delacroix im 19. Jahrhundert zeichnete. Sie befindet sich heute im Königlichen Archiv.*

134–135 *Der Empiresaal im ältesten Flügel des Palasts gehört zu den prächtigsten Sälen. Hier residierte der österreichische Statthalter, als Belgien zum Reich der Habsburger gehörte. Der erste Entwurf stammte von Louis Joseph Montoyer, doch gestalteten verschiedene berühmte Architekten den Raum später um. Durch die Halbsäulen, die gewölbte Decke mit Flachreliefs und die Kronleuchter im Stil Louis-seize, die ältere im Empirestil ersetzten, und die herrlichen Möbel wirkt der Saal besonders prunkvoll. Hier feiert man noch immer große offizielle Anlässe, zum Beispiel fand hier die standesamtliche Hochzeit des amtierenden belgischen Königpaares Albert und Paola statt.*

136 oben *Dieses Bild zeigt die Rückseite des Corps de Logis, die sich zum Unteren Garten hin öffnen. Der Venusbrunnen steht unterhalb der Treppe, die zum königlichen Gebäude hinaufführt.*

136 unten rechts *Der Venusbrunnen, größtenteils eine Rekonstruktion, hebt sich vor dem Hintergrund der Kolonnaden ab. Er bildet das Zentrum der mittleren Allee des Unteren Gartens.*

136–137 *Diese Luftaufnahme zeigt die symmetrische Anlage des Gartens, in dem Brunnen, kleine Kanäle und gerade geschnittene Hecken den Eindruck von Ordnung und klarer Struktur verstärken. Der Venusbrunnen stellt den Mittelpunkt des Unteren Gartens dar, der Königsbrunnen und die Kolonnaden stehen im Oberen Garten.*

136 unten links *Marot d. Ä. entwarf den Privatgarten von Königin Maria, auch Königinnengarten oder Prinzessinnengarten genannt.*

HET LOO

Jagdsitz und Königsresidenz

1674 wurde Fürst Wilhelm III. von Oranien (1650–1702) zum Erbstatthalter der Niederlande ernannt und erhielt gleichzeitig das Jagdrecht für die waldreiche Veluwe. Die dünn besiedelte Region war reich an Wild, und so beschloss Wilhelm, der sich nur allzu gerne die Zeit mit der Jagd vertrieb, sich hier einen Jagdsitz zu erbauen.

Im Jahr 1676 richtete man ein Haus in Hoog Soeren für ihn her. Damit gab Wilhelm sich jedoch nicht zufrieden: Im November 1684 erwarb er den Besitz Het Loo, um auf dem Gelände ein neues und würdevolleres Jagdschloss errichten zu lassen. Im September 1685 waren bereits die Außenarbeiten für den mittleren Teil, das Corps de Logis, abgeschlossen. 1686 kamen die Fassade und die Flügel hinzu, die ursprünglich durch Kolonnaden mit dem Haupthaus verbunden waren. Gleichzeitig zog man die Mauern hoch und legte die Gärten an.

Der holländische Architekt Jacob Roman (1640–1716) hatte die Leitung des Projekts inne, das vermutlich auf Plänen der Académie d'Architecture de Paris beruhte. Auch der französische Architekt Daniel Marot d. Ä. (um 1663–1752) wirkte an dem Bau mit, jedoch erst, als dieser bereits zu weiten Teilen fertig gestellt war. Daniel Marot gehörte zu den französischen Hugenotten, die nach der Aufhebung des Edikts von Nantes im Jahr 1685 in die Niederlande geflohen waren. Hier stellte ihn Wilhelm III. von Oranien als Chefarchitekt ein.

Der Einfluss von Marot d. Ä. ist in Het Loo vor allem an zahlreichen Details und verschiedenen dekorativen Elementen zu erkennen, die dem Schloss den letzten Schliff gaben.

Het Loo stieg zum bevorzugten Jagd- und Landsitz Wilhelms und seiner Gattin Maria II. Stuart (1662–1694) auf. Bis zum Tod des Fürsten im Jahr 1702 veränderte man das Schloss immer wieder und verschönerte es sowohl innen als auch außen. Nicht nur das Gebäude selbst stand dabei im Mittelpunkt des Interesses, sondern auch die Gärten und die weitere Umgebung, die man als wichtige Teile eines Ensembles betrachtete.

Zu jener Zeit galt Symmetrie als architektonische Idealvorstellung, und so orientierten sich Schloss und Park an einer zentralen Achse mit spiegelbildlich angeordneten Komponenten auf jeder Seite. Im Inneren bildeten Eingangshalle, Treppe und Große Halle im ersten Stockwerk diese Achse. Im Westen und im Osten der Großen Halle lagen entsprechend die Gemächer des Königspaars. Die Zimmer der Höflinge und der Speisesaal befanden sich im Erdgeschoss.

Terrassen umschlossen den Hauptgarten von drei Seiten. Er gliederte sich in einen Oberen und einen Unteren Garten.

Um die Einheit von Haus und Park zu betonen, versuchte man den Unterschied zwischen innen und außen zu verwischen. So bemalte man zum Beispiel die Wände des Treppenhauses und der Haupthalle mit perspektivischen Szenen, die den Eindruck vermittelten, man befände sich im Freien.

Der Durchgang vom Schloss zum Garten lag exakt in der Mitte der Gebäuderückseite und bestand nicht aus einer einfachen Tür, sondern aus offenen, vergoldeten Eisengittern.

Daniel Marot d. Ä. entwarf Pläne für viele verschiedene Teile des Schlosses und des Gartens, wobei er bestimmte Stilgesetze streng beachtete und dadurch ein hohes Maß an Einheitlichkeit erreichte.

Als Wilhelm III. von Oranien 1689 den Thron von England, Schottland und Irland bestieg, nahm auch die Bedeutung von Het Loo zu. Zwischen

137 oben links *Gold, Blau und Rot sind die Farben des Wappens Wilhelms III. von Oranien, der Het Loo erbauen ließ.*

137 oben rechts *Dieses dekorative Element von Daniel Marot d. Ä. gehört zu einem der vergoldeten Gitter am Corps de Logis. Es zeigt das alte Symbol der königlichen Dynastie Nassau-Oranien, einen Orangenbaum in einer Vase.*

137 unten *Aus dem 18. Jahrhundert existieren zahlreiche Dokumente und Zeichnungen wie dieser kolorierte Stich, sodass man Schloss und Gärten originalgetreu wieder aufbauen konnte.*

138 oben *Diese Tapisserie von Jérôme LeClerc ziert eine Wand des Neuen Speisesaals. Sie zeigt das Wappen des Königspaars Wilhelms III. von Oranien und seiner Gattin Maria II. Stuart.*

138 unten *Kabinett und Ankleidezimmer von Königin Wilhelmina lagen ursprünglich im ersten Stock. In diesem Raum bewahrte sie Erinnerungen an Ahnen auf, die ihr besonders nahe standen, zum Beispiel die vergoldete Holzbüste Wilhelms I. von Oranien, genannt der Schweiger.*

1691 und 1694 ersetzte man die Kolonnaden durch vier Pavillons mit Sälen und Gemächern. Am Nordende des Gartens legte man einen neuen, von einem Wall umschlossenen Teil an, sodass die Allee, die zum Palast führte, nun innerhalb der Grenzen des Besitzes lag und diesen von einer Seite zur anderen durchquerte. Durch künstliche Kanäle floss das Wasser, das man zur Gestaltung des Gartens benötigte.
In unmittelbarer Nähe zum Wall entstand ein Park, der allerlei Zeitvertreib bot. Hier befanden sich ein kleines Wäldchen, ein Labyrinth, eine Voliere und viele schmale Kanäle, in denen verborgene Springbrunnen unvermutet Wasserspiele erzeugten. Darüber hinaus gab es Gemüsegärten, Fischteiche, Hundezwinger und Falkenhäuser. Die Ställe, die Orangerie und die Kutschen waren in einem Flügel des Schlosses untergebracht.
Der Architekt Philipp W. Schonck (1735–1823) verwandelte den Oberen Garten in einen englischen Garten, wie es der Mode seiner Zeit entsprach. Aus Rechnungen und anderen Dokumenten jener Zeit geht hervor, dass der Erhalt des Baus und der Gärten im 18. Jahrhundert hohe Kosten verursachte. 1795 wurde der gesamte Garten geplündert und blieb verwüstet zurück.
Zwischen 1807 und 1809 veränderte Het Loo sein Aussehen erneut, als Louis Bonaparte (1778–1846) es zu seiner Sommerresidenz erklärte. Der Bruder Napoleons I. regierte von 1806 bis 1810 als König von Holland. Er ließ die Außenmauern des Schlosses mit grauem Stuck überziehen, in den man Rillen einritzte, um den Eindruck natürlicher Steinquader zu erwecken. Die neuen Fenster im Empirestil erhielten Fensterläden.
Der Architekt Alexandre Dufour (1750–1835) entwarf einen Plan für die landschaftliche Gestaltung, die eine Umstrukturierung von Park und Gärten einschloss. Um eine ebene Oberfläche zu erhalten, entfernte man die Terrassen und füllte die tiefer gelegenen Teile des Parks auf.
Als Wilhelm I. (1772–1843) im Jahr 1815 den niederländischen Thron bestieg, diente Het Loo dem Staatsoberhaupt als Sommerresidenz. Der Monarch bedauerte zwar den Verlust des alten Gartens, unternahm aber nichts, um die Veränderungen rückgängig zu machen. Er ließ lediglich sechs rechteckige Fischteiche ausheben, um den zweistöckigen künstlichen See wiederherzustellen. In die Mitte setzte man eine Insel; außerdem rundete man die Ecken des Sees ab und bepflanzte das Ufer dicht mit Bäumen und Büschen – vor allem Rhododendren –, um dem See ein natürliches Aussehen zu verleihen.
Der Sohn und Nachfolger Wilhelms I., Wilhelm II. (1792–1849), interessierte sich nicht besonders für Het Loo, während sich sein Sohn Wilhelm III. (1817–1890) häufig hier aufhielt. Er ließ eine Gemäldegalerie anbauen, die auch als Foyer für das 1875 im Ostflügel hinzugefügte Theater diente. Außerdem begeisterte sich der Monarch für exotische Pflanzen und seltene Bäume. Das Arboretum, das er östlich des von einem Wall umschlossenen Gartens anlegte, erinnert noch

138–139 *Der Alte Speisesaal wurde nur zwischen 1686 und 1690 benutzt. An den Wänden hängen Tapisserien, die Meleagros und Atalante, Kephalos und Prokris, vier Gestalten aus Ovids „Metamorphosen" zeigen.*

heute an diese Lieblingsbeschäftigung des Herrschers. Zu jener Zeit entstanden auch der hölzerne Teepavillon und das Badehaus in der Nähe des künstlichen Sees.
Noch im selben Jahrhundert strich man den Stuck weiß an und entfernte die lächerlich wirkenden Rillen.
Die Tochter Wilhelms III., Königin Wilhelmina (1880–1962), ließ einige Gemächer im Stil der Zeit von Wilhelm III. von Oranien herrichten.
1911 unterbrach man diese Arbeiten, um das gesamte Schloss zu erweitern. Es wurde zum Teil erhöht und erhielt Anbauten auf der Ostseite, die jedoch dem symmetrischen Gesamteindruck eher schadeten.
1948 dankte die Königin zugunsten ihrer Tochter Juliana ab und zog sich nach Het Loo zurück. Nach dem Tod ihrer Mutter im Jahr 1962 lebte Prinzessin Margarete mit ihrem Ehemann Pieter van Vollenhoven von 1967 bis 1975 im Schloss ehe sie mit ihren vier Söhnen in ein neu erbautes Haus im Park umzogen.
Das jüngste Kapitel der Geschichte von Het Loo begann 1970, als man sich entschied, das Schloss in ein Museum umzuwandeln. 1974 wurde dann entschieden, die im 19. und

139 oben links *Dieses Porträt von Jean Henry Brandon zeigt Wilhelm III. von Oranien, den Erbstatthalter der Niederlande und späteren König von England, Schottland und Irland. Der Monarch ließ das wundervolle Schloss Het Loo errichten und veranlasste später weitere An- und Umbauten.*

139 oben rechts *Dieses Porträt aus dem 18. Jahrhundert malte ebenfalls Jean Henry Brandon. Es zeigt Maria II. Stuart, Gattin Wilhelms III. von Oranien, die Het Loo wesentlich mitgestaltete.*

20. Jahrhundert vorgenommenen Veränderungen rückgängig zu machen, um dem Schloss sein historisches Aussehen zurückzugeben. In diesem Zusammenhang musste man auch die Gärten wieder in ihren ursprünglichen Zustand versetzen, um ein einheitliches Gesamtbild zu schaffen. Die Umbauarbeiten dauerten von 1977 bis 1984.
Heute soll die Ausstattung des Corps de Logis und die der Pavillons einen Eindruck davon vermitteln, wie die verschiedenen Fürsten und Könige mit ihren Familien im Schloss lebten. Die Möblierung erfolgte anhand von Dokumenten aus den jeweiligen Epochen. Bei den Unterlagen aus dem 17. und 18. Jahrhundert handelt es sich überwiegend um Inventarlisten, Rechnungen, Beschreibungen und Drucke von Daniel Marot d. Ä. Aus der Zeit vor 1795 sind nur wenige Objekte erhalten. Um diese Lücke zu füllen, wählte man die Möbel anhand der Inventarlisten aus.
Aus dem 19. und 20. Jahrhundert existieren dagegen die meisten Stücke

Im Schloss gibt es keine Korridore, sodass jeder Raum direkt in den nächsten führt.
Zu den Sälen, die Besuchern zugänglich sind, gehören der Alte Speisesaal mit seinen originalen Wandteppichen, der Neue Speisesaal mit den für Marot d. Ä. typischen goldgestreiften Säulen, die Weiße Halle und der Steinsaal.
Die Kapelle mit Deckenverzierungen von Marot d. Ä. und einem Altar, der für protestantische Gottesdienste der Königin Maria II. Stuart hergerichtet wurde, stehen dem Publikum ebenfalls offen. Hochzeiten fanden hier niemals statt, doch ließ die königliche Familie ihre Kinder hier konfirmieren.
Im Ostflügel des Schlosses befinden sich Gemälde, Drucke, Medaillen, Kunstgegenstände, Kleidungsstücke, Fahnen und Dokumente, die die Geschichte der Oranier erhellen.
Im Erdgeschoss des Westflügels lagen ursprünglich die Ställe für die königlichen Pferde. Im ersten Stock war das Museum des niederländischen Ritterordens untergebracht. Es umfasst die größte europäische Sammlung

__140__ Da Wilhelm II. eine Vorliebe für gotische Kunst hatte, stattete man sein Gemach mit Rosenholzmöbeln im neugotischen Stil von Matthieu und Horrix aus.

noch, ebenso wie Aquarelle und Fotografien einiger königlicher Gemächer.
Die verschiedenen Herrscher bewohnten nacheinander dieselben Gemächer, deshalb versuchte man, jeden Raum einem von ihnen zuzuordnen und ihn entsprechend auszustatten. Lediglich den Erbauern des Schlosses, Wilhelm III. von Oranien und seiner Gattin Maria II. Stuart, widmete man ihre ursprünglichen Suiten. Zu diesem Teil des Gebäudes hatten stets nur hochrangige Würdenträger und ein kleiner Kreis von persönlichen Freunden des Paars Zutritt.

dieses Ordens, der lediglich die Kollektion im Musée de la Légion d'Honneur de Paris in etwa gleichkommt.
Aufgrund von Unterlagen der Académie d'Architecture de Paris weiß man, dass der niederländische Botschafter 1684 bei einem hochrangigen Anonymus – der sich später als Fürst von Oranien entpuppte – um Pläne für einen Palast oder Jagdsitz ersuchte. Die Zeichnungen gingen jedoch verloren, sodass sich nicht mehr feststellen lässt, ob Het Loo in Übereinstimmung damit erbaut wurde.
Stilistisch entsprechen die Anlage und das klassizistische Gebäude eher der

niederländischen als der französischen Tradition des ausgehenden 17. Jahrhunderts. Das Innere des Schlosses steht klar unter dem Einfluss des Stils Louis-quatorze. Die Gärten konnte man dank zahlreicher Informationsquellen weitgehend wiederherstellen. Im 17. und 18. Jahrhundert waren sie weithin berühmt: Sie erscheinen auf Drucken und finden in Briefen und Tagebüchern bekannter Reisender Erwähnung. Heute stellt der Park ein Musterbeispiel für die Gartenbaukunst des Barock dar und vermittelt einen Eindruck von der niederländischen Kultur des 17. Jahrhunderts.

140–141 *1692 entwarf Marot d. Ä. den Originaldekor der Großen Halle (auch Audienzsaal genannt), der bis heute erhalten blieb. Die Landschaften malte Jan Glauber. Dieser Saal wird auch Abdankungssaal genannt, da Wilhelm I. hier im Jahr 1840 sein Amt niederlegte.*

141 unten links *Im Gemach Wilhelms I. stehen Stühle im Empirestil, die zum Teil noch aus der Epoche Louis Bonapartes stammen. Die Porträts von Wilhelm I. und seiner Tochter, der niederländischen Prinzessin Marianne, zieren die gegenüberliegende Ecke.*

141 unten rechts *Die Wände der Langen Galerie sind mit grünem Damast verkleidet. Dazwischen hängen Bilder von Mitgliedern des Hauses Nassau-Oranien und der friesischen Linie von Nassau-Dietz.*

SCHLOSS NEUSCHWANSTEIN

Der fantastische Palast Ludwigs II.

142 oben links *Die Farben Bayerns, Weiß und Blau, sind das hervorstechende Element der Wappen, die die Fenster im Tribünengang schmücken.*

142 unten links *Franz Xaver Thallmeier schuf dieses Porträt Ludwigs II., das die stattliche Erscheinung, für die der König berühmt war, zur Geltung bringt. Eleganz und vornehmes Auftreten prägten die Erscheinung des großen schlanken Manns.*

142 rechts *Das weithin sichtbare, kräftige Weiß des Schlosses erzeugt die Illusion, es schwebe über den Wipfeln der Bäume. Mit seinen unzähligen Türmen, Zinnen und Säulen erinnert es an ein Märchenschloss.*

143 *Inmitten der schneebedeckten Landschaft wirkt Neuschwanstein besonders romantisch.*

Jeder große Herrscher hat sich zumindest einen Sitz errichten lassen, der seiner Macht architektonisch Form gab, der seinen Wohlstand für jedermann sichtbar darstellte und ihn über seinen Tod hinaus verherrlichen sollte. Die Schlösser des bayerischen Königs Ludwig II. – Linderhof, Neuschwanstein und Herrenchiemsee – sollten indes weder seine Untertanen noch andere Herrscher von seiner königlichen Autorität überzeugen. Ludwigs Kabinettssekretär Friedrich von Ziegler erklärte: „Seine Majestät behandelt seine Schlösser wie heilige Stätten."
Ludwig verbrachte nur wenig Zeit in den drei Residenzen, die bei allen Unterschieden doch eines gemeinsam haben: Es handelt sich um fantastische Anlagen, die es dem König ermöglichten, in die Rollen zu schlüpfen, die ihm in der Wirklichkeit verwehrt waren. Herrenchiemsee war sein Versailles, in dem er „Sonnenkönig" spielen konnte; im „arabischen" Linderhof, inmitten seines Gefolges in orientalischen Kostümen, wurde er zu einem Pascha aus Tausendundeiner Nacht, während er in Neuschwanstein im Kreise von germanischen Sagengestalten herrschen wollte. Nur wenige enge Vertraute wurden Zeugen seiner Rollenspiele oder nahmen daran teil. Kein einziges Mal dienten die Schlösser für Staatsgeschäfte, und auf Ludwigs Wunsch sollten sie gleich nach seinem Tod zerstört werden, was jedoch nicht geschah – im Gegenteil, nur drei Wochen nach dem Tod des Königs machte man Neuschwanstein als Museum für der Öffentlichkeit zugänglich. Ludwig, der aufgrund eines ärztlichen Gutachtens für geisteskrank erklärt und entmündigt worden war, wurde 1886 nach Schloss Berg am Starnberger See gebracht. Dort fand er unter mysteriösen Umständen zusammen mit seinem Psychiater von Gudden im See den Tod.
In der Mitte des 19. Jahrhunderts wurde ein Mann König der Bayern, der die Grandeur des französischen Sonnenkönigs mit dem Auftreten König Artus' verband. Tatsächlich aber war

mit Ludwigs Amt so gut wie keine Macht verbunden, und schon kurz nachdem sein seltsames Verhalten zum ersten Mal auffiel, beschnitt man sie ihm noch mehr. Er wurde zu einer Zeit geboren, da seine Vorstellungen einer absolutistischen Monarchie im Geiste Ludwigs XIV. völlig überholt waren. Bestrebungen nach einer an die Verfassung gebundenen Regierung und nach Demokratie konnte er selbst nach der Reichsgründung, die das Ende der bayerischer Souveränität besiegelte, nicht verstehen.
Seine psychischen Probleme und Wahnvorstellungen hatten möglicherweise eine genetische Ursache (es gab Anzeichen von Wahnsinn in der Familie seiner Mutter, Prinzessin Maria von Preußen, und sein Bruder Otto, der ihm auf den Thron folgte, war ebenfalls geisteskrank).
Der kleine Ludwig wuchs ohne jede menschliche Wärme auf. Sein Vater, Maximilian II. Joseph, bestieg den Thron, als Ludwig drei Jahre alt war. Er ignorierte seine Kinder völlig; Ludwigs Mutter dagegen war streng und distanziert. Bereits als Kind mied Ludwig jeden Kontakt zu anderen und hasste jede Berührung. Als er mit 18 Jahren König wurde, hatte er keinerlei Ausbildung erhalten, schon gar nicht in Politik, und war völlig außerstande, Einfluss auf die Regierungsgeschäfte zu nehmen. Als er ein einziges Mal, anlässlich des bayerisch-preußischen Kriegs, der mit der Niederlage Bayerns endete, dem Kabinett widersprach, bedeutete man ihm, er solle sich künf-

tig aus den Staatsangelegenheiten heraushalten.
Das Kabinett ging sogar gegen seine Beziehung zu Richard Wagner vor und veranlasste den König gegen seinen Willen, den Komponisten zu ersuchen, Bayern für einige Monate zu verlassen. Die Zuneigung, die Ludwig und Wagner verband, war wohl ebenso platonisch wie Ludwigs Liebe zu seiner Verwandten Elisabeth (Sissi), Kaiserin von Österreich. Elisabeth war maskulin und sportlich, während Ludwig weibliche Züge hatte, romantisch und sinnlich war. Ludwigs großes Problem war seine Homosexualität: ein absolutes Tabu – vor allem bei einem Herrscher. Für den gläubigen Christen Ludwig bedeutete diese Todsünde eine qualvolle Folter, von der er sich nicht befreien konnte.

Diese Beschreibung Ludwigs II. hilft vielleicht zu verstehen, welche Gefühlsstürme ihn zerrissen und erklären sein Streben danach, der Wirklichkeit zu entrinnen. Er versteckte sich hinter Schutzwällen, die ihn vor den Angriffen seiner Feinde schützten und die ihn zugleich mit Frieden und Schönheit umgaben. Mauern, die seine Träume bargen und seinen Wahnsinn versteckten.
Als König standen ihm die Mittel zur Verfügung, sein Verlangen Gestalt werden zu lassen, und er ließ Mauern und Türme bauen, Gärten gestalten und prachtvolle Räume einrichten, in denen „Phantasie die Vorlage der Wirklichkeit“ war. Diese Bemerkung stammt übrigens nicht von Ludwig II., sondern von Walt Disney, dem Neuschwanstein als Vorlage für das Emblem von Disneyland diente.
Die Idee für ein mittelalterliches Schloss kam dem jugendlichen Ludwig, als er in Schloss Hohenschwangau lebte, eine frühere Festung, die sein Vater Maximilian II. Joseph hatte restaurieren lassen. Der neugotische Baustil und die aus der Spätromantik stammenden Ritterbilder regten die lebhafte Phantasie des jungen Prinzen an. Gleichzeitig faszinierte ihn der Anblick der Ruinen einer mittelalterlichen Burg, die Schloss Hohenschwangau an einem steilen Abhang gegenüberlag.
1868 schrieb König Ludwig II. seinem Freund Richard Wagner, er habe sich entschlossen, Hohenschwangau, einst Stammsitz der Ritter von Schwangau, neues Leben zu verleihen: „... der Punkt ist einer der schönsten, die zu finden sind, heilig und unnahbar, ein würdiger Tempel für den göttlichen Freund, durch den einzig Heil und wahrer Segen der Welt erblühte.“ Ludwig stellte sich eine Art Theater vor, in dem die Helden, die seine Träume bevölkerten, in einer akribisch genauen historischen Rekonstruktion zu Leben erweckt werden konnten. Näher betrachtet, sollte es wohl der Rahmen für Wagners Heldenfiguren sein, die der König aus der germanischen Mythologie kannte, und die der Komponist mit machtvollen Melodien belebte, welche Ludwig in seiner tiefsten Seele rührten. Auf seinen Reisen besuchte der Monarch verschiedene alte Paläste, die seiner Vorstellung eines idealen mittelalterlichen Schlosses entsprachen. Beim Besuch der Wartburg bei Eisenach interessierte sich der König weniger für Luthers Zimmer als für den Sängersaal, der im Spätmittelalter Austragungsort eines Wettbewerbs von Minnesängern gewesen war und den er aus Büchern und dem Werk Wagners kannte.
In höchstem Maß verzückte ihn das Schloss im Wald von Compiègne in Frankreich. Das Schloss war unter Ludwig XV. erbaut und später um- und ausgebaut worden.
Ludwig teilte die Ansichten Eugène Emmanuels Viollet-le Ducs, Baumeister und Kunsttheoretiker. Er stellte sich ein in seiner Gestalt mittelalterliches Schloss vor, das aber für eine moderne Nutzung geeignet war. Der König wollte sich nicht mit einer „archäologischen Rekonstruktion“ zufrieden geben, denn all seiner Nostalgie für Vergangenes zum Trotz faszinierten ihn auch die Errungenschaften seiner Epoche.
Neuschwanstein ist einzigartig, ein Zeugnis der künstlerischen und technischen Möglichkeiten seiner Zeit. Die Gestaltung des Interieurs verrät Einflüsse des Jugendstils, während die ungeteilten Fenster und die gläserne Schiebetür zum Wintergarten erstaunliche technische Innovationen für die damalige Zeit bedeuteten. Die elektrische Klingelanlage, mit der man von jedem Raum des Schlosses aus nach der Dienerschaft rufen konnte, ist ein weiteres Beispiel für den Einsatz der neuesten Technologie des ausgehenden 19. Jahrhunderts. In der modernen Küche standen zwei gigantische automatische Grillöfen und ein riesiger gusseiserner Ofen, mit dem auch das Warmwasser für die höher gelegenen Etagen erzeugt wurde.
Ludwig wollte ein Schloss in neuromanischem Stil erbauen, ohne auf gewisse historisierende Elemente zu verzichten. Die auf dem Gebiet der Künste und der Naturwissenschaften gemachten Fortschritte bezog er deshalb mit in sein Werk ein, weil sie „ganz sicher damals auch genutzt worden wären, wenn sie bereits existiert hätten“.
Eduard Riedel errichtete Neuschwanstein von 1868 bis 1886 nach den Plänen des Theatermalers Christian Jank. Der erste Entwurf, den Riedel dem König 1867 vorlegte, ging zu stark ins Neugotische, der zweite Entwurf aus dem Jahr 1868 kam Ludwigs Vorstellungen wesentlich näher. Er sah einen Palast für den König, Gemächer für die Frauen, ein Ritterhaus und einen Verbindungsbau zum Torgebäude vor. Der König hatte großen Anteil nicht nur am architektonischen Entwurf,

144 *Im Thronsaal verbindet sich die orientalische Atmosphäre einer Moschee mit der Feierlichkeit einer katholischen Kathedrale. Ein Thron stand nie in dem Saal, der als Mischung aus Heiligem und Profanem das Ideal Ludwigs widerspiegelt: Diener Gottes, aber Herrscher der Menschen durch Gottes Willen, das wollte der König sein.*

145 oben rechts *Eine Marmortreppe führt vom Thronsaal zur mit Blattgold verzierten Apsis. Das Gemälde thematisiert die direkt von Gott verliehene Macht irdischer Herrscher. Es zeigt Jesus Christus umgeben von sechs heilig gesprochenen Königen.*

145 unten rechts *Dekorative Ornamente sowie Darstellungen von Pflanzen und Tieren schmücken das feine Mosaik, das den Boden des Thronsaals wie ein Teppich bedeckt.*

146 oben *Dieses Wandgemälde hängt im Vorzimmer der königlichen Gemächer im dritten Stockwerk. Es stellt eine Szene der Sigurdsage dar. Man sieht den König, der den Drachen tötet, der den Nibelungenschatz bewacht.*

sondern auch an der Gestaltung der Innenräume all seiner Projekte. Bei Mobiliar, Wandschmuck und Gemälden legte er höchsten Wert auf historische Genauigkeit. Ludwig war ein furchtbarer Kritiker, wenn er meinte, ein Stück entspreche nicht der historischen Vorlage oder eine Arbeit werde nicht mit genügend Sorgfalt ausgeführt. Viele Maler weigerten sich, weitere Werke für den König zu produzieren. Andere Künstler lehnten jedes Werk für den König ab, nachdem sich herumgesprochen hatte, wie schwierig es war, für einen Auftraggeber zu arbeiten, der sich nicht nur für den geschichtlichen Aspekt der Kunstwerke interessierte, sondern auch meinte, sich vernichtende Urteile erlauben zu können.

Für die Darstellung historischer Themen in Neuschwanstein verlangte der König ausschließlich nach Malern, die in mittelalterlicher Dichtkunst bewandert waren und die der historischen Wahrheit bis ins Kleinste treu bleiben, beziehungsweise dem, was Ludwig aufgrund der von ihm gelesenen Bücher dafür hielt. Seine Leidenschaft für Geschichte war schließlich stärker als seine ursprüngliche Idee, Neuschwanstein mit den Wesen Wagnerischer Schöpfung zu bevölkern. „Die Bilder in der Burg sollen nach der Sage und nicht nach der Wagnerischen Angabe gemacht werden", befahl Ludwig.

Als der Grundstein für Schloss Neuschwanstein gelegt wurde, war der König nicht anwesend. Das bedeutete jedoch nicht, dass sein Interesse an dem Schloss nachgelassen hatte. Er beobachtete mit einem Fernglas von Hohenschwangau aus nicht nur den Fortschritt der Gesamtanlage, sondern auch die Ausführung von Details.

Die meisten Räume sind in neuromanischem Stil gestaltet, nur Ludwigs Schlafzimmer und der anschließende Andachtsraum sind im Stil der Spätgotik gehalten.

Das Schloss liegt inmitten eines der schönsten Panoramen der bayerischen Alpen. Der romanische Stil sticht sowohl in der Gesamtanlage als auch bei allen Verzierungen ins Auge: am Eingangstor, bei Fenstern und Türmen, bei der Lage der Säulen und Erkerfenster und bei den Spitzen der Türme. Der Eingang zeigt nach Osten, die Kemenate nach Süden; der Verbindungsbau mit dem Ritterhaus und dem Viereckturm gen Norden und der Palas nach Westen. Die gesamte Fassade besteht aus Sandsteinquadern eines nahe gelegenen Steinbruchs.

Bis zur Fertigstellung seiner Räume im Palas im Jahr 1884 wohnte der König im zweiten Obergeschoss (es wurde nie vollendet und ist für Besucher nicht zugänglich), um die Arbeiten persönlich zu überwachen.

Die königlichen Gemächer und die Empfangsräume im dritten und vierten Stockwerk des Palas wurden im Lauf des Jahres 1886 mehr oder weniger fertig gestellt. Im ersten Stock lagen die Räume der Dienerschaft. Ein Bereich mit Bädern, der Arabischer Saal genannt wurde, sowie weitere Unter-

146 Mitte *Die westliche Schmalseite des Sängersaals schließt mit marmornen Säulenarkaden ab, die eine Darstellung vom Wald des Zauberers Klingsor umrahmen. Oberhalb der Arkaden zieren Porträts weiterer Helden aus der Parzivalsage, der dieser Raum gewidmet ist, die Wand.*

__146 unten__ Der Schwan, eines der Lieblingssymbole Ludwigs II. schmückt den schweren Damast, der den Diwan und den Tisch bedeckt. Dieser Raum steht ganz im Zeichen Lohengrins, des Schwanenritters. Die Sage inspirierte den König zum Bau des Schlosses. Das Gemälde zeigt das Gralswunder.

__146–147__ Das Foto zeigt den Sängersaal, der dem Festsaal der Wartburg nachempfunden ist, in all seiner Pracht. Verschiedenartige Verzierungen, darunter Darstellungen der Tierkreiszeichen, schmücken die Fächer der Kassettendecke. Die Messingkandelaber und Hängeleuchten wurden mit über 600 Kerzen bestückt.

__147__ Auf diesem Gemälde in der Vorhalle zum Sängersaal macht Attila Gudrun, der Witwe Siegfrieds, den Hof. Auch in diesem Zimmer spiegelt sich Ludwigs Absicht wider, die ihm so teuren Helden der germanischen Mythologie auferstehen zu lassen.

künfte für die Domestiken waren im zweiten Stock vorgesehen. Eine Wendeltreppe im Nordturm, deren Mittelsäule Friese mit Jagdmotiven schmücken, verbindet die vier Stockwerke. Die Vorhalle zu den Gemächern des Königs im dritten Stock zieren Wandgemälde, die Szenen der Sigurdsage erzählen, der nordischen Entsprechung der mittelalterlichen Siegfriedsage.

Über ein Vorzimmer, das mit einer elektrischen Klingel zum Herbeirufen der Diener ausgestattet war, gelangt man in den Speisesaal mit Eichenholztäfelung und Gemälden aus der Zeit des Landgrafen Hermann von Thüringen sowie Porträts von Minnesängern. An den Speisesaal schließt sich Ludwigs Schlafzimmer an, dessen Prunk wie in allen Schlössern des bayerischen Königs in scharfem Kontrast zum romanischen Stil der übrigen Räume steht. Das spätgotische Schlafgemach schmücken Wandtafeln und Deckenbalken aus Eiche, beide mit Schnitzereien verziert. Ebenfalls aus prächtig verarbeiteter Eiche sind die Möbel, darunter das mit blauem Brokat – Blau war Ludwigs Lieblingsfarbe – bespannte Bett. Das Schlafzimmer ist Gottfried von Straßburgs Dichtung „Tristan und Isolde“ gewidmet. Mit dem Schlafzimmer verbunden ist der Andachtsraum des Königs. Auch dieser Raum ist aus Eiche und mit spätgotischen Motiven verziert. Alle Wandgemälde, Fenstermotive sowie der Mittelteil des Triptychons stellen Ludwig den Heiligen (Ludwig IX. von Frankreich), den Schutzpatron des Königs, dar.

148 *Der Speisesaal im dritten Obergeschoss grenzt an das Schlaf- und das Arbeitszimmer Ludwigs. Die Wände sind mit Szenen aus dem Leben des Landgrafen Hermann von Thüringen und mit Porträts von Minnesängern bemalt. Über den Bogenfenstern befinden sich allegorische Darstellungen der Rittertugenden Weisheit, Enthaltsamkeit, Gerechtigkeit und Stärke.*

148–149 *Geometrische Intarsien lockern die Eichendecke des Arbeitszimmers auf. Aus fein gearbeitetem Eichenholz bestehen auch Wandtäfelung und Möbel. Die Wandgemälde zeigen Bilder der Tannhäusersage.*

149 oben *Sitzecke unter einem Bogenfenster der königlichen Gemächer. Diese Fenster wurden angebracht, um möglichst viel natürliches Licht in das Zimmer zu lassen und es gleichzeitig räumlich so gut wie möglich nutzen zu können.*

Das Ankleidezimmer ist von der Poesie des Minnesängers Walther von der Vogelweide und des Meistersängers Hans Sachs inspiriert, die von Porträts über dem Bogenfenster herabblicken. Die Welt der Gedichte dieser berühmten Poeten wird in der Deckenbemalung aufgegriffen: Der weißblaue Himmel mit Vögeln bildet einen angenehmen Kontrast zum sonst so schweren Dekor des Schlosses.
Vom Ankleidezimmer gelangt man in den Speisesaal, der vollkommen im Zeichen des Mythos Lohengrins steht. Die Sage ist ein Leitmotiv des gesamten Schlosses, ist Lohengrin doch auch der Ritter der Schwäne. Das Thema des Schwans beherrscht den ganzen Saal: Szenen aus der Sage sind auf den Wänden zu sehen und schmücken die seidenen Vorhänge, und auf einem fein gearbeiteten Kachelofen steht ein Schwan.
Der Kontrast zum nächsten Raum könnte kaum größer sein. Mit einem Male steht man mitten in einer künstlichen, von blauem Licht erfüllten Tropfsteinhöhle, in der ursprünglich ein winziger Wasserfall rauschte.
Nach diesem kleinen Wunder wirkt das sich anschließende Arbeitszimmer umso nüchterner. Wie schon in den anderen Räumen sind auch hier die Wände getäfelt; das Mobiliar stammt aus der Werkstatt der berühmten Münchener Kunsthandwerker Pössenbacher und Ehrengut. Die Wandbilder nehmen die Tannhäusersage auf.
Verlässt man das Vorzimmer durch eine andere Tür, gelangt man in den Thronsaal, der Besucher geradewegs in die Welt der Märchen zu versetzen

149 unten *Die vergoldete Bronzearbeit auf dem wunderschön geschnitzten Tisch im scharlachrot gehaltenen Speisezimmer zeigt Siegfried im Kampf mit dem Drachen.*

scheint. Der zweistöckige, von Eduard Ille geplante Saal lehnt sich in seiner Gestaltung an die Hagia Sophia in Istanbul und die Münchener Allerheiligen Hofkirche an. Der Raum sollte ein Thronsaal werden – doch nicht für den bayerischen König, sondern für den König des Heiligen Grals. Der Legende zufolge sollte die Entdeckung des Heiligen Grals die Menschheit erlösen und die Macht des Herrschers sichern. Mit dem Thronsaal wollte Ludwig das traditionelle Königsideal preisen, jedoch ganz allein für sich selbst und nicht, um damit nach außen gegenüber Volk oder Kabinett zu wirken. Das zentrale Gemälde der Apsis zeigt Jesus Christus als himmlischen König mit sechs heilig gesprochenen Herrschern. Es sind Kasimir von Polen, Stephan I. von Ungarn, der römische Kaiser Heinrich II., Ludwig IX. von Frankreich, Ferdinand III. von Kastilien-León und Eduard der Bekenner von England. Für Ludwig waren diese Könige mehr als Schutzheilige, sie stellten Idealtypen von Herrschern dar, die alle Macht Gott verdankten und seinen Geboten unterstanden, aber uneingeschränkte Gewalt über ihre Untertanen besaßen. Von einer solchen Machtfülle konnte Ludwig im 19. Jahrhundert nur träumen – und das tat er in seiner Phantasiewelt ausgiebig.

Der grandiose Thron aus Gold und Elfenbein mit den von vier Engeln in Lebensgröße gehaltenen Emblemen von Wittelsbach, Bayern und Schwangau nahm nie seinen Platz in der Apsis des Thronsaals ein, was die Leere des Raums unterstreicht und ihn noch mehr wie einen sakralen Ort wirken lässt. Vom Balkon aus bietet sich ein eindrucksvoller Blick über den Alp- und den Schwansee, die Landschaft um Füssen, auf den Säuling und die Hügelkette des Schwarzenbergs. Die Sage berichtet, der Bergrücken sei der Stein gewordene Drache der Nibelungensage: Der Hügel, auf dem Hohenschwangau liegt, ist der Kopf, das Schloss seine Krone und die Hügelkette der schuppige Rücken des Lindwurms, während sein Schwanz den Alpsee umfasst.

Ludwigs Vorstellung vom Heiligen Gral als Quelle königlicher Autorität beeinflusste nicht nur die Gestaltung des Thronsaals, sondern sorgte auch für Änderungen am Konzept des Sängersaals, der sich im vierten Obergeschoss befindet. Nach dem Vorbild der Wartburg sollte er ursprünglich der Ort eines ständigen Wettstreits unter Dichtern sein.

Um das Mysterium des Grals (die Schale, in der das Blut Christi aufgefangen wurde) auch im Sängersaal angemessen darzustellen, drängte man die Minnesänger ganz in den Hintergrund; lediglich ihre Namen finden sich an den Voluten vor dem Eingang zum Saal. Stattdessen schmückte man die Wände mit Gemälden von August Spieß. Sie erzählen die im Mittelalter von Wolfram von Eschenbach geschaf-

149 Mitte *In den Sängersaal gelangt man durch das Vorzimmer mit dem prächtigen gotischen Gewölbe, dessen Ornamente byzantinisch inspiriert sind. Die Bilder an den Wänden erzählen die Geschichte Gudruns, der Witwe von Siegfried, die Attila erst heiratet und später tötet.*

150 oben links *Leben und Werk des mittelalterlichen Poeten Walther von der Vogelweide und des Meistersängers Hans Sachs dienten den Gemälden an den Wänden des Ankleidezimmers als Vorlage.*

150 unten links *Das neben dem Andachtsraum gelegene Schlafzimmer mit spätgotischer Ausstattung ist äußerst prunkvoll. Über der Eichenholzvertäfelung erzählen Gemälde aus der Sage von Tristan und Isolde.*

fene Sage von Parzival. Ludwig, dessen Glaube an Christus wankte, und den das Bewusstsein quälte, durch seine Sünden schuldig geworden zu sein, erkannte sich in Parzival wieder und sah in ihm gleichzeitig einen Erlöser. Parzival, der zunächst auf der Gralsburg versagt und nach vielen Abenteuern am Hof König Artus' aufgenommen wird, wird von der Gralsbotin Kundrie aus der Tafelrunde ausgeschlossen und verflucht. Er irrt jahrelang umher und ist von Trotz und Zorn gegen Gott erfüllt. Doch seine Versöhnung mit Gott vollzieht sich bei dem gottesfürchtigen Klausner Trevrizent, und Parzival erfährt das Gralsgeheimnis. Nachdem er auf der Gralsburg die Erlösungsfrage stellt, wird Amfortas, der Gralskönig, geheilt und Parzival zum Hüter des Grals.

Zwei Szenen bilden die Höhepunkte des Bilderzyklus: In der ersten Szene wird Parzival zur Gralsburg geführt, er erlöst den Gralskönig Amfortas von seiner Qual und wird zum Gralshüter. In der zweiten Szene verlässt Parzivals Sohn Lohengrin das Schloss, um die Herzogin Elsa von Brabant zu retten. Von der ursprünglichen Ausstattung blieb die Bühne für die Minnesänger erhalten. Sie erstreckt sich unter einer Reihe von Bildern, in denen Parzival im Heiligen Wald das Geheimnis des Grals offenbart wird.

So wie Phantasie die Wirklichkeit inspirieren kann, kann auch die Realität in eine Phantasiewelt eindringen: Der Heilige Gral vermochte weder den Menschen noch den Monarchen Ludwig zu schützen. Ludwig konnte nicht einmal den Zeitplan für den Bau Neuschwansteins durchsetzen – allem Lob und allen kleinen Geschenken an Maler, Architekten und Arbeiter zum Trotz.

Schließlich ging ihm das Geld aus. Im Jahr 1880 schätzte man, dass die Fertigstellung des 1868 begonnenen Baus bis zum Jahr 1893 jährlich 900 000 Mark verschlingen werde. Es war Ludwig II. unmöglich, eine solche Summe aufzubringen, zumal er mit dem Bau von Schloss Herrenchiemsee begonnen hatte, nachdem Linderhof 1878 fertig gestellt worden war. Herrenchiemsee war eine Kopie des Schlosses von Versailles, dort träumte Ludwig II. in die Gestalt Ludwigs XIV. zu schlüpfen. Diese Verschwendung königlicher Mittel und sein zunehmend auffälliges und wirres Verhalten führten schließlich dazu, dass er aufgrund eines ärztlichen Gutachtens am 9. Juni 1886 wegen Geisteskrankheit entmündigt wurde.

Am 10. Juni 1886 beschloss das Kabinett seine Absetzung und ernannte seinen über 60 Jahre alten Onkel Luitpold zum neuen Regenten. Am darauf folgenden Tag nahm eine Gruppe von Ärzten, Krankenschwestern und Kabinettsbeamten, den König, der sich zu diesem Zeitpunkt in Neuschwanstein aufhielt, in Verwahrung.

Ludwig wurde am 12. Juni nach Schloss Berg am Starnberger See gebracht. Als er Neuschwanstein verließ, waren seine letzten Worte an die Ordonanz: „Mein kleiner Stichel ..., hüten Sie diese Räume wie ein Heiligtum, lassen Sie sie nicht von den Neugierigen entweihen."

Ludwig spürte, dass er nach dieser Kränkung weder als Mensch noch als König überleben konnte. Am 13. Juni 1886 fand man Ludwig und seinen Psychiater von Gudden ertrunken im Starnberger See.

Die wenigen, die Ludwig wirklich nahe standen, wussten, dass ihm der Gedanke an Selbstmord nie fremd gewesen war. Er hatte sein Leben lang versucht, in einer anderen Wirklichkeit zu leben.

Das vielleicht treffendste Totengedicht widmete der Franzose Paul Verlaine Ludwig II. Er schreibt darin: „Sie waren Dichter und Soldat, der einzige König in unserer Zeit, wo Könige bedeutungslose Geschöpfe sind, und Geist fast nichts gilt oder wenig."

150 rechts *Die Fenster des königlichen Ankleidezimmers öffnen sich zum Oberen Hof. In den Damaststoff der Vorhänge und Polster sind Pfauen eingewebt, die zu den Lieblingsvögeln des Königs gehörten und wie der Schwan immer wieder auftauchen.*

151 *Direkt an das Schlafzimmer grenzt ein kleiner Andachtsraum. Fenster und Triptychon zeigen Ludwigs Schutzpatron, Ludwig den Heiligen.*

SCHLOSS CHARLOTTENBURG

Sommerresidenz preußischer Könige

152 oben links *Dieses Porträt von Königin Sophie Charlotte (1668–1705), der zweiten Frau von Kurfürst Friedrich III. von Brandenburg, fertigte Gedeon Romadon. Der Herrscher, der seit seiner Selbstkrönung im Jahr 1701 Friedrich I. hieß, gab nach dem Tod seiner Gattin Schloss Lietzenburg ihren Namen: Charlottenburg.*

152 unten links *Friedrich I. machte 1701 den Stern mit schwarzem Adler, der hier ein Gitter schmückt, zum Symbol der Hohenzollern. Der gleich gestaltete schwarze Adlerorden wurde Bürgern bei ihrer Erhebung in den Adelsstand verliehen. Im Hintergrund sieht man den Kuppelturm des Schlosses mit einer Statue der Fortuna.*

152 rechts *Der Baumeister Georg Wenzeslaus von Knobelsdorff (1699–1753), hier auf einem Bild von Antoine Pesne, erweiterte im Auftrag Friedrichs II. Charlottenburg 1740–1743 mit dem Neuen Flügel.*

153 *Vor dem Mittelbau von Schloss Charlottenburg erstreckt sich ein typisch französischer Barockgarten. Im Zentrum des Gartenparterre befindet sich der Brunnen; vier Reihen Bäume säumen den Garten an den Längsseiten; im Vordergrund liegt der Karpfenteich.*

Schloss Charlottenburg wurde im Zweiten Weltkrieg fast vollständig zerstört. Ab 1950 begann man mit dem Wiederaufbau des Schlosses, bis heute sind jedoch noch nicht alle Möbel und Kunstgegenstände, die während des Kriegs ausgelagert wurden, an ihren Platz zurückgebracht worden. Charlottenburg war über zwei Jahrhunderte Sommerresidenz der preußischen Könige. Dabei nahm jede Generation bauliche Änderungen und Erweiterungen vor, die sich nach dem persönlichen Geschmack der Bewohner und der Mode der Zeit richteten.
1695 befahl Kurfürst Friedrich III. von Brandenburg (1657–1713) den Bau einer Sommerresidenz für seine Frau Sophie Charlotte. Er wählte dafür ein Gelände in der Nähe des Dorfs Lützow. Der Architekt Johann Arnold Nering (1659–1699) erbaute das spätbarocke Schloss von 1695 bis 1699. Auf der dem französischen Garten zugewandten Seite hatte das kleine Schloss einen ovalen Pavillon. Die Gestaltung des Gebäudes mit zwei Stockwerken und Mezzanin mutete zur damaligen Zeit seltsam an, denn Sophie Charlotte hatte verfügt, dass ihre Räume im Erdgeschoss liegen sollten, und nicht wie sonst üblich im ersten Obergeschoss. Von jedem, dem Park zugewandten Zimmer sollte man Zugang zum Garten haben.
Die Tochter von Kurfürst Ernst August von Hannover war aus politischen Motiven mit Friedrich III. vermählt worden, nachdem dessen erste Frau kinderlos gestorben war. Sophie Charlotte war sehr gebildet. Sie interessierte sich für Wissenschaften und Künste und hatte eine Vorliebe für italienische Kammermusik. In ihren Gemächern hingen Porträts italienischer Komponisten. Im Alter von 16 Jahren musste sie die lebendige Atmosphäre Hannovers gegen die des Berliner Hofs eintauschen, den das Militär mit Marschmusik und Fanfarenklängen beherrschte. Wie unwohl sie sich dort fühlte, zeigte sie nur zu deutlich, als sie ausriss und zu ihren Eltern floh. Friedrich III., der seine Gattin offensichtlich mehr liebte als sie ihn, ließ

Charlottenburg errichten, um sie in Berlin zu halten. Die Wohnung Sophie Charlottes war klein und nur dafür gedacht, sie an Sommertagen für einige Stunden zu beherbergen. In den beiden Flügeln des Erdgeschosses gab es jeweils zwei Räume: ein Schlafzimmer und ein Audienzzimmer mit Vorzimmer. Um die mit Möbeln und Ornamenten überladenen Räume größer erscheinen zu lassen, brachte man an den Wänden abwechselnd Spiegel und Brokatbehänge an. Der größte Schmuck war jedoch das feine fernöstliche Porzellan. Stücke aus Japan und anderen asiatischen Ländern standen zu jener Zeit so hoch im Kurs, dass der polnische König an Friedrich Wilhelm I., Sophies Sohn, im Tausch für zwei Vasen und etwa 100 kleine Schmuckstücke 600 Grenadiere sandte.
Kurfürst Friedrich III. hatte diplomatisches Geschick: Im Jahr 1701 machte er sich durch Selbstkrönung zum König von Preußen. Von nun an nannte er sich Friedrich I. Noch im selben Jahr ordnete der Monarch an, Charlottenburg in seine offizielle Sommerresidenz umzuwandeln. Da das kleine Gebäude kein angemessener Sitz für einen König war, beauftragte er den schwedischen Architekten Eosander

154–155 Der zunächst als Sommerresidenz für Prinzessin Sophie Charlotte dienende Mittelbau bildete den Kern des späteren Schlosses. Ab 1701 wurde das Schloss von dem Architekten Eosander von Göthe erweitert. Unter seiner Leitung wurde 1704 der 50 m hohe Kuppelturm fertig gestellt, der dem Schloss von Versailles nachempfunden ist. Skulpturen auf den Wachhäuschen im Vordergrund finden sich im Park wieder.

154 links Dieses Reiterdenkmal des Großen Kurfürsten Friedrich Wilhelm (Vater Friedrichs III.) schuf der Bildhauer und Baumeister Andreas Schlüter 1696. Der Künstler sich ließ bei der Gestaltung des Sockels von Monumenten der italienischen Farnese inspirieren. Gefangene in Ketten stellen die besiegten Feinde dar. Der Kurfürst trägt antike römische und zeitgenössische Gewänder.

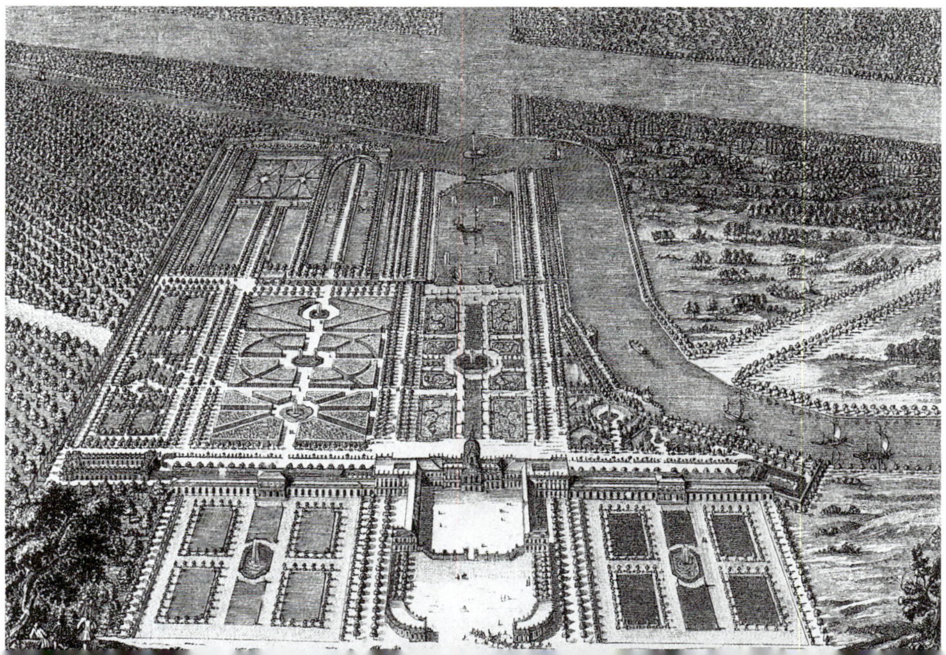

von Göthe, Schloss Charlottenburg zu erweitern. Dieser baute die zwei Flügel an, die den Ehrenhof bilden. Hier steht seit 1951 die Statue des Großen Kurfürsten Friedrich Wilhelm, eines der bedeutendsten Reiterstandbilder des Barock, das 1696 in einem Guss hergestellt wurde. Ursprünglich stand es in der Nähe des Stadtschlosses im Zentrum Berlins
Königin Sophie Charlotte war es nicht vergönnt, in dem umgebauten Schloss zu leben. Am 1. Februar 1705, kurz nach Abschluss der Arbeiten, starb sie. Der König machte Schloss Lietzenburg dennoch zu seinem Sommersitz, in dem er sich in der Zeit von April bis Oktober aufhielt, und das er in Erinnerung an seine junge Frau Charlottenburg nannte.
Noch zu Lebzeiten der Königin entstand der Kuppelturm über dem Mittelbau als Wahrzeichen des Schlosses. Große Summen verschlang auch die Gestaltung der Innenräume wie der Eosander-Kapelle und des Porzellankabinetts, in dem mehr als 3000 Stücke japanischen Porzellans zum Teil in die prunkvoll mit Spiegeln und goldenen Intarsien verzierten Wände eingefügt waren. Diese Objekte konnten im Krieg nicht gerettet werden. Durch Einnahmen der Berliner Lotterie konnte der Raum jedoch ab 1993 in seiner ursprünglichen Herrlichkeit wiederhergestellt werden.
Am 25. Februar 1713 starb Friedrich I. Zu diesem Zeitpunkt war der Westflügel um eine Orangerie erweitert worden. Auf das Gegenstück am Ostflügel musste man man nach dem Tod des Königs verzichten, da sein Sohn und Thronfolger Friedrich Wilhelm I., der nichts vom Kunstsinn seiner Mutter geerbt hatte, sich in der Residenzstadt Potsdam niederließ und alle Bauarbeiten stoppte. Sein Nachfolger Friedrich II., der Große, musste Künstler und Handwerker, die in der kunstfeindlichen Periode des Soldatenkönigs Preußen den Rücken gekehrt hatten, mit Zeitungsanzeigen zurückholen. Friedrich II. beauftragte den Baumeister Georg Wenzeslaus von Knobelsdorff mit dem Bau der zweiten Orangerie in Charlottenburg, die jedoch keine Pflanzen beherbergen, sondern die Hauptresidenz des Königs werden sollte. Der Herrscher träumte von galanten Festen, wie sie die Bilder seines Lieblingsmalers Jean-Antoine Watteau und die seiner Schüler Nicolas Lancret und Jean-Baptiste Pater idealisierten. Doch die Geschichte ließ ihm dafür wenig Zeit: Kaum hatten die Arbeiten für den Neuen Flügel begonnen, nahm der Schlesische Krieg den König in Anspruch. Zahlreiche Berichte an den Monarchen über den Fortgang der Arbeiten belegen jedoch das große Interesse Friedrichs II. an seinem Schloss. Die ersten Räume, die im Neuen Flügel oder Knobelsdorff-Flügel fertig gestellt wurden, waren ironischerweise die der Königin im Erdgeschoss, die dort nie einzog. Die 13 Zimmer des Königs im ersten Obergeschoss hielt man viel schlichter. Drei davon sind noch in ihrem Originalzustand zu besichtigen: Das silberne Vorzimmer, die Bibliothek und das Studierzimmer sind im Stil des Rokoko gestaltet. In der Bibliothek stehen acht prächtige goldene Schnupftabakdosen, die mit Email, Diamanten und weiteren Edelsteinen besetzt sind. Die Dosen gehören zur umfangreichen Sammlung Friedrichs II., die jedoch im Lauf der Zeit zerstreut wurde.

154 unten *Dieser Kupferstich von Martin Engelbrecht aus dem frühen 18. Jahrhundert zeigt den Entwurf des Hofarchitekten Eosander von Göthe, der nur teilweise verwirklicht wurde. Die Form des Parks ist ungewöhnlich. Man konnte ihn nicht symmetrisch gestalten, weil das Schloss nahe der Havel liegen sollte, wo Sophie Charlotte mit dem Boot anlegte.*

155 *Von der Plattform des Kuppelturms bietet sich ein fantastischer Blick auf den französischen Garten, der 247 x 100,5 m misst. Bevor dieser Teil der Anlage gestaltet wurde, hatte Sophie Charlotte die Gärten von Fontainebleau, St. Cloud und Versailles besucht und korrespondierte mit dem berühmten französischen Gartenarchitekten André Le Nôtre, der später seinen Schüler Simon Godeau nach Berlin schickte, um bei der Gestaltung der Gärten mitzuhelfen.*

Die Gestaltung der beiden in der Mitte des Neuen Flügels gelegenen großen Räume ist einmalig; hier spiegelt sich Friedrichs ganz persönliche Vorstellung vom Rokoko wider. Auf die Wände des Weißen Saals – der als Speise- und Thronsaal diente – brachte man rosafarbenen Stuck auf, den man anschließend weißte. Vergoldete Stuckaturen auf Hellgrün sind das Charakteristikum der Goldenen Galerie, einem edlen Tanz- und Musiksaal. Ein Jahr nachdem die Goldene Galerie fertig gestellt worden war, richtete Friedrich der Große weitere vier Gemächer ein, die er kaum bewohnte.

Sie boten Platz für seine Sammlung französischer Gemälde. Heute sind dort auch Werke von Watteau und Lancret zu bewundern. Das Schreib- und das Schlafzimmer möblierte man nach dem Zweiten Weltkrieg mit Stücken aus der Zeit Friedrichs. Charlottenburg wurde nicht nur immer wieder neu eingerichtet – Friedrich II. veränderte auch den Park des Schlosses, indem er zum Beispiel 7000 Linden pflanzen ließ. Friedrich der Große starb ohne eigene Nachkommen. Seine Nachfolge trat sein Neffe Friedrich Wilhelm II. an, der Sohn seines jüngeren Bruders, Prinz August Wilhelm. Während seiner Regierungszeit von 1786 bis 1797 ließ der neue Herrscher zwei Wohnungen, eine für den Sommer und eine für den Winter, einrichten, außerdem wurden unter ihm zwei neue Gebäude erbaut, das Belvedere und das Schlosstheater. Das Belvedere errichtete man auf einer Insel in einem keinen Teich im Park, den der König teilweise im Stil eines englischen Gartens verändern ließ. Der Architekt des kleinen dreigeschossigen Palasts, der Elemente des Barock und des Neoklassizismus verband, hieß Carl Gotthard Langhans. Er entwarf unter anderem das Brandenburger Tor.
Boden, Wände und die Decken der beiden oberen Stockwerke zieren Holzeinlegearbeiten. Heute bietet das Belvedere Platz für die Sammlung der berühmten Königlichen Porzellanmanufaktur, die ihren Sitz unweit von Schloss Charlottenburg hat.

Friedrich Wilhelm II. war ein Musikliebhaber, der mit großen Komponisten wie Mozart, Boccherini und Beethoven korrespondierte; seine Liebe galt aber genauso dem Theater. Im Unterschied zu seinem Onkel, der französische Werke bevorzugt hatte, interessierte sich der Neffe für deutsche Autoren wie Lessing und Schiller. Auch das Theater, das sich westlich an die Orangerie anschloss und direkt vom Schloss aus zugänglich war, stammt von Carl Gotthard Langhans. Das neoklassizistische Interieur wurde zu Beginn des 20. Jahrhunderts ersetzt, heute ist in dem Gebäude ein Museum untergebracht.
Friedrich Wilhelm II. ließ sich im Erdgeschoss des Neuen Flügels eine Sommerwohnung einrichten. Hier la-

156–157 *Die 42 m lange Goldene Galerie schließt sich im ersten Obergeschoss des Neuen Flügels an den Weißen Saal an. Unter Friedrich dem Großen fanden hier Bälle und Musiksoireen statt. Die Galerie ist der am üppigsten geschmückte Raum des Schlosses. Flachreliefs zieren die Wände und die Decke des im Stil des friderizianischen Rokoko gestalteten Saals. Von Knobelsdorff (1699–1753) ließ sich bei der Gestaltung der Reliefs, die er mit der Architektur der Galerie zu einer harmonischen Einheit verschmolz, von Gemälden seines Zeitgenossen Watteau (1684–1721) inspirieren.*

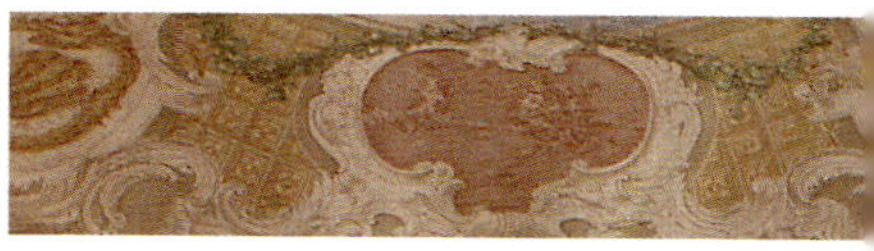

156 links *Der Weiße Saal in der Mitte des von G. W. von Knobelsdorff gestalteten Neuen Flügels diente als Thronsaal und für große Bankette. Er ist schlicht gestaltet; zwischen den hohen Fenstern gliedern jeweils zwei Pilaster die Wand. Nur die Türen zieren relativ prunkvolle vergoldete Reliefs, die die vier Jahreszeiten darstellen. Das Deckenbild von Antoine Pesne wurde im Zweiten Weltkrieg zerstört.*

157 unten links *Die Bibliothek im Neuen Flügel hat die Form einer Galerie. Die mit Holz verkleideten hellgrünen Wände schmücken silberne Verzierungen. Die Bücherregale aus Zedernholz standen schon von Anfang an hier, die Bücher dagegen stammen aus seiner Potsdamer Bibliothek.*

157 unten rechts *Die Pläne für die Kapelle des Königs entwarf Eosander von Göthe (1669–1728), der Lieblingsarchitekt Friedrichs I.*

158–159 Im Roten Saal, in den Gemächern des Königs, sind die Wände mit rotem, von Goldfäden durchwobenem Damast bezogen. Eosander von Göthe gestaltete den Raum zwischen 1701 und 1713.

158 In den eleganten Räumen von Königin Sophie Charlotte stehen noch die Originalmöbel. Ins Auge fällt der englische Lackschrank (links im Bild) aus dem späten 17. Jahrhundert mit vergoldeten Motiven.

gen die Räume, die die Frau Friedrichs des Großen, Elisabeth Christine, nie bewohnt hatte. Der König suchte die Gemächer nur selten auf, deshalb beließ man es auch bei einer im Verhältnis zu den übrigen Teilen des Schlosses schlichten Einrichtung. Die fünf Zimmer, die bei einem Bombenangriff 1943 schwer beschädigt wurden, waren in japanischem und etruskischem Stil gestaltet.
Sieben Zimmer der ersten Wohnung Friedrich Wilhelms II. im ersten Obergeschoss gestaltete man als Winterkammern. Edel gearbeitete heimische und exotische Hölzer schmücken den Fußboden der Wohnung. Doch starb der König vor ihrer Fertigstellung. Sein Sohn Friedrich Wilhelm III. regierte von 1797 bis 1840 in oftmals schwierigen Zeiten. Die auf die Französische Revolution folgenden Napoleonischen Kriege und die Handelsblockade gegen England setzten Preußen schwer zu. Erst nach dem Wiener Kongress von 1815 war Preußen als Großmacht wiederhergestellt.
Künste und Wissenschaften erlebten eine neue Blüte, Universitäten, Museen und Theater wurden gegründet, Berlin stieg zu einem Zentrum des kulturellen Lebens auf.
Friedrich Wilhelm III., der Prinzessin Luise von Mecklenburg-Strelitz geheiratet hatte, verbrachte mit seiner Familie die Sommermonate auf Schloss Charlottenburg. Zunächst ließ er die Einrichtung der Zimmer, die er im Westflügel bewohnte, unverändert. Im Jahr 1809 gestaltete der junge aufstrebende Baumeister, Karl Friedrich Schinkel, der bereits mit mehreren wichtigen Bauten das Berliner Stadtbild geprägt hatte, die Schlafzimmer des Königspaars im Sinne des gerade modernen Empirestils um. Nur im

__159 oben links__ Das 1706 fertig gestellte Porzellankabinett enthält über 3000 Stücke aus Japan und China. Der dänische und der sächsische König, die die Sammlung 1709 im Rahmen einer Begegnung mit dem Monarchen besichtigten, waren davon so angetan, dass sie ähnliche Kollektionen in ihren Schlössern in Kopenhagen und Dresden einrichteten.

__159 unten links__ Die meisten Räume des Schlosses wurden mehr als einmal umgestaltet. Im Chinesischen Kabinett und in der sich anschließenden Chinesischen Galerie in der Sommerwohnung Friedrich Wilhelms II. erzeugen feines Porzellan, Lackmöbel und chinesischen Vorbildern nachempfundene Fresken eine fernöstliche Atmosphäre.

__159 rechts__ Der im Erdgeschoss des Mittelbaus gelegene Audienzsaal gehörte zur Wohnung Sophie Charlottes. Der Trommeltisch aus Java war bereits Bestandteil der Originaleinrichtung. Die Gobelins von Charles Vigne mit Szenen der Commedia dell'arte wurden 1740 ergänzt.

Gemach der Königin sind noch Reste von Schinkels Arbeit sichtbar.
Königin Luise starb am 19. Juli 1810 im Alter von 34 Jahren. Der untröstliche, romantisch veranlagte König wollte seine Gattin in seiner Nähe haben und gab Schinkel die Anweisung, für sie ein Mausoleum im Park zu errichten. Am Weihnachtsabend desselben Jahrs wurden die sterblichen Überreste der Königin dort beigesetzt; doch erst fünf Jahre später war der Bau vollendet. Berühmte Bildhauer wie Canova, Thorvaldsen und Schadow reichten Entwürfe für ein Grabmal ein, doch Friedrich Wilhelm III. entschied sich für den des jungen Christian Daniel. Dieser fertigte unter der Aufsicht des Königs ein Modell an, das in Rom aus carrarischem Marmor hergestellt wurde. Der Transport des Grabmals nach Berlin entwickelte sich zu einer Odyssee, die acht Monate dauern sollte.
Das Mausoleum wurde mehrmals vergrößert, um das Grabmal des Königs und 48 Jahre später auch das seines Sohns Wilhelms I. sowie 1890 das Grabmal dessen Frau Augusta von Sachsen-Weimar aufzunehmen.
Friedrich Wilhelm III. ließ von Peter Joseph Lenné, dem Generaldirektor der königlich-preußischen Gärten, den Garten neu anlegen.
1824 nahm Friedrich Wilhelm III. Gräfin Auguste Harrach in morganatischer Ehe zur Frau. Er ließ ihr ein Sommerhaus im Park errichten, das als Schinkel-Pavillon bekannt ist. Karl Friedrich Schinkel entwarf nicht nur die äußere Architektur, sondern gestaltete auch die neoklassizistischen Innenräume und Möbel.
Von den Räumen im ersten Stock im Mittelbau des Schlosses, die Friedrich Wilhelm IV. und seine Frau Elisabeth von Bayern bewohnten, ist nur wenig erhalten. Lediglich die Bibliothek konnte rekonstruiert werden, als man die Möbel aus Potsdam zurückerhielt, wohin sie im Zweiten Weltkrieg ausgelagert worden waren. Friedrich Wilhelm IV. war ein begeisterter Büchersammler, der am Ende seines Lebens über 20 000 Bände besaß.
Im Jahr 1888 wurde Schloss Charlottenburg für drei Monate Sitz des deutschen Kaisers, als der schwer kranke Friedrich III. mit seiner Frau Viktoria dort einzog. Man ließ die Räume so restaurieren und möblieren, dass man auch Königin Viktoria von England, die Mutter der Kaiserin, angemessen empfangen konnte.
Wilhelm II. hielt sich nur selten in Charlottenburg auf. Das Schloss wurde jedoch als Gästehaus des Reichs genutzt. Als solches dient es der Stadt Berlin noch heute.
Bei der Beschreibung des Schlosses darf man die Silberkammern und den Reichsschatz nicht vergessen, der dort nach dem Zweiten Weltkrieg aufbewahrt wurde. Nur einige Stücke der Kronjuwelen (die Edelsteine wurden nur bei Krönungsfeiern in Insignien wie Kronen und Zepter eingesetzt, ansonsten als Schmuck getragen) sind ausgestellt. Außerdem befindet sich hier das von Papst Pius II. geweihte, von Simone de Martino gefertigte Schwert, das er 1460 Albrecht Achilles, dem Kurfürsten von Brandenburg, überreichte.
In den Silberkammern lagert das Silber seit dem 17. Jahrhundert. Das jüngste der über 2600 Stücke ist ein Silberteller, den die Städte Preußens Kronprinz Wilhelm 1905 anlässlich seiner Vermählung mit Cecilie von Mecklenburg-Schwerin schenkten.
Für das Jahr 1999 ist geplant, etliche Räume von Schloss Charlottenburg umzugestalten. Dabei werden ausgelagerte Stücke wieder nach Charlottenburg zurückkehren, während hier nur vorübergehend platzierte Kunstwerke das Schloss verlassen.

DAS SOMMERSCHLOSS VON SANSSOUCI

Ein Versailles bei Berlin

Man nennt Potsdam auch das „Versailles des Nordens". In der tausendjährigen Stadt, 20 km südwestlich von Berlin, haben viele Epochen ihre Spuren hinterlassen. Potsdam war Residenz der Hohenzollern, Zentrum absolutistischer Macht, Schule des preußisch-deutschen Beamtentums und eine Stadt der Künste.

Schloss Sanssouci mit seiner großzügigen Gartenanlage war für Friedrich den Großen, König von Preußen, eine Insel der Ruhe und des Friedens – hierhin zog er sich zurück, wenn er seine Probleme vergessen wollte.

Ein Leben „sans souci", ohne Sorge, war Friedrich II. allerdings nicht vergönnt, doch ermöglichte ihm sein Refugium, sich der französischen Kultur, seiner großen Leidenschaft, der Musik, und der bildenden Kunst zu widmen. Dafür ließ er sich nordwestlich von Potsdam auf einem Weinberg ein geradezu intimes Schloss erbauen.

Aus der Anlage um Friedrichs Schloss entwickelte sich im Lauf eines Jahrhunderts ein 290 ha großer Park mit zehn Palästen und Pavillons.

Die ersten Arbeiten begannen im Jahr 1744, als Friedrich der Große anordnete, den „Wüsten Berg", einen Hügel nördlich der Havel, in einen Weinberg umzugestalten. Auf sechs geschwungenen Terrassen sollten sich einheimische Bäume, Weinstöcke und exotische Obstbäume hinter verglasten Terrassennischen abwechseln. In der Mitte der Terrassen wurde eine Freitreppe errichtet, die zum Schloss hinaufführte.

Der Architekt Georg Wenzeslaus von Knobelsdorff, der bereits in Friedrichs Auftrag den Neuen Flügel von Schloss Charlottenburg gestaltet hatte, entwarf auf der Grundlage einer Zeichnung des Königs die Baupläne für Sanssouci. Das goldfarbene eingeschossige Gebäude besteht aus einem ovalen Pavillon mit kuppelförmigem Dach. Ihm schließen sich zu beiden Seiten lang gestreckte Flügel an, die in halbkreisförmigen Risaliten enden.

Nach der Vorstellung des Architekten sollte das Schloss erhöht auf einem Sockel stehen, um so in der Fluchtlinie der Freitreppe zu liegen, doch Friedrich bestand darauf, dass die Räume von außen ebenerdig zugänglich sein sollten. An der dem Garten zugewandten Seite stützen rechts und links jeder Fenstertür Karyatiden in Form von Hermenfiguren das Dach-

160 oben *Solch kunstvoll gearbeiteten Stücke sind für das Rokoko typisch. Dieses diente zur Zierde eines schmiedeeisernen Gitters.*

160 Mitte *Hermenfiguren stützen das Gebälk seitlich der Fenstertüren auf der Südseite von Schloss Sanssouci. Die Figuren gestaltete Friedrich Christian Glume sehr lebendig und individuell verschieden. Trauben und Blumen rahmen sie ein und lassen die Figuren noch üppiger erscheinen.*

160 unten *Das Sommerschloss Friedrichs des Großen liegt auf einem sanft ansteigenden Hügel, in den sechs tiefe Terrassen eingeschnitten wurden. Eine Freitreppe mit 132 Stufen führt hinauf zum Schloss. Der Architekt Georg Wenzeslaus von Knobelsdorff baute Sanssouci in nur zwei Jahren (1745–1747) nach einer Skizze des Königs.*

160–161 Der Mittelbau des Schlosses ist genauso hoch wie die Seitenflügel und identisch dekoriert. Er hebt sich vor allem durch die grüne Kuppel ab, deren reich verzierte ovale Fenster Attrappen sind; die Kuppel des Marmorsaals versteckt sich hinter der kleinen Balustrade.

161 oben *Dieses Porträt Friedrichs des Großen malte Franz Dudde 100 Jahre nach dem Tod des Königs. Der Monarch trägt – wie meistens – die Uniform des Oberkommandierenden der preußischen Armee. Seine Brust schmückt ein Orden mit dem schwarzen Adler der Hohenzollern.*

161 unten links *Ein Jahr nach dem Bau des Schlosses schuf Johann David Schleuen diesen Kupferstich.*

161 unten rechts *Dieses Porträt zeigt Karl Friedrich Schinkel (1781–1841). Er gestaltete für den Sohn Friedrich Wilhelms III., Kronprinz Friedrich Wilhelm, das Landhaus Charlottenhof zu einem neoklassizistischen Schloss um.*

gebälk; die Dachbalustrade ist mit großen Vasen verziert, Putten schmücken die falschen Fenster der Mittelkuppel. Die Fassade der nach Norden gelegenen offiziellen Hofseite ist einfacher gestaltet als die Gartenseite. Den kurzen Seitenflügeln des Schlosses schließt sich eine halbkreisförmige Kolonnade aus korinthischen Säulenpaaren an, die einen Ehrenhof bildet. Sie ist gegenüber der Mittelkuppel durchbrochen und ermöglicht den Blick auf den Ruinenberg, eine künstlich angelegte antike Trümmerlandschaft.
Nach nur zwei Jahren Bauzeit wurde das Schloss am 1. Mai 1747 eingeweiht. Obwohl das Gebäude noch nicht vollständig eingerichtet war, veranstaltete Friedrich ein Bankett für 200 Gäste mit einer sich anschließenden musikalischen Soiree. Zu beiden Seiten von Vestibül und Marmorsaal liegen jeweils nur fünf Räume. Den Ostflügel und die auf dieser Seite nördlich gelegene Kleine Galerie bewohnte der König; im Westflügel waren die Gäste untergebracht.
Der preußische Hofmaler Adolph Menzel rekonstruierte die Atmosphäre der Feste, für die Friedrich an allen Höfen Europas berühmt war, in seinen Gemälden „Tafelrunde Friedrichs des Großen in Sanssouci“ (1850) und „Flötenkonzert“ (1852). Die Tafelrunde findet in dem Gemälde in einem Saal statt, in dem in Wirklichkeit nur selten längere Zusammenkünfte abgehalten wurden, im unbeheizten nach dem dort vorherrschenden Material benannten Marmorsaal. Die bei den Kolonnaden verwendeten Säulenpaare tauchen hier ebenfalls auf, insgesamt sind es acht Paare, die aus carrarischem Marmor bestehen. Sie stützen die mit vergoldetem Stuck verzierte Kuppel des Saals, auf der sich in Marmor und Gold das von Friedrich geschätzte Pantheonmotiv wieder findet. Das Gemälde zeigt rege diskutierende Gäste des Königs.
Zum Kreis derjenigen, die sich solchen Diskussionen hingaben, gehörte auch der Lieblingsphilosoph des Herrschers, Voltaire, mit dem Friedrich seit seiner Thronbesteigung rege korrespondierte. Von 1750 bis 1753 lebte der Philosoph im Rang eines Kammerherrn in Potsdam. Allerdings zog sich der zurückhaltende Franzose, der das alltägliche Leben am Hof gering schätzte, lieber in die Abgeschiedenheit seiner Räume im Schloss zurück, als in Sanssouci im später so genannten „Voltairezimmer“ zu logieren.
Das Empfangszimmer, in dem der König auch allein oder in kleiner Runde speiste, grenzt östlich an den Marmorsaal. Seine Wände schmücken Bilder französischer Maler wie „Das Konzert“ von Jean-Antoine Watteau. Auf den vergoldeten Reliefs über den Türen lesen Putten von Friedrich ausgewählte französische Sprüche, die den Betrachter auffordern, ein Leben ohne Sorge („sans souci“) zu führen.
Als nächster Raum schließt sich das Konzertzimmer an, ein Juwel des Rokoko. Den Fenstern gegenüber, die Aussicht auf die Terrasse gewähren, befinden sich in zwei Nischen Spiegel, die Ausschnitte des Raums reflektieren. Gemälde, Skulpturen und andere Kunstgegenstände bilden ein Gesamtkunstwerk. Im Konzertzimmer fanden die berühmten Soireen statt, bei denen der König seinen Gästen

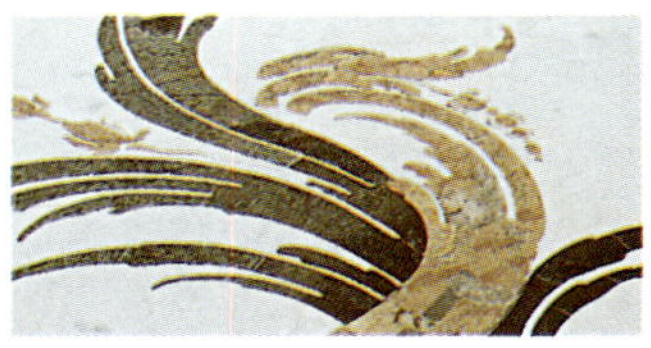

162 oben links *Dieses Foto zeigt ein Stuckdetail aus dem Gästezimmer, das Voltaire gelegentlich bewohnte.*

162 Mitte links *Das Voltairezimmer, unter anderem von den Brüdern Johann Michael und Johann Christian Hoppenhaupt gestaltet, ist ein eindrucksvolles Beispiel des friderizianischen Rokoko.*

162 unten links *Mehr als 2100 Bücher standen in der Bibliothek Friedrichs II., die von edlen Bronzeornamenten auf Zedernholz geschmückt wird. Der harmonische runde Raum mit seinen beruhigenden Farben scheint auch heute wie geschaffen zum Arbeiten und Nachdenken.*

162 oben rechts *Acht Säulenpaare aus carrarischem Marmor stützen die reich mit vergoldetem Stuck verzierte Kuppel des Marmorsaals, der Ort gelehrter Gespräche war. Bemerkenswert sind die Blumenmotive aus Halbedelsteinen auf dem Boden.*

163 *Ein Paradebeispiel des friderizianischen Rokoko ist das Konzertzimmer von Johann Michael Hoppenhaupt. Hier spielte der König des Öfteren persönlich auf.*

164 unten links *Dieses Gemälde von Nicolas Lancret („Tanz zwischen Pavillon und Springbrunnen") zeigt eine heitere Szene im Park von Sanssouci.*

164 unten rechts *Diese Foto zeigt eines der fünf Gästezimmer im Westflügel des Schlosses. Alle hatten einen identischen Grundriss und die gleiche Größe. Landschaftsbilder schmücken die Wände dieses Raums.*

164–165 *Die Verspieltheit des Rokoko wechselt in Sanssouci bisweilen abrupt mit neoklassizistischer Grandeur wie hier in einer der Eingangshallen.*

von ihm selbst komponierte Stücke auf der Flöte vortrug.

Das Schlaf- und Arbeitszimmer ließ man 1786 von Friedrich Wilhelm von Erdmannsdorff im neoklassizistischen Stil modernisieren.

Als Mitte des 19. Jahrhunderts das friderizianische Rokoko erneut in Mode kam, stellte man einige der Originalmöbel wieder auf, darunter den Sessel, in dem Friedrich gestorben war. Dem König waren nach dem Siebenjährigen Krieg (1756–1763) nur wenige Freunde geblieben. Man nannte Friedrich II., der sich nur mit seinen Hunden und Büchern umgab, fortan den Einsiedler von Sanssouci.

In seinem Schloss auf dem Weinberg befand sich eine von umfangreiche Bibliotheken. Die mehr als 2100 Bände umfassten nur Geschichtswerke und Werke von Dichtern des antiken Griechenlands und Roms, allesamt ins Französische übersetzt, sowie französische Literatur, darunter Voltaires gesammelte Werke. Die Bücher waren alle in rotes oder hellbraunes Leder gebunden, das wunderbar mit dem Zedernholz und den Bronzeornamenten des runden Raums harmonierte. Vier Nischen (eine für den Kamin, eine für einen Sessel und zwei mit Glastüren) strukturieren das Zimmer und schaffen im Einklang mit den beruhigenden Farben eine angenehme Arbeitsatmosphäre. In der nördlich parallel zu den Gemächern des Königs liegenden Kleinen Galerie waren Bilder französischer Künstler wie Jean-Antoine Watteau, Nicolas Lancret und Jean-Baptiste Pater sowie Skulpturen aus der Sammlung des Fürsten von Polignac ausgestellt.

Die fünf Gästezimmer im Westflügel haben alle die gleiche Ausstattung, unterscheiden sich jedoch in ihrem Dekor. Dem Fenster gegenüber liegt die Bettnische; außer den benachbarten Gästezimmern grenzen jeweils noch der Raum des Kammerdieners und ein Ankleidezimmer an. Das erste und das fünfte Gästezimmer sind in chinesischem Stil gestaltet, das eine in Hellrosa, das andere in Grün. Im zweiten Zimmer dominieren die Farben Weiß und Blau, im dritten Weiß und Rot. Das vierte, das als Voltairezimmer bekannt ist, erhielt zwischen 1752 und 1753 einen naturalistischen Blumendekor.

Noch bevor mit dem Bau des Schlosses begonnen wurde, hatte Friedrich entschieden, dass er am östlichen Ende der Terrasse in aller Schlichtheit begraben werden wolle: „Ich habe als Philosoph gelebt und will als solcher begraben werden." Doch erst 205 Jahre nach seinem Tod, am 17 August 1991, durfte der preußische Herrscher in der Gruft seine letzte Ruhe finden. Flora und Zephir, die Blumengöttin und der Westwind, versinnbildlichen das Leben an dieser Stätte des Tods. Rechts und links des Schlosses ließ Friedrich II. zwei weitere eingeschossige Gebäude errichten: die Große

165 oben *Chinesische Motive zieren die Wände zweier Gästezimmer: Das eine ist in Hellrosa, das andere in Grün gehalten.*

165 unten *Der Kamin im Empirestil, der große Spiegel, der dem Raum zusätzliche Tiefe verleiht, der feine Bodenbelag und die edlen Wände, vor allem aber die klassischen Gemälde verleihen diesem Gästezimmer höchste Eleganz. Zur gediegenen Atmosphäre tragen auch die Möbel und die vergoldeten Stuckaturen bei.*

166 ganz oben *Gebäude, Brunnen und Skulpturen gestalten den Park von Sanssouci überaus abwechslungsreich und verleihen ihm einen besonderen Charme. Bei diesem neoklassizistischen Brunnen stehen antike Elemente im Dienste einer modernen Idee.*

166 oben *Die Bildergalerie östlich des Schlosses wurde von dem Architekten Johann Gottfried Büring zwischen 1755 und 1764 an der Stelle eines alten Treibhauses erbaut. Das eingeschossige Gebäude mit dem Mittelpavillon und den Seitenflügeln ist eindeutig Sanssouci nachempfunden.*

166 Mitte *Die Neuen Kammern, die von Knobelsdorff 1747 erbaute, dienten bis 1771 als Orangerie. Dann ließ Friedrich sie zum Gästehaus umgestalten. Dahinter liegt die Mühle von Sanssouci.*

Bildergalerie und die Neuen Kammern. Die Bildergalerie wurde von 1755 bis 1763 nach Plänen Johann Gottfried Bürings erbaut. Friedrich besaß nun einen edlen Rahmen für seine erlesene Bildersammlung, deren Schöpfer zum Teil an der Gartenfassade in Marmor gehauen zu sehen sind. In der Galerie finden sich unter anderem Werke von Michelangelo, Guido Reni, Annibale Carracci, Rubens, Hendrick Terbrugghen und Van Dyck.
Kurz nach der Fertigstellung von Schloss Sanssouci im Frühjahr 1747 wurde westlich davon mit dem Bau der Neuen Kammern begonnen. Das Gebäude diente 24 Jahre als Orangerie. In sieben beheizten Räumen überwinterten über 1000 Orangenbäume. Man betrachtete ihre Früchte als Symbol von Macht und Stärke.
Im Sommer fanden in dem leeren Gebäude Bälle, Festbankette, Konzerte sowie französische und italienische Theateraufführungen statt. Im Jahr 1771 baute Georg Christian Unger die Orangerie in ein Gästehaus um. Es galt die Militärs und Aristokraten angemessen unterzubringen, die alljährlich im Frühjahr und im Herbst zu den großen Paraden und Manövern anreisten. Die Orangenbäume brachte man in zwei neuen kleineren Orangerien unter. Im Westflügel der Neuen Kammern wurden drei Gästewohnungen eingerichtet. Auch im 19. Jahrhundert wurden sie von Angehörigen des Hofs und ihren Besuchern genutzt – doch die Zeiten hatten sich gewandelt: Der Hof lieferte nur noch das Essen, Getränke gingen auf Rechnung der jeweiligen Bewohner.
Im Mittelteil und im Ostflügel der Neuen Kammern entstanden vier Gesellschaftssäle. Der Eingang am östlichen Ende, der über eine Treppe mit dem Schloss des Königs verbunden ist, führt in die Empfangshalle, die Blaue Galerie. Als Nächstes schließt sich der Buffetsaal an, in dem kleinere Gesellschaften Platz fanden. Vor allem aber trafen hier die Speisen aus der Küche im Nebengebäude des Schlosses ein (die Neuen Kammern besaßen keine eigene Küche). Die Ovidgalerie, Rahmen für musikalische Veranstaltungen, ist nach den Reliefs benannt, die dem Werk des römischen Dichters nachempfunden sind.

166 unten *Antike Ruinen waren zu Friedrichs Zeiten in Mode. Doch der Ruinenberg hat auch eine praktische Funktion: Unter den Säulen liegt ein Reservoir, das die Brunnen des Parks mit Wasser speist.*

167 oben links *Die weitläufige Parkanlage von Sanssouci umfasst Parks im Stil verschiedener Länder. Die Vorbilder stammen unter anderem aus Frankreich, England, Holland und Sizilien.*

167 oben rechts *Kurz vor seinem Tod im Jahr 1753 entwarf Georg Wenzeslaus von Knobelsdorff die Neptungrotte, die an einem künstlichen Wasserlauf liegt.*

166–167 *Das jüngste Gebäude des Parks steht zwischen Schloss Sanssouci und dem Neuen Palais: Die Orangerie wurde von Ludwig Persius im Stil der italienischen Renaissance entworfen und zwischen 1851 und 1860 erbaut.*

167 unten *Zwei schmiedeeiserne Pavillons mit goldenen Sonnen flankieren Schloss Sanssouci. Hinter den Pavillons verbergen sich Küchen- und Dienstgebäude. Rechts das Grab Friedrichs des Großen.*

168–169 Verschwenderische Stuckaturen schmücken einen der prächtigsten Säle der gesamten Anlage. Die Bildergalerie entstand ab 1755 unter der Regie von Johann Gottfried Büring. Die Anordnung der Marmorfliesen verstärkt die perspektivische Wirkung des Raums, den Friedrich für seine Privatsammlung von niederländischen, französischen und italienischen Künstlern gestalten ließ.

169 oben links *Die vergoldeten Reliefs sind das letzte Werk der Brüder Johann David und Johann Lorenz Wilhelm Räntz. Die beiden Bildhauer waren 1764 nach Berlin gekommen, sechs Jahre nach dem Tod von Friedrichs Lieblingsschwester, Wilhelmine Markgräfin von Bayreuth.*

169 oben rechts *Ovids „Metamorphosen", die unter anderem von der Verwandlung von Menschen in Pflanzen und Tiere erzählen, waren fester Gegenstand der Erziehung, die Adlige und Künstler im 18. Jahrhundert erhielten. Entsprechend häufig finden sich solche Motive in vielen Räumen wieder. In der Ovidgalerie ist das Liebesleben von Zeus und Apollo bestimmendes Thema.*

168 unten links *Der mittlere Teil der Orangerie wurde nie als Treibhaus genutzt. Hier waren vielmehr von Anfang an Räume für König Friedrich Wilhelm IV. vorgesehen. Der Regent war ein großer Verehrer Raffaels und besaß Kopien von 47 Bildern des italienischen Meisters.*

168 unten rechts *Der Mittelsaal in den Neuen Kammern war mit allem erdenklichen Luxus für stilvolle Bankette ausgestattet. Die Wände zieren Edelsteine, die Decke ist mit Fresken bemalt. Antike Büsten kontrastieren mit der warmen Farbe des Jaspis.*

Grauer Marmor und Jaspis schmücken die Wände des Mittelsaals, des quadratischen Festsaals, in dem antike Büsten stehen.
Zwischen den Neuen Kammern und dem Schloss steht ein Gebäude, das nicht so recht in den Park zu passen scheint und mit einer interessanten Geschichte verbunden ist – die Windmühle von Sanssouci. Der Legende nach soll der Müller von Friedrich II. eine Entschädigung verlangt haben, weil das neu erbaute Schloss ihm den Wind nehme. Der König fuhr den Mann an, ob er nicht wisse, dass er ihn jederzeit enteignen lassen könne. Dieser habe mutig entgegnet: „Ja, wenn es das Kammergericht von Berlin nicht gäbe." Friedrich, ein großer Verfechter des Legalitätsprinzips, zeigte sich beeindruckt, und der Müller durfte seinen Besitz behalten.
Südlich der Hauptallee ließ der König ab 1754 von Johann Gottfried Büring – der auch die Bildergalerie entwarf – das Chinesische Teehaus bauen, in dem Friedrich seine ostasiatische Porzellansammlung unterbrachte. China war zu dieser Zeit fast noch eine Terra incognita; holländische Händler brachten die teuren Gewürze und das wertvolle Porzellan von ihren Reisen mit. Von den Zeichnungen auf dem Geschirr ließ sich der Architekt für die Szenen des Chinesischen Teehauses im Rokokostil inspirieren: Asiaten, die Tee und Kaffee trinken, sowie Musikanten mit allerlei Instrumenten; auf

169 unten *Zwischen dem Buffet- und dem Mittelsaal der Neuen Kammern liegt die Ovidgalerie, die als Musikzimmer diente. An den Wänden sind 14 Szenen aus Ovids „Metamorphosen" dargestellt.*

dem Dach sitzt ein dicker Mandarin mit Sonnenschirm.
Das größte Bauwerk im Park von Sanssouci ist das Neue Palais. Sein Bau wurde bereits vor dem Siebenjährigen Krieg geplant, kam aber erst zur Ausführung, als Friedrichs Truppen die dritte Schlacht um die Vorherrschaft in Schlesien nach dem plötzlichen Tod von Kaiserin Elisabeth Petrowna für sich entscheiden konnten. Die Freude über den guten Ausgang des Kriegs war Friedrich Grund genug, die leere preußische Staatskasse noch ein wenig mehr zu belasten. Später bezeichnete er selbst das Neue Palais als „Fanfaronnade", als Prahlerei.
Das majestätische, 210 m lange Palais mit seinen mehr als 200 Räumen besitzt 322 Fenster, 230 Pilaster und 428 Statuen. Wenn es auch ganz in der Art eines königlichen Stadtschlosses gestaltet ist, wurde doch kein Raum außer dem Festsaal für offizielle Anlässe genutzt. Die übrigen Zimmer dienten der Aufnahme und Bewirtung von Gästen des Hofs.
Das Neue Palais wurde unter Einflussnahme Friedrichs ebenfalls von Johann Gottfried Büring geplant, der jedoch ein Jahr nach Baubeginn Potsdam verließ. Carl von Gontard, sein Nachfolger, kümmerte sich hauptsächlich um die Gestaltung der Innenräume.
Obwohl der Neoklassizismus mittlerweile das Rokoko abgelöst hatte, blieb Friedrich seinem bevorzugten Stil treu, und deshalb ähneln einige Räume des Neuen Palais denen in Schloss Sanssouci.
Einen neuen eigenständigen Entwurf stellte der Grottensaal dar. Künstliche Höhlen und grottenartige Säle innerhalb von Gebäuden waren typische Mittel des Rokoko, um Natur und Architektur zu verschmelzen. Ihre Nischen und Winkel boten den Adligen Gelegenheit für ein ungestörtes Stelldichein. Zu Lebzeiten Friedrichs des Großen war die Gestaltung des Grottensaals schlichter als heute: Imitationen von Stalaktiten, weißer Marmor mit Verzierungen

170 oben *Johann Gottfried Büring erbaute das Chinesische Teehaus zwischen 1754 und 1764. Das Zeltdach wird von einer Laternenkuppel abgeschlossen, auf der die vergoldete Statue eines Mandarins mit Sonnenschirm und Stock auf einem Kissen sitzt.*

170 Mitte *Auch im Inneren des Teehauses setzt sich der Prunk fort. Die edel verzierten hellgrünen Wände harmonieren wunderbar mit dem Boden aus carrarischem Marmor.*

170 unten links *18 vergoldete Sandsteinskulpturen sitzen in Dreiergruppen um die Palmensäulen des Chinesischen Teehauses. Die Bildhauer Johann Matthias Heymüller und Johann Peter Benkert schufen in den Jahren 1755 und 1756 diese fantastischen Figuren.*

170–171 *Nicht alle Figurengruppen bilden Szenen chinesischen Lebens ab. Eine Gruppe verspeist Ananas, eine andere trinkt Kaffee. Die hier gezeigten Figuren essen Melonen.*

171 oben links *Niederländische Händler brachten ab der Mitte des 17. Jahrhunderts chinesischen Tee auch nach Preußen. Unter anderem aufgrund seines hohen Preises blieb Tee bis ins 19. Jahrhundert ein Privileg des Adels. Zwei Skulpturengruppen des Teehauses sind dem Getränk gewidmet: Eine sieht man bei der Zubereitung von Tee, die andere beim Trinken.*

171 oben rechts *Die Decke des runden Hauptsaals im Chinesischen Teehaus ziert ein barockes Trompe-l'œil-Motiv. Chinesen – mit eher europäischen Gesichtszügen – in Begleitung von Äffchen scheinen von der Balkonbrüstung eines weiteren Stockwerks herunterzublicken.*

171 unten rechts *In mehreren gezeichneten Szenen ist eine Buddhafigur zu erkennen, die in den Innenraum des Teehauses blickt, und die an seiner Seite tobenden Affen ignoriert. Angedeutete Bauwerke im Hintergrund verstärken den räumlichen Effekt des Wandgemäldes.*

__172 oben links__ Die Mehrzahl der über 200 Räume des Neuen Palais dienten zu Zeiten Friedrichs II. dazu, Gäste des Hofs zu beherbergen und zu bewirten; im Mittelbau befanden sich außerdem repräsentative Festsäle. Später nutzten mehrere preußische Könige das Neue Palais als Residenz.

__172 unten links__ Vier Pilaster unterteilen den Grottensaal in drei Bereiche. Horizontale Bänder aus weißem Marmor, die sich mit Streifen aus anderen Naturstoffen wie Mineralien, Holz und Glas abwechseln, finden sich an allen Wänden bis in die Nischen hinein. Der Entwurf für den Raum stammt von Carl von Gontard; die besten preußischen Künstler und Handwerker arbeiteten an seiner Verwirklichung mit.

__172 oben rechts__ Der Marmorsaal, Hauptsaal des Neuen Palais, wurde von Carl von Gontard in Anlehnung an den Marmorsaal des Potsdamer Schlosses gestaltet. Auf dem Boden erkennt man feine Einlegearbeiten, die Wände schmückt schlesischer Marmor.

__172–173__ Mit dem Neuen Palais wollte Friedrich der Große aller Welt zeigen, dass Preußen sich auch nach drei Kriegen um Schlesien noch jeden Luxus leisten konnte. Allerdings betrachtete der König diesen selbst als „Fanfaronnade" – Prahlerei.

__173 oben__ Das Theater nimmt zwei Geschosse des Südflügels im Neuen Palais ein. Es wurde seit seiner Einrichtung mehrmals umgestaltet. Die heutige Ausstattung des Theaters, das immer noch für kulturelle Veranstaltungen genutzt wird, stammt aus dem Jahr 1865.

aus Muschelschalen, Kristall, Mineralien, Glas und Metall schmückten die Wände. Im 19. Jahrhundert ergänzte man sie durch vergoldetes Stuckwerk, Ammoniten, Edelsteine und Hölzer aus aller Welt, sodass sich heute mehr als 20 000 Stücke in dem Saal befinden.

Die edle Einrichtung der Zimmer wurde mit Bedacht ausgewählt, um die Gäste zu beeindrucken. Die Holztäfelungen und Brokatbespannungen der Wände, die Deckenfresken, die wertvollen Möbel mit Intarsien, die über 250 Bilder und anderen Kunstgegenstände blieben nach Friedrichs Tod zum größten Teil im Originalzustand erhalten, wenngleich der Palast in der zweiten Hälfte des 19. Jahrhunderts Sitz des Hauses Hohenzollern wurde. Heute ist das Neue Palais ein Museum, in dessen zuletzt 1865 renoviertem Südflügel ein Theater Raum für Schauspiele und Konzerte bietet. Vor dem Palais endet alljährlich ein Musikfestival mit der Aufführung von Beethovens 9. Symphonie.

Friedrichs Nachfolger fügten dem Park noch einige Gebäude hinzu. Zwischen 1826 und 1829 baute Karl Friedrich Schinkel für den Kronprinzen Friedrich Wilhelm (Sohn Friedrich Wilhelms III.) das neoklassizistische Schloss Charlottenhof, das eher an eine italienische Villa denn an einen Palast erinnert. Als der Prinz 21 Jahre später als Friedrich Wilhelm IV. den Thron bestieg, ließ er die Neue Orangerie, den längsten Bau des Parks errichten. Nach dem Vorbild der Villa Medici in Rom entwarf Friedrich Wilhelm IV. zusammen mit Ludwig Persius die Pläne für die Orangerie. Im Mittelbau befanden sich die Wohnung des Königs und Gästezimmer. Im Raffaelsaal hängen Kopien, die Berliner Maler von Werken des italienischen Meisters anfertigten.

Die neben Schloss Charlottenhof gelegenen Römischen Bäder wurden nie ihrer eigentlichen Bestimmung zugeführt, sondern dienten lediglich als Wohnung des königlichen Gärtners.

173 unten links *Im Herzen des Parks von Sanssouci erbaute Karl Friedrich Schinkel im Auftrag Friedrich Wilhelms IV. von 1826 bis 1829 Schloss Charlottenhof im Stil einer italienischen Villa.*

173 unten rechts *Die Römischen Bäder, von Ludwig Persius nach Vorlagen aus der Antike und der Renaissance erbaut, wurden nie als solche genutzt.*

SCHLOSS SCHÖNBRUNN

Schwanengesang der Habsburger

Oft hat man Schloss Schönbrunn als das Versailles des Österreichischen Kaiserreichs bezeichnet. Doch die Habsburger unterschieden sich in vielen Punkten von den Königen Frankreichs und wollten ihren Untertanen sicher nie als Götter erscheinen. Schönbrunn hatte eine Doppelfunktion: Es war sowohl repräsentatives Königsschloss als auch Sommerresidenz für die vielköpfigen Familien der österreichischen Herrscher.
Im Schloss und seinem riesigen Park spiegelte sich über zwei Jahrhunderte der Geist einer der großen europäischen Dynastien wider. Zwei Eigenschaften ziehen sich wie ein roter Faden durch alle Generationen: Reflexion und Sparsamkeit. So steht der Prunk Schönbrunns auch vielmehr mit der Stellung und der Macht der Habsburger als mit ihrem persönlichen Lebensstil in Beziehung.
Das Schloss bildete den Rahmen für eine Geschichte, die von der aufgeklärten Herrschaft Maria Theresias und ihres Sohns Joseph II. bis zum Niedergang des Imperiums unter Franz Joseph I. und seiner Frau Elisabeth (Sissi) reichte. Schönbrunn stand auch nach dem Erbfolgekrieg lange Zeit für eine glückliche und große Vergangenheit.
Die Architektur der Schlossanlage insgesamt ist hingegen kein Symbol für Überheblichkeit und Prunksucht. Der für offizielle Anlässe genutzte Mittelbau des Schlosses passt sich eher bescheiden zwischen die beiden Seitenflügel ein. Den einen bewohnten Maria Theresia und ihre Söhne, den anderen gut hundert Jahre später Franz Joseph I. und Elisabeth.
Mit dem Bau des Schlosses begann man Ende des 17. Jahrhunderts, doch reicht seine Geschichte weiter zurück. Der Legende nach soll Kaiser Matthias (1557–1619) eines Tags bei der Rückkehr von der Jagd in der Nähe seines Landsitzes Katterburg auf eine Quelle mit kristallklarem Wasser gestoßen sein, die er „schöner Brunnen" nannte. Das Anwesen selbst hatte sein Vater Kaiser Maximilian II. 1569 ebenfalls durch Zufall entdeckt. Er war so begeistert davon, dass er es kaufte.
Die alte Residenz wurde zweimal zerstört, das erste Mal von den Ungarn im Jahr 1605, das zweite Mal 1683 im Zuge der Invasion der Türken. Als diese zurückgeschlagen waren, entschied Leopold I., den Sommersitz der Habsburger an diesem Ort errichten zu lassen. Er beauftragte den angesehensten österreichischen Architekten seiner Zeit, Johann Bernhard Fischer von Erlach mit dem Entwurf des Schlosses. Von Erlach, der mehrere Jahre in Rom und Neapel gearbeitet hatte, versuchte, klassizistische Elemente mit der Architektur des Barock im Stile Berninis zu verbinden. Doch als er 1690 dem Kaiser seine Pläne vorlegte, in denen Schönbrunn wie ein Habsburger Versailles aussah, lehnte dieser sie ab.
Ab 1696 begann man schließlich mit den Arbeiten aufgrund eines neuen Entwurfs von Erlachs, der unter Kaiser Joseph I. (1678–1711) zur Vollendung kam.
Während Jean Tréhet in den Jahren 1705/1706 den französischen Garten anlegte, wurden der Mittelbau und der Ehrenhof vollendet. Nach dem Tod Josephs I. gerieten die Arbeiten jedoch ins Stocken.
Mit Maria Theresia (1717–1780), der Erzherzogin von Österreich und Köni-

174 oben *Auf der dem Park zugewandten Seite des Dachs prangt seitlich der doppelköpfige Adler, das Symbol für die Macht und Größe der Österreichisch-Ungarischen Monarchie. Die beiden Adler auf den Obelisken am Eingang des Schlosses sind ganz anderer Herkunft: Napoleon I. ließ sie anbringen, als er hier Quartier bezog.*

174 unten *Der 1775 von Franz Anton Zauner gestaltete Neptunbrunnen liegt exakt in der Mitte des Parks auf der Achse, die vom Schloss zum Säulenbau der Gloriette führt. Die Figur Neptuns überragt die Tritonen und Meerjungfrauen.*

174–175 *Dieses Foto zeigt den Ehrenhof mit den beiden Brunnen, die Franz Anton Zauner und Johann Hagenauer im Auftrag von Fürst Kaunitz für Maria Theresia schufen. Der Brunnen zur Rechten symbolisiert die wichtigsten Flüsse des Kaiserreichs, Donau, Inn und Enns, der linke Brunnen steht für die Vereinigung der siebenbürgischen Ländereien unter den Habsburgern.*

175 oben *Kaiser Franz Joseph I. heiratete 1854 Elisabeth von Bayern. Im Schloss können noch viele Gegenstände, die dem Paar gehörten, besichtigt werden.*

175 unten links *Auf diesem Bild von Fritz l'Allemand (1812–1862) sieht man einen Empfang im Park. Schönbrunn bot einen idealen Rahmen für höfische Feierlichkeiten, wie sie zum Beispiel am Rande des Wiener Kongresses abgehalten wurden.*

175 unten rechts *Dieses Gemälde im Arbeitszimmer Karls I. ist eines der berühmtesten Werke von Martin van Meytens. Es zeigt Kaiser Franz I. und Maria Theresia mit ihrer Familie. Als Hintergrund wählte der Maler eine imaginäre Terrasse, die sich zum Ehrenhof mit den beiden Obelisken öffnet.*

176 oben In starkem Kontrast zu der geometrischen Anlage des Parks stehen die zahlreichen, von Mythen inspirierten Skulpturen und Brunnen. Schloss und Park Schönbrunn umfassen knapp 260 ha.

176 unten Dieses Foto zeigt Schönbrunn im Winter. In seinen Hochzeiten beherbergte das Schloss in 1441 Räumen (von denen 390 für offizielle Anlässe dienten) bis zu 1000 Personen.

gin von Ungarn und Böhmen, begann das goldene Zeitalter Schönbrunns, das erst mit dem Niedergang des Habsburgerreichs enden sollte. Der von der Kaiserin beauftragte Hofarchitekt Nikolaus Franz Leonhard Freiherr von Pacassi baute das Schloss von 1744 bis 1749 um. Er lockerte den Barockstil des Interieurs durch Elemente des Rokoko auf. In der Großen und der Kleinen Galerie konnten nun Empfänge gegeben werden; auf Maria Theresias Wunsch ergänzte man das Schloss um ein Theater. Auch der Park wurde so fertig gestellt, wie er heute noch zu besichtigen ist.
Schönbrunn war ein Ort, an dem Geschichte gemacht wurde – wenn auch vielleicht weniger die, an die man gemeinhin denkt: Staatsangelegenheiten und Fragen der Diplomatie entschieden sich weiterhin hauptsächlich in der Hofburg, dem Kaiserpalast im Zentrum Wiens. In der Sommerresidenz spielte sich dagegen das Familienleben der Herrscherfamilie ab. Hier fanden große Festlichkeiten und üppige Bankette statt.
Maria Theresia zog ihre 16 Kinder in Schönbrunn auf. Auch Maria Theresias 15. Kind Marie Antoinette, die spätere Frau Ludwigs XVI., verbrachte hier ihre Kindheit. Jahrzehnte später, zwischen der Schlacht von Austerlitz (1805) und der von Wagram (1809) schlug Napoleon I. sein Hauptquartier

176–177 *Zierbeete rahmen auf beiden Seiten die zentrale Achse des riesigen Parks von Schönbrunn ein, den Jean Trébet 1705 in französischem Stil entwarf. Es war keine leichte Aufgabe, einen Park anzulegen, der mit der strengen Geometrie des Schlosses harmonierte.*

in Schönbrunn auf. Mit der Heirat Marie Louises von Österreich im Jahr 1810 wurde der Korse Mitglied der Familie.
Die Niederlagen der französischen Armee 1813 bei Leipzig und 1815 bei Waterloo rückten Wien ins Zentrum der europäischen Politik. In der Hauptstadt der Habsburger fand der Kongress statt, bei dem ein neues Machtgleichgewicht in Europa geschaffen werden sollte. Schönbrunn bot für die Bälle und Bankette, die den Gipfel begleiteten, den passenden Rahmen. Die Verhandlungen leitete Klemens Wenzel Fürst von Metternich (1773–1859), der eine zentrale Rolle in der Politik des ersten Drittels des 19. Jahrhunderts spielte. Er prägte auch in hohem Maß das gesellschaftliche Leben.

Todesfälle mehrerer Mitglieder der königlichen Familie – die Hinrichtung des kaiserlichen Bruders Maximilian Ferdinand Josephs 1867 in Mexiko, der Selbstmord des Thronfolgers Rudolf 1889, die Ermordung Sissis 1898 und schließlich das Attentat von Sarajewo auf den Thronfolger Franz Ferdinand und seine Frau 1914 – legten sich wie dunkle Wolken über die Regierungszeit Franz Josephs I., der im Jahr 1916 starb. Nur zwei Jahre später unterzeichnete der letzte österreichische Kaiser Karl I. im Blauen Salon von Schönbrunn die Verzichtserklärung auf den Thron.
Damit war die Geschichte der Habsburger beendet. Jetzt konnte die Zeit der Legenden beginnen, die in Wien mit Stolz und Nostalgie am Leben gehalten werden.

177 oben *Auf der Dachterrasse der Gloriette stehen diese mächtigen Rüstungen aus Stein. Der Kolonnadenbau war sowohl ein Symbol des Siegs als auch ein Denkmal für die Gefallenen des Siebenjährigen Kriegs.*

Am 18. August 1830 kam Franz Joseph in Schloss Schönbrunn zur Welt. Er wurde 1848 Kaiser von Österreich und war ab 1867 König von Ungarn. Eine seiner ersten Amtshandlungen war die Niederschlagung der Revolution von 1848.
Die Zeit des Absolutismus war Mitte des 19. Jahrhunderts abgelaufen, und Schönbrunn entwickelte sich für Franz Joseph I. mehr und mehr zu einem goldenen Käfig. Seine Frau Elisabeth, die das höfische Zeremoniell verabscheute und sich im Schloss gefangen fühlte, litt unter dieser Atmosphäre noch mehr. Nur im Park, in dem sie lange Spaziergänge machte, fühlte sie sich wohl. Die gewaltsamen

Von den 1441 Räumen des Schlosses können 40 im ersten Obergeschoss besichtigt werden.
Vermutlich kommen die meisten Besucher heute nicht in erster Linie der politischen Geschichte wegen nach Schönbrunn, sondern weil sie sich für die persönlichen Geschichten und Anekdoten interessieren, die sich in seinen Mauern abspielten.
Niemand prägte Schönbrunn stärker als Maria Theresia, deren Persönlichkeit jedem Besucher noch heute in jedem Winkeln des Gebäudes zu begegnen scheint. Sie war zweifellos die Herrscherin, die Schönbrunn am meisten liebte und deren Geschmack die Gestaltung des Schlosses am

177 unten *Einer der schönsten Blicke auf Wien bietet sich vom Dach der eleganten frühklassizistischen Gloriette aus, die Johann Ferdinand Hetzendorf von Hohenberg 1775 errichtete. Ursprünglich wollte der Architekt Johann Bernhard Fischer von Erlach an dieser Stelle ein weiteres Schloss bauen, doch lehnte Leopold I. diesen Plan ab.*

178 oben *Das Vieux-Lacque-Zimmer ist ein perfektes Beispiel für die Chinoiserie, der im Rokoko verbreiteten Mode, in die europäische Kunst fernöstliche Elemente aufzunehmen. Die Lacktafeln zieren japanische Motive, exotische Vögel und Pflanzen.*

178–179 *Der Name des Walnusszimmers bezieht sich auf das Holz der Wandtäfelung und der Möbel. Unter Kaiser Joseph II. und später auch unter Franz Joseph I. diente es als Audienzsaal. Besonders wertvoll ist der fein vergoldete Kronleuchter.*

178 unten links *Die Räume des Schlosses atmen noch die Atmosphäre Wiens zur Zeit Maria Theresias. Ihre Einrichtung verbindet die Eleganz des Rokoko mit frühklassizistischer Zurückhaltung.*

178 unten rechts *Porträts des Hofmalers van Meytens schmücken die Wände im großen Raum neben dem Zeichenzimmer Karls I., dem letzten Kaiser Österreichs.*

179 oben Das Arbeitszimmer Franz Josephs I. ist so schlicht wie alle seine Gemächer. Braune Wandbehänge verhüllen die weißen Wände. Über seinem Schreibtisch hängt ein Porträt des Malers Franz Russ, das Elisabeth im Alter von 23 Jahren zeigt. Franz Joseph I. verbrachte hier einen großen Teil seines achtzehnstündigen Arbeitstags.

179 Mitte Das Pferdezimmer war Spielzimmer der Prinzessinnen und Prinzen. Hier hängen zahlreiche Kupferstiche von Pferden, die Johann G. Hamilton zwischen 1719 und 1722 anfertigte. Ein großes Gemälde, das Philipp F. Hamilton fertigte, zeigt Joseph I. bei der Jagd.

179 unten Neben dem Berglzimmer liegt die Schlosskapelle. Sie wurde unter Joseph I. erbaut und unter Maria Theresia in einigen Details verändert. Über dem Altar sieht man Paul Troggers Darstellung der Jungfrau Maria von 1744; das Deckenbild Daniel Grans aus dem selben Jahr zeigt die Apotheose Maria Magdalenas.

nachhaltigsten bestimmte. Dieser Eindruck wird bereits deutlich, bevor man das Schloss betritt: Die Kaiserin wählte den ockerfarbenen Ton der ursprünglich rosafarbenen Fassade aus, den man nach ihr Maria-Theresia-Gelb oder Schönbrunngelb nennt.
Die weitsichtige Herrscherin war eine hingebungsvolle Mutter, die es nicht störte, wenn ihre Kinder und Enkelkinder spielend durch die Große und Kleine Galerie mit ihren goldverzierten Stuckarbeiten und Deckenfresken rannten, in denen man sonst festliche Bankette veranstaltete. Mit großem Vergnügen gab sich Maria Theresia so alltäglichen Dingen wie der Handarbeit hin. Die 24 gestickten Blumenbilder im Frühstücksraum stammen von der Kaiserin und ihren Töchtern. Maria Theresia war nicht nur in politischen, sondern auch in kulturellen Dingen eine aufgeklärte Regentin. Sie liebte Musik und das Theater.
Im Spiegelsaal, in dem sonst neu ernannte Minister der Kaiserin den Treueschwur leisteten, fanden regelmäßig Konzerte statt. Der sechsjährige Wolfgang Amadeus Mozart spielte hier 1762 vor und sprang dann der Legende zufolge plötzlich der Kaiserin in die Arme, um sie herzlich zu küssen.
Maria Theresia ließ auch das Theater bauen, das mit einem großen Bankett eingeweiht wurde. Als junge Frau betrat sie selbst gerne die Bühne, um dort zu singen oder Texte zu rezitieren. Im Theater präsentierten Gluck, Haydn und Mozart ihre Werke; ab und zu hielt die Kaiserin ihre Kinder an, kleine eigene Stücke aufzuführen. Glücklich war Maria Theresia auch in der Beziehung zu ihrem Gatten Franz Stephan Herzog von Lothringen, der ihre Liebe zur Schlossanlage von Schönbrunn teilte. Der zurückhaltende Monarch, der öffentliche Auftritte hasste, widmete sich mit Hingabe dem riesigen Park. Er war es auch, der die Grundlage für den Tiergarten, den ersten seiner Art, schuf. Oft nahm das Kaiserpaar im von Nicolas de Jadot 1752 erbauten achteckigen Pavillon der Menagerie sein Frühstück ein, während es die Tiere betrachtete. Franz I. interessierte sich sehr für Naturwissenschaften. Er finanzierte Expeditionen in exotische Länder, um neue Pflanzen für seinen botanischen Garten zu erwerben. Dieser und andere Teile des Parks wurden 1779 von seinem Sohn Joseph II. der Öffentlichkeit zugänglich gemacht. 1882 ließ Kaiser Franz Joseph I. nach dem Vorbild der Kew Gardens in London das Palmenhaus erbauen, das zusammen mit dem umliegenden Park ein harmonisches Ensemble bildet. Bei der Gestaltung des Parks ergänzen sich unter Einhaltung der zeitgenössischen Regeln der französischen Gartenkunst barocke und frühromantische Stilelemente auf faszinierende Weise: Die Suche nach idealer Gestaltung und formaler Perfektion als Zeichen der Herrschaft des Menschen über die Natur begegnet so verspielten Elementen wie künstlichen Höhlen, falschen Ruinen und Irrgärten,

180 oben und 181 oben links *Dieser Raum heißt Millionenzimmer, weil seine Einrichtung riesige Summen verschlang: Holztäfelungen aus Rosenholz, in die prächtige goldgerahmte Miniaturen eingelegt sind, zeigen Szenen aus dem Leben der indischen Großmoguln.*

180 Mitte *Auf den Wandteppichen im prunkvollen Gobelinzimmer im Ostflügel des Schlosses erkennt man Markt- und Hafenszenen. Die in den Stoff der Sessel gestickten Bilder stellen die 12 Monate des Jahrs dar.*

die den Park in einen Ort der Illusion verwandeln. Bilden beim Schloss die Säle für offizielle Anlässe den räumlichen Mittelpunkt, so sind es bei den Gärten die geometrisch perfekten Zierbeete. Ihre Anlage zieht den Blick des Betrachters zum höchsten Punkt des Parks empor: Von der frühklassizistischen Gloriette, einem 1775 von Johann Ferdinand Hetzendorf von Hohenberg errichteten Kolonnadenbau bietet sich ein herrlicher Blick über Wien.

Zwischen der Gestaltung der Innenräume des Schlosses und der Parkanlage bestehen viele Parallelen. So wie der Blick draußen von der strengen Geometrie der barocken baumgesäumten Wege zu den zahlreichen mythologischen Figuren und zum fernen Wald abschweift, so verweilt auch im Inneren das Auge häufiger bei Details als beim Betrachten der offiziellen Porträts der Habsburger oder der Prunkmöbel. Ein typisches Beispiel hierfür ist das Millionenzimmer, das einen von Maria Theresia selbst erdachten, scherzhaft gemeinten Namen trägt, denn die Ausstattung verschlang eine Million Gulden. Am teuersten waren das Rosenholz für das Parkett, das von den Antillen importiert werden musste, und die 60 Medaillons, die wunderschöne Miniaturen aus Istanbul enthalten. Das Napoleonzimmer nutzte Maria Theresia als Schlafzimmer, nachdem ihr Mann gestorben war. Die im 18. Jahrhundert berühmten belgischen Wandteppiche mit Szenen aus dem Soldatenleben gefielen dem französischen Kaiser mit Sicherheit. Relikte des mehrjährigen Aufenthalts von Napoleon I. in Wien sind die beiden Adler, die die Obelisken am Eingang der Anlage dominieren. Im Gedenkraum für Napoleons Sohn, der bis zu seinem frühen Tod in Schönbrunn weilte, finden sich ein Porträt, das den Jungen im Alter von fünf Jahren zeigt, seine Totenmaske und eine ausgestopfte Haubenlerche, die der einzige Freund des unglücklichen „Königs von Rom" gewesen sein soll.

Maria Theresia, die viel Zeit in Schönbrunn verbrachte, vernachlässigte auch dort niemals die Staatsgeschäfte, denen sie im Chinesischen Rundkabinett nachging. Lacktafeln und feinstes Porzellan schmücken hier die Wände. Eine geheime Treppe verbindet das Zimmer mit den darüber liegenden Gemächern ihres Staatskanzlers und Ratgebers Wenzel Anton Graf von Kaunitz (1711–1794).

Die Gemächer von Franz Joseph I. und die seiner Frau Elisabeth befanden sich in dem gegenüberliegenden Flügel. Wie sehr sich die beiden Herrscher in Charakter und Lebensart unterschieden, spiegelt sich auch in der Einrichtung ihrer Räumlichkeiten wider: Verglichen mit den Wandbehängen im Gobelinzimmer, den fernöstlichen Lacktafeln im Vieux-Lacque-Zimmer, dem Porzellan und dem Kristall in den Staatsräumen sowie in anderen Gemächern der Kaiserin wirkt die Schlichtheit der Räume, die der vorletzte Habsburger bewohnte beinahe asketisch. In Maria Theresias Studierzimmer befinden sich 213 Tintenzeichnungen, die sie mit ihrem Gatten und ihren Kindern angefertigt hatte. Das Kabinett Franz Josephs I. war dagegen funktional und beschei-

180 unten *Napoleon I. hatte aus seinem Zimmer im Westflügel Schönbrunns einen fantastischen Blick über den Park direkt auf die Gloriette. Hier befand sich einst das Schlafgemach Maria Theresias.*

180–181 *Die Große Galerie ist 40 m lang. Hier finden noch immer Staatsempfänge statt, und man ist auch heute noch vom Glanz und Prunk des Saals geblendet, wie es die Teilnehmer des Wiener Kongresses 1815 waren. Wand- und Deckenbilder stammen von Gregorio Guglielmi.*

181 oben rechts *Handbemalte Bespannungen aus Reispapier schmücken die Wände des Blauen Salons mit seinen feinen orientalischen Lackanrichten. In diesem Raum unterzeichnete Karl I. seine Abdankungserklärung.*

181 unten *Am Ende des rechten Flügels des Schlosses liegt der Spiegelsaal. Hier nahm Maria Theresia frisch berufenen Ministern den Amtseid ab. In diesem Saal spielte 1762 auch der sechsjährige Mozart für die Kaiserin. Es wird berichtet, dass der Musiker am Ende des Stücks aufgesprungen sei und Maria Theresia geküßt habe.*

den eingerichtet. Nur wenige Möbelstücke standen in dem überwiegend dunkel getönten Raum. Franz Josephs berühmtes Feldbett befindet sich in dem ebenfalls braun gehaltenen Schlafzimmer. Dem höfischen Protokoll nach standen dem Kaiserpaar je fünf Räume zu. Sofort nach der Hochzeit änderte jedoch Sissis Schwiegermutter Erzherzogin Sophie die Aufteilung. Elisabeth und Franz richteten ihre Zimmer sehr zurückhaltend ein. So ist das Schlafzimmer Sissis in Grau gehalten, von dem sich die rötlichen Möbel abheben. Doch diese Bescheidenheit war weniger eine Frage des Geschmacks – strengstes Pflichtbewusstsein bestimmte alle Entscheidungen des Kaisers. Dieses Pflichtbewusstsein gründete in seiner Überzeugung, er müsse sich gegenüber seinem Volk als Vorbild verhalten, dem es nicht besser gehen durfte als seinen Untertanen.
Elisabeths Motive waren anderer Natur: Sie verbrachte so wenig Zeit wie möglich in Schönbrunn, in dem sie ständig ihrer verhassten Schwiegermutter begegnete und dem stren-

182 oben und Mitte *Im Porzellanzimmer imitieren weiße und blaue Holzornamente in Form von Blumen und Vögeln Porzellan. 213 Tintenzeichnungen aus der Feder Franz' I. und seiner Töchter, die sich an Gemälde von Boucher und Pillemont lehnen, schmücken die Wände. Zum Dekor gehören ferner vier Flachreliefs mit Porträts von Franz Joseph I., Erzherzogin Elisabeth sowie von Christina und Herzog Albert von Sachsen. Die Porzellanuhr stammt aus Meißen.*

182 unten *Aus zwei Studierzimmern in chinesischem Stil – einem ovalen und einem runden – gelangt man in die Kleine Galerie. Im Chinesischen Rundkabinett hielt Maria Theresia Geheimkonferenzen ab. Beide Räume zieren feine Lackmöbel und edles Porzellan.*

gen Zeremoniell des Hofs unterworfen war. Sie hielt sich lieber in Schloss Laxenburg oder in der Hermesvilla auf, ein ehemaliges Jagdhaus, das Franz Joseph I. 1884 für sie hatte umbauen lassen. Noch mehr liebte sie es zu reisen. Sie verbrachte viel Zeit in der Villa Achilleion auf Korfu, wohin sie auch den prächtigen Sekretär im Stil Louis-quatorze bringen ließ, der einst Marie Antoinette gehört hatte. Spätestens im Kinderzimmer, dessen Wandbehänge Porträts der Kinder Maria Theresias schmücken, fällt jedem Besucher auf, dass es in Schönbrunn keine Bilder von Elisabeth, Sophia, Gisella, Rudolf und Maria Valerie gibt, ein Beleg mehr dafür, wie ungern Sissi in Schönbrunn lebte. Die Epoche der Habsburger ging unaufhaltsam ihrem Ende entgegen. Während Franz Joseph I. mit dem Ring im Zentrum Wiens eine letzte markante Spur hinterließ, war aus dem einstigen Glanz Schönbrunns ein schwacher Glimmen geworden. Ein letztes Mal erstrahlte das Wien der Habsburger anlässlich der Krönung Karls I. im Jahr 1916 in alter Pracht.

Noch einmal spannte man bei dieser Gelegenheit die von Schülern Rubens' gefertigte vergoldete Kutsche an, in der bereits verschiedene Kaiser gefahren waren. Die Kutsche kann man heute in der Wagenburg in Schönbrunn bewundern. Sie ist Zeugin einer Zeit, die manche als die glücklichste Österreichs (Felix Austria) bezeichnen.
Die Herrschaft Karls I. dauerte nur noch zwei Jahre, dann war die Ära der Habsburger beendet.

182–183 und 183 *Johann Bergl gestaltete zwischen 1769 und 1777 im Erdgeschoss von Schönbrunn die nach ihm benannten Räume für Maria Theresia. Ein Meisterwerk ist der mit Gold überzogene Kachelofen in Form eines Baums, auf dem Vögel sitzen. Die enge Beziehung der Habsburger zur Natur spiegeln die Gemälde in den Räumen wider. Sie setzen den Park im Inneren mit einer exotischen Vegetation fort.*

DAS SCHLOSS DER ESTERHÁZY IN FERTÖD

Schaubühne ungarischer Geschichte

184 oben *Dieses Foto zeigt ein Detail des Fassadenschmucks am Schloss von Fertöd*

184 Mitte *Der rechte Flügel des Schlosses verläuft bogenförmig bis zum Haupteingang. Der linke Flügel zieht sich mit einem geschlossenen Säulengang ebenfalls bis zum Eingang. Zusammen fassen sie den halbrunden Hof ein. Säulen, die Putten und Gaslichter tragen, untergliedern die fächerförmige Treppe. Die schmiedeeiserne Balustrade ist im gleichen Stil gehalten wie das Eingangstor.*

Das kleine Dorf Fertöd liegt am Ufer des Neusiedler Sees in der Provinz Györ-Sopron im westlichsten Teil von Transdanubien. Hier befindet sich ein Schloss der Esterházy, die größte und schönste Schlossanlage Ungarns. Der Familiensitz der Esterházy ist ein Juwel, das Kunsthistoriker in aller Welt begeistert und viele Besucher anlockt.
Bis 1950 hieß auch das benachbarte Dorf Esterháza, dann benannten die Kommunisten es in Fertöd um, weil sie alle Ehrenbekundungen für das inzwischen zum Volksfeind erklärte Geschlecht tilgen wollte.
Im Jahr 1720 hatte Anton Erhard Martinelli einen kleinen Jagdsitz erbaut. Fürst Nikolaus Esterházy, der Prachtliebende, machte diesen zum Kern des Schlosses, das er in nur sechs Jahren (1760–1767) erbauen ließ. Die österreichischen Architekten Johann Ferdinand Mödlhammer und Melchior Hefele führten das Projekt zu Ende. Seinen Abschluss fand der Bau 1784 mit der Einweihung eines breiten künstlichen Wasserfalls.
Vom grenzenlosen Selbstbewusstsein des Herrschers zeugt sein Motto „Was der Kaiser kann, kann ich auch". Als Kaiserin Maria Theresia von Österreich die Residenz im Jahr 1773 besuchte, zeigte sie sich besonders entzückt von der kurz zuvor errichteten Chinesischen Gartenlaube. Fürst Nikolaus entgegnete ihr darauf, der Pavillon sei nichts als eine „Bagatelle" und diesen Namen behielt das Gebäude dann auch bei.
Die ungarische Aristokratie war vielköpfig und weit verzweigt. Einige Familien, die den Habsburgern besondere Dienste erwiesen hatten und dadurch aufgestiegen waren, bildeten jedoch die Spitze der Gesellschaft. Nachdem König Ludwig II. von Ungarn und Böhmen sein Leben in der Schlacht von Mohács (1526) im Kampf gegen die Türken verloren hatte, fielen seine Länder an das Haus Habsburg. Erst Ende des 17. Jahrhunderts gelang es Österreich, den Vormarsch der Türken zu stoppen, der 1683 in der Belagerung von Wien gipfelte.
Zu dieser Zeit kam es aber auch zu Verschwörungen und Revolten antihabsburgischer Kräfte, insbesondere in Siebenbürgen, wo Franz II. Rákóczi 1704 den blutigen Kuruzen-Aufstand entfesselte. Zur selben Zeit verbreitete sich der französische Einfluss überall in Europa. Er prägte auch die kaiserlichen und fürstlichen Residenzen, die in jener Epoche im Herrschaftsbereich der Habsburger entstanden.
Im 16. und 17. Jahrhundert stieg das Geschlecht der Esterházy besonders durch die Fürsten Nikolaus und Paul rasch auf und gehörte schon bald zur österreichisch-ungarischen Elite. Dies lag nicht zuletzt daran, dass die Fürsten sich auf dem Höhepunkt der Gegenreformation zum katholischen Glauben bekannten und eine geschickte Heiratspolitik verfolgten, durch die sie riesige Besitztümer bedeutender Familien wie der Dersfy,

184 unten links *Die Gartenfassade, die vermutlich Melchior Hefele entwarf, ähnelt der Vorderseite. Der vorgesetzte Mittelteil umfasst drei Stockwerke und zeichnet sich durch Halbsäulen aus, die jeweils elf Fenster einrahmen. Von ganz oben bietet sich ein herrlicher Ausblick.*

184 unten rechts *Im ersten Stock auf der Gartenseite ruht ein schmiedeeiserner Balkon im Rokokostil auf vier toskanischen Säulen.*

184–185 *In der Mitte der Vorderfront, die der österreichische Architekt Johann Ferdinand Mödlhammer entwarf, führt eine doppelte Treppe zum ersten Stock mit dem von Säulenpaaren gestützten Balkon. Pediment und Balustrade sind mit Statuen und Emblemen verziert.*

185 oben links *Als Nikolaus III. im Jahr 1833 starb, erbte Fürst Paul (hier im Kreise seiner Familie) die Güter und Residenzen der Esterházy. Der Diplomat, der 1818 kurzzeitig ungarischer Außenminister war, ließ die Besitztümer seiner Familie unangetastet. Sein Sohn Nikolaus IV. verkaufte 643 Gemälde, darunter Bilder von Raffael und Rembrandt, 3500 Stiche und 51 000 Drucke an die Ungarische Nationalgalerie.*

der Nyáry und der Tököly erwerben konnten.
Paul besaß stolze 25 Schlösser und 400 ha Land, betätigte sich als Dichter, Komponist und Schauspieler und inszenierte Theaterstücke. In seiner Residenz in Eisenstadt ließ Paul (im heutigen Haydnsaal) eine Bühne aufbauen, auf der man zu Ostern und Weihnachten Vorstellungen gab. Hier begann die Theaterbegeisterung der Esterházy, die später nicht zuletzt aufgrund dieser Vorliebe Berühmtheit erlangten.
Aufsehen erregten auch die Feste, die in dieser Hochburg der Künste stattfanden und Gäste von nah und fern – darunter viele berühmte Künstler – anzogen. Das bekannteste Beispiel dafür ist wohl Franz Joseph Haydn, der von 1766 bis 1778 auf dem Besitz der Esterházy lebte und in dieser Zeit Hunderte von Stücken komponierte. Dann siedelte Haydn in die andere Familienresidenz, nach Esterháza, um. Ungarische Volkstänze beeinflussten Haydn stark und verliehen seinen Stücken Rhythmus und Dynamik.
Nach dem Tod von Fürst Nikolaus im Jahr 1790 verlor das Schloss einen großen Teil seiner Anziehungskraft, denn die Mitglieder der Familie Esterházy bevorzugten nun andere Häuser. Im Zweite Weltkrieg wurde das in einigen Teilen baufällige Schloss stark beschädigt. Die prachtvolle Ausstattung der Innenräume verschwand; die Tempel der Diana, der Venus, der

185 oben rechts *Dieses Gemälde von József Dorfmeister zeigt Fürst Nikolaus Esterházy. Das Bild entstand Ende des 18. Jahrhunderts und hängt heute im Museum für Kunstgewerbe in Budapest.*

185 unten *Das schmiedeeiserne Tor im ungarischen Rokokostil entwarf Karl Johann Franke. Es markiert den nördlichen Haupteingang des Schlosses. Hier treffen zwei Kolonnaden aufeinander, die um die Flügel des Schlosses verlaufen. Das Tor führt in den Ehrenhof mit dem Delphinbrunnen im Zentrum.*

186–187 *Das große Fresko „Apollo im Sonnenwagen", das von Josef Ignaz Milldorfer stammt, ziert die Decke des Festsaals (auch Salon d'Honneur genannt). Der Saal, der im ersten Stock liegt, ist so hoch, dass er das zweite Stockwerk mit umfasst.*

186 *Statuen der Jahreszeiten stehen in den vier Ecken des Festsaals. Diese Abbildung zeigt den Sommer (links) und den Herbst (rechts).*

Fortuna und der Sonne sowie die Chinesische Gartenlaube wurden zerstört. 1959 begann man die Schlossanlage zu restaurieren, man konnte ihr jedoch nur teilweise ihr ursprüngliches Aussehen zurückzugeben. Immerhin richtete man die breiten Alleen wieder her, die den 300 ha großen Park hinter dem Schloss durchkreuzen und seine dem französischen Vorbild entsprechende Symmetrie betonen.
Das Schloss mit seinen 126 Räumen ist überwiegend im Barock-, teilweise jedoch auch im Rokokostil gehalten. Der halbkreisförmige Grundriss ergibt sich durch die beiden nach vorne versetzten Seitenflügel, die an einem kunstvollen schmiedeeisernen Tor enden. Karl Johann Franke schuf dieses Meisterwerk des ungarischen Rokoko.
Ein Delphinbrunnen ziert den Ehrenhof, der sich vor dem Mittelteil erstreckt, der mit einem Pediment, Statuen und Trophäen geschmückt ist. Ähnlich wie in Schönbrunn führt auch hier eine fächerförmige Doppeltreppe zum ersten Stock empor.
Im Inneren des Schlosses trifft man auf eine Vielzahl von Stilrichtungen: Unter der Hand italienischer Künstler wie Cantini, Pietro Travaglia sowie Alessio und Girolamo Bon entstanden unter anderem bemerkenswerte Stuckaturen und Fresken. Am berühmtesten ist der Gartensaal aufgrund seiner durch Säulen bewirkten Dreiteilung, der grüngoldenen Stuckverzierungen und der Fresken, die vermutlich von Josef Ignaz Milldorfer stammen, der auch den Innendekor der ovalen Kapelle gestaltete. Die Keramiköfen, die einst in den unterschiedlichen Räumen für Wärme sorgten, kann man heute alle in einem Saal bewundern.
Der schönste Saal ist der zweistöckige Salon d'Honneur (Festsaal) in der oberen Etage. Hier sind Fresken von Johann Basilius Grundemann zu sehen sowie der berühmte „Apollo im Sonnenwagen" von Milldorfer. Flämische Teppiche aus dem 17. Jahrhundert und Statuen der vier Jahreszeiten schmücken die Wände und Ecken des Raums. Neben den fürstlichen Gemächern befindet sich der Musiksaal, in dem heute das Haydnmuseum untergebracht ist.
Wie im Schloss der Habsburger in Schönbrunn gibt es auch hier chinesische Salons, die in fernöstlichem Stil ausgestattet und möbliert wurden.
Zeit und Krieg haben die Chinesische Gartenlaube und die bereits erwähnten Tempel, aber auch die Eremitage, die Ställe, die Vorratsräume und das Opernhaus zerstört.
Die Geschichte der Schlösser der Esterházy ist untrennbar mit den Theateraufführungen verbunden, die hier stattfanden. Sie markierten den Beginn eines eigenständigen ungarischen Theaters, der allerdings nicht mit der Entwicklung einer eigenen Sprache einherging. Das Hoftheater der Esterházy entstand in der zweiten Hälfte des 18. Jahrhunderts, sollte die Jahrhundertwende jedoch nicht überdauern.
Die ersten Aufführungen inszenierte vermutlich der Italiener Gian Maria Quaglio im Jahr 1749 in Eisenstadt. Die erste Opernaufführung erfolgte 1755, und 1768 lauschten die Gäste in Esterháza begeistert dem ersten Konzert, das Haydn hier gab.
Im darauf folgenden Jahr siedelten alle Musiker, Schauspieler und Arbeiter von Eisenstadt nach Esterháza über.
Das erste Ensemble stand ab 1769 unter der Leitung von Joseph Hellmann und Friedrich Koberwein, ein Jahr später trat das Ensemble von Franz Passer an seine Stelle. In beiden Fällen war Katharina Rösslin die unbestrittene Primadonna. Unter Passer erfolgte der Übergang von der komischen zur tragischen Oper. Die Sommersaison mit täglichen Aufführungen dauerte von der Fastenzeit bis Oktober; ab 1778 spielte man sogar

187 oben links *Der Audienzsaal ist mit Vertäfelungen im Rokokostil verziert. Ursprünglich befand sich hier das Schlafgemach von Fürst Nikolaus, dem Prachtliebenden.*

187 unten links *Mehrere Salons des 126 Räume umfassenden Schlosses sind mit chinesischen oder japanischen Wandgemälden, Möbeln und Accessoires ausgestattet.*

187 oben rechts *Der große österreichische Musiker Franz Joseph Haydn (1732–1809) verbrachte viele Jahre in den Schlössern der Esterházy. Nach dem Tod von Fürst Nikolaus kehrte Haydn nach Wien zurück, wo er sich mit Mozart anfreundete. Während seiner Zeit in Ungarn komponierte Haydn einige seiner besten Stücke. Am bekanntesten sind Haydns Quartette, Symphonien und Sonaten.*

187 unten rechts *Der Musiksaal liegt wie der Festsaal im ersten Stock. Auch er ist zweistöckig angelegt und mit Fresken von Grundemann ausgestaltet. Die beiden Säle nehmen den Mittelteil des Gebäudes ein.*

das ganze Jahr über mit wechselnden Ensembles. Der Betrieb verursachte horrende Kosten und steigerte den Ruhm von Fürst Nikolaus, dem Prachtliebenden, und dessen Residenz. Zuweilen traten Orchester und Schauspieler auch in anderen Schlössern auf, zum Beispiel in Schönbrunn vor Kaiserin Maria Theresia. Die Hauptproduktionen stammten – wie überall zur damaligen Zeit – von italienischen Autoren wie Cimarosa, Piccini, Paisiello, Salieri und vielen anderen. Der Bühnenbildner Pietro Travaglia und der Choreograph Luigi Rossi trugen ebenfalls dazu bei, dass das Renommee des Theaters im Lauf der Jahre weiter stieg. Travaglia konnte das Schloss und die Gärten bei besonderen Anlässen oder Empfängen mit über 4000 Lampen erstrahlen lassen. Vermutlich beteiligten sich auch die fürstlichen Grenadiere an Aufführungen, die Kriegsereignisse thematisierten, indem sie auf der Bühne oder an anderen Schauplätzen aufmarschierten und Schüsse abgaben. Ehrengäste fuhr man mit Kutschen durch den Park, in dem Bauernjungen und -mädchen Volkstänze aufführten. Der Schriftsteller György Bessenyei pries das „süße Leben" auf Schloss Esterháza in seinen Werken. Eines der dramatischsten Ereignisse jener Zeit zwischen 1769 und 1790, in der Familie und Schloss den höchsten Grad ihrer Berühmtheit erreicht hatten, war das Feuer, das am 18. November 1779 im chinesischen Tanzsaal ausbrach, sich von dort auf das Theater ausweitete und dieses völlig zerstörte. Der Fürst ließ die Vorstellungen gleichwohl wenige Tage später im bescheidener eingerichteten Marionettentheater wieder aufnehmen, das nach Auffassung einiger Kunsthistoriker der Thetisgrotte in Versailles nachempfunden war. Innerhalb kürzester Zeit baute man ein neues Theater und weihte es im Oktober 1780 mit dem Stück „Julius von Tarent" ein. Die Architekten Stöger und Haunold hatten die Pläne gezeichnet, die Paul Guba in nur zehn Monaten umsetzte. Zur damaligen Zeit gastierte das Ensemble von Franz Josef Diwald in Esterháza, das ein wichtiges Bindeglied zwischen den Esterházy und dem ungarischen Theater deutscher Sprache darstellte, zumal es später in den verschiedensten Städten Ungarns und Siebenbürgens auftrat. Viele romantische Anekdoten ranken sich um dieses Ensemble. So nahm Johann Schilling, der den Liebhaber spielte, seine Rolle allzu ernst und wollte mit der Primadonna und Ehefrau Diwalds durchbrennen, was ihm einige Wochen Gefängnis einbrachte. Etwa zur gleichen Zeit spielte der italienische Schauspieler Benedetto Bianchi der Primadonna Katharina

Poschwa einen Streich: Mehrfach lüftete er mit seinem Stock den Rock der Schauspielerin, wenn er – seiner Rolle entsprechend – auf der Bühne lag. Natürlich protestierten die Dame und ihr Gemahl gegen dieses ungebührliche Verhalten, und der Fürst verordnete dem Übeltäter einige Stockhiebe sowie mehrere Tage Arrest. Außerdem musste er sich vor der nächsten Aufführung öffentlich bei der empörten Schauspielerin entschuldigen.
Mit dem Ensemble von Johann Mayer, das eine achtköpfige Balletttruppe umfasste, und jenem von Johann Lassner traten nach 1785 zwei weitere berühmte Truppen in Esterháza auf. 1780 engagierte man sogar ein Kinderensemble.
Fürst Nikolaus' Nachfolger Antál, ein Mann mit wenig Kunstverstand, der sich aber umso mehr für Schlachten und Feldzüge begeisterte, beendete 1790 das Theaterspiel. Vor seiner Zeit hatte man zahlreiche Opern aufgeführt, davon wurden 100 während der letzten zehn Lebensjahre von Fürst Nikolaus inszeniert, und viele Stücke waren Uraufführungen. Antál entließ alle Schauspieler und Musiker mit Ausnahme von Haydn und der Militärkapelle. Einige Jahre später gab Fürst Nikolaus II. die Schlossanlage in Esterháza auf und kehrte nach Eisenstadt zurück. Mit sich nahm er unter anderem große Teile der Bühnenausstattung, denn er wollte in seinem neuen Domizil ebenfalls Vorstellungen geben.
Zu Beginn des 19. Jahrhunderts waren viele Räume des Schlosses der Esterházy in einem schlechten Zustand. Auch in Eisenstadt gab es ab 1813 keine Aufführungen mehr, obwohl dort noch kurz zuvor Cherubini an Haydns Platz gewirkt und mit Mozarts Oper „Die Zauberflöte" einen triumphalen Erfolg gefeiert hatte.
Der Beitrag, durch den die Esterházy die ungarische und die europäische Kultur bereichert hatten, gehörte nun der Vergangenheit an. 1860 erwarb der ungarische Staat die bemerkenswerte Gemäldesammlung der Familie, die den Grundstock der Ungarischen Nationalgalerie bildete. Es sollte jedoch lange dauern, bis man das „ungarische Versailles" restaurierte und dem Publikum zugänglich machte.

188–189 *Der größte Raum des Schlosses von Fertöd ist der Gartensaal im Erdgeschoss. Er liegt unter dem Musik- und dem Festsaal und wird von Säulen in drei Teile gegliedert. Grüngoldenes Stuckwerk ziert die Ecken; der Marmorboden ist noch original erhalten. Fresken von Josef Ignaz Milldorfer schmücken die Decken.*

188 unten links *Dieses Fresko von Milldorfer, das sich im Gartensaal befindet, zeigt eine Blumengirlande, die ein „E" (für Esterházy) bildet.*

189 links *Die Bezeichnung Brauner Salon für diesen im ersten Stock gelegenen Raum bezieht sich auf die Farbe der Wandverkleidung. Sie stimmt mit der des mattglänzenden Fußbodens überein. Auf dem Tisch im Vordergrund links steht eine der kostbaren Uhren, die zur Sammlung der Esterházy gehört. Das Stück aus vergoldeter Bronze stammt aus dem 18. Jahrhundert.*

189 oben rechts *Diese Figur gehört zu einer Emailverzierung auf einem Möbelstück im Braunen Salon.*

189 Mitte rechts *Fürst Nikolaus war sehr stolz auf seine Bibliothek, die über 22 000 Bände umfasst.*

189 unten rechts *Die Wände der chinesischen Salons in Schloss Esterházy sind ebenso wie die Möbel in einem fernöstlichen Stil gehalten, der in Europa zur damaligen Zeit in Mode war.*

190 oben *Dieses Bild zeigt den St.-Veits-Dom vom Garten auf der Rückseite der Burg aus gesehen. Dieser Garten wurde in den 50er-Jahren des 20. Jahrhunderts auf dem Garagendach des Präsidentschaftsbüros angelegt und ähnlich wie andere historische Gärten der Burg gestaltet.*

190–191 *Der gotische Dom mit dem Turm aus dem späten 18. Jahrhundert überragt die Burg. Im Vordergrund führt die älteste gotische Brücke Prags, die Karlsbrücke, über die Moldau.*

190 unten links *Das Lustschloss Belvedere der Königin Anna steht im Königsgarten. Es gehört zu den schönsten Beispielen italienischer Renaissancearchitektur nördlich der Alpen.*

DIE PRAGER BURG

Pantheon tschechischer Geschichte

Die Prager Burg ist das beherrschende und symbolhafteste Monument der Goldenen Stadt. Über Jahrhunderte residierten hier böhmische Fürsten, Könige und Kaiser. In unserer Zeit bot der Palast erst dem Präsidenten der Tschechoslowakei, später dem Staatsoberhaupt der neu entstandenen Tschechischen Republik Domizil.

Die Burg spielte in der Geschichte der Stadt und der des Lands eine herausragende Rolle. Nicht selten fielen hier Entscheidungen, die ganz Europa betrafen. Große historische Gestalten lebten in den Gemächern, die noch heute viele Besucher anziehen. Zu den illustren Bewohnern gehörten Kaiser Karl IV. und König Rudolf II. sowie viele moderne Machthaber.

Der Ursprung der Burg geht auf die zweite Hälfte des 9. Jahrhunderts zurück. Die Premysliden zogen auf den Hradschin über der Moldau. Mit der Bedeutung des Lands stieg auch die der Burg. Bis ins 11. Jahrhundert handelte es sich um eine massive Festung, zu der auch ein Bischofspalast, Kirchen und zwei Klöster gehörten.

Unter Kaiser Karl IV. (1316–1378) erlebte der Komplex im 14. Jahrhundert seine höchste Blüte. Der französische Architekt Matthias von Arras und der deutsche Baumeister Peter Parler, der auch große Teile des St.-Veits-Doms erbaute, entwarfen für den anspruchsvollen Herrscher einen mächtigen Neubau im hochgotischen Stil. Der goldene Schimmer einiger Dächer der Burg stammt aus der Zeit, in der man auf diese Weise Wohlstand, Macht und Ansehen Böhmens unterstreichen wollte.

Nach einem verheerenden Brand im Jahr 1541 wurden weite Teile des Palasts im Renaissancestil wiederhergestellt.

Unter Rudolf II. (1552–1612) wandelte sich die Burg zu einem Zentrum der Wissenschaften und Künste und bot überdies den umfangreichen Sammlungen des Monarchen Raum. Zu den bekannten Meistern, die den Palast mit ihren Arbeiten verschönerten, zählen Paolo della Stella, Hans Tirol, Bonifaz Wolmut, Oldrich Avolstalis und Giovanni Maria Filippi, die Maler Hans von Aachen und Bartholomäus Spranger sowie der Bildhauer Adrian de Vries. Aber auch Wissenschaftler wie der Astronom Tycho Brahe und der Mathematiker und Astronom Johannes Kepler fanden bei dem kulturbegeisterten Herrscher Gehör. Unter der Regierung Rudolfs II. begann man im Garten Bäume und seltene Pflanzen zu züchten und botanische Studien zu betreiben. Unter anderem versuchte man, tropische Pflanzen im europäischen Klima heimisch zu machen. Mit Rudolfs Entmachtung und seinem Tod im Jahr 1612 endete die Atmosphäre künstlerischer und kultureller Aufgeschlossenheit.

Der mit dem 2. Prager Fenstersturz eingeleitete Böhmische Aufstand, der letzlich den Dreißigjährigen Krieg einleitete, führte dazu, dass die katholischen Habsburger ihre Residenz nach Wien verlegten und der Palast nur noch als Familienschloss diente. Erst im 18. Jahrhundert gewann er etwas von seiner einstigen Pracht zurück, als Nikolaus Franz Leonhard Freiherr von Paccasi, der Hofarchitekt Kaiserin Maria Theresias, zahlreiche Um- und Neubauten vornehmen ließ.

Ein letztes Mal veränderte die Burg im Jahr 1918 ihr Aussehen. Nach der Ausrufung der Tschechoslowakischen Republik am 14. November 1918 bezog der erste Staatspräsident Tomás G. Masaryk das Schloss, das als Symbol des unabhängigen Staats galt. Die Umgestaltungen, zu denen es ab 1920 kam, verbinden sich im Wesentlichen mit dem Namen des slowenischen Architekten Joze Plecnik.

Zur Zeit koordiniert das Büro des Staatspräsidenten, das in einem Teil

191 oben rechts *Dieses Foto fasst die Südseite des St.-Veits-Doms ins Bild. Der zweite Baumeister des Doms, Peter Parler, wirkte im 14. Jahrhundert auch am Hauptturm der Burg mit. Dieser wurde jedoch erst Ende des 15. Jahrhunderts vollendet.*

190 unten rechts *Eine Militärkapelle spielt im Ersten Hof der Prager Burg, wenn hoher Staatsbesuch ins Haus steht.*

191 oben links *Dieses Detail gehört zum Deckenfresko der Böhmischen Kanzlei im Alten Palast. Es zeigt das Wappentier des böhmischen Königshauses, einen stehenden Löwen.*

191 unten rechts *Allegorische Darstellungen der Naturgewalten sowie orientalische Motive schmücken die reich verzierte Fassade im Nordteil des Gebäudes. Der dahinter liegende Saal gehört zu den schönsten Renaissancegemächern der Burg.*

192 oben links *Das Königsmausoleum steht im Chor des St.-Veits-Doms. Darstellungen der böhmischen Könige schmücken die Tumba und die Seitenwände.*

192 Mitte links *Dieses barocke Flachrelief aus Eichenholz zeigt die Stadt Prag mit der Burg. Es befindet sich im Chor des St.-Veits-Doms. Im Hintergrund erkennt man die Bronzestatue Günthers von Schwarzburg, die aus dem 19. Jahrhundert stammt.*

192 unten links *Über 1300 Halbedelsteine zieren die unteren Wände der Wenzelskapelle. Die Fresken mit Szenen aus dem Leben des Heiligen stammen aus dem 16. Jahrhundert.*

192 oben rechts *Die Insignien der böhmischen Krone zählen zu den größten Schätzen des Lands. Die Krone ließ Kaiser Karl IV. anlässlich seiner Krönung im Jahr 1346 anfertigen. Die Insignien ruhen in einer Nebenkapelle des St.-Veits-Doms.*

193 *Das Hauptschiff des St.-Veits-Doms ist über 30 m hoch. Das Gewölbe über dem außergewöhnlich hohen Chor entwarf Peter Parler. Die Buntglasfenster am Ende des Chors entstanden kurz nach dem Zweiten Weltkrieg. Sie zeigen die verschiedenen Bauabschnitte des Doms.*

des Palasts untergebracht ist, weitere Restaurierungsarbeiten, durch die nicht nur das künstlerische und historische Erbe des Palasts erhalten werden soll, sondern durch die auch der Palast besucherfreundlicher gestaltet werden soll. In den bereits renovierten Teilen finden regelmäßig wechselnde Ausstellungen statt, und in den herrlichen Sakralbauten kann man wunderbaren Konzerten lauschen.
Seit Jahrhunderten überragen die Türme des gotischen St.-Veits-Doms die Dächer des Palasts. Im Dom, dem Sitz des Prager Erzbischofs, wurden bis 1836 die böhmischen Könige gekrönt. Heilige, Könige, Fürsten und Herrscher von Böhmen wurden hier beigesetzt. Die Wenzelskapelle, die von Peter Parler direkt über dem Grab des tschechischen Nationalheiligen Wenzel errichtet wurde, ist mit vergoldetem Stuck und Halbedelsteinen ausgekleidet, was auf die außerordentliche Verehrung hinweist, die dem Heiligen und Schutzherrn Böhmens im Mittelalter zuteil wurde. Karl IV. hatte sogar die Insignien der böhmischen Krone unter Wenzels symbolischen Schutz gestellt. Der wertvollste Teil des Schatzes, die berühmte Wenzelskrone, ruhte auf einer goldenen Reliquienbüste des Heiligen und stellte das böhmische Kaisertum damit gewissermaßen in die Nachfolge Wenzels. Bis heute kann man die Wenzelskrone nur zu besonderen Gelegenheiten besichtigen. Im 20. Jahrhundert wurden die Insignien insgesamt neunmal ausgestellt.
Die bemerkenswerten Stützpfeiler des Doms und die majestätischen Steinskulpturen, die Mitglieder der königlichen Familie, wichtige Kirchenfürsten und Baumeister zeigen, aber auch das Mausoleum mit den sterblichen Überresten der Premyslidenfürsten und Könige verdeutlichen, wie meisterhaft Peter Parler sein Handwerk verstand. Generationen von Baumeistern, Steinmetzen und Bildhauern ließen sich von Parlers Werk inspirieren, der den St.-Veits-Dom zu einem Schlüsselbau des 14. Jahrhunderts machte.
Den Kern der Anlage bildete stets der berühmte Königspalast. Hier regierten die Fürsten und Könige von Böhmen bis ins ausgehende 16. Jahrhundert. Später beherbergte der Palast die höchsten Institutionen der böhmischen und kaiserlichen Verwaltung und Justiz. Viele entscheidende Momente der böhmischen und tschechischen Geschichte haben sich in seinen Mauern ereignet. Zu diesen zählt unter anderem der bereits erwähnte 2. Prager Fenstersturz im Jahr 1618, bei dem protestantische Adlige zwei kaiserliche Statthalter und den Schreiber aus dem Fenster warfen.
Besucher konzentrieren ihre Aufmerksamkeit in der Regel auf den Alten Palast mit dem Wladislaw-Saal, dem wohl erlesensten Beispiel für spätgotische Architektur im mittelalterlichen Prag. In Böhmen mischten sich hier zum ersten Mal gotische Stilelemente mit Anzeichen der Frührenaissance. Die ästhetische Wirkung und die technische Präzision der Gewölberippen zeugen vom hohen künstlerischen Niveau des Architekten Benedict Rejta. Bis heute bildet der monumentale Wladislaw-Saal einen angemessenen Rahmen für hohe offizielle Anlässe. Unter anderem wird der Staatspräsident seit 1934 in diesem Raum vereidigt.
Staatsempfänge im Palast finden in der Regel im Südflügel statt. Die Säle und Gemächer, in denen die Staatsoberhäupter hohe Gäste willkommen heißen oder offizielle Bankette veranstalten, sind mit Nachbildungen von antiken Möbeln, kostbaren Teppichen, Gemälden und Wandbehängen ausgestattet. Die Räume müssen jeweils nach den Erfordernissen des Protokolls zur Verfügung stehen, deshalb herrscht hier normalerweise kein Publikumsverkehr. Lediglich zwei- bis dreimal pro Jahr wird ein Tag der offenen Tür veranstaltet, an dem sich Besucher hier aufhalten dürfen.

194 oben *Dieses Foto zeigt einen Teil der Kanzlei, in der einst königliche Beamte arbeiteten. In Böhmen gab es seit dem 13. Jahrhundert so genannte Landtafeln, in denen man Landtagsbeschlüsse und Gerichtsurteile schriftlich fixierte. Hier zieren Wappen hoher Beamter Decke und Wände.*

194 unten *Zu Beginn des 17. Jahrhunderts ließ König Rudolf II. den Spanischen Saal erbauen, in dem er seine Skulpturensammlung unterbrachte. Italienische Meister gestalteten die üppig verzierte Stuckdecke. Der Raum wurde im 19. Jahrhundert zum letzten Mal restauriert.*

Der Dritte Hof ist der älteste Teil der Burg. Bei Sanierungsarbeiten, die in den 20er-Jahren des 20. Jahrhunderts begonnen hatten, war man auf die Überreste alter Gebäude gestoßen und hatte begonnen, sie systematisch zu untersuchen. Die Arbeiten gingen nur schleppend voran, doch entdeckte man dabei bedeutende Funde in solchen Mengen, dass man die Ausgrabungsstelle letztlich offen ließ und sie teilweise für Besucher zugänglich machte. Heute schützen eine Mauer und eine Zementdecke den Bereich, der zu den umfangreichsten mitteleuropäischen Grabungsstätten gehört. Nicht weit von dieser Stelle erhebt sich der älteste Sakralbau des Komplexes, die Georgskirche. Als eine der wenigen romanischen Kirchen konnte sie ihren ursprünglichen Charakter im Inneren bewahren. Seit ihrer Erbauung birgt sie die sterblichen Überreste der Premyslidenherrscher und ihrer Familienangehörigen sowie die Gebeine der heiligen Ludmila.

Das Benediktinerinnenkloster, das gegen Ende des 10. Jahrhunderts bei dieser Kirche entstand, spielte in der böhmischen Geschichte ebenfalls eine wichtige Rolle, denn hier wurden die Frauen der königlichen Familie erzogen. Viele Klostervorsteherinnen entstammten daher dem Geschlecht der Premysliden. Im berühmten Skriptorium des Klosters transkribierte man im Mittelalter Werke von hohem künstlerischen und literarischen Wert. In diesen Räumen hat die Kunst ein angemessenes Domizil gefunden: Die hier untergebrachte Sammlung der Nationalgalerie zeigt Werke von der böhmischen Gotik bis zum Barock.

Das Goldmachergässchen nördlich der Georgsgasse wirkt zwischen den mächtigen und prachtvollen Gebäuden wie eine in sich abgeschlossene Miniaturwelt. Die kleinen Häuschen drängen sich dicht an die Mauern der Burg. Hier wohnten zunächst die Burgschützen, später zog es Handwerker in die kleine Straße. Da die Zünfte im Bereich der Burg keinen Einfluss hatten, siedelten sich im Goldmachergässchen vor allem Leute

an, die unabhängig von den Handwerksverbänden tätig sein wollten oder mussten. Der Name der Straße bezieht sich entweder auf die Goldschmiede, die dort zeitweise ansässig waren, oder auf Alchimisten, die dort später angeblich ebenfalls Unterschlupf fanden. Das ärmliche Leben der Bewohner des Goldmachergässchens bildete einen scharfen Kontrast zum Luxus des kaiserlichen Hofs. Auch Dichter und Schriftsteller zog es immer wieder ins Goldmachergässchen, denn hier hofften sie auf neue Inspirationen. In Haus Nr. 22 verbrachte zum Beispiel Franz Kafka ein Jahr seines kurzen Lebens.

Der herrliche Königsgarten bildet einen angemessenen Rahmen für die Burg. Bäume, Grünflächen und Blumenrabatten unterstreichen die Eleganz der Palastgebäude und laden zum Verweilen ein. Zu den malerischsten Flecken gehört der kleine Gartenbereich mit dem Singenden Brunnen. Wenn das Wasser auf das bronzene Becken trifft, ist ein leiser Ton zu hören, der dem von Francesco Terzio entworfenen Brunnen seinen Namen gab. Im Königsgarten steht auch das Lustschloss der Königin Anna, Gemahlin Ferdinands I.

Der Königsgarten wurde zu Beginn des 16. Jahrhunderts als einer der ersten italienischen Gärten Prags angelegt. Im Lauf der Zeit züchtete man hier viele ausgefallene Pflanzen wie Zedern und Feigenbäume, die dem Garten ein exotisches Flair verleihen.

194–195 *Die Rudolfsgalerie im Nordflügel der Burg ließ Rudolf II. erbauen. Hier hingen einst berühmte Gemälde aus der Sammlung des Herrschers. Die Flachreliefs stammen aus der zweiten Hälfte des 19. Jahrhunderts.*

195 oben *Der Habsburgersaal liegt im Südflügel der Burg. Bilder großer Habsburger zieren die Wände. Hier werden oft Staatsoberhäupter empfangen.*

195 unten links *Der spätgotische Wladislaw-Saal diente ursprünglich als königlicher Empfangssaal. Seit 1934 findet hier die Wahl des Staatspräsidenten statt.*

195 unten rechts *Der Broziksaal liegt ebenfalls im Südflügel des Palasts. Die Wandgemälde schuf der tschechische Maler Vaclav Brozik im 19. Jahrhundert.*

SCHLOSS WILANÓW

Symbol polnischen Nationalstolzes

196 oben links *Dieses Detail von einem Kamingitter zeigt den polnischen Adler mit den Reichsinsignien, Krone, Schwert und Zepter.*

196 unten links *Das von zwei korinthischen Halbsäulen flankierte Portal führt in die linke Galerie. Das Relief in der Lünette zeigt den Sieg Johanns III. Sobieski. Die beiden Statuen stellen Fortitudo (Kraft) und Splendor nominis (Glanz des Namens) dar.*

In der Seeschlacht von Lepanto im Jahr 1571 gelang den Spaniern und Venezianern der erste große Sieg über die bis zu diesem Zeitpunkt ungeschlagenen Osmanen. Erst über ein Jahrhundert später, im Jahr 1683, brachte die österreichisch-polnische Armee den Truppen der Hohen Pforte in der Schlacht am Kahlenberg jedoch die entscheidende Niederlage bei, die den endgültigen Rückzug der Türken einleitete. Zuvor hatten die Europäer während der Belagerung Wiens noch

einmal jenen Alptraum durchlebt, der sie seit drei Jahrhunderten stetig verfolgte: Die Osmanen, die seit 1453 über Konstantinopel, die einstige Hauptstadt des Oströmischen Reichs, herrschten, standen vor den Toren der österreichischen Metropole und bedrohten damit das Zentrum der europäischen Macht. In letzter Minute konnte das polnische Heer unter König Johann III. Sobieski den Belagerungsring durchbrechen und die Stadt befreien. Nach 1683 begann der langsame, jedoch unaufhaltsame Verfall des Osmanischen Reichs. Aus dem einstmals schier unverwundbaren Riesen wurde der „kranke Mann

196 oben rechts Johann III. Sobieski, der hier auf einem Gemälde des ausgehenden 17. Jahrhunderts dargestellt ist, ließ Wilanów zur königlichen Residenz ausbauen.

196–197 Der Mitteltrakt des Schlosses, der älteste Teil des Gebäudes, öffnet sich zum Haupthof. Zwei nach vorne gesetzte Eckpavillons mit kleinen Dachtürmchen rahmen den rechteckigen Bau ein.

197 oben Reliefs und allegorische Skulpturen wie diese beiden triumphierenden Engel über dem Hauptportal unterstrichen den Glanz des Herrschers.

197 unten Die Lünette über einem der Portale des linken Flügels trägt ein Flachrelief mit einer Schlachtszene. Zwei korinthische Halbsäulenpaare rahmen die Tür ein.

am Bosporus", der im Jahr 1918 schließlich zu Grabe getragen wurde. 1683 atmete jedoch zunächst ganz Europa auf. Die Freude über die Befreiung entsprach durchaus der Angst, welche die Menschen zuvor angesichts der drohenden Gefahr empfunden hatten. Die christliche Welt feierte und verherrlichte den ruhmreichen König von Polen. Johann III. Sobieski, der Retter der Christenheit, kehrte im Triumph in seine Heimat zurück und beschloss, seinem Sieg dort ein würdiges Denkmal zu setzen.
Politisch und ideologisch orientierte sich die polnische Adelsrepublik an den Vorstellungen und Werten der Römischen Republik. Nicht zuletzt deshalb musste der Monarch eine Residenz besitzen, die es mit den bedeutenden Schlössern in Österreich und Russland aufnehmen konnte. Nachdem er Wien befreit und den Vormarsch der Osmanen gestoppt hatte, fühlte sich Johann III. Sobieski so stark, wie Peter I., der Große. Ihm gelang es 1709 Karl XII. von Schweden bei Poltawa zu besiegen, und so wurde Russland an Stelle Schwedens die Großmacht im Ostseeraum.
Das Schloss, das Johann III. Sobieski anstrebte, sollte den Ruhm seines Besitzers unterstreichen, zugleich aber

198 oben und 198 Mitte *Die Fassade auf der Ostseite des Mitteltrakts zeichnet sich durch einen üppigen Dekor aus. Zu den elegantesten und lebendigsten Verzierungen gehört ein Flachrelief mit vier Putten, die ein Tuch mit dem Mosaik einer Sibylle (siehe unten) halten.*

auch alten und neuen Feinden und Rivalen als Warnung dienen. Die Inschrift über der Fassade lautet entsprechend: „QUOD VETUS URBS COLUIT, NUNC NOVA VILLA TENET“, „Was die alte Stadt (Rom) ehrte, das besitzt nun die neue Villa (Wilanów).“ Ebenso wie das Winter palais in Sankt Petersburg war auch Schloss Wilanów als ein Ort konzipiert, der durch stetig wachsende Kunstsammlungen das Ansehen des Königs steigern und zugleich als historisches Gedächtnis des Lands fungieren sollte. Zumindest Letzteres gelang, allen geschichtlichen und politischen Wirren zum Trotz, in Russland wie in Polen.

Die Dimensionen von Schloss Wilanów hielten sich zunächst in bescheidenen Grenzen, weil Armee und Krieg zu jener Zeit das gesamte Geld des Staats – und das des Königs – verschlangen. Bald schon ließ der Monarch jedoch Umbauten vornehmen und das Schloss in mehreren Abschnitten vergrößern. Diese Arbeiten bezahlte er aus seiner Privatschatulle, sodass er das Schloss mit Recht als

198 unten *Über dem Portal des Eckpavillons zur Linken der Ostfassade prangt eine Skulptur, die einen Krieger zu Pferde zeigt. Genau wie die allegorischen Medaillons soll sie an den Sieg Johanns III. Sobieski erinnern. Fast alle Skulpturen an der Fassade stammen von italienischen oder polnischen Künstlern.*

198–199 *Vor der Ostfassade des Schlosses erstreckt sich der symmetrisch angelegte Barockgarten.*

199 oben *Auf der Südseite des niedrigen Pavillons, der den mittleren Abschnitt des Ostflügels flankiert, hält Saturn, der Gott der Zeit, eine Sonnenuhr mit Tierkreiszeichen.*

seinen Besitz betrachten konnte. Als der Sohn des Monarchen, Prinz Konstantin Sobieski, das Erbe nach dem Tod seines Vaters verkaufte, erregte dies daher auch kein großes Aufsehen.
Schloss Wilanów sollte den Ruhm und Glanz Johanns III. Sobieski in Stein meißeln. Die Fassade mit zahlreiche Flachreliefs und Skulpturen zelebriert den großen Sieg von 1683. Der Name des Schlosses bezieht sich zum einen auf das Leitmotiv, zum anderen auf den ursprünglichen Namen des Besitzes: Milanów.
Ab Mitte des 12. Jahrhunderts gehörte das Land den Benediktinern, es ging jedoch im 15. Jahrhundert an Milanowskis über. Mitte des 17. Jahrhunderts gab Boguslaus Leszczynski, - Vizekanzler und Onkel von König Stanislaus, ein Schloss in Auftrag, doch unterbrach man die Bauarbeiten, kaum dass das Fundament gelegt war. Am 23. Mai 1677 kaufte Johann III. Sobieski das Grundstück mit dem begonnenen Gebäude und übergab die Bauarbeiten seinem Hofsekretär und Chefingenieur, dem Italiener Agostino Locci. Die Bauarbeiten sollten bis 1696 dauern. Die erste Residenz bestand aus einem schlichten einstöckigen Gebäude mit symmetrischer Innenaufteilung: Ein Salon, der auch als Speisezimmer diente, bildete das Zentrum. Dahinter lag ein kleiner Raum für den Empfang von Gästen und zu beiden Seiten gab es noch einmal je zwei quadratische Zimmer.
Dieses Gebäude erschien jedoch auf Dauer als unangemessen und so begann 1681 eine zweite Bauphase, die ebenfalls unter Loccis Leitung stand. Der Italiener, ein begeisterter Vertreter des Barock, untergliederte die Fassade mithilfe von Pilastern und Halbsäulen in drei Teile und brachte über der Frontseite eine Galerie mit Triumphbögen im römischen Stil an.
In den Jahren zwischen der Schlacht am Kahlenberg und dem Tod von Johann III. Sobieski vergrößerte und verschönerte man das Gebäude immer weiter. Schloss Wilanów entwickelte sich zu einem polnischen Versailles und fügte sich damit exakt in die Wunschvorstellungen zahlreicher osteuropäischer Herrscher des 17. und 18. Jahrhunderts.
1696 starb König Johann III. Sobieski in Wilanów. Das Schloss ging daraufhin zunächst an seinen Sohn Alexander über und fiel nach dessen Tod im Jahr 1714 an Konstantin, der es 1720 verkaufte. Die neue Besitzerin, Elisabeth Szeniawska, übertrug den von

200 unten links *1826 beauftragte Alexander Potocki die Architekten Enrico Marconi und C. Hegel mit dem Bau eines Mausoleums für seine Eltern. Das Gebäude im neugotischen Stil steht im Garten.*

Johann III. Sobieski begonnenen Ausbau dem Architekten Giuseppe Fontana. Nach 1729 führte Sigismund Deibel die Arbeiten nach Entwürfen von Giovanni Spazzia zu Ende. Giuseppe Rossi besorgte die Gemälde, Francesco Fumo und Pietro Comparetti waren für die Stuckaturen zuständig.
Nach langen Verhandlungen erwarb König August II. im Jahr 1730 das Schloss, das nach seinem Tod die Familie Czartoryski erbte.
In der zweiten Hälfte des 18. Jahrhunderts beauftragte Isabella Lubomirska, die Tochter August Czartoryskis und eine begeisterte Kunstsammlerin, Szymon Zug, einen neuen Pavillon, einen Küchentrakt und ein Wachhaus zu errichten. 1799 ging Schloss Wilanów an exotischer Stil miteinander mischt. Potockis Sohn, Alexander-August d. J., engagierte den Architekten Francesco Maria Lanci, der den Nordflügel mit der Gotischen Galerie restaurierte und Dienstgebäude im Park erbaute. 1855 knüpfte Enrico Marconi an die begonnenen Arbeiten an. Er schuf eine Kapelle und die Bibliothek im Mittelteil des Hauptgebäudes. Marconis Söhne dekorierten den Saal und richteten im Nordflügel ein etruskisches Kabinett für Sammlungen antiker Kunst sowie ein Lapidarium im Südflügel ein.
Ende des 19. Jahrhunderts vermachte Potockis Witwe in Ermangelung direkter Erben das Schloss ihrem Cousin Ksawery Branicki, dessen Familie es

200 oben, 200–201 und 201 oben *Der Barockgarten im Westen des Schlosses besteht aus zwei durch eine Balustrade getrennten und über eine Treppe miteinander verbundenen Ebenen. Die Putten und Statuen an der Balustrade stammen aus der ersten Hälfte des 18. Jahrhunderts.*

200 unten rechts *Die Barockkirche St. Anna entstand zu der Zeit, als Wilanów der Familie Czartoryski gehörte. August Czartoryski ließ sie im Jahr 1772 nach Entwürfen des Architekten Jan Kotelnicki errichten. Augusts Tochter Isabella baute einen neuen Pavillon, Küchentrakte und ein Wachhaus an.*

Isabellas Tochter Alexandra über, die mit Stanislaus Kostka Potocki verheiratet war. Der Historiker, Archäologe und Sammler, ein typischer Vertreter der polnischen Aufklärung, machte Schloss Wilanów erstmals für die Allgemeinheit zugänglich. In seinem Auftrag schuf Peter Aigner die Gotische Galerie im Nordflügel, die Potockis Sammlungen fernöstlicher Kunst, seine Grafiken, Bücher und in Italien erworbenen antiken Keramiken aufnehmen sollte. Zwischen 1799 und 1821 entwarfen Potocki und Aigner gemeinsam einen Park, in dem sich klassischer, neugotischer und bis zum Zweiten Weltkrieg besaß. In der Zeit, als die Deutschen Polen besetzt hielten, wurde Schloss Wilanów zerstört. 1945 ging der gesamte Besitz an den Staat über, der 1954 entschied, Schloss und Park zu restaurieren. Man versuchte die Atmosphäre wiederherzustellen, die Schloss Wilanów zur Zeit seiner höchsten Blüte unter Johann III. Sobieski, August II., Isabella Lubomirska und den Potockis, ausgestrahlt hatte. Der Glanz, aber auch die Widersprüche von über 300 Jahren polnischer Geschichte sollten hier, für jeden Besucher deutlich sichtbar, zum Ausdruck kommen.

201 unten *Auf der oberen Ebene des italienischen Barockgartens stehen zwischen den konisch und pyramidenförmig beschnittenen Bäumen neoklassizistische Statuen aus dem 18. Jahrhundert. Nach dem Krieg brachte man die Stücke aus Schlesien hierher, um die Originale aus der Zeit von Johann III. Sobieski zu ersetzen.*

202 unten links *Dieses Ölgemälde, das Louis de Silvestre Anfang des 18. Jahrhunderts schuf, zeigt Elisabeth Szeniawska.*

202 oben rechts *Der erlesene Sekretär aus Ebenholz und Elfenbein steht im königlichen Vorzimmer. Papst Innozenz XI. schenkte ihn Johann III. Sobieski nach dem Sieg von Wien.*

202 unten rechts *In einem üppig vergoldeten Barockrahmen (Detail siehe oben) hängt das Familienporträt mit König Johann III. Sobieski und Königin Maria Kazimiera aus dem Jahr 1693.*

Eine besondere Bedeutung kommt den Gemälden und Darstellungen der Besitzer von Wilanów zu, vor allem dem monumentalen Reiterstandbild von König Johann, das ihn auf dem Rücken eines Pferds zeigt, während er gerade einen halbnackten Türken mit Turban besiegt. Beachtung verdient auch das Porträt des Königs von Jan Tricius. Das Familienporträt der Szeniawska kontrastiert mit dem Porträt der Sobieski im Stil des römischen Barock, das ein unbekannter Hofmaler anfertigte. Nicht versäumen sollte man auch das Porträt der Isabella Lubomirska von Marcelo Bociarelli und das Gemälde Stanislaus Kostka Potockis von Anton Gaff.

Johann III. Sobieski hatte die Kunstsammlung einst begonnen. Die Inventarliste aus dem Jahr 1696 enthält Bilder von Jerzy Siemiginowski, Silbergefäße aus Danzig, kostbare Teppiche von Zolkwa sowie Kelims aus Persien und aus lokaler Produktion. Sorgfältig ausgewählte Agenten des Königs suchten landauf landab nach Gemälden, Skulpturen, Möbeln und Kunstobjekten. Sehr viele Stücke stammten aus Italien, Holland und Frankreich. Der König begeisterte sich für niederländische Gemälde, die der Marquis de Bethune in Nimwegen für ihn erwarb. Gute Verbindungen unterhielt der Monarch zu den Jesuiten, die zur damaligen Zeit in China missionierten. So gelangte der Herrscher an chinesische Kunstobjekte, zum Beispiel Statuetten, Schatullen, Stoffe und Möbel. Armenische Händler besorgten ihm

islamische Kunstgegenstände aus der Türkei und aus Persien.

Isabella Szeniawska sammelte dagegen Samt- und Brokatstoffe sowie Kunstobjekte aus Schlesien, Augsburg, Berlin, Brüssel, Frankreich, Holland und England.

August II. fügte Produkte aus Manufakturen hinzu, die er in Dresden gegründet hatte. Nach seinem Tod gelangten viele Kostbarkeiten die der jeweiligen Mode entsprachen, nach Wilanów. Dazu gehörten Möbel im Régence- und Louis-quinze-Stil, böhmisches Glas und Meißner Porzellan. Isabella Lubomirska begeisterte sich für europäische Gemälde des 17. und 18. Jahrhunderts und Antiquitäten, doch bereicherte vor allem Stanislaus Kostka Potocki, der Ehemann von Isabellas Erbin Alexandra, die Sammlungen von Schloss Wilanów. Vielleicht versuchte er sich mit schönen Dingen über die Schmach der Teilung hinwegzutrösten, die sein Land zur damaligen Zeit durchlitt. Auch er hatte eine Vorliebe für Gemälde der Renaissance und des Barock. Er erwarb unter anderem Werke italienischer Künstler wie Giorgione, Domenichino, Correggio, Guercino und Garracci, französische Arbeiten von Le Brun, Le Sueur, Mignard und Lorrain sowie niederländische Gemälde von Rubens, Van Dyck, Jordaens und Frans Lucas Peters. Außerdem besaß er kostbare Handschriften wie das Brevier der polnischen Königin Bona Sforza mit Miniaturen von Sigismondo Sigismondi aus dem Jahr 1497, die „Horae intemeratae Virginis Mariae" von J. Philippe aus demselben Jahr, einen Psalter aus dem 13. Jahrhundert

202–203 *Der Rote Saal ist der größte Raum im Erdgeschoss des Nordflügels. Sein Name bezieht sich auf die Damastverkleidung der Wände. 1805 begann Stanislaus Kostka Potocki mit Restaurierungsarbeiten, die erst sein Enkelsohn August vollendete. Seit dieser Zeit dient dieser Saal als Gemäldegalerie.*

203 unten links *Das Schlafzimmer von Königin Maria Kazimiera, der Gemahlin Johanns III. Sobieski, liegt im Erdgeschoss des Mittelbaus. Außer dem Bett fallen die kostbaren Damaststoffe an den Wänden ins Auge.*

203 unten rechts *Der kleine Keramiksalon liegt im Mittelbau im rechten Winkel der Gartenseite. Gelbe und blaue Kacheln bedecken die Wände. Einige davon stammen aus Delft.*

204 oben links und Mitte links *Für Elisabeth Szeniawska gestaltete Giuseppe Rossi die an Allegorien reichen, freskenverzierten Wände in diesem kleinen Kabinett, das im ersten Stock des Mittelbaus von Wilanów liegt.*

204 unten links *Dieses Foto zeigt das bischöfliche Schlafgemach aus dem 18. Jahrhundert und das ihm angeschlossene Kabinett. Der Raum liegt im Nordflügel des Schlosses und diente früher als Gästezimmer.*

204 oben rechts *Das Reiterstandbild Johanns III. Sobieski steht in einem Durchgang unterhalb des Südturms. Ein unbekannter Künstler fertigte es kurz vor dem Tod des Königs.*

204 unten rechts *Die Wanne im Badezimmer Isabella Lubomirskas ist in die Wand eingelassen. Isabella war eine begeisterte und hochgebildete Kunstsammlerin.*

205 *Am Ende der niedrigen Galerie im Nordflügel hängt dieses Porträt, das Jacques Louis David im Jahr 1791 von Stanislaus Kostka Potocki malte. Die Wandfresken des italienischen Künstlers Palloni (1688) nehmen Themen von Apuleius auf.*

und die „Horae Beatae Virginis Mariae“, ebenso wie der Psalter ein nordfranzösisches Meisterstück.
Potockis Nachfahren bereicherten die Sammlung weiter, doch erst der letzte Besitzer von Schloss Wilanów, Adam Branicki, stiftete die Bibliothek mit ihren 50 000 Bänden sowie 2000 Drucken und Stichen der polnischen Nationalbibliothek.
Mehr als 300 Jahre sind vergangen, seit Johann III. Sobieski den Vormarsch der Osmanen vor den Toren Wiens zum Stehen brachte. In Westeuropa kennen nur noch wenige den Namen des Befreiers, der zur damaligen Zeit in aller Munde war. Polen, das sich stets dem Westen zugehörig fühlte und heute auf eine Mitgliedschaft in der Europäischen Union hofft, hat jedoch niemals aufgehört, des Helden von einst zu gedenken. Die politischen und geschichtlichen Wirren, unter denen Polen in den letzten 300 Jahren wie wohl kein anderes europäisches Land zu leiden hatte, konnten Schloss Wilanów, einem der Symbole des polnischen Nationalstolzes, nichts anhaben.

204 Mitte rechts *Das Schlafzimmer Johanns III. Sobieski ist so angelegt wie das seiner Frau. Gemälde und Stuckaturen nehmen Motive aus Vergils „Georgica“ auf. Das Deckenbild im Gemach des Königs stellt den Sommer dar, das Fresko im Schlafzimmer seiner Frau zeigt den Frühling.*

SUSPENDIT PICTA MENTEM VULTUMQUE
TABELLA

206 oben Christian IV., einer der beliebtesten Könige Dänemarks, erbaute Schloss Rosenborg. Dieses Porträt des Monarchen, das im Schloss hängt, stammt von Fransz. Pieter Isaacsz.

206–207 Die Luftaufnahme zeigt das auf drei Seiten von einem Wassergraben umgebene Schloss Rosenborg inmitten des Königsgartens.

206 unten links In den 60er-Jahren des 20. Jahrhunderts legte man den Königsgarten wieder im Renaissancestil mit beschnittenen Hecken und Tausenden von Rosenstöcken an.

206 unten rechts Dieses Foto zeigt den Südeingang von Schloss Rosenborg. Auch wenn der Dekor Elemente der holländischen Renaissance aufweist, ist das Haus mit seinen spitzen Dächern und den Treppentürmen noch typisch mittelalterlich.

SCHLOSS ROSENBORG

Refugium Christians IV.

207 oben *Die Krone der absolutistischen Herrscher Dänemarks wurde 1670 anlässlich der Krönung Christians V. in Kopenhagen angefertigt. Zwei herrliche blaue Saphire (der größere der beiden wiegt 144 Karat), zwei rote Granatsteine und etwa 2300 Diamanten zieren die kostbare Insignie. Lange Zeit diente Rosenborg als königliche Schatzkammer und Aufbewahrungsort der Krone.*

Schloss Rosenborg, eines der faszinierendsten Gebäude Kopenhagens, verbindet sich mehr als jedes andere dänische Schloss mit dem Namen Christians IV. (1577–1648). Der König ist bist heute ein Liebling der Dänen, obwohl er die meisten Kriege, die er führte, verlor, das Land in den finanziellen Ruin stürzte und Teile des Staatsgebiets an Schweden abtreten musste.

Von 1688 bis 1648 herrschte der Monarch, der zwar eine schlechte Außenpolitik betrieb, in Dänemark jedoch Städte gründete, Paläste baute und für seine Liebe zur Musik und zu schönen Frauen bekannt war.

Unweit der Mauern des mittelalterlichen Kopenhagen kaufte der König einige kleinere Gärten, die ursprünglich Bürgern der Stadt gehörten. An ihrer Stelle entstand der große Königsgarten, der noch heute diesen Namen trägt. Er wurde zunächst als typischer Renaissancegarten mit Hecken und Alleen angelegt. In einigen Bereichen errichtete man kleine Pavillons, daneben gab es Gemüsebeete und Obstgärten, in denen man Früchte für die königliche Tafel erntete.

Aus einem der Häuser, das etwas größer war als die übrigen, entwickelte sich Schloss Rosenborg. Im Jahr 1606 begannen die Arbeiten für das einstöckige Gebäude, das zunächst nur halb so lang war wie das heutige Lustschloss.

Zwischen 1612 und 1615, dehnte man es zur vollen Länge aus und fügte ein zweites Stockwerk hinzu. Zeitgleich entstanden die beiden kleineren Türme. Der große Turm und ein weiteres Stockwerk stammen ebenso wie der achteckige Wendeltreppenturm aus dem Jahr 1634. Die Privatgemächer des Königs und der Königin lagen im Parterre. Jedes der Appartements umfasste einen Salon, ein Turmzimmer und ein Schlafzimmer. Dazwischen befanden sich Toilette und Bad.

Heute sind leider nur noch die Gemächer des Königs erhalten und auch sie blieben im Lauf der Zeit nicht unangetastet. Gleichwohl vermitteln Salon und Schreibkabinett im Turm noch immer einen Eindruck von der einstmaligen Ausstattung im Renaissancestil. Das Winterzimmer gilt sogar als das am besten erhaltene Renaissancegemach Dänemarks.

Christian IV. und seine Familie verbrachten in Rosenborg viel Zeit. Die Königin, Anna Katharina von Brandenburg, starb 1612, doch sie hinterließ dem Monarchen drei Kinder, und der König hatte bereits zu ihren Lebzeiten zwei uneheliche Söhne.

1615 lernte Christian IV. Kirsten Munk, ein Adelsfräulein aus Jütland, kennen und verliebte sich in sie. Er zeugte mit ihr sieben Kinder, darunter Leonora Christina, die später den Ersten Minister des Königs, Corfitz Ulfeld, heiratete. Dieser wurde später des Verrats angeklagt und aus dem Land gejagt, seine Frau saß 22 Jahre im Gefängnis.

Das Verhältnis zwischen dem Herrscher und Kirsten Munk, die er nie geheiratet hatte, wurde 1630 wegen Untreue aufgelöst. Zu jener Zeit war der König bereits in den Dreißigjährigen Krieg verstrickt, der solche Summen verschlang, dass der Monarch schließlich die Kronen seiner Eltern verkaufen musste. 1643 versetzte er sogar seine eigene Krone aus dem Jahr 1596 bei einem Pfandleiher in Hamburg.

Seine letzten Jahre verbrachte Christian IV. zunehmend verbittert, jedoch mit einer neuen Gefährtin, einer Dienerin Kirsten Munks: Vibeke Kruse. Sie kümmerte sich liebevoll um den König, bis zu seinem Tod. Doch da sie eine Bürgerliche war, wurde sie von den Kindern des Herrschers nie akzeptiert.

207 Mitte *Im Königsgarten steht eine Statue von Karoline Amalia. Die kinderlose Königin, die 1881 starb, gründete in Kopenhagen mehrere Waisenhäuser.*

207 unten *1606 begann man eines der Lusthäuser im Königsgarten außerhalb der Stadtmauern zu erweitern. Aus diesem Bau entstand im Lauf der Zeit Schloss Rosenborg.*

208 oben und 209 rechts *In den 60er-Jahren des 19. Jahrhunderts stattete man das Gemach Christians IV. mit Möbeln und Kunstgegenständen aus seiner Zeit aus. Die Tapisserien zeigen Szenen aus dem Leben Alexanders des Großen. In den beiden Eckschränken befinden sich zwei schöne Waschgarnituren aus vergoldetem Silber.*

208 unten *Das Marmorierte Gemach – Kirsten Munks ehemaliges Schlafzimmer – verdankt sein aktuelles Aussehen Friedrich III., der die Wände mit Marmorimitaten überziehen ließ und die Stuckdecke in Auftrag gab.*

Im Januar 1648 erkrankte der König, der sich zu jener Zeit etwa 30 km nördlich von Kopenhagen aufhielt, ernstlich. Er bat, man möge ihn nach Rosenborg bringen, wo er seine letzten Stunden verbringen wollte. Hier starb er am 28. Februar 1648. Vibeke Kruse, die ebenfalls alt und schwach war, setzte man kurzerhand auf die Straße. Sie sollte den König nicht lange überleben.

Als Nachfolger Christians IV. bestieg dessen ältester Sohn Friedrich III. (1609–1670) den Thron. Er herrschte über ein vom Krieg ausgeblutetes Land und musste zunächst einmal seinen Ersten Minister nach Hamburg schicken, damit dieser wenigstens die Krone zurückkaufte. Am 23. November 1648 konnte die Krönung endlich stattfinden. Das lange entbehrte Objekt befindet sich heute in der Schatzkammer von Schloss Rosenborg.

Da Friedrich III. kein Geld besaß, um ein neues Schloss zu bauen, musste er mit dem inzwischen aus der Mode gekommenen Schloss Rosenborg vorlieb nehmen. Es sollte aber noch schlimmer kommen.

Im Jahr 1657 begann Friedrich III. einen Krieg gegen Schweden. 1658 okkupierte der schwedische König Karl X. Gustav aus dem Hause Pfalz-Zweibrücken ganz Dänemark und ließ nur Kopenhagen unbesetzt. Im selben Jahr kam es zum Frieden von Roskilde, in dem Friedrich III. Schonen, Halland und Blekinge an Schweden abtreten musste.

Da der Adel sich durch sein schwaches Auftreten in den Kriegen gegen Schweden beim Volk unbeliebt gemacht hatte, nutzte Friedrich III. die Gunst der Stunde und führte auf dem Reichstag im Jahr 1660 mithilfe der Geistlichkeit und der Bürgerschaft das Erbkönigtum ein. Mit dem „Königsgesetz“ von 1665 wurde ihm die absolute Herrschergewalt übertragen.

Friedrich III. ließ mehrere Räume von Schloss Rosenborg restaurieren. König und Königin tauschten die Gemächer: Als eine der ersten Europäerinnen ließ die Königin das Schlafzimmer Christians IV. in chinesischem Stil ausstatten, während der Monarch sein Schlafzimmer zum ältesten erhaltenen Audienzsaal Dänemarks umgestaltete. Er ließ das Marmorierte Gemach mit einer Stuckdecke verzieren und die Wände mit Marmorimitaten verkleiden, auf denen nationale Wahrzeichen und Symbole der von Gott verliehen Macht des Herrschers prangten.

Der Nachfolger Friedrichs III., Christian V., hielt sich vorwiegend in anderen Schlössern auf. Gleichwohl hielt er Schloss Rosenborg für einen sehr sicheren Ort, weil es einen eigenen Graben besaß, sich fernab von möglichen Brandherden befand und inzwischen innerhalb der Stadtmauern lag.

208–209 *Im prachtvollen Rittersaal steht der Thron der absolutistischen Herrscher. Er wurde 1665 aus Narwalzähnen gefertigt. Drei lebensgroße silberne Löwen aus dem 17. Jahrhundert bewachen den Silberthron der dänischen Königinnen. Er wird seit 1840 nicht mehr benutzt, während die Löwen bei Leichenfeiern des Königshauses noch immer zum Prunkaufbau über dem Katafalk gehören.*

209 unten links *Die Marmorbüste auf dem Sockel stellt Friedrich IV. dar, dem dieser Raum gewidmet ist. Friedrich IV., der Nachfolger Christians V., lebte als letzter König dauerhaft in Rosenborg.*

209 unten rechts *Die Tür zum Turmkabinett von Christian IV. ziert ein religiöses Gemälde. Das Bild greift eine Vision auf, die dem Herrscher am 8. Dezember 1625 in Rosenborg zuteil wurde. Die handschriftliche Aufzeichnung der Vision existiert noch heute.*

Deshalb entschied er, hier den Staatsschatz und den privaten Besitz der königlichen Familie unterzubringen. Zu diesem Zweck ließ er die Kellergewölbe mit eisenbeschlagenen Türen und komplizierten Schlössern sichern. Im zweiten Stock wurden die Reichsinsignien in einem eigens für sie eingerichteten Raum, für den man drei Schlüssel benötigte, aufbewahrt. Einer davon befand sich im Besitz des Schlossverwalters, den zweiten bewachte der Hofmarschall und den dritten besaß der König selbst. Seit über 300 Jahren befinden sich die Insignien inzwischen in Rosenborg,

210–211 *Der Salon Christians IV., auch Winterzimmer genannt, stammt aus dem frühen 17. Jahrhundert. Er befindet sich in einem ausgezeichnetem Zustand. Die herrliche Decke von F. P. Isaacsz zierte ursprünglich einen anderen Raum. Später ersetzte sie die Stuckdecke des Salons.*

210 oben, unten und 211 oben rechts *Die herrlichen Gemälde an den Paneelen des Winterzimmers stammen aus Antwerpen. Sie bilden eine einzigartige Sammlung niederländischer Kunst. Die Uhr ist eine Nachbildung der astronomischen Uhr im Straßburger Dom.*

heute allerdings nicht mehr in dem für sie geschaffenen Raum, sondern in der unterirdischen Schatzkammer aus Stahlbeton.
Der nächste König, Friedrich IV. nutzte Schloss Rosenborg als letzter Monarch dauerhaft. Er ließ die Gemächer im ersten Stock umbauen, doch ist von seinen Erneuerungen nur wenig erhalten. Lediglich ein extravagantes Spiegelkabinett, in dem sowohl Wände und Decke als auch der Boden spiegelverkleidet sind, überdauerte die Zeit.
Die bedeutendste künstlerische Errungenschaft dieser Epoche ist die stuckverzierte Decke im Rittersaal, die historische Ereignisse, Orden und königliche Symbole ins Bild fasst. Hier hängte man auch die 12 Tapisserien auf, die Friedrichs Vater Christian V. in Erinnerung an den Krieg gegen Schweden (1675–1679) in Auftrag gegeben hatte. Der Rittersaal stellte somit ein symbolträchtiges Wahrzeichen der jungen absoluten Monarchie dar.
Friedrich IV. benötigte einen Rahmen, der seine Position angemessen unterstrich und seinen Repräsentationspflichten genügte, deshalb baute er neue luxuriöse Paläste und verließ Schloss Rosenborg.
Als letztes Mitglied der königlichen Familie lebte die Schwester des Monarchen bis etwa 1725 in Schloss Rosenborg. Danach benutzte man das Schloss nur noch gelegentlich, um dort den Geburtstag des Königs oder ähnliche Feste zu feiern. Allerdings

211 oben links *Die elegante Krone der dänischen Königinnen fertigte der Hofjuwelier Frederik Fabritius 1731.*

211 Mitte *Die Krone Christians IV. wurde anlässlich seiner Krönung im Jahr 1588 in Odense angefertigt. Das Renaissanceschmuckstück ist das wertvollste Objekt der königlichen Schatzkammer in Rosenborg. Die mit Emailfiguren, Perlen und Diamanten verzierte Krone wiegt stolze 2,8 kg.*

211 unten *Die Wandteppiche im Gemach Christians V. wurden um 1690 eigens für diesen Raum angefertigt. An der Wand steht ein großer japanischer Schrank, der Königin Charlotte Amalie gehörte. Sie bewahrte darin Souvenirs und Kuriositäten auf.*

führte man Staatsgäste stets nach Rosenborg, um ihnen die Reichsinsignien zu zeigen. Als Schatzkammer des Königreichs kam dem ehemaligen Lustschloss daher weiterhin eine gewisse Bedeutung zu. Außerdem nutzte man es als königliche Abstellkammer und schaffte alles hierher, was nicht mehr modern, aber zum Wegwerfen zu schade war. Die Königliche Münz- und Medaillensammlung, die sich seit 1783 im Schloss befand, wanderte dagegen in den 30er-Jahren des 19. Jahrhunderts in das dänische Nationalmuseum.
Zu Beginn des 19. Jahrhunderts beschloss man, Schloss Rosenborg der Öffentlichkeit zugänglich zu machen. Tatsächlich entstand ein für damalige Verhältnisse didaktisch gut durchdachtes Konzept, das eine chronologische Darstellung der verschiedenen königlichen Familien für die einzelnen Räume vorsah. Auf diese Weise sollten Besucher bei ihrem Gang durch das Museum die einzelnen Etappen der dänischen Geschichte ab Christian IV. nachvollziehen können. Im Jahr 1838 öffnete Schloss Rosenborg als erstes Kopenhagener Museum seine Pforten. Als Friedrich VI. 1839 starb, richtete man auch für ihn einen Gedenkraum im Schloss ein. In diesem Sinne war Rosenborg ein Museum für Zeitgeschichte, das erste seiner Art im europäischen Raum.
Mit der Einführung der konstitutionellen Monarchie im Jahr 1849 ging das Schloss in Staatsbesitz über. Allerdings erließ Friedrich VII. 1854 eine königliche Order, derzufolge die privaten Sammlungen der Monarchen sich von König zu König weitervererbten.
1863 starb Friedrich VII. als letzter Herrscher des Oldenburger Hauses. Auch sein Leben bemühte man sich in Rosenborg darzustellen. Für seine Nachfolger richtete man Räume in Schloss Amalienborg ein.
Noch immer wächst das Museum. Seit März 1999 können geschichtsinteressierte Besucher einen neuen Saal besichtigen, der zum 100. Geburtstag Friedrichs IX., des Vaters von Königin Margrethe, eröffnet wurde.

212 oben *Das Reiterstandbild des Schlossgründers Karls XIV. Johann ist der Stadt zugewandt. Der Monarch scheint direkt auf das Volk zuzukommen. Mit der rechten Hand grüßt er in Richtung der alten Königsfestung Akershus.*

212–213 *Der große Ballsaal ist der eindrucksvollste Raum des Schlosses. Er umfasst zwei Stockwerke und wird von weißgoldenen Säulen eingerahmt, die das majestätische Erscheinungsbild des Saals unterstreichen. Gäste, die in den Speisesaal geladen sind, müssen zunächst den Ballsaal durchqueren. In der Mitte des hinteren Raumendes spielt das Orchester zum Tanz auf.*

212 unten links *Die Schlosskapelle, in der jeden Sonntag ein Gottesdienst stattfindet, zeichnet sich durch schmale Säulen aus. Sie betonen die himmelwärts strebende Architektur des Raums. Ein flaches, bemaltes Dach begrenzt die Apsis im hinteren Teil und lässt sie gebogen erscheinen. Die königliche Familie nutzt die Kapelle für Taufen und Konfirmationen.*

DAS KÖNIGLICHE SCHLOSS IN OSLO

Monument der Monarchie

König Karl XIV. Johann (1763–1844) ließ das Schloss in Oslo von 1825 bis 1848 von dem dänische Militäringenieur Hans Ditlef Frants Linstow am Ende des Karl-Johann-Boulevards auf einer Anhöhe erbauen.
Das Gebäude verkörpert Ideen und Konzepte, die in den politischen und architektonischen Idealvorstellungen der griechischen und römischen Antike wurzeln. Die schlichten Linien weisen es als einen typischen Bau im Empirestil aus. Der Name dieser Stilrichtung bezieht sich auf das Zeitalter Napoleons I., der sich als Kaiser stets gerne in die Nachfolge der römischen Imperatoren stellte. Der neue Stil trug jedoch auch durchaus revolutionäre Züge. Nach der Französischen Revolution von 1789 traten bürgerliche Tugenden an die Stelle des gekünstelt aristokratischen Rokoko. Die Architektur bemühte sich, das neue Denken aufzunehmen, indem sie gerade Linien mit antikisierenden Motiven und großen wuchtig wirkenden Flächen verband. Das Schloss in Oslo vereint die charakteristischen Merkmale einer alten Monarchie mit heroisch-romantisierenden Zügen, hatte man doch in der ersten Hälfte des 19. Jahrhunderts den Hochadel abgeschafft und war dabei, eine gewisse nationale Eigenständigkeit gegenüber Schweden zu erkämpfen. Dies sollte der neue Bau in angemessener Form zum Ausdruck bringen.
Als Königsresidenz sollte das Schloss dem Staatsoberhaupt allen denkbaren Komfort bieten und seinen Repräsentationspflichten genügen. Der Empirestil erwies sich als adäquates Instrument, um das Konzept der Monarchie sichtbar zu machen. Der Bau selbst verkörpert den Gedanken der Monarchie auf zweierlei Weise: Das Schloss erhebt sich zum einen auf einer Anhöhe, und zum ansderen ist es streng symmetrisch um den zentralen Balkon strukturiert.
Der König selbst wählte den Standort aus. Bereits 1822 entschied Karl XIV. Johann, dass seine Residenz auf einem Hügel außerhalb von Oslo stehen sollte, das seit 1624 Hauptstadt war. Das norwegische Wort „slott" leitet sich von dem deutschen Wort „Schloss" ab und bezeichnet ein geschlossenes Areal. Es lag deshalb nahe, den Bau an einem eher isolierten Ort zu errichten. Gleiches gilt im Übrigen für den Begriff „Palast", der sich auf den Palatin, jenen Hügel Roms bezieht, auf dem die Residenz des römischen Imperators lag. Der Entwurf für das dreistöckige Schloss griff die erhöhte Position auf und verstärkte sie. Die vertikalen Säulen und das spitz zulaufende Giebeldreieck scheinen dem Himmel entgegenzustreben. Das wichtigste Element bleibt die Gestaltung des Bodens: Er sollte einem hohen Sockel gleichen, der das Gebäude in die Höhe zu heben schien. Dem Stil der Zeit entsprechend, sollte die Basis wie ein natürlicher Untergrund wirken. Man wählte deshalb graue Farbtöne. Rundbögen rahmen die Fenster ein, und der Putz wurde in Vierecke gegliedert, die Steinblöcken gleichen – das Schloss sollte massiv und solide aussehen. Ab

213 oben *Seit dem 13. Jahrhundert zeigt das Wappen des norwegischen Königshauses einen goldenen Löwen mit Krone und Axt auf rotem Hintergrund.*

212 unten rechts *Der kleine Ballsaal mit seinen grünen Wänden und ionischen Säulen wird für kleinere Empfänge und Versammlungen genutzt. Durch die Büsten und Gemälde von der englischen Königsfamilie, mit der Königin Maud verwandt war, wirkt der Raum wie eine Galerie. Maud Prinzessin von Großbritannien und Irland heiratete König Håkon VII., den ersten norwegischen Herrscher nach der Unabhängigkeit von 1905. Er war der Großvater des heutigen Monarchen Harald.*

213 unten *Die Hauptfassade des Schlosses mit dem hohen Erdgeschoss wirkt überaus majestätisch. Das Gebäude ist im Empirestil gehalten und wurde 1848 vollendet. Der Balkon mit der Tempelfront bildet den Endpunkt des Karl-Johann-Boulevards, der vom Zentrum der Stadt Oslo zum Schloss führt.*

dem ersten Stock sind die Mauern glatt mit rechteckigen Fenstern. Ganz oben verläuft ein schmiedeeisernes Gitter rings um das Gebäude.
Ruhe und Ausgeglichenheit gehören von jeher zu den Eigenschaften, die ein guter König mitbringen soll. Seit der Renaissance versuchte man, diesen Eindruck auch architektonisch zu vermitteln. In Oslo entsteht die Symmetrie durch den großen Balkon im Zentrum. Mit seinen hohen Säulen und dem mächtigen Giebeldreieck erinnert er an einen griechischen oder römischen Tempel. Von hier aus ist das Gebäude auf beiden Seiten exakt gleich lang. In erster Linie soll der Balkon allerdings den Endpunkt des Karl-Johann-Boulevards markieren, der genau auf das Schloss zuläuft, das auf diese Weise den triumphalen Abschluss des von der Stadt ausgehenden Wegs bildet. Die 1870 fertig gestellte Treppe ist so angelegt, dass Besucher den Blick automatisch zu den Säulen emporheben, die genauso breit sind wie der Balkon. Das Reiterstandbild Karls XIV. Johann von Brynjulf Bergslien wirkt, als reite der König seinem Volk entgegen, um es in Empfang zu nehmen.
Im Lauf der Zeit veränderte man die Räume des Schlosses, denn jeder König nahm eine Reihe von Umbauten vor. Gleichwohl blieb die Gesamtanlage relativ intakt.
Die aufstrebende Fassade findet ihre Entsprechung im Inneren des Schlosses: Man versuchte, die Räume so zu strukturieren, dass sie zu mehreren Seiten hin freien Ausblick boten. Tatsächlich öffnen sich die Hauptgemächer im zweiten Stock zu allen vier Seiten hin.
Die symmetrische Anordnung um den Schlossbalkon wird im Inneren durch eine durchdachte Raumkonzeption aufgenommen. Die Haupttreppe beginnt hinter dem Balkon. Sie führt zum ersten Stock empor und von dort aus in die wichtigsten Gemächer.
Das Schloss besteht aus drei Stockwerken. Gemäß einem aus der Renaissance übernommenen Schema erfüllt jede Etage einen bestimmten Zweck.
Der zweite Stock mit seinen niedrigen, schlichten Zimmern war zunächst für die Dienerschaft gedacht, wird heute jedoch als Gästeetage genutzt. Die Säle im Erdgeschoss sollten vor allem zweckorientiert sein. Mit Ausnahme der beiden prächtigen königlichen Appartements, die aus Platzmangel im Parterre untergebracht wurden, handelt es sich um einfache quadratische Räume. Der Architekt wollte diesen Teil des Gebäudes besonders massiv wirken lassen, um zu unterstreichen, dass er den Rest des Schlosses trug.
Die gewölbten Decken der Korridore sollen an Grotten erinnern, die Fenster sind mit Bögen überspannt und im Balkonbereich in tiefe Nischen eingelassen. An vielen Stellen verzierte man die Wände mit einer Gitterstruktur, die die künstlichen Steinblöcke auf der Außenseite im Inneren nachvollzieht.
Die Räume im ersten Stock unterscheiden sich grundlegend von den im Erdgeschoss gelegenen. Hier, in der „Belle Etage“, liegen die repräsentativen Säle, der Ballsaal, der Speisesaal und der Audienzsaal. Der König trat in all seinem Glanz auf, hohe Fenster und luftige Decken setzten seine Gestalt ins rechte Licht. Am wirkungsvollsten unterstreichen jedoch die Säulenreihen an den Wänden die majestätische Atmosphäre. Sie stehen frei oder sind zu Reihen geordnet,

214 oben *König Olaf V., ein sehr beliebter Herrscher, der 1991 starb, umgab sich mit privaten Andenken aus England und Norwegen. Familienbilder, bequeme Möbel und eine gelungene Mischung aus alten und neuen Kunstwerken verliehen seinem Salon eine behagliche Atmosphäre.*

214 unten *Der Vogelsaal bildet das Vorzimmer zum königlichen Audienzsaal. Johannes Flintae gestaltete die norwegischen Gebirge und Täler an den Wänden. Auf dem Deckengemälde ist ein großer Adler abgebildet, der durch die Lüfte kreist. Der Raum gilt als Meisterwerk norwegischer Innengestaltung. Besucher, die auf eine Audienz beim König warteten, sollten hier an ihre Herkunft und die Bedeutung der Monarchie erinnert werden.*

214–215 *Der Spiegelsaal gehört ebenfalls zu den prächtigsten Räumen des Schlosses. Der Name bezieht sich auf die zahlreichen Spiegel in den Türpaneelen. Besonders lebendig wirkt er durch die hohen Spiegelwände, die Kristalllüster und die vergoldeten Möbel. Hier steht der Flügel der Königin Maud, und in einer Ecke findet sich eine Büste ihres Gemahls, König Håkons VII. Nach der Unabhängigkeit von Schweden im Jahr 1905 wählten die Norweger ihn zum König.*

215 unten links *Der rote Salon im Erdgeschoss zeichnet sich durch frühbarocke Möbel aus. Porträts der Familie Bernadotte schmücken die Wände, die Deckenverzierung erinnert an ein ausgebreitetes Tuch.*

215 unten rechts *Das weiße Ankleidezimmer liegt direkt neben dem roten Salon. Hier harmonieren leichtere Rokokomöbel mit weißgoldenen Vertäfelungen. Dieser Raum dient als Vorzimmer des Kabinettsaals, das der König durchquert, wenn Regierungstreffen anstehen.*

216 oben links *Der Audienzsaal des Kronprinzen, der aufgrund seiner vergoldeten Bögen und des erlesenen Dekors im Empirestil auch Arkadensaal genannt wird, schließt sich an den großen Ballsaal an. Früher nutzte man ihn als „Chambre séparée“, in die sich Gäste während eines Fests zurückziehen konnten. Heute dient es dem Kronprinzen als Büro und Audienzsaal.*

216 unten links *Vom Treppensaal mit den Säulenreihen gelangt man ins Vorzimmer des Königs, das in den Audienzsaal führt. Diese Abfolge von Räumen sollte die Erwartung der Besucher steigern, die zu einem Treffen mit dem König kamen.*

fügen sich als Trennpfeiler in die Wand oder sind sogar nur auf den Putz gemalt. Durch die Säulen wirken die Wände gewissermaßen offen, sie vermitteln ein Gefühl von Weite, als ob die Mauern nicht existierten. Besonders deutlich wird diese Konzeption im Vogelsaal. Dieses Vorzimmer vor dem königlichen Audienzsaal wirkt durch seine Bemalung wie ein luftiger Pavillon mit Holzsäulen, jedoch ohne Dach. Wilde Weinreben ranken sich um die Laube, kleine Vögel fliegen ein und aus, und an der Decke des Raums zieht ein großer Adler seine Kreise. Dieser Vogel gilt seit Urzeiten als Symbol königlicher Macht und Herrschaft. Im Hintergrund des Pavillons fällt der Blick auf mächtige norwegische Berge und Täler. Hinter dem Hauptbalkon liegt Norwegens imposanteste Treppe, die zu den königlichen Gemächern führt. Der Architekt verwirklichte hier das Barockideal der „Scala regia“, der Königstreppe, die im 17. Jahrhundert als geradezu unverzichtbarer Bestandteil zu jeder Königsresidenz gehörte. Die Treppe verleiht dem simplen Akt des Emporsteigens eine tiefere Bedeutung. Diese musste sich jedem Besu-

cher erschließen, der sich dem König näherte.

Im Tordurchbruch des Hauptportals teilt sich der Weg in zwei identische Läufe, die an der Wand entlang nach oben bis zu einem Zwischenabsatz steigen und sich dort wieder miteinander verbinden. Von hier aus führt eine breite Treppe bis zum ersten Stock und zur Balustrade, von der man auf den Schlossplatz und den Karl-Johann-Boulevard blickt. Wenn Besucher sich zu einer Audienz beim König begaben, gingen sie von hier aus entweder nach rechts direkt zum Monarchen oder nach links zum Kronprinzen. Der Weg verläuft in einer gerade Linie durch eine Enfilade, die sich zum Schlossplatz öffnet, bis zum Audienzsaal, in dem der König seine Gäste empfing. Die Vorzimmer sollten die Erwartung und vielleicht auch die Ehrfurcht und Angst desjenigen steigern, der sie durchschritt.

Gab der Herrscher ein Fest, so betraten die Geladenen zunächst den kleinen Ballsaal mit Blick auf den Park und wandten sich dann nach rechts, wo sie durch den großen Ballsaal in den Speisesaal über dem Nordflügel gelangten. Die Pracht der Räume und ihre effektvolle Gestaltung nimmt zu,

216 rechts Dieses Foto zeigt ein Zimmer für Staatsgäste in der zweiten Etage. Armsessel und ein Tisch stehen am Fenster, das sich zum Karl-Johann-Boulevard und der Stadt Oslo öffnet.

216–217 Der Speisesaal mit Decken und Wänden in antikem Stil wirkt offen und hell. Große Gemälde zieren die Wände.

217 oben Die majestätische Treppe ist mit schweren dorischen Säulen, klassischen Statuen und Reliefs verziert. Das typische Beispiel einer barocken „Scala regia" sollte Besuchern die erhöhte Position des Herrschers vor Augen führen.

je weiter sich der Besucher seinem Ziel nähert. Im Erdgeschoss mit seinen Gewölben und Mauern aus imitierten Steinquadern beherrschen strenge und schlichte dorische Säulen das Bild. Dieser Säulenordnung begegnet man noch einmal am Ende der Treppe, doch wirkt sie hier aufgrund der weichen Ringe an der Basis und des anmutigen Dekors der Kapitelle gefälliger und schlanker. Im kleinen Ballsaal stehen ionische Säulen. Sie sind deutlich schlanker und höher, darüber hinaus mit spiralförmigen Mustern an den Kapitellen und mit Perlenreihen in Bodennähe verziert, wodurch ihre Eleganz unterstrichen wird. Die Wände in diesem Saal sind in einem kühlen Grünton gehalten, die Säulen sind cremefarben. Rings um die Decke verläuft ein farbiger Streifen mit Bändern und kleinen Palmetten. Der kleine Ballsaal weckt Erwartungen, die sich jedoch erst erfüllen, wenn man den großen Ballsaal betritt. Dieser umfasst mehr als zwei Etagen und wird nach oben hin durch eine hohe Decke mit diagonal verlaufenden Balken begrenzt. Prächtige Säulen tragen eine Galerie, die sich um den Raum zieht. Große Kronleuchter tauchen den Saal in helles Licht. Die Säulenordnung ist hier korinthisch mit üppigem, weißgoldenem Blattwerk an den Kapitellen.

Der Ballsaal öffnet sich nicht nur nach oben, sondern scheinbar auch zu den Seiten hin, denn große Spiegel bedecken die Wände bis zum Boden. Eine Tür in einer Ecke des Ballsaals führt in den Bankettsaal. Hier ist die Decke niedriger; ein Muster aus ineinander verflochtenen Weinreben ziert die Wände. Verglichen mit dem weitläufigen Ballsaal wirkt dieser Raum geradezu intim.

Das Schloss war stets ein öffentliches Gebäude, das dem norwegischen Ideal von Ausgewogenheit, Strenge, und Pracht zu entsprechen hatte. Wenn heute die Posaunen ertönen und die schwarzen Limousinen des Königshauses das Haupttor passieren, wird noch immer deutlich, dass das Schloss in Oslo das bedeutendste Monument der norwegischen Monarchie ist.

DAS KÖNIGLICHE SCHLOSS VON STOCKHOLM

Von den Wikingern zur Dynastie Bernadotte

218 oben *Dieses Gemälde aus der Kathedrale von Uppsala zeigt König Gustav I., der soeben die Erbmonarchie verkündet.*

218 unten *Diese Aufnahme zeigt den Westeingang des Königlichen Schlosses vom Äußeren Hof aus betrachtet. Nach dem Brand von 1697 schuf der Hofarchitekt Nicodemus Tessin d. J. die Fassade im italienischen Barockstil.*

Die schwedische Hauptstadt Stockholm liegt zwischen der Ostsee und dem Mälarsee inmitten eines großen Archipels von Inseln, die sich zur See hin und landeinwärts erstrecken. Aufgrund ihrer einzigartigen Position gilt die Stadt als eine der schönsten Metropolen Europas. Das Königliche Schloss befindet sich an der Stelle, an der Meer und See aufeinander treffen. Besuchern präsentiert sich ein imposantes Schloss im Stil des italienischen Barock, doch reicht die Geschichte der königlichen Residenz viel weiter zurück, als die Fassade es vermuten lässt. Das Entstehungsdatum des Schlosses ist ungewiss, dafür jedoch umso interessanter. Zwischen 950 und 1000 versenkten die Wikinger, die an diesem Ort lebten, drei mächtige Pfähle ins Wasser und schufen auf diese Weise eine schmale Einfahrt für Schiffe, die von der Ostsee zum Mälarsee gelangen wollten. So konnten die Wikinger jedes Boot kontrollieren und feststellen, ob sich Verbündete oder Feinde an Bord befanden. Die Dörfer und Städte an den Ufern des Sees waren relativ ungesichert, sodass die Kontrolle des Sees der Sicherheit von Land und Leuten diente.

Um das Jahr 1250 begann Birger Jarl, der zur damaligen Zeit als Vormund seines zum König gewählten Sohns Waldemar über Schweden herrschte, eine große steinerne Rundburg zu errichten. Die etwa 6 m dicken Außenmauern machten sie zur stärksten Festung im Ostseeraum. Sie bestand aus zwei Hauptteilen, der Burg und dem Wirtschaftsbereich. Der Überlieferung zufolge durften die Stockhol-

218–219 *Der Ballsaal Vita Havet (Weißes Meer) ist wie ein großer Salon ausgestattet. Hierhin begeben sich König und Königin mit ihren Gästen nach einem Staatsbankett. Um das Jahr 1735 gestaltete der italienische Künstler Domenico Francia die Decke mit den vergoldeten Rahmen und dem faszinierenden Trompe-l'œil-Gemälde.*

219 oben links *Der Reichssaal ist der Thronsaal des Königlichen Schlosses. Der Silberthron stammt aus Augsburg. Über Jahrhunderte diente der Raum als Sitzungssaal für das schwedische Parlament.*

219 oben rechts *In Königin Luisa Ulrikes Audienzzimmer mischen sich schwedischer und französischer Dekor. Der schwedische Architekt Jean Eric Rehn, der auch die Polster für den Thron entwarf, stattete den Raum aus. Die Tapisserien mit Szenen aus dem Mythos von Amor und Psyche wurden in Beauvais nach Zeichnungen von Boucher angefertigt. Der schwedische Maler Lorens Pasch d. J. schuf die Gemälde über der Tür.*

219 unten *Die Entwürfe Tessins d. J. für das Schloss zeigen den Nord- und den Südeingang. Der Nordeingang erinnert an den Eingang zum Palazzo Farnese in Rom. Das majestätische Südportal führt zum Reichssaal und zur Königlichen Kapelle.*

mer Kaufleute ihre Waren in den Gebäuden rings um den Wirtschaftsbereich lagern. Die Zeiten waren unsicher und Stockholm hatte sich zu einer wichtigen Handelsstadt entwickelt. Hier kamen die Güter mit Schiffen von der Ostsee herein und wurden auf kleinere Boot verladen, die den Mälarsee befuhren. Zusammen mit der Bedeutung der Stadt stieg auch die der Festung.

Im Mittelalter diente die Burg in erster Linie der Verteidigung und erst in zweiter Linie als eine von mehreren Königsresidenzen. Sie erhielt den Namen „Tre Kronor" (Drei Kronen), was ihre Bedeutung bereits zum damaligen Zeitpunkt unterstreicht, sind doch die drei Kronen bis heute das Wahrzeichen Schwedens. Dieses Symbol hatte einen religiösen und einen politischen Hintergrund. Die religiöse Bedeutung lässt sich leicht nachvollziehen: Die drei Kronen stehen für die Weisen aus dem Morgenland, die den neugeborenen Messias in Bethlehem aufsuchten. Größere Schwierigkeiten bereitet die politische Interpretation der Kronen. Vermutlich geht das Symbol auf König Magnus Eriksson zurück, der Mitte der 14. Jahrhunderts regierte. Zeitweise herrschte er über drei unabhängige Reiche, Norwegen, Schweden und Skåne. Vielleicht standen die Kronen für diese Gebiete. Später könnte sich das persönliche Wappen von König Magnus Eriksson dann zum nationalen Emblem entwickelt haben.

Von 1397 (Unionsakte) bis 1523 (mit Unterbrechung) vereinigten sich die drei Königreiche Dänemark, Schweden und Norwegen zur Kalmarer Union. Während dieser Zeit stieg Kopenhagen zum politischen Zentrum der

220 oben links *Der im Empirestil gehaltene Salon der Gästeappartements ist mit schwedischen Möbeln im Empirestil ausgestattet. Die Tapisserien entstanden um 1700 in Brüssel. Sie zeigen Szenen aus Ovids „Metamorphosen".*

drei nordischen Länder auf, während Stockholm lediglich den Rang einer bedeutenden Stadt innehatte. Ab 1521 begann der spätere König Gustav I. (Gustav Eriksson Wasa) den Kampf gegen die Union. Zwei Jahre später wählte man ihn zum Herrscher über Schweden. Unter seiner Regierung entwickelte sich Stockholm zu einer modernen Stadt, und die mittelalterliche Burg stieg zur Hauptresidenz des schwedischen Königshauses auf. Natürlich mussten die nachfolgenden Herrscher der Wasadynastie die Festung umbauen. Zug um Zug verwandelte sie sich in ein ansehnliches Schloss. Der alte Wirtschaftsbereich diente nun als Ehrenhof, außerdem fügte man eine italienische Loggia und einen neuen Flügel an, in dem sich auch der Thronsaal – hier Reichssaal genannt – befand.
Zu den neuen repräsentativen Innenräumen gehörte auch ein Audienzsaal mit schönen, um 1560 in Schweden gefertigten Tapisserien. Allegorisch thematisierten sie den Ursprung und die Entstehung des Lands, denn das biblische Paradies war auf den Tapisserien mit Schweden identisch und die schwedischen Könige stammten demzufolge in direkter Linie von Noah ab.
Nach dem Westfälischen Frieden von 1648 gehörte Schweden zum Kreis der großen europäischen Mächten. Nun entschied das Königshaus, dass das Schloss abermals umgebaut werden sollte. 1692 begann Nicodemus Tessin d. J. (1654–1728) seine Entwürfe umzusetzen. Die Schweden entwickelten eine große Vorliebe für italienische Kultur und Baukunst, auf die der Architekt, ein Schüler Gian Lorenzo Berninis einging. Unter seiner Regie nahm das Schloss die Form eines Schlosses im italienischen Barockstil an, wobei er für die Inneneinrichtung den französischen Barock bevorzugte.
1692 begannen die Arbeiten zum neuen Nordflügel. Drei Jahre später war der Bau abgeschlossen und man wandte sich der Innenausstattung zu.

220 oben rechts *Das Schlafzimmer Gustavs III. verbindet eine herrliche Barockdecke mit Wandverzierungen im neoklassizistischen Stil. Den Schreibtisch des Königs schuf der schwedische Tischler Georg Haupt im Jahr 1778.*

220–221 *Mindestens seit Ende des 13. Jahrhunderts gab es innerhalb der Burgmauern eine Kapelle. Die heutige Kirche wurde 1754 geweiht. Zur Palastpfarrei gehören Angestellte des Hofs und ihre Familien.*

221 oben *Im Schlafzimmer Gustavs III. stehen drei erlesen verzierte Ebenholzschränke, die der renommierte Tischler Adam Weisweiler 1784 in Paris anfertigte.*

221 unten *Im Audienzsaal der Staatsgemächer befindet sich dieser kostbare bestickte Baldachin, der um 1500 in Mailand entstand. Die weiblichen Figuren auf dieser Auftragsarbeit der Sforza erinnern an ein Werk von Sandro Botticelli.*

222 oben *Um 1820 schuf der schwedische Bildhauer Johann Niklas Byström diese Skulptur von Juno mit dem jungen Herkules. Byström arbeitete viele Jahre in Italien und erhielt den Beinamen „Schwedischer Casanova".*

222 Mitte *Das Antikenmuseum Gustavs III. umfasst eine große Sammlung antiker römischer Skulpturen. Auf der linken Seite erkennt man Apollo und die Musen.*

222 unten *Das Schreibkabinett König Oskars II. ist ein gutes Beispiel für den bürgerlichen Stil des ausgehenden 19. Jahrhunderts. Eine Papiermaché-Tapete mit Knopfmuster bedeckt die Wände.*

Am 7. Mai 1697 zerstörte jedoch ein Brand das gesamte Schloss mit Ausnahme des neu errichteten Flügels. Etwa sechs Wochen nach der Katastrophe legte Tessin d. J. Pläne für einen Neubau vor, die Regierung und königliche Familie bereitwillig akzeptierten. Über den Ruinen des alten Schlosses errichtete der Italiener eine riesige Vierflügelanlage, eine der größten in ganz Europa.
Fünf Jahre hatte der Architekt für den Bau des neuen Komplexes veranschlagt, doch sollte es anders kommen: Schweden verstrickte sich in zahlreiche Kriege, insbesondere mit Russland, die das Ende der Arbeiten in weite Ferne rückten. Erst 1754 siedelte die königliche Familie in das Schloss über.
Zur Zeit des großen Brands hatte Tessin d. J. gerade Entwürfe für die königlichen Gemächer gezeichnet. Zu jener Zeit gab es in Schweden jedoch nicht genügend begabte Handwerker, die die Pläne des Architekten hätten umsetzen können. Deshalb rief der König eine Gruppe französischer

Meister an den Stockholmer Hof. Die Verbindung von schwedischem Design und französischer Qualität erwies sich als überaus produktiv. Die Galerie Karls XI. mag hierfür als Beispiel genügen. Sie diente als Wandelhalle, in der die Höflinge Konversation betreiben konnten. Heute nutzt man sie für Staatsbankette.
Zwischen 1707 und 1727 nahm man keine neuen Projekte mehr in Angriff, doch dann entschied das schwedische Parlament, die Arbeiten wieder aufzunehmen. Um Jahr 1754 konnte die königliche Familie die nun endlich fertig gestellten Gemächer beziehen.

1727 schrieb der Hofbaumeister Tessin d. J. einen Brief an seinen Schüler, den schwedischen Architekten Carl Hårleman, der bereits seit mehreren Jahren in Italien und Frankreich studierte. Er bat ihn, nach Stockholm zurückzukehren und das Schloss gemeinsam mit ihm zu vollenden. Einige Monate später starb Tessin d. J. und Hårleman übernahm die Leitung der Arbeiten. 1730 begann er mit der Innenausstattung der Räume, wobei er die Überzeugung seines Vorgängers teilte, dass man zwar schwedische Entwürfe, jedoch französische und italienische Handwerker benötigte, um eine angemessene Qualität

des Interieurs zu gewährleisten. Hårleman war zu jenem Zeitpunkt in Paris, als der leichte und elegante Rokokostil den schweren Barock Ludwigs XIV. abzulösen begann. Es verstand sich für ihn von selbst, die neue französische Mode bei der Innengestaltung des Stockholmer Schlosses anzuwenden. Vermutlich schuf Hårleman sogar als erster nichtfranzösischer Architekt überhaupt Rokokointerieurs und diese gelten überdies als bestes Beispiel für den französischen Stil außerhalb Frankreichs.
Während der Zeit des Neoklassizismus, im ausgehenden 18. Jahrhundert, herrschte König Gustav III. (1746–1792) über Schweden. Zum bemerkenswerten Interieur seiner Zeit gehört das königliche Schlafzimmer. Hier starb der Monarch, nachdem einer seiner Leibgardisten während eines Maskenballs auf ihn geschossen hatte.
Nach dem Tod des Herrschers entschied das Parlament, ihm ein nationales Denkmal zu setzen. Im Juni 1792 richtete man das schwedische Nationalmuseum als eines der ersten Museen für Gemälde, Plastik und Kunsthandwerk außerhalb Italiens ein. Den Grundstock dieser neuen Institution bildete die Privatkollektion antiker römischer Skulpturen. Gustavs III. Das Museum eröffnete 1793 im Schloss. Die beiden Galerien, die die Antikensammlung beherbergten, richtete man zwischen 1956 und 1958 wieder so ein, wie sie ursprüngliche ausgesehen hatten.
1810 wurde der französische Feldmarschall Jean-Baptiste Bernadotte, ein ehemaliger General Napoleons I., zum schwedischen Kronprinzen gewählt, nachdem ihn der kinderlose Karl XIII. adoptiert hatte. Acht Jahre später bestieg er als Karl XIV. Johann den Thron. Seit dieser Zeit – inzwischen über 180 Jahre – regiert die Familie Bernadotte über das Land.

222–223 *Die Deckengemälde der Bernadotte-Galerie entstanden in den 30er-Jahren des 18. Jahrhunderts. Einige Jahrzehnte später wandelte man den Raum in eine Gemäldegalerie um. Heute finden sich hier Familienporträts der Dynastie Bernadotte.*

223 oben *Dieses Bild des französischen Rokokomalers François Boucher hängt über der Tür des Quijotesaals. Schwedische Meister fertigten den Rahmen nach einem Entwurf des Architekten Jean Eric Rehn.*

223 unten *Das Schlafzimmer von Königin Sofia Magdalena dekorierte man in den 70er-Jahren des 18. Jahrhunderts mit einer schwedischen Version im Stil Louis-seize. Die Gemälde über den Türen schuf der französische Künstler Charles-Joseph Natoire im Jahr 1743.*

DER KREML IN MOSKAU

Das Herz Russlands

Der Kreml in Moskau wird erstmals im Jahr 1156 erwähnt, als Fürst Jurij Dolgorukij eine hölzerne Palisade um den Borowizkij-Hügel errichten ließ, an dem Neglinnaja und Moskwa zusammenfließen. Von hier aus war es möglich, die Straße nach Wladimir und Susdal zu kontrollieren.
Um 1320 erweiterte und verstärkte Iwan Kalita die Palisade durch eine Mauer aus fast einen Meter dicken Eichenstämmen.
Der Held des ersten russischen Siegs über die Tataren, Dmitrij Iwanowitsch Donskoj, ließ schließlich anstelle der Palisade eine Kalksteinmauer errichten, die relativ genau den Bereich des heutigen Kreml einfriedete. Im Jahr 1404 erhielt der erste russische Turm eine Glocke.

In der zweiten Hälfte des 15. Jahrhunderts erlebte der Kreml unter der Herrschaft Iwans III. Wassiljewitsch (1440–1505) sein goldenes Zeitalter. Auf Initiative von Papst

Paul II. heiratete Iwan im Jahr 1472 Zoë Paleolog die Nichte und Erbin des letzten byzantinischen Kaisers. 1480 konnte er die Tributsoberherrschaft der Tataren beenden, die seit 1240 bestanden hatte. Der Großfürst unterwarf Nowgorod sowie das Fürstentum Twer und vollendete die politische Vereinigung Nord- und Ost-Russlands unter Moskauer Führung. Serbische und bulgarische Adlige und Gelehrte, die vor dem Ansturm der Osmanen flohen, kamen an Iwans Hof und traten in den Dienst des Herrschers. Auch aus dem Tatarenreich, das sich zu jener Zeit im Um-

225 oben links *Diese Karte stammt aus einem niederländischen Atlas des 17. Jahrhunderts. Sie zeigt den Standort der Gebäude im Kreml während der Herrschaft von Zar Boris Fjodorowitsch Godunow (um 1552–1605). Die Karte ist Zar Aleksej Michajlowitsch (1629–1676) gewidmet.*

225 rechts *V. M. Wasenew (1848–1926), einer der beliebtesten Maler historischer Szenen in Russland, schuf dieses Phantasiegemälde von Iwan dem Schrecklichen. Als erster russischer Herrscher wurde Iwan IV. Wassiljewitsch 1547 in der Mariä-Himmelfahrt-Kathedrale im Kreml gekrönt. Das kleine Foto neben dem Kopf des Zaren zeigt den Kreml vom gegenüberliegenden Ufer der Moskwa aus betrachtet.*

224 oben Mitte *Der zweiköpfige Adler prangt in der Mitte der Lehne des vergoldeten und mit Intarsien verzierten Throns Katharinas II.*

224 oben links *Der Erlöser-Torturm (Spasskij-Turm) und die farbige Zwiebelkuppel der kleinen Basilius-Kathedrale gehören zu den Wahrzeichen Moskaus.*

224 unten *Die Insignien der Zaren, die Krone mit dem Zepter sowie den Reichsapfel, fertigte der Hofjuwelier für Zar Michail Fjodorowitsch. Die Zahl und Qualität der kunstvoll zusammengefügten Edelsteine – Smaragde, Saphire und Rubine –, der Perlen und farbigen Schmelzmalereien machen sie zu einzigartigen Kleinodien von unvorstellbarem Wert.*

224–225 *Die Kuppeln der Mariä-Himmelfahrt-Kathedrale, in der sich italienischer und traditioneller russisch-orthodoxer Stil zu einer gelungenen Einheit verbinden, nimmt im Bereich des Kreml eine Sonderstellung ein. Hier wurden alle russischen Herrscher von Dmitrij Iwanowitsch, dem Enkel Iwans III. Wassiljewitsch, bis hin zu Nikolaus II. Alexandrowitsch gekrönt.*

bruch befand, und aus Litauen zog es hochrangige und gebildete Persönlichkeiten nach Moskau.
Außerdem lebten, vielleicht durch die Vermittlung von Großfürstin Zoë die Kontakte zu Italien unterhielt, am Moskauer Hof viele Künstler aus Mailand, Rom und Venedig. Innerhalb von nur 20 Jahren verwandelten sie den Kreml in ein „architektonisches Gemälde, das eines Herrschers würdig war". Iwan III. war jedoch nicht irgendein Herrscher, sondern aufgrund seiner Heirat mit Zoë Anwärter auf den byzantinischen Thron.
Ähnlich wie 250 Jahre später in Sankt Petersburg mussten die Künstler auch in Moskau ihr Talent und ihre Erfahrung in Übereinstimmung mit den strengen Regeln bringen, die der Kanon der Macht am Hof in Moskau vorgab. Die technischen Lösungen durften der Form nach innovativ sein, an den überkommenen Inhalten und Sujets hielt man dagegen mit aller Kraft fest.
Der erste italienische Architekt, der an den Moskauer Hof kam, war Aristotele Fieravanti (Fioravanti) aus Bologna. Er war nicht nur Architekt, sondern auch Bronzegießer, Medailleur und Militäringenieur. In dieser Funktion übernahm er die Verantwortung für die Artillerie Iwans III. Wassiljewitsch.
Fieravanti erhielt zusammen mit anderen italienischen Architekten den Auftrag, die Mariä-Himmelfahrt-Kathedrale (Uspenskij-Kathedrale; 1475–1479) zu errichten und die Besfestigung (ab 1485) zu erbauen.
Nachdem die Fundamente für die Kathedrale gelegt waren, sandte der Herrscher den Italiener nach Wladimir, damit er anhand der dortigen Kathedrale die genau festgelegten Formen der Sakralarchitektur studieren konnte. Aus der Verbindung des italienischen Genies mit den Grundelementen der russischen Baukunst entstand jene Kathedrale, die bis heute eines der bemerkenswertesten Gebäude des Kreml darstellt.
Viele Kunsthistoriker haben diese Besonderheit der Mariä-Himmelfahrt-Kathedrale hervorgehoben, die die Grundformen der Mariä-Himmelfahrt-

226 oben *Die Erzengel-Kathedrale erbaute Alovisio Nuovo zwischen 1505 und 1508. Sie diente als Pantheon der russischen Herrscher. Dem Mailänder Architekten gelang es, den traditionellen russischen Fünf-Kuppel-Bau mit Renaissanceelementen zu einer perfekten Synthese zu verbinden.*

226 unten *Während der Gottesdienste in orthodoxen Kirchen sehen die Gläubigen die Priester nicht, aber sie hören ihre Stimmen auf der anderen Seite der Ikonostase, der Bilderwand zwischen Altarraum und Laienraum.*

226–227 *Der herrliche Innenraum der Erzengel-Kathedrale ist das beste Beispiel für den „Horror Vacui", die „Angst vor der Leere". Fresken bedecken jeden Zentimeter der Säulen; die Ikonostase gliedert sich in ikonenverzierte Tafeln und die Heilige Pforte ist mit bossierten Bildern geschmückt.*

227 oben *Eine Gedenkinschrift in pseudoantiker kyrillischer Schrift verläuft um die Basis der schmalsten Kuppel des mächtigen Glockenturms „Iwan Welikij“ („Iwan der Große“).*

227 Mitte rechts *Dieses Foto der Mariä-Himmelfahrt-Kathedrale belegt, dass bei russischen Sakralbauten keine Stelle frei bleiben darf.*

227 unten links *Der Glockenturm „Iwan Welikij“ (Iwan III., 1440–1505), den Buon Frjasin zwischen 1505 und 1508 erbaute, wurde erst im 17. Jahrhundert vollendet. Er überragt den Kreml und die Stadt Moskau. Der Aussichtsturm demonstrierte einst die Größe und Macht Russlands.*

227 unten rechts *Die herrliche Mariä-Himmelfahrt-Kathedrale steht zusammen mit anderen Gebäuden am Kathedralenplatz im Südostbezirk des Kreml.*

228 oben *Diese Ikone aus dem 17. Jahrhundert zeigt Nikolaus von Mozajsk, den Schutzheiligen des Handels. Die Ikone befindet sich in der Mariä-Gewandlegungs-Kathedrale. Der Heilige trägt einen Bischofsmantel und hält eine Kirche in der linken und ein Schwert in der rechten Hand.*

228 Mitte *Am Kathedralenplatz (Sobornaja Ploscad) stehen dicht beieinander die Verkündigungs-Kathedrale aus dem 15. Jahrhundert, der Facettenpalast aus dem 17. Jahrhundert und der Große Kremlpalast aus dem 19. Jahrhundert.*

228 unten *Dieses Bild zeigt ein Detail des Portals der Verkündigungs-Kathedrale.*

Kathedrale in Wladimir aufnahm, sie jedoch in einen anderen strukturellen Kontext versetzte, sodass ein zugleich monumentaler und doch wohlproportionierter Komplex entstand. Ganz im Einklang mit der italienischen Tradition wandte Fieravanti die Regel vom goldenen Schnitt sowohl bei der Innen- wie auch bei der Außengestaltung der Kathedrale an. Die Galerie der traditionellen orthodoxen Kirchen fehlt, und so gliedert sich der Innenraum in 12 Einheiten, die insgesamt fünf Kuppeln tragen. Die schlanken Säulen und Mauern bilden einen deutlichen Kontrast zur Höhe und Weite des offenen Raums und gaben dem Gebäude ein in Russland bis zu diesem Zeitpunkt nie da gewesenes Erscheinungsbild. Erstmals war hier ein großer Raum mit Säulen entstanden, die dekorative Akzente setzten, ohne ihn zu überladen.
An dieser Stelle ist ein kurzer Exkurs sinnvoll und notwendig: Die orthodoxen Christen glauben nicht an die ganzheitliche Himmelfahrt Mariens nach ihrem Tod. Griechische und slawische Ikonen zeigen die Jungfrau

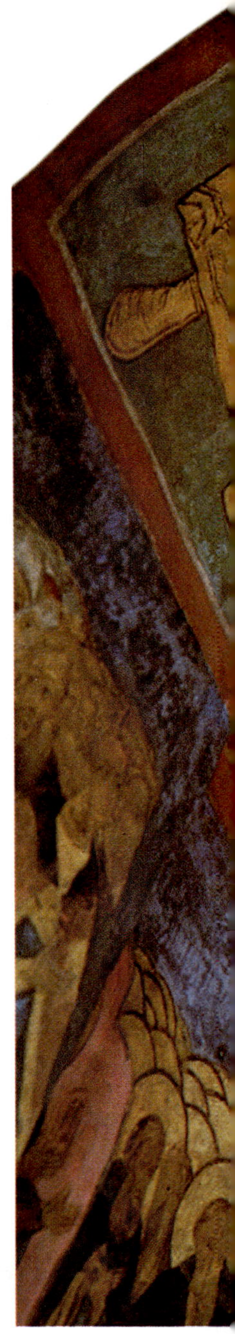

ausgestreckt auf dem Sterbebett liegend, während in der Mitte des Bilds die Seele der Verstorbenen dem Weltenherrscher, Christus Pantokrator, entgegenstrebt. Maria wurde in der Rus stets verehrt, und zwar ganz besonders von den Herrschern, die vor einer Schlacht oder einer wichtigen politischen Entscheidung den Beistand der Jungfrau erbaten. In mittelalterlichen Chroniken findet dieser Sachverhalt häufig Erwähnung. Es ist sicher kein Zufall, dass alle Kathedralen, die im 16. Jahrhundert entstanden, diesem Modell folgen. Aus diesem Grund wählte Iwan III. Wassiljewitsch die Mariä-Himmelfahrt-Kathedrale, als er beschloss, das byzantinische Ritual der Kaiserkrönung aufzunehmen. Dmitrij Iwanowitsch, der Enkel Iwans III. Wassiljewitsch, der nie regieren sollte, wurde hier als erster Herrscher gekrönt. Nikolaus II. Alexandrowitsch bildete den Abschluss der langen Reihe von insgesamt 22 Zaren. Selbst nachdem man die Hauptstadt nach Sankt Petersburg verlegt hatte, fanden die Krönungen noch in Moskau statt. In der Mariä-Himmelfahrt-Kathedrale steht der Thron Iwans IV. Wassiljewitsch, der 1547 nach byzantinischem Ritus zum Zaren gekrönt wurde. Auf den Seiten des Throns sind Teile des „Mottos der Fürsten von Wladimir" (Skasanie o knjaz'jach wladimirskisch) zu erkennen, das die Genealogie der moskowitischen Fürsten mit dem Wikinger Rjurik beginnen lässt.

228–229 *Die Mariä-Gewandlegungs-Kathedrale entstand zwischen 1484 und 1486 als Privatkapelle der Metropoliten und Patriarchen. Das Mariä-Gewandlegungs-Fest findet alljährlich am 2. Juli statt. Es erinnert an den Fund des angeblichen Mariengewands in Jerusalem. Die Reliquie wird in Istanbul aufbewahrt.*

229 oben *Die goldenen Kuppeln der Kathedralen des Kreml wirken aus der Ferne, als würden sie zu einem einzigen, riesigen Gebäude gehören.*

229 unten links *Durch das Portal der Verkündigungs-Kathedrale mit seinem üppigen orientalischen Dekor sieht man die Ikonostase mit kostbaren Ikonen von Theophanes dem Griechen und dem Mönch Andrej Rubljow.*

229 unten rechts *Die Verkündigungs-Kathedrale entstand zwischen 1484 und 1489 und diente später als Hauskapelle der russischen Zaren. Charakteristisches Merkmal sind die niedrigen Gewölbe, die den Innenraum noch dunkler wirken lassen.*

230 oben *Das reich mit vergoldeten Schnitzereien verzierte Portal, das ins Goldene Gemach der Zarin führt, stammt aus dem 16. Jahrhundert. Im Hintergrund erkennt man die kostbaren Fresken, die das Foto unten in ganzer Schönheit zeigt.*

230 Mitte und unten *Niedrige Gewölbe kennzeichnen die Residenz von Irina Godunowa, der Witwe von Zar Fjodor I. Iwanowitsch und Schwester seines Nachfolgers, Boris Fjodorowitsch Godunow. Der Alterssitz der Zarengattin besticht vor allem durch die wundervollen religiösen Fresken.*

Nach Aristotele Fieravanti kamen viele andere bedeutende italienische Architekten nach Moskau, so zum Beispiel Pietro Antonio Solari und Marco Ruffo.
Die genaue Festlegung des Kreml-Areals, der Standort der Türme, ihr Schnitt und die Verbindung zu den Hauptgebäuden – dies alles verweist darauf, dass hier wahre Künstler am Werk waren.
Alle Arbeiten innerhalb der Mauern wurden gemäß der russischen, oder noch präziser, der moskowitischen Tradition ausgeführt. Russische und sowjetische Kunsthistoriker haben daher stets hervorgehoben, wie sehr die russische Tradition das Werk der italienischen Meister beflügelt habe. Zwischen 1485 und 1516 gingen die Arbeiten ohne große Unterbrechungen voran. Dann war der Graben, der die Neglinnaja mit der Moskwa verbinden sollte, fertig gestellt, sodass der Kreml nun isoliert und nahezu unerreichbar war.
Außerdem errichtete man einen zweiten Wall jenem Platz gegenüber, der seit dem 15. Jahrhundert die Bezeichnung Roter Platz (Krasnaja Ploscad) trug. Das Adjektiv *krasnaja* bedeutet nicht nur „rot", sondern auch „schön". Zwischen 1487 und 1491 erbauten die Architekten Pietro Antonio Solari und Marco Ruffo den herrlichen Facettenpalast (Granowitaja Palata), mit der in Russland einzigartigen Fassade aus rautenförmigen Steinquadern. Sein heutiges Aussehen erhielt der Palast allerdings erst bei den Wiederaufbauarbeiten nach dem großen Brand von 1682.

230–231 *Der Große Saal im ersten Stock des Facettenpalasts zeichnet sich durch die typischen niedrigen Kreuzgewölbe aus, die von einem einzigen Viereckpfeiler im Zentrum getragen werden.*

231 *Das eindrucksvolle Vestibül im Erdgeschoss des Facettenpalasts wurde nach dem großen Brand von 1682 völlig neu gestaltet.*

232 links und 233 oben rechts Die Form der Säulen und der Dekor der „Goldenen Schwelle" des Terempalasts machen deutlich, dass man hier Methoden der Holzverarbeitung auf Stein zu übertragen versuchte.

232 oben rechts Um 1635 war der Bau des Terempalasts abgeschlossen, den man über einem älteren Gebäude errichtet hatte. Er diente als Privatresidenz der Zarenfamilie. Sein Kern gehört zu den ältesten Teilen des Kreml.

232 unten rechts Der Terempalast diente in der ersten Hälfte des 17. Jahrhundert als Modell für nahezu alle zivilen Gebäude Russlands. Im Jahr 1635 befahl Zar Michail Fjodorowitsch den Architekten Ogurzow, Sciarutin, Konstantinow und Uschakow, den bereits existierenden Palast aus dem 16. Jahrhundert um zwei Stockwerke zu erhöhen. Außerdem kam ein Attikageschoss hinzu, das man „Terjemok" (Kleiner Terem) nannte. In dieser mit Schlaf- und Wohnräumen ausgestatteten Zusatzetage wohnten die Zarenkinder.

232–233 Dieses Foto zeigt die Nordseite des Großen Kremlpalasts. Im Hintergrund erkennt man die Kuppeln der Teremkirche und der Mariä-Himmelfahrt-Kathedrale. Weiter rechts ragt der Glockenturm „Iwan der Große" über dem Dach empor. Von diesem Blickwinkel aus betrachtet, bestechen vor allem die prächtigen Farben des Terempalasts zur Linken. Sie verstärken den Eindruck, dass jedes Stockwerk aus dem darunter liegenden emporwächst.

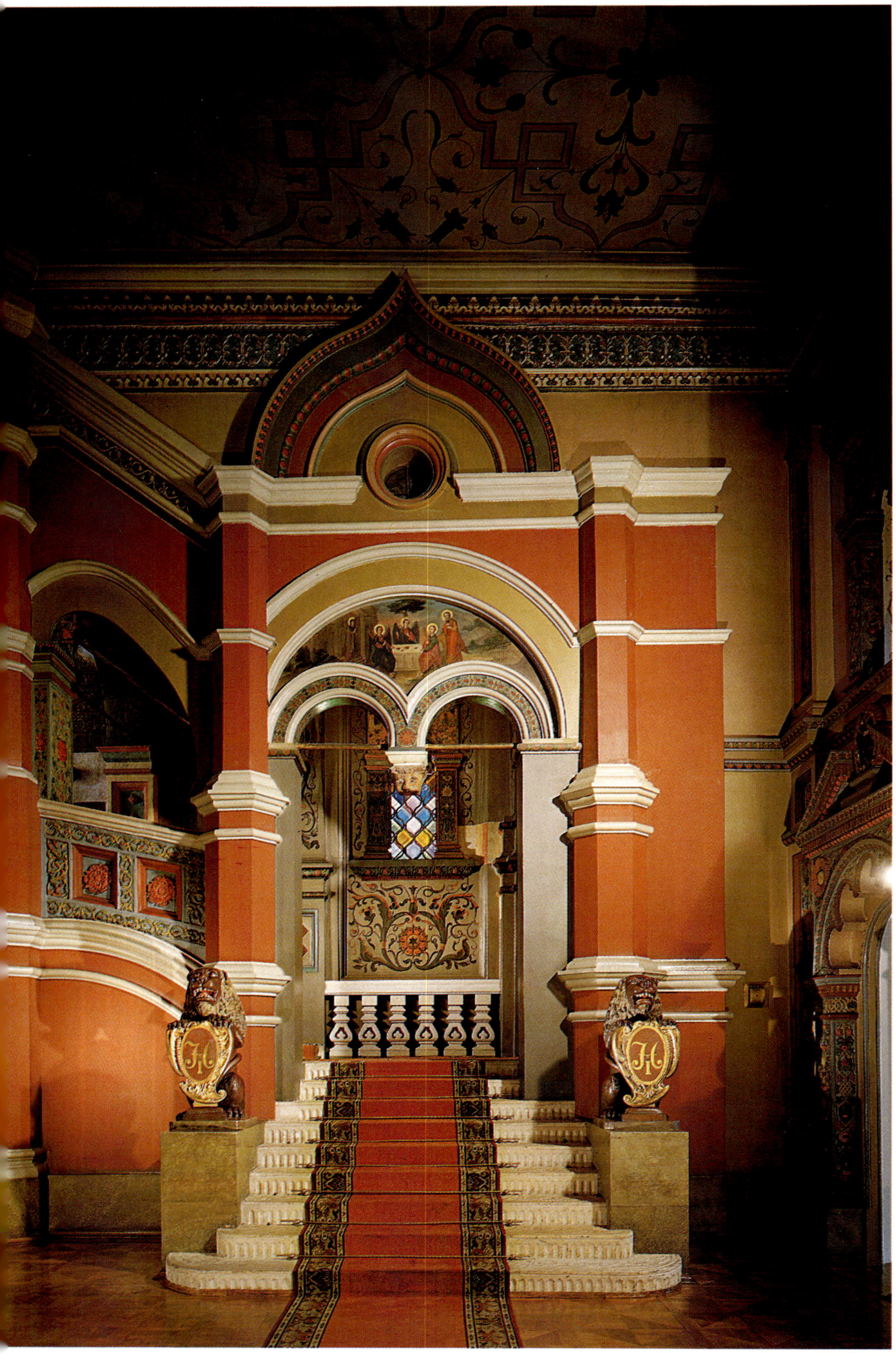

Die Renaissancefassade des Palasts mit ihren geraden Linien bildet einen deutlichen Kontrast zur Gestaltung des Innenraums und zum Großen Saal, einem Raum mit einem Viereckpfeiler in der Mitte, der ein typisches moskowitisches Kreuzgewölbe trägt und vollständig mit Fresken verziert ist. Zwischen 1505 und 1509 erbaute man die Erzengel-Kathedrale nach Plänen des Venezianers Alovisio Nuovo. Dieser hatte sich für den Bau an der Mariä-Himmelfahrt-Kathedrale orientiert, die Fassade jedoch mit Motiven im lombardischen Stil verziert, der während der Frührenaissance in Venedig in Mode waren. In der Erzengel-Kathedrale wurden von nun an fast alle russischen Herrscher beigesetzt. Außerdem war der dortige Priester der Kathedrale stets zugleich der Beichtvater der Zaren.
Im 17. Jahrhundert nahm man eine ganze Reihe umfassender Arbeiten in Angriff. Sie veränderten zwar nicht das Gesamtbild des Kreml, betonten jedoch die dekorativen Elemente, die nun ganz dem vorherrschenden Zeitgeschmack des Barock entsprachen.

Etwa zeitgleich erhöhte und verschönerte man mehrere Türme. Der Erlöser-Torturm (Spasskij-Turm), der den Haupteingang des Kreml bildete, erhielt eine Zeltdachspitze, der Arsenal-Eckturm (Arsenal'naja basnja) des italienischen Baumeisters Solari wurde fast auf die doppelte Höhe gebracht. Zwischen 1635 und 1636 erbauten die russischen Architekten Konstantinow, Ogurcow, Sarutin und Uschakow die steinerne Residenz der Zarenfamilie, die mit dem Großen Kremlpalast verbunden war und heute unter dem Namen Terempalast bekannt ist. Terem, ein ursprünglich türkisches Wort, bedeutet so viel wie Wohnort oder Appartement. Die Gemächer dieses Palasts waren eher intim und behaglich gestaltet und unterschieden sich deutlich von den großen offiziellen Empfangssälen.

Im Lauf des 17. Jahrhunderts verlagerte man die alte Waffenkammer. Die neue Rüstkammer umfasste die Hofateliers, und zwar durchaus nicht nur die der Waffenschmiede. Auch die Ausbildungsstätten für Handwerker und die Sammlungen des Zaren befanden sich hier.

Zur Zeit Katharinas II., der Großen (1729–1796), plante man auf Wunsch der Kaiserin weit reichende Umgestaltungen, der neuen und der alten Hauptstadt. Insbesondere der Moskauer Kreml sollte in neuem Glanz erstrahlen, um mit dem Paris des französischen Sonnenkönigs Ludwigs XIV. konkurrieren zu können.

Die Kommission, die das Projekt durchführen sollte, war mit den Entwürfen für das neue Sankt Petersburg bereits vollständig ausgelastet. Am 14. März 1774 berief die Herrscherin daher per Erlass ein Gremium, das einen neuen Gesamtplan zur Verbesserung der Bauten in Moskau vorlegen sollte. Die Leitung übernahm P. N. Kozin; der Franzose L. L. Legrand wurde zum leitenden Architekten ernannt. Legrands Ideen für den Großen

234–235 *Staatsangelegenheiten diskutierte man im Parlamentssaal. Hier wurden viele Konflikte zwischen russischen Adligen und den Zaren ausgeräumt. Ins Auge fallen der große intarsienverzierte Tisch aus dem 17. Jahrhundert mit vergoldeten Beinen und das Deckenfresko der Jungfrau Maria mit Kind.*

Kremlpalast deckten sich weitgehend mit den Vorschlägen, die bereits Bazenow, ein Vorreiter des Klassizismus, der in der Gunst Katharinas stand, unterbreitet hatte. Bazenows Entwurf sah die Umstrukturierung des Kreml als Teil einer umfassenden urbanen Erneuerung ganz Moskaus vor. Dabei sollten ein Teil der Mauer und zwei Türme am Ufer der Moskwa fallen. Die Mauern baute man jedoch rasch wieder auf, aber der Palast sollte den Minen Napoleons I. nicht standhalten. Das einzige Großprojekt, das man im 18. Jahrhundert im Kreml in Angriff nahm, war das alte Senatsgebäude, ein dreieckiges Gebäude mit rundem Kuppelsaal, das M. F. Kasakow zwischen 1776 und 1788 erbaute.

Im Jahr 1812 ließ Napoleon I. Mauern, Türme und Gebäude des Kreml verminen, bevor er sich aus Moskau zurückziehen musste.
Der Wiederaufbau dauerte mehr als 30 Jahre, doch verzichtete man dabei auf eine ganze Reihe von Bauten. Stattdessen entstanden der Große Kremlpalast (1838–1849 und die 1851 vollendete Rüstkammer, in der sich seitdem alle Sammlungen des russischen Reichs befinden. Beide Komplexe errichtete der Architekt Konstantin Andrejewitsch Thon.
Im ersten Stock des Großen Kremlpalasts mit seiner nach dem Vorbild altrussischer Kirchen entworfenen Kuppel liegen die Empfangssäle. Im größten, dem Georgssaal, erinnert alles an wichtige Vertreter des gleichnamigen Ordens und an bedeutende russische Siege. Den ehemaligen Alexandersaal und den Andreassaal fasste Iwanowitsch 1922 zum Kongresssaal zusammen. Hier befand sich mehr als 70 Jahre lang das Machtzentrum der Sowjetunion.
Der imposante Komplex des Kreml nahm seine heutige Form im Lauf von Jahrhunderten an, denn immer wieder veränderten Erweiterungen, Um- und Neubauten sein Aussehen. Je nach vorherrschendem Zeitgeschmack und politischer Intention gestaltete man ihn um. Das Ergebnis lässt sich unter

234 unten *Im Schlafzimmer der Zarin steht ein großes geschnitztes vierpfostiges Bett. Vom Originaldekor aus dem 17. Jahrhundert ist nur wenig erhalten. Die heutige Ausstattung schuf T. Kissilow zwischen 1836 und 1838 nach Entwürfen von F. Solnzew, der die alten Blumenmotive zu rekonstruieren versuchte.*

235 links *Große Keramiköfen stehen an zwei Seiten des Vestibüls im vierten Stockwerk des Terempalasts.*

235 oben rechts *Der Thronsaal des Terempalasts ist ganz in Rot, der Farbe der Macht, gehalten. Doppeladler zieren die Schlusssteine.*

235 unten rechts *Die Doppelfenster im gotischen Stil zählen zu den neuartigen architektonischen Elementen des Terempalasts. Das Licht, das in den Raum fällt, wird durch die farbig verzierten Fenster gedämpft und akzentuiert die Fresken, Akanthusblätter, Blumen- und Tiermotive an Decke, Säulen und Wänden.*

236 Mitte Der Katharinensaal ist der Hauptsaal im Westflügel des Großen Kremlpalasts. Sein Name bezieht sich auf den Katharinenorden, dessen Embleme sich auch auf den Wänden finden. Die weiche Farbe harmoniert gut mit den stilvollen Möbeln im Empirestil.

236 unten Der Georgssaal, der nach den Rittern des Georgsordens benannt ist, gilt als bestes Beispiel für die gelungene Raumgestaltung russischer Paläste. Er ist der größte und eindrucksvollste Saal des Großen Kremlpalasts.

236 oben Dicke Mauern, durchbrochen von massiven Türmen, umschließen den Kreml. Die Befestigungsanlage entstand im 15. Jahrhundert zunächst auf der Südseite des Kreml am Ufer der Moskwa, denn von dieser Seite aus konnten Feinde am leichtesten einfallen.

formalen oder unter ideologischen Gesichtspunkten beurteilen.
Ein englischer Kunsthistoriker unterschied drei Phasen in der Geschichte des Kreml: die primitive Holzepoche, die italienische Ära der Renaissance und schließlich die moderne Epoche. In dem zuletzt genannten Zeitabschnitt entstanden neoklassizistische Gebäude wie das alte Senatsgebäude, aber auch der mächtige Große Kremlpalast im Stil des Historismus.
Kunstgeschichtliche Kriterien genügen jedoch nicht, um den Kreml und seine Vergangenheit zu erhellen. Auch die Herkunft der Künstler und Architekten, die ihn erbauten, und die Herrscherpersönlichkeiten, die die Gebäude in Auftrag gaben, tragen zum Verständnis bei, beantworten aber nicht alle Fragen erschöpfend.
Die Geschichte des Kreml ist untrennbar mit der von Moskau und Russland verknüpft, mit den bedeutenden historischen Ereignissen, aber auch mit der Gedankenwelt und den Vorstellungen der Fürsten und der russischen Denker. Im Kreml laufen die Geschichte der Rus, des Moskauer Großfürstentums, des russischen Reichs, der Sowjetunion und des nach ihrem Fall entstandenen Staats zusammen. In diesem Sinn verkörpert der Kreml die Kontinuität eines vor 700 Jahren entstandenen Reichs.
Mehrfach drohte der Kreml unter dem Ansturm feindlicher Mächte zusammenzubrechen: Die Tataren richteten schwere Verwüstungen an, doch beseitigte man die Schäden, kaum dass die Angreifer sich zurückgezogen hatten. Zu Beginn des 17. Jahrhunderts herrschten in Russland chaotische Zustände, als mithilfe von Polen Pseudodemetrius I. auf den Thron gelangte, der sich als Sohn Iwans IV. Wassiljewitsch ausgab. Der falsche Dmitrij wurde am 17. Mai 1606 bei einem Aufstand erschlagen, doch versuchte Polen mit Pseudodemetrius II. und Pseudodemetrius III., Thron und Macht an sich zu reißen. Tatsächlich gelang es den Polen, Moskau zu erobern, doch vertrieb ein Volksaufstand sie wenig später endgültig aus dem Kreml.
1812 stand Napoleon I. mit seiner Grande Armée (Große Armee) vor den Toren Moskaus, das in Flammen aufging, ehe die französischen Soldaten im russischen Winter zu Tausenden starben.
Über Jahrhunderte fielen in den Mauern des Kreml alle wichtigen politischen Entscheidungen, die das In- und Ausland betrafen. Iwan Kalita

236–237 und 237 unten rechts *Vergangenheit und Gegenwart verschmelzen auf diesem Foto: Im Vordergrund leuchtet die goldene Kuppel des Großen Kremlpalasts, im Hintergrund erhebt sich ein typisches Gebäude der stalinistischen Ära. Heute ist der Kreml vor allem aufgrund seiner herrlichen russischen Kuppelkirchen, imposanten Paläste und kostbaren Sammlungen berühmt. Zugleich schlägt hier aber auch immer noch das Herz des politischen und sozialen Lebens.*

237 oben *Dieser Saal diente einst als Schlafzimmer Katharinas der Großen. Der Alkoven der Zarin wurde an einen anderen Ort gesetzt, aber die Möbel aus dem 18. Jahrhundert blieben an Ort und Stelle. Zu ihnen gehört eine faszinierende französische Uhr.*

237 unten links *Die Fassade des Großen Kremlpalasts wirkt mächtig, zugleich aber schlicht und elegant. Der Palast sieht an der Südseite des Kreml unweit der Moskwa. Die Buchstaben CCCP kürzen „Union der sozialistischen Sowjetrepubliken" (UdSSR) ab.*

238–239 *Dieser Korridor zwischen zwei Sälen des Großen Kremlpalasts wirkt majestätisch und zugleich originell. Die Blumenmotive auf rotem Hintergrund sind dem Stil von Pompeji nachempfunden. Die schön geschnitzten Holzbalken ruhen auf perfekt restaurierten hölzernen Säulen, diese wiederum auf zwei bemalten hölzernen Unterbauten, die die gesamte Länge des Korridors einnehmen.*

239 links *Im Unterschied zu den anderen Räumen des Appartements der Kaiserin ist dieses kleine Ankleidezimmer ganz im Neo-Rokokostil gehalten. Helle Farben (Weiß, Gold und Blau) herrschen vor. Eine große Säule in der Mitte trennt den Durchgangsbereich vom „Willkommensbereich". Die mächtige Porzellanlampe im Hintergrund entstand in der ersten Hälfte des 19. Jahrhunderts in einer der Manufakturen des Reichs.*

(„Geldbeutel") gewann durch hohe Tributzahlungen die Unterstützung des Chans der Goldenen Horde. Die russischen Fürsten häuften riesige Geldmengen an und konnten auf diese Weise ihre Macht immer weiter ausbauen, bis sie selbst an die Stelle der verhassten Tataren traten. Im Kreml standen der Palast des Großfürsten und jener des Metropoliten – später der des Zaren und des Patriarchen – einander gegenüber und nach der Russischen Revolution bezogen die verschiedenen Büros der Kommunistischen Partei und der Sowjetregierung hier Stellung. Die Kommunistische Internationale tagte im Großen Kremlpalast und auch die Parteitage der KPdSU fanden hier statt. Der Kreml erlebte die Anfänge der UdSSR ebenso wie die stalinistische Ära, den Kalten Krieg und das politische Tauwetter sowie schließlich den Zerfall der Sowjetunion bis zu ihrer Auflösung am 25. Dezember 1991.

239 oben rechts *Der große Empfangssaal mit vergoldeten Möbeln und Wandverzierungen sowie goldenen und grünen Brokatvorhängen entspricht ganz dem Stilideal des Barock.*

239 unten rechts *Diese sieben Räume umfassende Enfilade im Südflügel des Großen Kremlpalasts wirkt geradezu märchenhaft. Mächtige Kronleuchter und vergoldete Kandelabervasen im Neo-Rokokostil beherrschen das Bild.*

DIE SCHLOSSANLAGE VON ZARSKOJE SELO

Sommerresidenz der Zaren

240 oben *Dieses Porträt von Katharina II., der Großen, im Tempel der Gerechtigkeit (Tretjakow-Galerie, Moskau) malte Dmitrij Grigorjewitsch Lewizkij (1735–1822).*

Im 18. Jahrhundert wurden viele Herrscher Mittel- und Osteuropas vom „Versailles-Fieber" ergriffen und versuchten, das französische Schloss, seine Gärten oder die Innenausstattung nachzuahmen. Die russischen Herrscher gingen dabei wohl am weitesten. Den Bau von Sankt Petersburg hatten sie als Herausforderung betrachtet, die großen Sommerresidenzen außerhalb der Stadt dienten dagegen der Selbstverherrlichung der Zaren, die Architektur und Künste zu diesem Zweck instrumentalisierten.
In seiner Rede zur Eröffnung der Akademie der Schönen Künste in Petersburg betonte der russische Gelehrte und Dichter Michail Wassiljewitsch, Lomonossow, dass Russland nach seinen glanzvollen Siegen die eindrucksvollsten Kunstgegenstände verdiene, um seine Größe angemessen zu zelebrieren.
Lomonossow vertrat die Auffassung, dass sich die Größe des Staats in den architektonischen Formen widerspiegeln müsse, eine Vorstellung, die sich wie ein roter Faden durch die gesamte Geschichte des russischen Reichs und der Sowjetunion zieht. Keineswegs zufällig gehörten große Kolonnaden mit neoklassizistischen Giebeln zu den typischen architektonischen Elementen der stalinistischen Ära. Die Schlossanlage und die herrlichen Gärten von Zarskoje Selo („Zarendorf") bieten wohl das bemerkenswerteste Beispiel für den Hang zu übersteigerter Selbstdarstellung.

240 Mitte *An der Fassade des Großen Katharinenpalasts alternieren Statuen des Atlas mit breiten Fenstern und bilden einen vertikalen Kontrast zur massiven horizontalen Form des Gebäudes. Außerdem heben sich die vergoldeten Statuen effektvoll vom weißblauen Hintergrund der Mauern ab.*

Nach 1917 benannte man Zarskoje Selo zunächst in Dezkoje Selo („Kinderdorf") um, 1937 erhielt der Ort anlässlich des 100. Todestags von Aleksandr Sergejewitsch Puschkin den Namen des großen Dichters, der unabhängig von der gerade herrschenden Macht stets als genialster Vertreter des russischen Geists galt.
Wie die übrigen Residenzen der Zaren entstand auch die Schlossanlage von Zarskoje Selo aus einem bescheidenen Palast, den man im Lauf der Zeit erweiterte und mit anderen Gebäuden verband. Später strukturierte man den so entstandenen Komplex neu, um das Gesamtbild einheitlicher zu gestalten, und nahm eine Vielzahl von Umbauten vor. In Sankt Petersburg und seiner direkten Umgebung waren bei allen Projekten stets die gleichen Architekten und Bauherren am Werk. Hier dauerte es über 200 Jahre – vom Anfang des 18. Jahrhunderts bis zur Zeit Stalins – bis die Paläste ihre endgültige Form angenommen hatten.
Für den Bau der Schlossanlage wählte man ein Landgut namens Saari (erhöhter Platz). Zum ersten Mal taucht der Ort in einer schwedischen Karte aus den 70er-Jahren des 17. Jahrhunderts auf. Nachdem Peter der Große Narwa im Jahr 1704 von Schweden zurückerobert hatte, schenkte er seiner Frau Katharina, die später als Kaiserin (1725–1727) über Russland herrschen sollte, insgesamt sechs Güter im Umkreis von Sankt Petersburg, darunter auch Saari.
In einem Holzgebäude, das sich an der Stelle des heutigen Großen Katharinenpalasts befand, brachte Katharina zunächst eine Hauskapelle unter, die der heiligen Katharina geweiht wurde. Später wurde hier – immer noch aus Holz – die Palastkirche errichtet. Ab diesem Zeitpunkt taucht Saari in den Dokumenten stets unter dem Namen Zarskoje Selo auf.
Im Unterschied zu Peterhof und zu Oranienbaum, wo Fürst Menschikow, der Vertraute Peters des Großen und gleichzeitig der Geliebte Katharinas, residierte, bezeichnete man den ersten Holzbau von Zarskoje Selo nicht als Lustschloss, handelte es sich doch vielmehr um eine bescheidene Villa im traditionellen russischen Stil. Als man um 1720 die ersten Gebäude aus

240 unten *Die Architekten Kwasow und Tschewakinskij vor allem aber Bartolomeo Carlo Rastrelli gaben dem Palast sein heutiges Aussehen. Das Gebäude mit seiner üppig dekorierten Fassade ist das unbestrittene Meisterwerk des russischen Barock.*

240–241 *Mehrere Generationen von Architekten, Handwerkern und Arbeitern aus den unterschiedlichsten Ländern wirkten an der imposanten Fassade des Großen Katharinenpalasts mit. Im Hintergrund sind die Kuppeln der Palastkirche zu erkennen.*

241 oben *Pietro Antonio Rotari schuf dieses Porträt von Bartolomeo Carlo Rastrelli. Das Gemälde hängt heute im Russischen Museum von Sankt Petersburg.*

241 unten links *Der Mitteltrakt (Srednij Dom) des Großen Katharinenpalasts öffnet sich zum alten Garten hin und umfasst die ältesten Teile der Anlage. Der deutsche Architekt Johann Friedrich Braunstein entwarf sie zwischen 1718 und 1724.*

241 unten rechts *Die traditionellen fünf Goldkuppeln krönen die Kirche, die Tschewakinskij am äußeren rechten Ende des Mitteltrakts anbaute. Tschewakinskij arbeitete zunächst als Kwasows Assistent und übernahm später selbst die Bauleitung, die er bis 1760 innehatte. Anschließend trat der Italiener Rastrelli an seine Stelle.*

242–243 *Der prächtige Große Saal wurde für offizielle Empfänge und Bälle genutzt. Rastrelli zog Stein den sonst üblichen Stuckaturen vor, vermutlich weil sich auf diese Weise jedes Teil von den anderen geringfügig unterschied und der Dekor somit nicht aus Serien, sondern vielmehr aus einer Fülle von Einzelstücken bestand.*

243 oben links *Den Achatpavillon entwarf Charles Cameron (1740–1812), ein Meister der Innenausstattung und Raumgestaltung. Mit viel Talent kombinierte er Farben und Materialien, zum Beispiel die in Russland häufig vorkommenden Halbedelsteine, aber auch Glas, Fayencen und chinesische Lackarbeiten.*

Stein errichtete, waren an den Bauarbeiten, wie in Russland üblich, Tausende von Leibeigenen mit ihren Familien beteiligt, die man aus weit entfernten Ländereien der Krone herbeigeholt hatte. Es gibt aus jener Zeit nur wenige fragmentarische Notizen über Zarskoje Selo und überhaupt keine Bilder.

Das Anwesen bestand damals nur aus wenigen Gebäuden und einer großen Grünfläche. Zwischen 1742 und 1743 entwarf der Architekt Semzow den ersten wirklichen Plan zur Gestaltung des Areals. Zu jener Zeit regierte Elisabeth Petrowna (1709–1762), die Tochter Peters des Großen. 1743 wurde der Steinpalast Katharinas I., den der deutsche Architekt Johann Friedrich Braunstein 1722 erbaut hatte, umstrukturiert. Nun kamen zwei durch Galerien mit dem Mitteltrakt verbundene Flügel hinzu. Nach Semzows Tod übernahm sein Schüler Kwasow die Leitung der Arbeiten, später erhielt er Unterstützung von Giuseppe Trezzini und Tschewakinskij, der schließlich die Bauleitung übernahm, bevor der Architekt Bartolomeo Carlo Rastrelli an seine Stelle trat. Rastrelli hatte bereits in Peterhof sein Können unter Beweis gestellt. Als wahrer Meister erwies er sich vor allem auf dem Gebiet der Raumgestaltung. Dabei platzierte er die Haupttreppe eines Palasts in der Regel nicht im Zentrum des Gebäudes, sondern an einer der Seiten. Der Haupteingang mündete dann in eine Goldene Enfilade, eine Abfolge von Sälen und Kabinetten, die sich im Großen Katharinenpalast von Zarskoje Selo wie an keinem anderen Ort ineinander fügen.

Als hervorragender Zeichner entwarf Rastrelli persönlich jedes Detail der Innenausstattung. Diese besticht durch Farbenvielfalt, Lebendigkeit und das effektvolle Zusammenspiel von Licht und Schatten. Zahllose Spiegel reflektieren die vergoldeten Voluten der Holzintarsien, die Deckenfresken und die kostbaren Parkettböden. Bei den Arbeiten zum Großen Katharinenpalast veränderte Rastrelli den von Kwasow und Tschewakinskij angelegten einstöckigen Dreiflügelbau mit Betonung auf der vertikalen Achse stark. Er schuf einen kompakten Palast, den er durch geometrisch angeordnete Säulenreihen, Fenster und Balkons zu einem Musterbeispiel der Barockkunst gestaltete. Durch das gekonnte Zusammenspiel der Farben – bläulicher Putz, weiße Säulen und goldene Statuen – wirkt die Fassade sehr lebendig.

Außer dem Großen Katharinenpalast schuf Rastrelli auch noch eine Reihe von Lusthäusern, die auf Entwürfen von Kwasow und Tschewakinskij basierten. Hier konnten illustre Gäste

des Hofs nach der Reise oder einer Jagd Ruhe finden oder sich zu einem Abendessen in kleinem Kreis versammeln. Heute sind von diesen Gebäuden nur noch die Eremitage und die Grotte am Nordufer des Großen Sees erhalten, auch ihnen fehlt der ehemals reiche Skulpturenschmuck. Zwischen 1740 und 1750 richtete man das Augenmerk stärker als zuvor auf die Gärten. Man ließ die schönsten Statuen aus den Gärten von Sankt Petersburg nach Zarskoje Selo bringen; die Bäume beschnitt man, sodass sie wie bizarre Gebilde wirkten. 15 Jahre arbeiteten Tausende von Menschen an der Vollendung des gewaltigen Bauprojekts.

Katharina II, die Große, wollte jedoch Zarskoje Selo den Stempel ihrer Persönlichkeit aufdrücken und plante daher Umstrukturierungen, die bisher selbst in Moskau und Sankt Petersburg undenkbar waren. Bis zu diesem Zeitpunkt war die Geschichte der Sommerresidenz stets mit den Ereignissen in der nahe gelegenen Hauptstadt verbunden. Nun begann eine dritte Phase der architektonischen und landschaftlichen Gestaltung. Die erste hatte ganz im Zeichen Katharinas I. und der alten russischen Tradition gestanden; Elisabeth Petrowna und der Rokoko in höchster Formvollendung hatten die zweite Phase geprägt, während Katharina II. nun einen raffinierten Klassizismus propagierte, der allerdings nicht immer mit der bereits vorhandenen Bausubstanz harmonierte. Zu den weniger gelungenen Innovationen jener Epoche gehören zum Beispiel zwei nach vorne gesetzte Anbauten an den Seiten der Fassade des Großen Katharinenpalasts. Außerdem verlegte man den Haupteingang in die Mitte der Fassade. Dadurch verlor Rastrellis in sich perfekt konstruierte Anlage viel von ihrem Reiz, ohne dass eine Struktur entstanden wäre, die dem neuen Zeitgeschmack tatsächlich entsprochen hätte. Die besten Resultate erzielte man bei der Einebnung des Areals sowie bei der Neuanlage der Gärten und Seen.

Im Jahr 1770 sandte Katharina II. den Architekten Nejelow mit seinem Sohn nach England. Dort sollten sie die Parkanlagen studieren. Nach ihrer Rückkehr begannen sie, jenen für den Klassizismus typischen Landschaftsgarten anzulegen, dessen erzwungene Natürlichkeit schon wieder den Status eines Kunstwerks hat. Ab 1773 wurde der Große See umgestaltet. Seine geraden Ufer erhielten Einbuchtungen, die ihn natürlicher wirken lassen sollten. Im Westen setzte man zwei künstliche Inseln ins Wasser, die Wilde Insel (Dikji Ostrow) und die Steinige Insel (Kamennji Ostrow), im Osten kam die Kleine Insel (Malji Ostrow) dazu, während man die bereits vorhandene Insel (Bolschoj Ostrow) vergrößerte. Die Gestaltung der Grünflächen übernahmen Nejelow und die Gartenarchitekten J. Busch und T. Iljin. Allein im Jahr 1772 pflanzte man in Zarskoje Selo über 200 000 Bäume. Bereits 1769 hatte Nejelow die Palladianische Brücke (Palladiew Most) geplant, in den 70er-Jahren kamen

243 oben rechts *Eine Ecke der von Rastrelli entworfenen Gemäldegalerie beherrscht dieser große Delfter Kachelofen. Links hängt ein Porträt von Kaiserin Elisabeth Petrowna. Der Parkettboden wurde nach Rastrellis Entwürfen restauriert.*

243 unten rechts *Zwei hohe Kachelöfen stehen einander gegenüber und teilen die Gemäldegalerie des Großen Katharinenpalasts in zwei gleich große Hälften. Die nur durch schmale Goldrahmen voneinander getrennten Gemälde an den Wänden wirken wie eine Tapete.*

244 oben links *Charles Cameron entwarf das Grüne Speisezimmer und die Innenausstattung. Diese zweifarbige Täfelung zeigt Greifen, stilisierte Pflanzenmotive und Putten.*

Säulen und Bögen hinzu, die an die Türkenkriege Russlands (1768–1774) erinnern sollten. Dazu zählen die Turmruine von Veldten, die von Rinaldi entworfene Rostrasäule (Tschesme-Säule) und die Morea-Säule auf der gleichnamigen Insel.
Bedeutende Beiträge leistete in jener Zeit Giacomo Quarenghi, der Begründer des Klassizismus der russischen Architektur, der russischste unter den italienischen oder der italienischste unter den russischen Architekten jener Epoche. Katharina II. rief ihn im Jahr 1779 nach Sankt Petersburg, wo er zunächst am Winterpalais arbeitete und weitere Paläste sowie Innenausstattungen plante. 1810 fuhr er nach Italien, um Familienangelegenheiten zu regeln. Genau zu jener Zeit erging ein Erlass von Vizekönig Eugène de Beauharnais, der allen in Russland residierenden Italienern die sofortige Rückkehr in ihre Heimat befahl. Schweren Herzens entschloss sich Quarenghi, für immer nach Russland zu gehen, wo er 1817 starb. In Zarskoje Selo plante und erbaute er das Alexander-Palais.
1788 beauftragte Katharina II. Nejelow, ein vierstöckiges Gebäude aus Stein für den Erbprinzen Paul zu errichten. In dem Lyzeum, das in diesem Bau seine Tore öffnete, studierte unter anderem Puschkin von 1811 bis 1817. Als Nachfolger Katharinas II. bestieg Kaiser Paul I. (1754–1801) den Thron. Es heißt, er habe seine Hunde in den Zimmern des Großen Katharinenpalasts wüten lassen, die seine Mutter einst bewohnt hatte.
Im Verlauf des 19. Jahrhunderts gingen die Arbeiten in Zarskoje Selo und den dazugehörigen Gärten voran. Es entstanden Wirtschaftsgebäude, Pavillons, Säulen und künstliche Ruinen. Zwischen 1850 und 1852 legte I. A. Monighetti ein türkisches Bad mit Minarett und vergoldeter Kuppel an, um den damals modernen Sinn für exotische Bauwerke zu befriedigen.
Nach 1917 erklärte man Zarskoje Selo zum Museum, das sich sowohl der Forschung als auch der didaktischen Aufarbeitung der Geschichte verschrieb. Außerdem diente der Ort aufgrund seines gesunden und relativ milden Klimas als Erholungsstätte für Kinder. Während der Belagerung von Leningrad im Zweiten Weltkrieg beschädigten die Deutschen Zarskoje Selo schwer. Vor ihrem Rückzug plünderten sie die Schlossanlage und legten im Erdgeschoss des Großen Katharinenpalasts einige Bomben, die das gesamte Gebäude – ähnlich wie es in Warschau geschehen war – in die Luft sprengen sollten. Es gelang zwar, die Bomben zu entschärfen, doch war die Anlage weitgehende zerstört.
Unmittelbar nach Kriegsende begannen die Restaurierungsarbeiten. Nach Möglichkeit wollte man den Originalzustand wiederherstellen, doch waren einige der Gebäude für immer verloren. Etwa zeitgleich bemühte man sich, die verschleppten Schätze und Kostbarkeiten in mühsamer Kleinarbeit und mit viel diplomatischem Verhandlungsgeschick wieder zusammenzutragen. Alle Objekte, die man zurückerhielt, gelangten – so weit wie möglich – an ihren ursprünglichen Platz zurück.
Heute zieht Zarskoje Selo wieder viele Besucher in seinen Bann. Mehr als die Details beeindruckt die mächtige und harmonische Gesamtanlage. Über die Jahrhunderte konnte man die Schönheit der Schlossanlage von Zarskoje Selo bewahren, und zwar unabhängig von Zeit und Modeerscheinungen, aber auch von der politischen Macht, die diese Anlage einst hervorbrachte.

244 Mitte *Das herrliche Parkett mit geometrischen Mustern und Pflanzenmotiven sowie die Decke im Stil Pompejis bilden die Hauptanziehungspunkte des Blauen Salons, den ebenfalls Cameron entwarf. In Zarskoje Selo ist dieser Salon Camerons Meisterwerk.*

244–245 *Die weiße Marmortreppe ist ein typisches Beispiel für neoklassizistische Raumgestaltung. Im Mittelteil des Gebäudes verbindet sie das Erdgeschoss mit dem ersten Stock. Der weiße Marmor und der gleichfarbige Stuckdekor bringen das Vestibül zum Leuchten. Die roten Vorhänge bilden dazu einen effektvollen Kontrast.*

244 unten links *Dieses Detail der in Paneele und Medaillons untergliederten Decke im Blauen Salon belegt Camerons Vorliebe für Motive der klassischen Antike.*

245 oben *Diese Stuckmedaillons mit mythologischen Szenen schuf Iwan Petrowitsch Martos (1754–1835, der bekannteste russische Bildhauer jener Zeit.*

245 unten links *Diese Ansicht von Maria Fjodorownas Schlafzimmer mit dem herrlichen Parkettboden aus unterschiedlichen Holzarten und den schlanken, flöten- oder spiralförmigen Säulen stellt einmal mehr Camerons Genie unter Beweis.*

245 unten rechts *Das Grüne Speisezimmer besticht durch die erlesenen Materialien, die hier Verwendung fanden und präzise dem Zeitgeschmack entsprachen.*

PETERHOF

Reich der Kaskaden und Fontänen

246 oben rechts *Das kaiserliche Wappen und die Monogramme der Herrscher zieren das „Krönungsbuch Ihrer Majestäten Zar Alexander II. und Zarin Maria Alexandrowna", das die Akademie der Wissenschaften von Sankt Petersburg 1856 veröffentlichte. In diesem Buch illustrieren 17 Lithographien und Aquarelle die Krönungsfeierlichkeiten.*

Peterhof ist das russische Reich der Kaskaden und Fontänen. Die gesamte Anlage wirkt wie der Palast eines Meergottes, der sich hier eine märchenhafte und verzauberte Residenz geschaffen hat. Der berühmte Maler Aleksandr Nikolajewitsch Benois (1870–1960) machte das „russische Versailles" durch unzählige Aquarelle und Ansichten noch bekannter, als es ohnehin schon war. Peterhof ist die älteste und schönste Sommerresidenz in der Umgebung von Sankt Petersburg. Sie liegt direkt am Finnischen Meerbusen auf einer etwa 2 km breiten Landzunge. Peter der Große, dessen Name sich wie der keines anderen Zaren mit dem Meer verbindet, fertigte selbst die Entwürfe für das erste Schloss und den Park. Um 1703 hatte er aus wirtschaftlichen und strategischen Gründen den Bau einer Festung an der Ostsee begonnen, ein Vorhaben, das in der Folge ein Fülle von Problemen aufwarf. Als Peter der Große feststellte, dass die Position des als Peter-und-Paul-Festung bezeichneten Bollwerks an der Mündung der Newa ungünstig gewählt war, entschied er, etwa 30 km weiter eine andere Burg zu errichten, und zwar in Kronstadt auf der Insel Kotlin im Finnischen Meerbusen. Der Zar, der sich für Schiffsbautechnik und Handwerk – insbesondere für das des Zimmermanns – begeisterte, fuhr regelmäßig mit dem Boot zu der Insel hinaus, um den Fortgang der Arbeiten zu überwachen. An der Ablegestelle ließ er ein kleines Holzhaus, den Peterhof, erbauen. Dieses Gebäude, das am 13. August 1705 erstmals in der Feldpost des Zaren Erwähnung fand, wurde neun Jahre später durch das Schlösschen Monplaisir ersetzt, das der Monarch besonders liebte.

Während in Sankt Petersburg die eigentümlichsten Moden aufkamen, wahrte man beim Bau von Peterhof zunächst Zurückhaltung. Erst nach dem entscheidenden Sieg von Poltawa über die Schweden im 2. Nordischen Krieg im Jahr 1709 sah Peter den Moment gekommen, um das Schlösschen zur luxuriösen und repräsentativen Residenz zu erheben. Schloss und Park sollten „Russland als große Seemacht" verherrlichen. Der Zar wollte eine Anlage bauen, die mit Versailles konkurrieren konnte, und lud zu diesem Zweck namhafte ausländische Spezialisten, Maler, Techniker und Gärtner an seinen Hof. Architekten wie der Franzose Jean-Baptiste Alexandre Leblond, ein Schüler des berühmten Gartenarchitekten André Le Nôtre, gehörten ebenso dazu wie der Italiener Nicolò Michetti und der Deutsche Johann Friedrich Braunstein. Gemeinsam schufen sie einen großen, von Alleen durchzogenen Park auf unterschiedlichen Ebenen mit mehreren Terrassen.

Das Große Schloss, das Leblond und Braunstein im Stil des Barock planten,

246 oben links und 247 unten rechts *Diese Details gehören zu einer Fontäne im Oberen Garten, die häufig verändert wurde. 1958 schuf der Bildhauer Gurzij die heutige Version mit einem Ungeheuer, umringt von vier Delphinen.*

246 Mitte *Dieses Foto zeigt die Hauptfontäne von Peterhof, die Samson-Fontäne, mit ihrem riesigen Wasserstrahl und den grünen Marmorstufen im Hintergrund. Dahinter erhebt sich die Nordfassade des Großen Schlosses mit der Kapelle auf der linken Seite.*

246 unten *Diese Ansicht der Großen Kaskade fasst auch den knapp 400 m langen Meerkanal ins Bild, der ursprünglich einen direkten Zugang zur See schaffen sollte. Auf der rechten Seite steht einer von zwei neoklassizistischen Pavillons, die Woronischin 1803 mit vergoldeten Kuppeln, Säulen und Dachfontänen entwarf.*

246–247 *Dieses Bild zeigt den Mitteltrakt des Großen Schlosses von Peterhof, hier mit der Großen Kaskade, der Grotte und der Samson-Fontäne, die sich im Wasser des Meerkanals spiegelt.*

247 oben *Im Jahr 1717 malte Jean-Marc Nattier dieses Porträt von Peter dem Großen, das heute in der Eremitage hängt. Das Zepter weist den Zaren als Herrscher aus, die glänzende Rüstung unterstreicht seine Bedeutung als Militärführer. Eine Hand ruht am Schwert, die andere liegt auf seinem Helm.*

248 oben *Die Kaskade Goldener Berg im Unteren Garten fällt über 22 vergoldete Stufen, die an den Seiten mit Balustraden und Marmorstatuen verziert sind. Die großen Fontänen am Fuß der Kaskade nannte man „Spar-Fontänen", weil sie trotz ihres 15 m hohen Strahls nur wenig Wasser verbrauchen.*

248–249 *Diese Gesamtansicht zeigt die Sommerresidenz Peterhof mit dem Finnischen Meerbusen von Süden aus betrachtet. Das Große Schloss teilt den Park in zwei Hälften, den Oberen und den Unteren Garten. Letzterer – hier im Vordergrund – diente zunächst als Gemüsegarten, bis man ihn zum Ehrenhof umwandelte. Heute befindet sich an seiner Stelle ein französischer Garten mit Blumenrabatten, Fontänen und Statuen aus Marmor und vergoldeter Bronze.*

liegt als Hauptanziehungspunkt zwischen dem Oberen und dem Unteren Garten und dominiert den unteren Teil des Parks mit seinen Fontänen und Kaskaden.
In Peterhof gibt es keine verborgenen Pumpen. Das Wasser fließt von den etwa 20 km entfernten Bergen durch ein System von 18 künstlichen und natürlichen Becken, Kanälen und Röhren, das der Ingenieur Tuwolkow anlegte. Am 15. August 1723 wurde die Residenz offiziell eingeweiht, und obgleich noch nicht alle Arbeiten abgeschlossen waren, verzauberten der Ort und vor allem die einzigartigen Wasserspiele schon damals die Gäste. Peter der Große hatte auch die Idee für das eindrucksvollste Monument von Peterhof: die Große Kaskade. Von hier aus läuft das Wasser durch einen etwa 400 m langen, fontänengesäumten Kanal ins Meer.
Leblond und Braunstein schufen die Große Kaskade im Barockstil mit 64 Fontänen und 225 vergoldete Bronzeskulpturen, die Meergottheiten, russische Flüsse und die russische Seemacht darstellen. Insbesondere die Herrschaft Russlands über den Ostseeraum und der Sieg über die Schweden werden hier verherrlicht. Da die Schlacht von Poltawa auf das Fest des heiligen Samson fiel, beherrscht die Samson-Fontäne im unteren Becken der Großen Kaskade das gesamte Bild. Der biblische Held reißt hier das Maul eines Löwen auf, aus dem eine 20 m hohe Wasserfontäne schießt.

Nach dem Tod des Monarchen im Jahr 1725 widmeten sich seine Nichte Anna Iwanowna, seine Tochter Elisabeth Petrowna sowie Katharina II. der Anlage. Der italienische Architekt Bartolomeo Carlo Rastrelli erweiterte das Große Schloss, wobei er die barocke Fassade intakt ließ. Er erhöhte den Mittelbau um ein Stockwerk und fügte an den Seiten zwei Flügel an, die in überkuppelte Pavillons münden. Die Zwiebelkuppel auf der Ostseite trägt das Kreuz, die auf der Westseite den russischen Doppeladler. Die dem Meer zugewandte Nordseite ist symmetrisch angelegt. Vorsprünge und die unterschiedliche Höhe der Gebäudeteile lassen die gelb angestrichene Fassade mit weißen Fenstern, hohen Mansarden und den für die Palastgebäude von Sankt Petersburg typischen Dachkaminen lebendig wirken. Rastrelli veränderte das Innere des Schlosses und kreierte eine prächtige Enfilade mit vergoldeten Stuckaturen und Spiegeln, Fresken und einem herrlichen Intarsienparkett. In den darauf folgenden Jahren machten sich weitere berühmte Architekten ans Werk, die den jeweiligen Zeitgeschmack umzusetzen versuchten. Leider blieb dadurch nur wenig vom genialen Interieur Rastrellis erhalten.
Ein Beispiel für die Kunstfertigkeit der Architekten ist die grandiose Galatreppe von 1750, die 1985 restauriert wurde. Das Treppenhaus besticht mit vergoldeten Einlegearbeiten aus Lindenholz und den meisterhaften Trom-

249 oben *Das Schlösschen Monplaisir bildet das architektonische Zentrum des Unteren Gartens. Die Nordfassade besteht aus Ziegeln, über die sich ein weißes, pavillonartiges Dach wölbt. Im Vordergrund ist die Garben-Fontäne aus dem Jahr 1721 zu erkennen.*

248 unten rechts *Dieses Foto zeigt eine Gesamtansicht der Orangerie. Im Vordergrund ist die Triton-Fontäne (siehe auch Foto Seite 248 unten links) zu erkennen. Die kleinen Wasserstrahlen, die aus den vier vergoldeten Schildkröten hervorsprudeln, wirken wie ein Echo des mächtigen Strahls im Zentrum.*

249 unten *Die Neptun-Fontäne bildet den Hauptanziehungspunkt des Oberen Gartens. 1798 erwarb Paul I. die Statue in Nürnberg. Nymphen, die die fränkischen Flüsse Pegnitz und Rednitz verkörpern, Reiter auf Seepferden und vier Putten auf Delphinen sowie Seedrachen liegen dem Meeresgott zu Füßen.*

250 oben und unten *Den Audienzsaal entwarf Rastrelli im Barockstil mit weißen, säulenverzierten Wänden und vergoldetem Stuckwerk. Durch die großen, einander gegenüberliegenden Spiegel wirkt der Raum noch imposanter.*

250–251 *Im großen neoklassizistischen Thronsaal hängen Porträts der königlichen Familie. Der Krönungsthron Nikolaus' I. steht im Hintergrund. Die Kristallleuchter stammen aus der russischen Manufaktur von Prinz Potemkin unweit von Sankt Petersburg. Die Amethyst-Färbung entsteht, wenn man beim Einfassen Gold mit anderen Materialien mischt.*

251 oben *Diese beiden Sèvres-Vasen aus dem Jahr 1807 schenkte Napoleon I. Alexander I. Sie stehen im Zarinnengemach im Cottage-Palast im Alexandra-Park. Die kobaltblauen Vasen sind fein mit Gold verziert. Sie tragen erlesene Medaillons in Grisaille-Technik mit mythologischen Szenen.*

pe-l'œil-Gemälden. Der Tscheschme-Saal ist den Türkenkriegen Russlands (1768–1774) gewidmet. J. M. Veldten gestaltete ihn im Stil des russischen Klassizismus. Hier hängen 12 Bilder des Malers Jacob Philipp Hackert, die an die Seeschlacht von Tscheschme erinnern.

Zwischen 1774 und 1775 gestaltete Veldten das Weiße Speisezimmer mit erlesenen Stuckaturen, die Bankett- und Festmotive – Blumen und Früchte, Jagdtrophäen, Waffen und Musikinstrumente – aufnehmen, um. Zwischen 1777 und 1778 entwarf er den Dekor für den Thronsaal, dem weißgoldene Täfelungen, Spiegel und Glasflächen Eleganz verleihen. Unter den Gemälden russischer Herrscher beeindruckt vor allem das Bild Katharinas II. zu Pferde, ein Werk des Dänen Virgilius Erichsen.

1763 entwarf Jean-Baptiste Vallin de la Mothe die beiden Chinesischen Salons mit Lackpaneelen im Stil des frühen 18. Jahrhunderts und mit kostbarem Parkett. Für den Rotari-Saal wählte der französische Architekt einen besonders effektvollen Dekor: 368 Frauenporträts, die der italienische Maler Pietro Antonio Rotari zwischen 1757 und 1762 in Russland gemalt hatte. Der Überlieferung zufolge hatte Kaiserin Elisabeth Petrowna Rotari beauftragt, in den russischen Provinzen nach den schönsten Mädchen des Reichs zu suchen. In Wirklichkeit standen nur acht Frauen Modell, die jeweils verschiedene Trachten trugen. Die weichen, lächelnden und fein geschnittenen Gesichter scheinen sich in den Spiegeln über den Kaminen unendlich oft zu wiederholen. Das Zimmer wirkt besonders hell, weil die Fenster sich sowohl zum Oberen als auch zum Unteren Garten hin öffnen. Klein, aber erlesen ist auch der Rebhuhn-Salon, dessen Name sich auf die Wandbespannung aus Lyoner Seide bezieht. Im Diwanzimmer, das ebenfalls Veldten gestaltete, sind die Wände mit bemalter chinesischer Seide drappiert. Der große türkische Diwan mit den bestickten Seidenkissen zollt

251 unten links *Diese elegante Obstschale aus goldbraunem Porzellan gehört zum Gurewskij-Service. Sie ist 40 cm hoch und besteht aus einer von zwei Mädchen in russischer Kleidung getragenen Schale. Alle Teile des Service zeigen Szenen des russischen Lebens und verherrlichen die Macht des großen Reichs.*

der Orientbegeisterung jener Epoche Tribut. Aus der Zeit Peters des Großen ist nur das Eichenkabinett erhalten, ein düsterer aber zugleich faszinierender Raum, der den Geschmack und die Vorstellungen des großen Zaren anschaulich macht. Die Holztäfelung, die Nicolas Pineau zwischen 1718 und 1720 entwarf, zeigt Motive aus Wissenschaft und Kunst. Heute befinden sich in diesem Raum persönliche Habseligkeiten Peters des Großen, Bücher und eine Tischuhr. In der Mitte des Zimmers erinnert ein Globus an die große Leidenschaft des von der Schifffahrt begeisterten Herrschers. Pineau schuf auch die neben dem Zimmer gelegene Eichentreppe und das Vestibül mit dem Fresko „Aurora auf dem Wagen" und einem Bild von Peter dem Großen, das der dänische Künstler Benoit Coffre 1716 malte.
Die Zaren hatten das Schloss eher als offizielle denn als private Residenz genutzt. Wenn sie sich in Peterhof aufhielten, bevorzugten sie kleinere Gebäude im Park – Monplaisir, die Eremitage, Palais Marly oder den Cottage-Palast.
Im Zweiten Weltkrieg verlief die Frontlinie im Süden von Sankt Petersburg am Finnische Meerbusen entlang und damit in unmittelbarer Nähe von Peterhof. Das Große Schloss und alle anderen Bauten wurden geplündert

251 unten rechts *Das Gurewskij-Service (1809–1817) steht auf einem Tisch im Gelben Salon des Katharinenflügels von Monplaisir. Graf Gurew ließ es in der Kaiserlichen Porzellanmanufaktur in Sankt Petersburg als Geschenk für Alexander I. anfertigen. Ein Porträt des Zaren hängt an der Wand.*

252 oben links *Im Eichenkabinett Peters des Großen stehen das Schreibgerät des Zaren und ein großer Globus. Zwei elegante Kabinettschränke, die Miniaturpalästen ähneln, vervollständigen die Einrichtung.*

252 unten links *Der von Leblond und Rastrelli gestaltete Rotari-Saal befindet sich im Zentrum des Schlosses. Wundervolle Bronzeuhren aus dem 18. Jahrhundert stehen auf den Kaminsimsen. Die französischen Kaminböcke in Gestalt von Venus und Vulkan sind echte Meisterwerke.*

252 oben Mitte *Diese Schiffsuhr (London, 1716) besteht aus fein ziseliertem Messing und Gold. Der englische König Georg I. schenkte sie Peter dem Großen. Sie steht im Eichenkabinett im Palais Marly.*

252 unten Mitte *Von der Witwe Pietro Antonio Rotaris, der unter Elisabeth Petrowna Hofmaler gewesen war, kaufte Katharina die Große 368 Gemälde, die die Anmut der russischen Frauen veranschaulichen sollten. Um die Vergänglichkeit der Schönheit zu unterstreichen, hängt zwischen den Porträts ab und zu das Bild einer alten Frau.*

und weitgehend zerstört. Außerdem verwüsteten und verminten die Soldaten den Park. Von 4000 kostbaren Objekten konnte man nur die Hälfte in Sicherheit bringen, darunter Möbel, Tapisserien, Bilder und Skulpturen, die man in Kellern versteckte. Die Statuen der Kaskaden und Fontänen vergrub man, doch richteten die feindlichen Truppen trotzdem beträchtlichen Schaden an.
Im Januar 1944 befreiten die Russen Peterhof und benannten es in Petrodworez um, weil hier nichts mehr an die Deutschen erinnern sollte. Erst in jüngerer Zeit kam die alte Bezeichnung wieder auf. Die Sowjets begannen sogleich mit dem Wiederaufbau. Vieles von dem, was Besucher heute bestaunen, wurde in mühsamer Kleinarbeit anhand von Entwürfen und Plänen und Fotografien rekonstruiert. Peterhof fasziniert auch deshalb so sehr, weil der Wiederaufbau hervorragend gelungen ist und das Schloss heute wie zur Zeit Peters des Großen wirkt. Die Residenz liegt malerisch in dem riesigen Garten, den der Architekt Giacomo Quarenghi 1779 im neoklassizistischen Stil umgestaltete. Die unmittelbare Nähe zum Meer verleiht der Anlage einen besonderen Reiz. Charakteristischstes Merkmal von Peterhof sind jedoch die Kaskaden und Fontänen. Zum größten Teil befinden sie sich im Unteren Garten (die schöne Neptun-Fontäne bildet allerdings den Mittelpunkt des Oberen Gartens). Besonders eindrucksvoll ist die Schachbrett-Fontäne mit ihren schwarzen und weißen Ablaufflächen aus Marmor und den Drachen, die statt Feuer Wasser speien. Über 500 Wasserstrahlen in unterschiedlicher Höhe bilden die Pyramiden-Fontäne; die beiden Römischen Fontänen erinnern an ihre berühmten Vorbilder auf dem Petersplatz und aus der rotierenden Scheibe der Sonnen-Fontäne mit den 12 vergoldeten Delphinen sprüht das Wasser gleich dünnen Strahlen. Peter der Große liebte Überraschungen und so ließ er, der Mode seiner Zeit entsprechend – einige Überraschungsfontänen im Garten anlegen. Zu ihnen gehören die Schatten-Fontäne und die Eichen-Fontäne, die Spaziergänger unvermittelt benetzten, sowie verschiedene versteckte Leitungen, aus denen plötzlich kleine Fontänen emporschossen. Peter der Große ist bis heute in jedem Winkel des Schlosses und der Gärten präsent.

252 rechts *Wenn der König sich in Peterhof aufhielt, lagen die Reichsinsignien im Thronsaal auf einem von Brenna entworfenen Tischchen. Wände und Inneres des Alkovens sind mit kostbarer chinesischer Seide aus dem 18. Jahrhundert bespannt. Das Motiv – die Herstellung von Porzellan – ist äußerst selten. Das geschnitzte Bett aus vergoldetem Holz stammt aus Italien.*

253 *Die Wände des Treppenhauses sind mit feinen Blumengirlanden, Vasen, mythologischen Figuren sowie mehreren falschen und zwei echten Nischen verziert, in denen vergoldete Holzskulpturen Herbst und Winter darstellen. Auf der gegenüberliegenden Seite stehen ihre Pendants, Sommer und Frühling. Das schmiedeeiserne Geländer schmücken ebenfalls vergoldete Elemente.*

ORIENTALISCHE PALÄSTE

254 oben *Detail eines lackierten Keramikornaments auf den Mauern der Verbotenen Stadt in Peking.*

254–255 *Außenansicht von Fort Amber, der indischen „Siegesfestung“.*

255 links *Die Halle der Vollkommenen Harmonie und die Halle der Höchsten Harmonie in der Verbotenen Stadt.*

255 rechts *Mythologische Figur am Eingang des Wat Phra Keo, Bangkok.*

Große Paläste und prächtige Königsresidenzen sind stets Symbol der vor Ort herrschenden Macht und sollen deshalb möglichst monumental wirken. Außerdem müssen sie das Beste aufbieten, was das betreffende Land und die entsprechende Zeit in architektonischer und künstlerischer Hinsicht zu bieten haben.
In den im Folgenden behandelten Ländern drückt sich das Konzept des Monumentalen auf zwei Arten aus. In Europa, Kleinasien, Mittelasien, Indien und Tibet spielt die Größe der Gebäude eine Rolle, wobei sowohl die Breite, vor allem jedoch die Höhe von Bedeutung ist. Häufig entstanden in der Vergangenheit mehrstöckige

Paläste, die manchmal sogar noch auf einer Anhöhe stehen. In Indien gilt dies zum Beispiel für die *prasada,* den Archetyp des nordindischen Hindutempels. Diese kompakte Struktur umfasst mehrere, stufenförmig übereinander gesetzte Ebenen. Eine solche *prasada* bildet auch den Kern des Rajputen-Palasts von Amber.

In China und den Ländern, die über längere Zeit in seinem Einflussbereich lagen – unter anderem Korea, Japan und Teile von Indochina – erzielt man die gleiche Wirkung durch eine in die Breite gehende Architektur. Die Entfernung zwischen den verschiedenen Elementen eines Komplexes lässt einen Palast imposant wirken. Dafür besteht dieser aber in der Regel nur aus einer einzigen Etage auf einer erhöhten Basis. Die verschiedenen Repräsentationsräume, Unterkünfte und Wirtschaftstrakte befinden sich nicht im selben Gebäude oder auch nur in nebeneinander liegenden Häusern, sondern jeder Bereich bildet eine in sich geschlossene Einheit, deren Position streng hierarchisch an einer zentralen Nord-Süd-Achse ausgerichtet ist. Über die Bedeutung eines bestimmten Komplexes geben unter anderem die Größe der Höfe sowie die Höhe und Anzahl der Dächer Auskunft. Dies lässt sich anhand der Verbotenen Stadt in Peking sehr gut nachvollziehen.

Auch in ihrer Struktur unterscheiden sich die architektonischen Konzepte in verschiedenen geographischen Breiten. In Europa, West- und Zentralasien herrschen mehrstöckige und polyfunktionale Gebäude mit solidem Mauerwerk und flachen oder überhängenden Dächern vor. Dagegen handelt es sich bei dem fernöstlichen *dian* um einen einstöckigen Pavillon, der einem einzigen, genau festgelegten Zweck vorbehalten ist. Er besteht aus drei Teilen, dem Podium, tragenden Strukturen aus Holz und einem überhängenden Dach aus glasierten Ziegeln, das auf einem charakteristischen Träger *(dougong)* ruht. Die nichttragenden Wände dienen ausschließlich der Raumteilung und sind zuweilen bis hinter eine zweite Säulenreihe versetzt, sodass sie eine Art äußeren Vorbau bilden. Mehrere dieser Gebäude gruppieren sich in der Regel entsprechend ihrer Bedeutung und Funktion um eine Reihe von Höfen, die an einer oder mehreren Nord-Süd-Achsen ausgerichtet sind. Die wichtigsten Pavillons liegen dagegen direkt an der Mittelachse des gesamten Komplexes.

In Thailand treffen indische und fernöstliche Einflüsse auch in der Architektur aufeinander und bilden völlig neue Formen. Dies gilt zum Beispiel für den Königlichen Palast von Bangkok, dessen einstöckige Pavillons den chinesischen ähneln, während die glockenförmigen Stupas eindeutig auf die indische Tradition verweisen. Der *prasat* (Tempel oder Palast) zeichnet sich durch einen Unterbau, hölzerne Säulen und ein Dach aus glasierten Ziegeln aus. Er wird als religiöser oder säkularer Versammlungsort genutzt. Die hohe Zahl chinesischer Emigranten in Thailand führte natürlich auch dazu, dass sich bestimmte architektonische Elemente aus China durchsetzen konnten, allerdings stets im Einklang mit den lokalen Gegebenheiten. Anstelle des typisch chinesischen Walmdachs tritt in Thailand ein spitzes Akroterion (Giebelverzierung). Dicke indische Säulen mit Kon-

256 oben *Wandinschrift im Topkapi-Palast (Topkapi-Serail), Istanbul.*

256 unten *Blick auf die massiven Mauern des Roten Forts von Delhi.*

256–257 *Badgdad-Kiosk und Baldachin des Topkapi-Palasts, Istanbul.*

solen ersetzen die chinesische Säulenordnung. Häufig findet man mehrere übereinander gesetzte Fußwalmdächer, die zudem noch bunt oder golden gefärbt sind.

Der Einfluss mongolischer und türkischer Invasoren, die in ihrer Heimat bereits Elemente fernöstlicher Architektur angenommen hatten, führte dazu, dass in Indien und der Türkei die beiden Konzepte monumentaler Bauweise miteinander verschmolzen. Dies belegen unter anderem das Rote Fort von Delhi und der Topkapi-Palast in Istanbul. Durch seine erhöhte Position und das kompakte Erscheinungsbild wirkt das Rote Fort von außen wie ein typisch asiatischer Palast, während im Inneren unterschiedliche Pavillons wie der Diwan-i-Am an fernöstliche Raumvorstellungen denken lassen. Der Diwan-i-Am liegt genau auf der Mittelachse des Komplexes am äußeren Ende eines großen Hofs. Hier herrscht indo-islamische Architektur mit einander überlappenden Bögen, Doppelsäulen, von Konsolen getragenen Simsen und Chattri (säulengetragene Kioske) vor. Die einstöckigen Gebäude und die niedrigen Podeste mit Treppe erinnern dagegen an den chinesischen *dian*.

Im Topkapi-Serail sind die Kioske ganz der islamischen Tradition verhaftet, wenngleich ein persischer Einfluss deutlich erkennbar ist. Allerdings erinnern die Vorbauten mit Spitzbögen, ebenso wie die Lage im Garten, an die kaiserlichen Sommerresidenzen in China. Selbst die häufig blauweißen Fayencefliesen aus Iznik sind mit Motiven verziert, die man von chinesischem Porzellan übernahm. Die osmanischen Herrscher besaßen eine große Sammlung kostbaren Geschirrs und prächtiger Vasen.

In jedem großen Palast, ganz gleich ob er im Osten oder im Westen stand, durfte man sich dem Zentrum der Macht – dem Thronsaal, Audienzsaal und Ratssaal – nur allmählich und über eine genau festgelegte Abfolge von Räumen nähern. Dieses Ritual wirkte sich natürlich auf die Architektur der Gebäude und vor allem auf das Raumkonzept aus. In Asien galt der Herrscher als unantastbar, ja nahezu heilig, und entsprechend gestaltete sich die Zeremonie einer Audienz oder Unterredung komplizierter als im Westen. Da es lange dauerte, bis man zum Fürsten, König oder gar Kaiser vorgelassen wurde, und es auf dem Weg dorthin zahlreiche genau festgelegte Handlungen zu verrichten galt, waren die Räume der Residenzen in der Regel funktional gestaltet. Im Topkapi-Palast in Istanbul, im Roten Fort von Delhi und in der Palastfestung von Amber in Rajasthan legte man die Gebäude so an, dass jeder Besucher mehrere Zimmer, Hallen und Höfe durchschreiten musste, ehe er in den Thronsaal gelangte.

Die Verbotene Stadt in Peking belegt dies wie kein anderer Palast: Der Weg zum Sohn des Himmels, dem Garanten der irdischen und Abbild der kosmischen Ordnung, war unendlich lang und vollzog sich über zahlreiche Stufen. Zu Beginn des 15. Jahrhunderts ließ die Ming-Dynastie die gesamte Stadt Peking zu einem einzigen riesigen Komplex strukturieren, der sich um einen 6 km langen Weg gruppierte. Dieser begann am Yongding Men, dem Südtor der Nord-Süd-Achse, und führte durch zahlreiche Tore und Hallen bis zum Kaiser. Zunächst musste man die gesamte Äußere Stadt (Wei Cheng) durchschreiten, bis man zum Mauerring der inneren Stadt (Nei Cheng) gelangte. Nach dem Tor des Himmlischen Friedens (Tian-an Men) erreichte man das Mittagstor der Verbotenen Stadt, hinter dem, immer noch an der Nord-Süd-Achse ausgerichtet, die drei Audienzgebäude liegen. Die Abfolge von ineinander liegenden Mauerringen mit Toren, Höfen und Wegen sollte den wenigen, die überhaupt in die Verbotene Stadt eingelassen wurden, die Macht und sakrale Bedeutung des Kaisers vor Augen führen.
Ähnlich, wenngleich weniger komplex und symmetrisch, verläuft der Weg durch die drei Höfe des Topkapi-Palasts, wobei sogar die Zahl der Palasthöfe und Tempel mit der in China übereinstimmt. Man sollte bedenken, dass die Türken bis in die ersten Jahrhunderte unserer Zeitrechnung Kontakte mit China unterhielten und dass man im 8. Jahrhundert bei einigen Bauwerken und den Grabstätten der Mongolenfürsten chinesische Architekturmodelle übernahm. Ähnliches gilt für die meisten Paläste Klein- und Westasiens, in denen Herrscher und Fürsten große Kunstschätze zusammentrugen.
Heute ist die Monarchie in den meisten Ländern abgeschafft, und viele Paläste und Festungen wurden zu Museen umgewandelt. Besucher können so die Geschichte des jeweiligen Staats nachvollziehen und sich mit der typischen Architektur und den herausragenden Kunstwerken vergangener Zeiten vertraut machen.

257 links *Innenansicht des Roten Forts in Delhi.*

257 rechts *Detail im Speisesaal Ahmeds III., Topkapi-Palast, Istanbul.*

DER TOPKAPI-PALAST

Schillerndes Tor zum Orient

Der Topkapi-Palast in Istanbul gehört zu den Meisterwerken architektonischer und kultureller Selbstdarstellung des Osmanischen Reichs. Von hier aus wurden jahrhundertelang die Geschicke des Reichs gelenkt. Als Mohammed II. Fatih am 29. Mai 1453 Konstantinopel (heute Istanbul) einnahm, durchlebte die Stadt gerade eine Phase des Niedergangs. Nun jedoch begann für Konstantinopel eine neue Blütezeit. Die Türken machten die Stadt zur Residenz ihrer Sultane und drückten ihr auch architektonisch ihren Stempel auf. Der siegreiche Sultan erbaute an der Stelle, an der sich heute die Universität befindet, eine Residenz. Doch schon bald verfolgte er ein neues Projekt. Er wünschte sich einen Palast an der Spitze des Goldenen Horns, das für seine landschaftliche Schönheit berühmt war, gleichzeitig aber als ausgesprochen sicherer Ort galt. Während andere Bauten der Stadt eine neue Funktion erhielten (wie die Hagia Sophia, die in eine Moschee umgewandelt wurde), sollte der Palast eine ganz eigene Konstruktion sein. Hier konnte sich die osmanische Architektur also frei entfalten. Von 1470 bis 1839 residierten die Sultane im Topkapi-Palast. In dieser Zeit wurden zahlreiche Veränderungen und Ergänzungen vorgenommen.

Zweimal (1574 und 1665) richteten verheerende Brände große Schäden an, sodass umfangreiche Aufbau- und Renovierungsarbeiten durchgeführt werden mussten.
Trotz des Alters und der zahlreichen Umgestaltungen ist die ursprüngliche Anlage des Palasts noch klar zu erkennen: Der Komplex unterteilt sich in vier große Höfe, von denen einer in den nächsten führt. Der Einfluss des osmanischen Architekten Sinan, der die Bauarbeiten nach dem Brand von 1574 leitete, wird an vielen Stellen deutlich.
Über Sinans Jugend weiß man nur wenig: Er wurde 1489 geboren und war sicher Christ. Wie viele seiner Glaubensbrüder war er Mitglied der Janitscharen, einer türkischen Fußtruppe (später Kerntruppe des Heers), die aus Christen bestand. Nach der Konversion zum Islam erhielten die neuen Rekruten eine harte militärische Ausbildung. Der Sultan konnte sich ihrer Loyalität auch in Zeiten großer Unruhen sicher sein. Sinan nahm unter Süleiman dem Prächtigen als Pionieroffizier an mehreren Feldzügen teil. Im Jahr 1539 wurde er Baumeister für das gesamte Osmanische Reich. Nun begann seine glanzvolle künstlerische Karriere. In Istanbul und vielen anderen Städten hat er sowohl

258 oben rechts *Dieses von Sinan stammende Bild zeigt Mohammed II., den Eroberer, (1432–1481). Das Gemälde hängt im Topkapi-Palast. Mohammed II. war ein großer Bewunderer und Förderer der Künste. Er eroberte Konstantinopel und machte es zur Hauptstadt des Osmanischen Reichs.*

258 unten *Gärten symbolisieren im islamischen Glauben das Paradies. Auch heute noch sind im Topkapi-Palast herrliche Gärten zu sehen. Der hier abgebildete befindet sich vor den Schatzkammern.*

258 oben links und 259 oben *Die Miniatur von Murad III. (1546–1595) stammt aus einem Manuskript, das sich im Museum für Türkische und Islamische Kunst befindet. Das Manuskript entstand 1583 nach der schweren Niederlage in der Seeschlacht bei Lepanto (1571). Die osmanischen Miniaturen setzen eine große persische Tradition fort. Auffällig ist dabei die Tendenz, die Wirklichkeit zu idealisieren.*

258–259 *Diese Panoramaansicht von Istanbul verrät viel über den Charakter der Stadt. In der alten Hafenstadt finden sich Spuren verschiedener Kulturen. Sie bildet eine Brücke zwischen Osten und Westen, zwischen Vergangenheit und Moderne. Die abgerundeten Dächer und die minarettartigen Schornsteine des Harems bilden einen interessanten Kontrast zur modernen Stadtarchitektur.*

259 unten *Diese Miniatur aus dem 17. Jahrhundert, die sich heute im Museo Correr in Venedig befindet, zeigt eine Darstellung des Topkapi-Palasts. Der Künstler macht die Kuppeln und Minarette zu charakteristischen Elementen des Palasts und erzeugt so eine orientalische Atmosphäre. Doch gelingt es ihm nicht, die Leichtigkeit des Komplexes einzufangen. Das Bild wirkt insgesamt schwerfällig und mittelalterlich.*

260 oben *Das Foto zeigt den Brunnen von Ahmed III. (1673–1736), der im Jahr 1730 von den Janitscharen gestürzt wurde. Der Brunnen steht im ersten Hof und wurde 1728 an der Stelle eines byzantinischen Gebäudes errichtet.*

260 unten *Dieser Ausschnitt des im Auftrag Murads III. erbauten Empfangssaals zeigt die Kunstfertigkeit des Architekten Sinan. Die Kuppel, die größte des Palasts, wird von Steinbögen gestützt. Durch die große Halle gelangt man zu den Wohnräumen der Valide Sultane (Mutter des Sultans) und zu denen der Konkubinen.*

die profane als auch die religiöse Architektur geprägt.
Eine seiner Aufgaben lag darin, den Harem nach dem ersten Brand wieder aufzubauen, und zwar innerhalb der alten Mauern, aber mit zusätzlichen Gemächern versehen. Der Hof der Schwarzen Eunuchen, die Unterkünfte der Konkubinen und der Empfangssaal, der für Murad III. gebaut wurde, gehören zu Sinans Werken. Die Kuppel dieses Empfangssaals ist die größte des Palasts. In ihr verbinden sich Einfachheit und Monumentalität. Alle Bauwerke in diesem Gebäudeteil wirken riesig, vor allem das abdeckbare Schwimmbecken des Sultans. Sinan entwarf auch das Hospital des Harems und die Säulenhalle auf der Nordseite des Reliquiensaals, von der aus man den dritten Hof überblickt. In den Reliquiensälen bewahrt man unter anderem einen Zahn und den Mantel Mohammeds auf. Die noch unter der Herrschaft Murads III. erbauten Säle wurden weitgehend wiederhergestellt.

Man muss sich den Palast als ein von Leben erfülltes Gebäude vorstellen, in dem die verschiedensten Aufgaben zu bewältigen waren und in dem sich eine kaum vorstellbare Machtfülle konzentrierte. Die verschiedenen Bereiche des Palasts sind räumlich klar gegeneinander abgegrenzt. Eine vielfach kontrollierte Annäherung an den Sultan erfolgte von Hof zu Hof, bis man durch das Tor der Seligkeit (Bâbi-Saadet) in den dritten Hof und damit zum Audienzsaal gelangte.
Die privaten Räume waren eindeutig von den öffentlichen getrennt: Allen märchenhaften und exotischen Vorstellungen zum Trotz entsprach der Harem einfach dem privaten Bereich, wie ihn jeder andere europäische Palast auch kennt. Im Harem lebten die

Konkubinen des Sultans (manchmal bis zu 300), seine Frauen (der Koran erlaubte nicht mehr als vier), seine Mutter, die dort ihre eigenen Räume besaß und als Art graue Eminenz galt, sowie seine Brüder und Kinder. Bis zum 18. Jahrhundert lebten sie abgesondert in so genannten *kafes* (Käfige), die in Wirklichkeit reich dekorierte Zimmer waren. Auf diese Weise wollte man sie von der Welt fernhalten. Vor allem aber sollte sich ihnen keine Möglichkeit bieten, sich gegen den Sultan zu verschwören. Während der Herrscher in der Abgeschiedenheit des Harems zunehmend zu einer weltfernen, fast heiligen Figur wurde, begann außerhalb der Palastmauern der Niedergang des Osmanischen Reichs.
Die Komplexität der Anlage verlangte nach ausgefeilten Techniken und präzise zugeteilten Bereichen. Täglich musste man hier die unterschiedlichen Ansprüche von fast 5000 Menschen befriedigen.
Für die osmanische Architektur war jeder Bau von gleicher Wichtigkeit; dementsprechend war es für Sinan ebenso ehrenvoll, ein Badezimmer oder einen der zahlreichen Kasernenräume des Topkapi-Palasts zu erbauen wie eine Moschee. Zudem maß man funktionalen Aspekten die gleiche Bedeutung bei wie stilistischen Elementen. Eine Brücke konnte genauso als Meisterwerk gelten wie ein Mausoleum. Nicht zufällig zählen die Küchen im zweiten Hof mit ihren hübschen Abzügen zu den interessan-

260–261 *Der Kubbe Alti (Raum unter der Kuppel, Raum des Staatsrats oder auch Diwan genannt) befindet sich hinter dem Harem im zweiten Hof. Er teilt sich in drei Bereiche: Beratungsraum, Kanzlei und Räume des Großwesirs. In der eleganten Vorhalle stehen immer noch die ursprünglichen Marmor-, Porphyr- und Granitsäulen. Ihre Kapitelle zieren Mukarnas, die Stalaktiten nachbilden.*

261 oben *Auf dem Foto ist der Hof der Favoritinnen zu sehen. An den Hof grenzen die Gemächer der Frauen, die dem Sultan einen Sohn geschenkt hatten. Außerdem befinden sich hier die Zimmer der Prinzen, die Unterkünfte der Konkubinen und der Mädchen, die im Palast erzogen wurden und aus deren Kreis der Herrscher seine Frauen wählte.*

261 unten links *Blickt man vom dritten Hof aus auf den Harem, so erhält man einen Eindruck von der komplexen Anlage des Palasts. Das Zusammenspiel von Minaretten, Fenstern und Balkonen erzeugt eine bemerkenswerte Dynamik.*

261 unten rechts *Eine lange überdachte Galerie führt zum Pavillon des Heiligen Mantels. In diesem Pavillon aus dem 15. Jahrhundert werden wertvolle Reliquien aufbewahrt wie zum Beispiel der Mantel Mohammeds.*

testen Entwürfen Sinans. Der alte Palast von Edirne hatte den großen Baumeister dazu inspiriert.
Um die Besonderheiten des Topkapi-Serails zu verstehen, mag ein Vergleich mit dem Escorial hilfreich sein: Der Escorial ist ein großer Komplex, der unter anderem das Grabmal der spanischen Könige und ein Kloster beherbergt. Philipp II. von Spanien ließ ihn etwa 60 km nordwestlich von Madrid erbauen. Der Palast repräsentierte die spanische Monarchie ebenso wie das Topkapi-Serail das Sultanat verkörperte. Der Vergleich ist keineswegs weit hergeholt: Fernand Braudel hat die Parallelen zwischen dem Reich Philipps II. und der Herrschaft der Osmanen herausgearbeitet. Er stellte fest, dass es zwischen beiden Reichen den jahrhundertealten Gegensätzen zum Trotz einige Parallelen gibt. Doch fallen bei einem Palastvergleich auch Unterschiede ins Auge: Hier wäre zunächst einmal die völlig unterschiedliche geographische Lage zu nennen. Der Palast von El Escorial liegt abseits von der Stadt in einer kargen Landschaft, der Topkapi-Palast befindet sich, wenn auch in einiger Distanz, so doch in Blickkontakt zur städtischen Umgebung: Vom vierten Hof des Topkapi-Palasts aus hat man einen herrlichen Blick auf den Bosporus. Genau am Aussichtspunkt stehen die beiden schönen Pavillons Eriwan-Kiosk und Bagdad-Kiosk. Die Gebäude wurden anlässlich der Siege über Eriwan und Bagdad in den Jahren 1635 und 1638 erbaut. Vor allem der Bagdad-Kiosk ist für seinen außergewöhnlich eleganten Dekor bekannt.
Als Nächstes fällt die unterschiedliche Rolle der Religion auf, die sowohl für den Escorial als auch für den Topkapi-Palast bestimmend war. Am Beispiel des Topkapi-Serails wird deutlich, dass die Herrschaft der Osmanen keinen theokratischen Charakter hatte. Hier trennte man klar zwischen Belangen des Staats und Glaubensfragen. Zwar gab es in der Stadt viele große Moscheen, und sicherlich bildete die gemeinsame Religion ein tragendes Element des Reichs, doch war sie nicht entscheidender als die politische Unterwerfung unter den Sultan: Die strenge militärische Organisation, die bis heute nicht an Bedeutung verloren hat, bildete die entscheidende einheitstiftende Kraft. Sie garantiert die politische Einheit des kulturell und ethnisch heterogenen Staats der Türken, in dem Juden, Christen und Muslime nebeneinander leben.
Gemeinsam sind dem Escorial und dem Topkapi-Serail, dass die hier residierenden Herrscher wertvolle Kunstsammlungen anlegten. Beide Paläste beherbergen heute bedeutende Museen, in denen die von Herrschergenerationen zusammengetragenen Schätze ruhen. Der Topkapi-Palast bietet erstaunliche Sammlungen von Möbeln, Kleidern, Glaswaren, Porzellan, Waffen, Kutschen und Wagen, Schmuck, Büchern und Miniaturen. Im Palast befinden sich mehrere Bibliotheken. Die ausgestellten Objekte umfassen nur einen winzigen Teil des Gesamtbestands. Man sollte sich stets vergegenwärtigen, dass das Alltagsleben im Palast sich in der Regel wesentlich schlichter gestaltete, als die in den Schatzkammern präsentierten Gegenstände es vermuten lassen. Die ästhetischen Freuden der Palastbewohner waren viel bescheidener als man sich dies angesichts des Prunks vorstellen mag. Selbst für den Sultan muss es ein großer Genuss

262 oben *Die Nische ist ein traditionelles Element der islamischen Architektur. Nischen sind in vielen Gemächern des Harems zu sehen.*

262 Mitte *Nach dem Brand von 1655 begannen unter Süleiman dem Prächtigen die Bauarbeiten am Thronsaal, der jedoch erst im ausgehenden 18. Jahrhundert fertig gestellt wurde. Der Stil des Raums ist eher europäisch geprägt. Eine Ausnahme bilden die langen Auszüge aus dem Koran, die sich über dem Baldachin befinden.*

263 links oben *Der Harem, auf den man hier von einem Hof aus blickt, ist ein abgetrennter Bereich des Palasts. Hier finden sich weitere Höfe und offene Flächen, die von genau festgelegten Gruppen genutzt werden konnten. Den verschiedenen Bewohnern des Harems, wie Konkubinen, Eunuchen, Prinzen, der Mutter des Sultans und dem Sultan selbst, standen bestimmte Teile der Anlage zur Verfügung, die ihnen jeweils unter hierarchischen Gesichtspunkten zugewiesen waren.*

263 oben rechts *Fayence-Fliesen finden sich im Harem wie in allen Bereichen des Topkapi-Serails. Nach Art von Miniaturen imitieren die Fliesen oft architektonische Motive. Genauigkeit und Sorgfalt, mit der jede einzelne Dekoration ausgeführt ist, zeugen vom Stellenwert, den die arabische Kunst der Harmonie von Formen und Farben beimaß.*

262 unten *Der Pavillon des Heiligen Mantels bildet das religiöse Zentrum des Palasts. Die Tür des Raums zieren Perlmuttintarsien. Herrliche Fayence-Fliesen aus dem 16. Jahrhundert umgeben einen Kiosk, dessen silberne Gitter mit schweren Tüchern teilweise verdeckt sind. Der Pavillon enthält das Schwert und den Bogen des Propheten, sowie ein altes handgeschriebenes Exemplar des Korans.*

262–263 *Das Speisezimmer von Ahmed III. veranschaulicht die Philosophie, die die architektonische Gestaltung der Innenräume des Orients über Jahrhunderte prägte. Der Raum ist vollkommen mit hölzernen Täfelungen versehen, auf denen sich Blumen- und Fruchtemotive abwechseln. Die genaue geometrische Ausgestaltung des Raums erzeugt den Eindruck einer Fülle, die, rein vom ästhetischen Standpunkt aus betrachtet, eine Möblierung überflüssig macht.*

264 oben links *Das in vergoldetes Leder gehüllte Buch aus dem 16. Jahrhundert enthält eine Gedichtsammlung Murads III. Stiche, Laubmotive, arabische Inschriften sowie unzählige Smaragde und Rubine schmücken den Einband. Das Buch befindet sich heute im Topkapi-Museum.*

264 oben rechts *Der Paradehelm aus dem 16. Jahrhundert ist mit einer Goldschicht überzogen und mit Rubinen und Türkisen verziert. Den unteren Rand schmückt eine Inschrift aus dem Koran.*

264 unten *Der Thron ist eine der Hauptattraktionen der Schatzkammer. Er stammt aus dem späten 16. Jahrhundert. Der aus Nussbaumholz gefertigte Thron ist mit Gold überzogen und mit 954 Edelsteinen bestückt.*

264–265 *Dieses Bild, das auf das Ende des 18. Jahrhundert datiert wird, befindet sich im Topkapi-Palast. Es zeigt einen Empfang am Hof Selims III. im Arz Odasi (Audienzsaal). Hier durften ausländische Botschafter und hohe Würdenträger dem Sultan ihr Anliegen vortragen. Jedes Jahr wird hier die Oper „Die Entführung aus dem Serail" von Mozart aufgeführt. Das Wort Serail leitet sich von dem türkischen Wort saray (Sultanspalast) ab.*

265 unten links *Dieser Turbanschmuck stammt aus dem 17. Jahrhundert. Die ansprechende Gestaltung und die Farbgebung sind nicht weniger beeindruckend als Wert und Anzahl der Perlen und Edelsteine. Die Sammlungen des Topkapi-Serails belegen die Vorliebe der Sultane für kostbare Objekte, vor allem aus dem Orient.*

__265 unten rechts__ Der Thron von Ahmed I. (1590–1617) mit Baldachin ist reich verziert. Die Dekoration besteht aus Perlmutt, Elfenbein und Halbedelsteinen sowie Edelsteinen in allen Größen. Der Baldachin ist mit Gold, Rubinen, Smaragden und einer Feder aus Bergkristall besetzt. Im Inneren hängt ein wertvoller Smaragd- und Perlenschmuck.

__265 oben rechts__ Die Schätze des Topkapi-Palasts sind seit dem Ende des 18. Jahrhunderts auch im westlichen Europa berühmt. Heute befinden sich viele davon im Topkapi-Museum. Hier liegt auch der berühmte 86-karätige Spoonmaker-Diamant, der im Deutschen auch als Löffelmacher-Diamant bekannt ist. Er ist mit 49 kleineren Diamanten eingefasst.

gewesen sein, einfach das Meer zu beobachten. Auch mag er sich an der Farbenpracht seiner Tulpengärten oder an den Fayence-Fliesen in den verschiedenen Räumen, vor allem im Harem, sowie an anderen Herrlichkeiten des Palasts wie dem Bagdad-Kiosk erfreut haben. Die Tulpen fanden vom Hof in Istanbul aus in ganz Europa Verbreitung.
Die mit blauen, grünen und roten Blumenmustern auf weißem Grund versehenen Fayence-Fliesen im Topkapi-Serail stammen fast alle aus Iznik, dem Zentrum des Kunsthandwerks, das die Fayenceproduktion während des 15. bis 17. Jahrhunderts beherrschte. Das Museum im hübschen Fliesenpalast (Çinili-Kösk) im ersten Hof nahe der Palastmauer beherbergt eine ausgezeichnete Auswahl von Objekten aus Iznik.
Das Topkapi-Museum ist so hervorragend gestaltet, dass es als Vorbild für alle Länder des Nahen oder Mittleren Ostens dienen sollte. Besucher können sich hier überdies mit der türkischen Geschichte befassen.

266 oben und 266–267 *Die Ausschnitte zeigen die Schönheit der Fayence-Fliesen aus Iznik. Seit 1540 sind die Fliesen aus Iznik vielfarbig; davor waren sie weiß und blau.*

266 unten links *Das Foto zeigt eine Wandverkleidung mit Fayence-Fliesen und dem Monogramm des Sultans. Da es im Islam verboten war, Personen abzubilden, wurden häufig geometrische Muster sowie Blumenmotive gewählt und kalligraphische Elemente in den Dekor eingearbeitet.*

266 unten rechts *In diesem Raum im Harem befindet sich ein großer Kamin mit einer goldenen Einfassung. Die Wände sind mit Fayence-Fliesen mit geometrischen Motiven ausgestattet.*

267 oben Nach der Eroberung von Konstantinopel (heute Istanbul) unter Mohammed II. (1453) stieg die Nachfrage nach Fayence-Fliesen aus Iznik. Die verstärkte Bautätigkeit in Konstantinopel führte zu einem hohen Bedarf an Materialien sowohl für die profane als auch für die religiöse Architektur. Die Osmanen konnten auf Manufakturen aus byzantinischer Zeit zurückgreifen, gründeten aber auch zahlreiche neue Produktionsstätten.

Jahrhundertelang symbolisierte der Topkapi-Palast in Istanbul die Macht der Osmanen, die hier ihren Höhepunkt im 17. und im 18. Jahrhundert, aber auch ihren langsamen Niedergang, erlebten. Die Macht des Sultans verblasste immer mehr und ging im Lauf der Zeit vom Wesir und einzelnen Höflingen aus.

Das Osmanische Reich wuchs nie zu einer einheitlichen Nation zusammen. Stattdessen entwickelte sich ein enormer Verwaltungsapparat, der vorrangig dazu diente, Steuern einzutreiben. Die unterschiedlichen Bevölkerungs- und Religionsgruppen wurden dagegen nicht vereint. Die Unruhe unter den Bewohnern des Reichs wuchs, und das Ausland mischte sich mehr und mehr in die türkischen Angelegenheiten ein. Die Türkei erlebte zwar nicht die erniedrigende Erfahrung von Besetzung oder kolonialer Herrschaft wie andere muslimische Länder, doch der Zusammenbruch des Reichs schien unaufhaltsam.

Die Kraft zur Modernisierung kam schließlich von Innen. Der Topkapi-Palast galt fortan als Symbol einer vergangenen Ordnung. Die Sultane verließen den Palast und bauten andere, europäisch beeinflusste Domizile, wie das zwischen 1843 und 1856 errichtete Dolmabahçe-Serail.

Zur gleichen Zeit entwickelte sich eine archäologische Kultur, die zahlreiche Museen entstehen ließ. Dadurch wurden Bemühungen, die Zeugnisse der Vergangenheit zu bewahren, gefördert. Die neue Türkei, die mit der Gründung der Türkischen Republik 1923 unter dem Reformer Mustafa Kemal Pascha entstand, betrachtet ihre Vergangenheit mit Stolz. Dabei setzt man sich bewusst für die Bewahrung der Geschichte ein.

Diese Haltung ist bei einem Besuch des Topkapi-Palasts und seiner Museen deutlich zu spüren. Neben dem Topkapi-Museum gibt es noch eine Reihe anderer sehenswerter Einrichtungen, zum Beispiel das Fayence-Museum, das Archäologische Museum und das Museum für Altorientalische Kulturen.

267 Mitte Der typische Iznikstil der Fayence-Fliesen zeigt sich in dem wunderschönen Kontrast, den das Türkis und das Blau in dem abgebildeten Arrangement bilden.

267 unten Fayence-Fliesen zieren diesen Raum des Harems mit kalligraphischem Dekor. Die einzelnen Täfelungen sind klar gegeneinander abgegrenzt. Die hohe Qualität der Holzarbeiten und das Spiel des Lichts auf den Fliesen erzeugen einen herrlichen Effekt.

DIE FESTUNG VON AMBER

Symbol der Rajputenmacht

268 oben rechts *Die Marmorvertäfelung mit Blumenmuster, die den Shish Mahal ziert, ist der Form nach ein islamisches Kunstwerk. Das Motiv der Blume spielt aber auch in Hindu-Ritualen zu Ehren von Göttern und Königen eine wichtige Rolle.*

Die Natur im Staat Rajasthan ist so karg und steppenartig, dass man die Region früher Marusthali, „Land des Tods", nannte. Wenn der Monsunregen fällt, verwandelt sich das Land jedoch für kurze Zeit in eine einzige riesige Blumenwiese und erinnert dann an eine glorreiche und prächtige Vergangenheit, jene Zeit, als die Rajputen (Königssöhne) der Region eine einzigartige Blütezeit bescherten.

Die Rajputen waren verdiente Heerführer, um die sich bis heute viele Sagen der indischen Volkstradition ranken. Sie besaßen massive, verwirrend angelegte Burgen, deren extravagante Ausstattung die Persönlichkeit ihrer Besitzer widerspiegelte.

Die Rajputen schufen feudale Königreiche, in denen verschiedene Clans unter der Führung eines *raja* (Königs) und mächtiger Landeigner herrschten. Diese Grundbesitzer waren mit dem König durch Blutsbande verwandt und hatten daher viele Freiheiten. Sie mussten ihm lediglich einen bestimmten Teil der an sie entrichteten Tributzahlungen abtreten und ihm in Kriegszeiten Soldaten zur Verfügung stellen. Krieg war die Hauptbeschäftigung der talentierten Heerführer, und das Leben dieser überaus geschickten Reiter strukturierte sich nach einem komplizierten Ritterkodex, dessen Mittelpunkt die Schlacht bildete. Sie galt als heilig, als eine Art Ritual, musste dadurch jedoch so genau festgelegten Formen folgen, dass sich keine neuen Kriegstaktiken entwickeln konnten. Als die gewandten und phantasievolleren islamischen Moguln die Rajputen angriffen, konnten diese den Invasoren nur wenig entgegensetzen.

Die Rajputen jagten den übrigen indischen Völkern nicht nur durch ihren Wagemut Angst ein, sondern auch durch erschreckende Sitten: Sie töteten neugeborene Mädchen, rauchten Opium, tranken Alkohol und aßen alle Fleischsorten außer Rind. Es gab bei ihnen ein seltsames Ritual, das man *jauhar* nannte: Wenn eine Festung den Angreifern nicht mehr standhalten konnte und keine Möglichkeit zur Flucht bestand, zogen die Männer ihre Hochzeitsgewänder an und warfen sich ein letztes Mal in den Kampf, wobei sie „Jai, Jai" (Sieg, Sieg) schrien. Die Frauen und Kinder ließen sich bei den anschließenden Feuerbestattungen freiwillig verbrennen.

Stärke und Mut der Rajputen beeindruckten die Brahmanen so sehr, dass sie die Clans in ihr Kastensystem aufnahmen, und zwar in die zweitwichtigste Kaste der Krieger. Regelmäßig fand auf dem Berg Abu eine große Feuerzeremonie statt, bei der man die Abstammung der Rajputen von ihrem Lieblingselement, dem Feuer, feierte.

Die vier größten Rajputen-Clans – die Pratihara aus dem Süden von Rajasthan, die Chalukya aus Gujarat, die Paramara aus Malva und die Chahuan aus Ostrajasthan – durften sich dieser Herkunft rühmen.

Die Kachwaha aus Amber und Jaipur behaupteten dagegen, von Kusha, dem Sohn des Rama abzustammen. Rama war die Inkarnation des Vishnu und zugleich Protagonist eines großen indischen Epos, des Ramayana.

Amber wurde vermutlich im 10. Jahrhundert an einer strategisch günstigen

268 oben links *Durch das Löwentor (Singh Pol) gelangt man in die befestigte Burg. Der am höchsten gelegene Teil von Amber, der Siegesfelsen (Jaigarh), liegt an einer strategisch günstigen Stelle über der Karawanenstraße von Delhi nach Rajasthan. Amber wurde vermutlich im 10. Jahrhundert gegründet.*

269 oben links *Mächtige Mauern mit Türmen ziehen sich zum Gipfel des Felsens von Amber empor. Sie schützen nicht nur die Paläste und Tempel, sondern auch die kleine Stadt. An zahlreichen Toren mit Wachttürmen konnte man jeden Neuankömmling kontrollieren.*

269 oben rechts *Der Dalaram ka Bagh (Dalarams Garten) liegt auf einer kleinen Insel. Er trägt den Namen des Architekten, der 1727 die benachbarte Stadt Jaipur plante.*

268 unten *Tore und Bollwerke unterbrechen die Rampen, die zum Felsen emporführen. Der Zugang zur Festung sollte möglichst schwierig sein. Außerdem konnte man ihn bei drohender Gefahr an verschiedenen Stellen völlig blockieren.*

268–269 *Der älteste Teil der Festung von Amber geht auf Man Singh zurück. Dieser Fürst baute den Mansinghgarh, das nach ihm benannte Fort. Erst im 17. Jahrhundert unter Jai Singh I. wurden jedoch die herrlichen Paläste am Felshang errichten.*

269 unten *Die Nähe zu Delhi und das gute Verhältnis zwischen dem Kachwaha-Clan und den Moguln führten zu einem wechselseitigen kulturellen Austausch. Dieser überkuppelte Kiosk zeigt deutlich den Einfluss der islamischen Mogularchitektur.*

270 oben *Die Gärten der Privatgemächer Jai Singhs I. greifen die klassische Struktur des islamischen Carbagh („vier Gärten") auf. In der Mitte steht ein Brunnen, von dem vier kreuzförmig angelegte Wege abzweigen.*

270–271 *Durch das Ganesha-Tor, das nach dem elefantenköpfigen Hindugott benannt ist, gelangt man zu den Privatgemächern auf dem Felsen. Das Gebäude wirkt harmonisch und elegant und bildet damit einen Kontrast zur Festungsstruktur vieler anderer Bereiche.*

270 unten *Ganesha, dem Gott, der Hindernisse beseitigt und die Gelehrsamkeit schützt, huldigt man vor jedem größeren Unternehmen. Sein Bild findet sich häufig über dem Eingang von Gebäuden. Hier prangt es über dem Torbogen des Ganesha Pol.*

Stelle an der Karawanenstraße zwischen Delhi und Rajasthan gegründet. Allerdings verlieren sich die Anfänge der Stadt im Dunkel der Mythen und Legenden. Sie erzählen von einem Fürsten namens Dhola Rai, den seine entthronte Mutter als Säugling bei den Mina versteckte. Dhola Rai tötete den König der Mina, der ihn als Gast willkommen geheißen hatte, und begründete sein Reich so mit einer Bluttat. Gleichwohl rühmen alte Balladen den Herrscher als großen und ehrenwerten Krieger und preisen seine Verbindung mit der schönen Maru. Amber stieg zur Hauptstadt eines mächtigen Fürstentums auf, nicht zuletzt, weil man sich mit den Mogulherrschern verbündete. Dies geschah unter Bhagwan Das, der im Jahr 1562 seine Schwester, Maryam Zamani, dem Großmogul Akbar zur Frau gab. Sie brachte Akbars Nachfolger Jahangir zur Welt.

Die Moguln überhäuften Man Singh I. mit militärischen Ehren und dieser versuchte das Leben in Amber dem in Delhi nachzugestalten. Schah Jahan machte Jai Singh I. zum Herrscher über die Provinz Deccan und verlieh ihm den Titel Mirza Raja (Edler Herrscher). Jai Singh I. war es auch, der die Hauptgebäude der Festung von Amber errichten ließ.

Dank dem ausgezeichneten Einvernehmen, das zwischen den Kachwaha und dem Mogulhof herrschte, blühte das Reich auf, und es entstand eine interessante Synthese verschiedener Architekturstile. Hierfür gibt es sowohl in Amber Beispiele als auch in der neuen Hauptstadt Jaipur, die unter Jai Singh II. 1728 erbaute wurde.

Als der Glanz der Moguln zu verblassen begann und die Künstler des Hofs nach neuen Betätigungsmöglichkeiten suchten, entwickelte sich das Königreich der Kachwaha durch seine Nähe zu Delhi zu einem der bedeutendsten Kunst- und Kulturzentren.

Amber ist eine der wichtigsten und architektonisch typischsten Festungen der Rajputen. Ein Befestigungsgürtel mit Bollwerken, Strebepfeilern und dicken Mauern mit monumentalen Toren schützt den eigentlichen Palast. In seinem Zentrum erhebt sich die *prasada*, eine mehrstöckige Residenz mit Frauengemächern *(zanana)* im oberen Bereich. Es scheint, als hätte zunächst keine übermäßig scharfe Trennung zwischen Frauen und Männern bestanden. Erst später gliederten sich die Paläste der Rajputen in einen Bereich für Männer *(mardana)* und einen für Frauen *(zanana)*. Zu diesem Zeitpunkt begann man die Anlagen auch stärker zu strukturieren, wobei der *rajabhavana* mit den Empfangs- und Audienzgebäuden stets

271 oben links *Der Einfluss der Moguln zeigt sich deutlich im Inneren der Räume und bei den Bogengängen. Die gleiche Bogenform wird hier mit kontrastierenden Materialien wiederholt. So nimmt der Betrachter die Eleganz der geraden und geschwungenen Linien besser wahr.*

271 oben rechts *Die Fenster sind mit erlesenen Marmorschnitzereien verziert. Die für indo-islamische Bauwerke typischen Gitter verwendet man in Indien, um sich gegen das gleißende Licht zu schützen.*

271 Mitte *Die Struktur der Pavillons leitet sich zwar eindeutig von der Mogularchitektur her, doch sind die leuchtenden Farben typisch für Hindubauten. Die Veranden mit verzierten Holzgittern, die zwischen den einzelnen Gebäudeteilen liegen, bilden kleine schattige Refugien.*

271 unten *Der Diwan-i-Am ist ein charakteristisches Element der Hindu- und Mogularchitektur. Die Kapitelle verbreiten sich nach oben hin und füllen die Räume zwischen den Säulen gleich einem falschen Gewölbe aus.*

einem Außenhof gegenüberlag, während sich der *rajaniveshana*, die königlichen Gemächer um eine Reihe von Innenhöfen gruppierte.
Die Palastburg der Rajputen kombinierte die kompakte Struktur der mehrstöckigen *prasada* mit ein- oder zweistöckigen Pavillons, die entweder einzeln standen oder als Flügel angebaut wurden. Der *mahal* oder *mandir* (Palast) umfasste drei Teile. Der erste bestand aus dem Wirtschaftsbereich mit Stallungen, Lagerräumen und Küche sowie einem Tempel, der am Haupthof mit dem Diwan-i-Am (dem Pavillon mit dem Audienzsaal) stand. Zum zweiten Teil gehörten neben der Waffenkammer und einem kleinen Privatheiligtum ein oder mehrere Höfe, an denen die königlichen Zimmer mit dem Diwan-i-Khas, den privaten Empfangsräumen, lagen. Im dritten Teil befand sich der *zanana* mit Terrassen und Gärten.
Die Räume, vor allem die Gemächer der Frauen, waren klein. Dies lässt darauf schließen, dass sich ein Großteil des Lebens im Freien abspielte. Die schmalen, gewundenen Korridore, die die verschiedenen Teile des Palasts miteinander verbanden, sollten den Herrscher so gut wie möglich vor Angreifern schützen.
Die Residenz von Amber liegt hinter dicken Festungsmauern rings um einen künstlichen See, in dessen Mitte sich eine kleine Insel erhebt, die nach dem Architekten von Jaipur Dalarams Garten heißt. Überragt wird das Ganze vom Jaigarh, dem Siegesfelsen. Um in die Festung zu gelangen, müssen Besucher das Sonnentor (Suraj Pol) durchschreiten. Sie gelangen in den Jaleb Chouk, den Wirtschaftshof mit Vorratsräumen und Stallungen aus der Zeit Jai Singhs II. Ein weiterer Durchgang, das Mondtor (Chandra Pol) führt von diesem Hof zu einem Tempel, der Narasimha, der löwengestaltigen Verkörperung Vishnus, und dem Jagat Shiromani (Juwel der Welt) geweiht ist. Der Tempel hat eine außergewöhnlich große Gebetshalle.
Zwei Türme mit Chattri (von Säulen gestützte, überschirmte Kioske) flankieren das sich anschließende Löwentor, das eine rechtwinklige Biegung verstärken sollte. Es führt zu einem weiteren Tempel, der Kali, der Gattin Shivas, geweiht ist. Von hier führt der Weg zum Hof des Diwan-i-Am. Jai Singh I. ließ das mächtige Gebäude errichten. Es besteht aus einer großen, von grauen Marmorsäulen getragenen Halle, um die sich eine dop-

272 *Die Muslime führten das Gewölbe in Indien ein. Erst relativ spät übernahmen die Hindu diese architektonische Form. Zwischen den Säulen finden sich häufig kleine Nischen.*

pelte Reihe roter Sandsteinpfeiler mit Elefantenkapitellen zieht. Große Überkragungen tauchen den öffentlichen Audienzsaal in den Schatten. Ganz hinten schließt sich eine überdachte Terrasse an. Die Architektur dieses Gebäudes lässt sich der Zeit des Großmoguls Akbar zuordnen.
Das Ganesha-Tor bildet den Eingang zu den Privatgemächern der Festung. Besonders eindrucksvoll wirkt die Fassade durch die eleganten, mit kunstvoll ausgesägten Holzgittern *(jali)* verzierten Bögen und das gebogene, hutförmige *bangaldar*-Dach mit seinen kelchgekrönten Fialen. Vom Sohag Mandir im Obergeschoss konnten die Frauen durch fein gearbeitete Ziergitter die Ereignisse im öffentlichen Audienzsaal verfolgen, ohne selbst gesehen zu werden. Der Bhojan Shala

272–273 *Oberhalb des Shish Mahal erhebt sich der Jah Mandir mit üppigem Dekor aus Mosaiken und Einlegearbeiten. Die mit Kelchen verzierten Nischen sind typische Elemente der Hinduarchitektur.*

273 oben *Die Wände des Shish Mahal sind mit Glasmosaiken und kleinen Spiegeln bedeckt. Der Saal gehört zu den schönsten Räumen der Festung. Das Licht bricht sich tausendfach und erzeugt auf diese Weise eine ganz besondere Atmosphäre.*

273 unten *Die Räume sind zwar einfach und gerade gebaut, dafür aber über und über mit Wandgemälden und Einlegearbeiten verziert. Die Fresken rechnet man der Hindutradition zu, die Mosaiken und Intarsien sind muslimische Elemente.*

(Bankettsaal) liegt auf der gleichen Etage. Er ist mit Szenen aus der Hindumythologie und Darstellungen der heiligsten Städte Indiens geschmückt. Der Garten des Diwan-i-Khas öffnet sich zur anderen Seite des Tors hin. Zur Rechten liegt der elegante Sukha Nivas oder Sukha Mandir, die „Lustgemächer" von Jai Singh. Durch die Haupthalle mit den Türen, die mit Klopfern aus Sandelholz oder Elfenbein verziert sind, verläuft ein Wasserkanal über den schwarzweißen Marmorboden und spendet angenehme Frische. Der Kanal wird durch eine hydraulische Anlage gespeist und mündet in einen kleinen Wasserfall im *carbagh,* dem traditionellen, in vier Sektoren untergliederten islamischen Garten. Der Jai Mandir erhebt sich zur Linken. Sein Stil lehnt sich an die raffinierte Bauweise der Pavillons in Agra an, die Schah Jahan errichten ließ. Der Diwan-i-Khas bildet, ebenso wie der Shish Mahal (Spiegelpalast), einen unverzichtbarer Bestandteil der Residenzen der Rajputen. Der Yash Mandir (Ruhmespalast) ist mit Glas, Spiegeln, goldenen Kacheln und Einlegearbeiten aus Halbedelsteinen verziert. Noch höher liegt eine Terrasse, von der aus man die Gärten überblickt.
Bemerkenswert ist auch der *zanana* aus der Zeit Man Singhs I. Schlafzimmer, Vorratskammern, Dienstbotenräume, Bäder, Küchen und gitterverzierte Terrassen bilden ein wahres Labyrinth. Dieser Bereich des Palasts erinnert an die *maharani* und *kumari,* die Königinnen und Fürstinnen. Viele von ihnen mussten ihren Männern als *sati* in den Tod folgen, galt doch bei den Rajputen die Sitte, dass man die Frauen mit ihren Gatten verbrannte.
Die Frauen spielten in der Heiratspolitik eine wichtige Rolle. Sie lebten in den Mauern des *zanana.* In Kriegszeiten verwandelten sie sich jedoch in Kämpferinnen, die ihren Männern durchaus ebenbürtig waren. Die Erinnerung an ihre Heldentaten lebt noch in Geschichten und Liedern fort.
Die Fassaden der Gebäude in der Festung wirken durch Vorsprünge und Einbuchtungen mit *jarokha* (Balkons mit Bogenfenstern) und *jali* lebendig. Mehrfachbögen, *bangaldar*-Dächer und Chattri zeugen von der Vorliebe der Rajputen für geschwungene Formen. Der üppige Dekor, der die darunter liegende Struktur weitgehend verbirgt, gehört zu den typischen Merkmalen der Hinduarchitektur.

DAS ROTE FORT VON DELHI

Palast der Mogulherrscher

274 oben *Dieses Detail einer Täfelung am Tor des Nakkar Khana belegt, dass die Muslime neben kalligraphischen Motiven eine Vorliebe für Blumenmuster hatten.*

274 Mitte *Mauern, Gebäude und offene Flächen bilden eine harmonische Einheit zwischen sonnigen und schattigen Bereichen. Das Gebäude im Hintergrund zeichnet sich durch blinde und echte Bögen sowie Loggiafenster aus.*

Noch heute wirken die Residenzen der Großmoguln wie die Paläste in Märchen aus Tausendundeiner Nacht. Die muslimischen Moguln waren Nachfahren des berüchtigten Mongolenführers Timur. Dieser drang Ende des 14. Jahrhunderts nach Indien vor und eroberte unter anderem Delhi. Der älteste in diesem Zusammenhang errichtete Palast entstand in dieser Zeit und gilt noch immer als Musterbeispiel indo-persischer Baukunst. Inmitten von Gärten mit leuchtenden Blumenrabatten, plätschernden Brunnen und kühlenden Wasserbecken gelegen, nehmen sich die erlesenen Marmorgebäude wie eine gewaltige Zeltstadt aus. Die Anordnung der kleinen, ein- bis zweistöckigen Pavillons, die in Höfen stehen, die von Mauern umschlossen sind, ruft die Erinnerung an die Vorfahren der Mogul-Dynastie, Dschingis Chan und Timur, wach. Tatsächlich gab es bei den Moguln neben den festen Residenzen stets auch noch „mobile" Höfe, die aus großen Lagern bestanden. Rings um die Zelte schloss sich ein hölzerner, von Lederriemen zusammengehaltener Palisadenzaun, den man binnen kürzester Zeit auf- und abbauen konnte. Diese „Wanderpaläste" verfügten über sämtliche Annehmlichkeiten wie zum Beispiel über Bäder, die nicht nur dem Herrscher, seinem Gefolge und dem vielköpfigen Harem, sondern auch den Soldaten zur Verfügung standen.

Der Begründer der indischen Dynastie der Großmoguln hieß Sahir ed-din Mohammed. Später erhielt er den Namen Babur (Tiger). Nachdem er sein Fürstentum, Fergana im heutigen Usbekistan, verloren hatte, besetzte er Kabul, nahm Samarkand ein und wandte sich anschließend nach Indien, um gegen Ibrahim Lodi, den Sultan von Delhi, zu kämpfen. Im Jahr 1526 schlug Babur den Sultan und marschierte in die Hauptstadt ein. Insgesamt herrschten die Moguln 200 Jahre in Indien. Baburs Sohn Humajun verlor den Thron allerdings für 12 Jahre an den afghanischen Usurpator Scher Schah, konnte ihn aber mit persischer Hilfe zurückerobern.

Humajuns Nachfolger Akbar konsolidierte das Mogulreich und baute zwischen seinen zahlreichen Feldzügen zum Beispiel das Fort von Agra sowie die nahe gelegene königliche Residenz Fatehpur Sikri.

Unter Jahangir, Akbars Sohn, blühte das Reich vor allem kulturell auf. Berühmtheit erlangte auch seine persische Gattin Mehirumisa, auch bekannt unter dem Namen Nur Jahan (Licht der Welt). Sie beteiligte sich nicht nur aktiv an den Regierungsgeschäften, sondern sorgte auch dafür, dass die persische Kunst und Kultur in Indien Verbreitung fand. Ihr Sohn, Jahangirs Nachfolger Schah Jahan, wurde vor allem als Erbauer des Taj Mahal in Agra, des Grabmals für seine Lieblingsfrau Mumtaz-i-Mahall (Auserwählte des Palasts), bekannt. Er ließ auch das Rote Fort in Delhi errichten.

Es heißt, Schah Jahan selbst habe die Pläne für die Gebäude entworfen und den nach ihnen angefertigten Holzmodellen weitere Veränderungen hinzugefügt. Wie seine Vorfahren wollte auch er Delhi neu gründen und eine Residenz schaffen.

275 oben links *1638 begannen die Arbeiten am Roten Fort von Agra. Eine mehr als 2 km lange Mauer umschließt die Festung. Einlass bieten zwei Tore, das Delhi Gate und das Lahore Gate (Foto).*

275 oben rechts *Die eleganten weißen Marmorkuppeln des Moti Masjid (Perlenmoschee) ragen über den roten Sandsteinmauern empor. Die birnenförmigen Kuppeln greifen das Hindumotiv des Wasserkelchs auf.*

Das heutige Delhi besteht aus insgesamt acht Städten. Am Beginn stand das legendäre Indraprastha, das im indischen Nationalepos, dem Mahabharata, besungen wird. Dann folgten die historischen Gründungen der hinduistischen Stadt Lalkot, die fünf muslimischen Städte und schließlich die anglo-indische Stadt.
Unter Schah Jahan wuchs ab 1638 Schajahanabad rings um das Lal Qila (Rotes Fort) und die Jami Masjid, die größte indische Moschee. Insgesamt dauerte es ein Jahrzehnt, bis die Arbeiten abgeschlossen waren. Allein für den Bau des Forts benötigte man Tonnen an Silber und Gold. Das Fort *(qila)*, die Moschee *(masjid)* und das Mausoleum gehören zu den bedeutendsten Zeugnissen islamischer Architektur in Indien.
Im Inneren der düsteren Verteidigungsanlagen liegen offene Höfe und prächtige Gärten. *Carbagh* heißt der durch kreuzförmige Alleen in vier Bereiche gegliederte islamische Garten, den Wege durchziehen. Die Gärten der Moguln griffen die Paradiessymbolik des Islam auf. Aus dem Terminus Pairi Daeza („von Mauern um-

274 unten links *Dieses breite Tor gehört zum Nakkar Khana oder Naubat Khana, dem Haus der Trommel. Das zweistöckige Gebäude diente in der Vergangenheit als Wohnbereich der Palastmusiker, die regelmäßig für den Herrscher aufspielten.*

274 unten rechts *Dieses von Blütenvoluten eingerahmte symmetrische Blumenmotiv belegt, welche ästhetisch perfekten Ergebnisse die Künstler des Mogulreichs mit verschiedenfarbigen Steinen erzielten.*

274–275 *Dieses Foto zeigt die Mauern des Forts, das den Kern der siebten Stadtgründung von Delhi (Schahjahanabad) bildete. Zu den Mauern gehören auch steile Rampen und Türme mit kleinen weißen Marmorkuppeln, die mit dem roten Sandstein der Festung kontrastieren.*

276 oben *Ein hübscher Fries mit Blumenmuster zieht sich in gefälligen Kurven um die marmornen Mauern des Diwan-i-Khas. Für die Mosaiken verwendete man Topas, Saphir, Jaspis, Chrysolit, Heliotrop und Karneol.*

276-277 *Der Diwan-i-Khas, der Hof der privaten Audienzen, zeichnet sich durch mehrere hintereinander gesetzte Marmorbögen aus. Die Decke bestand einst aus massivem Silber mit Einlegearbeiten aus kostbaren Steinen. In diesem Bereich des Palasts erledigte der Herrscher seine Regierungsgeschäfte.*

schlossener Ort"), der einen Blumengarten mit Brunnen, kreuzförmigen Wegen und kleinen Pavillons bezeichnete, leitete sich später das griechische Wort *paradeisos* (Paradies) ab. Die Festungen der Moguln gliederten sich in der Regel in drei Bereiche, die jeweils eine eigene Moschee besaßen. Es gab zum einen den Hof für öffentliche Audienzen (Diwan-i-Am), zum zweiten die Gebäude des Daulat Khana mit den königlichen Gemächern, die sich rings um den Diwan-i-Khas, den Hof für private Audienzen, gruppierten. Der dritte und letzte Teil umfasste den Harem *(zanana)*, den Wohnkomplex der Frauen, der wie der Daulat Khana inmitten prächtiger Gärten lag. Im Schutze der Mauern und des Flusses Yamuna lag die Festung, die man durch das Delhi Gate und das Lahore Gate betreten konnte. Bis heute bildet der Kontrast zwischen den massiven roten Sandsteinmauern und den schlanken weißen Marmorpavillons einen eindrucksvollen Kontrast, der jeden Besucher fasziniert. Hinter dem Platz, auf dem der Basar stattfand, gelangt man über einen Hof zum Naubat Khana oder Nakkar Khana, dem Haus der Trommel. In diesem zweistöckigen Gebäude wohnten die Musiker des Hofs, die alle wichtigen Zeremonien und Ereignisse begleiteten. Ein Stück weiter öffnet sich ein großer Hof zum Diwan-i-Am, der öffentlichen Audienzhalle. Sie besteht aus Sandstein und ist mit einem Putz aus zerstoßenem Marmor verkleidet. An der hinteren Wand mit Florentiner Mosaik erhebt sich ein Podest mit dem marmornen Thronbaldachin. Vermutlich schuf der französische Goldschmied Austin de Bordeaux einen Teil der Einlegearbeiten für den Bal-

277 oben links *Zur Zeit der Moguln verhüllte man die großen Fenster des Diwan-i-Khas und anderer Gebäude mit Tüchern oder kostbaren Tapisserien, die Schatten spendeten.*

277 unten links *Im Rang Mahal, der zu den privaten Gemächern von Schah Jahan gehörte, dienten kunstvoll geschnitzte Gitter als Raumteiler. Einige sind mit europäischen Motiven (hier zum Beispiel einer Waage) verziert*

277 oben rechts *Die Moguln liebten Gärten und hatten eine ausgeprägte Schwäche für Blumenmotive. Diese finden sich überall, unter anderem als Relief auf den Mauern der Pavillons, wo sie besonders gut zur Wirkung kommen.*

277 unten rechts *Der Nahar-i-Behisht (Paradieskanal) der durch die Privatgemächer des Palasts verlief, speiste auch diesen herrlichen lotosförmigen Brunnen im Rang Mahal. Er besteht aus Marmor und Halbedelsteinen.*

dachin. Er erkaufte sich damit seine Freiheit, nachdem man ihn beim Schmuggeln erwischt und in den Kerker geworfen hatte.

Hinter dem Diwan-i-Am liegen am Ufer des Flusses die Privatgemächer des Herrschers und seines Hofstaats. Der Nahar-i-Behisht (Paradieskanal) versorgte die verschiedenen Bereiche des Palasts mit Wasser: Hierzu gehörten unter anderem der Rang Mahal mit dem herrlichen Lotosbrunnen aus Marmor und Halbedelsteinen und der Decke aus Gold und Silber, der Khas Mahal, dessen drei Marmorpavillions zwischen 1639 und 1649 erbaut wurden und als privater Wohnpalast dienten, der dreistöckige, achteckige Turm, von dem aus sich Schah Jahan täglich dem Hof präsentierte, und der Diwan-i-Khas mit dem berühmten Pfauenthron der Mogulherrscher. Der Thron kam im Jahr 1739 abhanden, als der persische Schah Nadir in Delhi einfiel und die Stadt plünderte.

Viele Legenden ranken sich um dieses außergewöhnliche Stück. Offenbar handelte es sich um ein fast 2 m langes Goldsofa mit Diamanten, das auf 12 Smaragdsäulen unter einem ebenfalls diamantverzierten Marmorbaldachin stand. Die berühmten Pfauen saßen auf einem Rad aus Edelsteinen auf dem Baldachin, dazwischen wuchs der Baum des Lebens aus einem kostbar geschmückten Brunnen empor. Selbst die Kissen des Diwans waren angeblich mit Edelsteinen besetzt.

Neben dem Diwan-i-Khas liegt der Hammam, ein drei Räume umfassendes Bad mit Mosaikböden, die stets eine dünne Wasserschicht bedeckte. Die Wände waren mit Glaskacheln verkleidet. Die Moti Masjid (Perlenmoschee) gegenüber dem Hammam, ein echtes Juwel indo-islamischer Baukunst, besticht durch die weißen Marmorwände, die von roten Sandsteinmauern umgeben sind. Aurangseb erbaute sie 1662 mit drei birnenförmigen Kuppeln und schlanken Minaretten.

Zwischen dem Hammam und der Moschee erstreckt sich der Hayat Baksh Bagh, ein Garten mit geometrisch angelegten Blumenbeeten. Alten Berich-

278–279 *An der Rückseite des Diwan-i-Am erhebt sich die hohe Thronplattform mit Florentiner Mosaik und dem Baldachin aus Marmor. Davor steht die Bank des Wesirs.*

278 oben *Dieser Blick auf den Rang Mahal veranschaulicht einige typische Elemente islamischer Baukunst, zum Beispiel die Mehrfachbögen, das schräg abfallende Walmdach und die Eckpavillons, die maßgeblich zur Eleganz des Gebäudes beitragen.*

278 unten links *Der Diwan-i-Am, die Halle der öffentlichen Audienzen, besteht aus einem roten offenen Sandsteinpavillon mit großen Mehrfachbögen. Auf diese Weise konnte man Versammlungen auch von außen beiwohnen.*

ten zufolge bepflanzte man den einen Teil des Gartens stets mit roten, den anderen mit weißen Blumen, die Leben und Mond symbolisierten.
Zwei kleine Marmorpavillons stehen im Jayat Baksh Bagh. Schließlich ist noch der Schah Burj zu erwähnen, ein achteckiger Turm, der den Endpunkt eines 80 km langen Aquädukts bildete.
Leider blieb von den ehemaligen Haremsgebäuden nicht viel erhalten. Abendländische Reisende wie Tavernier, Manucci und Bernier, die das Fort persönlich besuchten oder aus Berichten kannten, priesen die Schönheit und Pracht der Bauten, die heute nicht mehr existieren. Die Gemächer waren mit Möbeln und Zierrat aus kostbaren Metallen und Hölzern, Teppichen und Ziergittern, Seidenstoffen und Tapisserien angefüllt, duftendes Wasser plätscherte in goldenen Brunnen. Im Diwan-i-Khas können Besucher noch heute das Lebensgefühl der Mogulherrscher nachvollziehen, denn hier steht in Stein gemeißelt der Satz: „Wenn es ein Paradies auf Erden gibt, so ist es hier, nur hier."
Zu Beginn des 18. Jahrhunderts entwickelte sich das Rote Fort zu einer Art goldenem Käfig für die Großmoguln, denn man wollte verhindern, dass sie sich in die Politik einmischten. Der Glanz der Paläste begann zu verblassen, während die Mogul-Dynastie sich immer weiter verzweigte. Inzwischen lebten so viele Menschen in dem Fort, dass niemand mehr den Überblick behalten konnte. Jahandar Schah und seine Lieblingsfrau, die Tänzerin Lal Kumari, wurden ermordet. Anschließend verbreiteten die Gebrüder Sayyid Unheil und Chaos. Sie ernannten mehrere neue Herrscher und töteten sie anschließend. Inmitten dieser Auflösungstendenzen eroberte der persische Schah Nadir 1739 Delhi. Er richtete ein Blutbad unter der Bevölkerung an und verließ die Stadt mit unvorstellbaren Mengen an Beute, darunter dem berühmten Koh-i-noor-Diamanten.
Einige Jahre später plünderte Abdali Delhi erneut und verwandelte es in eine Geisterstadt. Das Fort war zu einem Ort des Grauens geworden: Die Marionettenkönige saßen im Verlies und die Frauen verhungerten im Harem. Als die Engländer Indien kolonisierten, gestanden sie den Moguln Lal Qila als Residenz zu, obgleich diese keinerlei Macht mehr besaßen. Im Roten Fort gab es nichts mehr von Wert, selbst die vergoldeten Decken hatte man gestohlen.
Das letzte Kapitel der Festung begann 1857, als Bahadur Schah II., der letzte Großmogul, nach einem missglückten Aufstand gegen die Briten verbannt wurde. Diese zerstörten anschließend große Teile des Roten Forts, um die Macht der Moguln auch symbolisch zu vernichten.
Dennoch geht vom Mittelpunkt der alten Hauptstadt eine eigenartige Faszination aus. Die architektonischen Grundelemente sind noch intakt, und man findet in einigen versteckten Winkeln noch kostbare Halbedelsteinmosaiken und Verzierungen, die sich dem Blick der diversen Plünderer entzogen haben.
Im Hof des Großmoguls herrscht auch heute noch eine romantische Atmosphäre, die Erinnerungen an die kulturbegeisterten Herrscher der Frühzeit an schöne Haremsdamen und unermessliche Reichtümer wachruft. Wenn man seine Phantasie schweifen lässt, kann man hier noch den Charme längst vergangener Zeiten spüren.

279 oben *Die Mosaikarbeiten, die die Thronwand des Diwan-i-Am bedecken, greifen auch unübliche Motive von Tieren und Menschen auf. Vermutlich stammen sie von dem französischen Künstler Austin de Bordeaux.*

279 Mitte *Ebenfalls im Diwan-i-Am befindet sich dieser Steinfries: Anmutige Bögen rahmen Blumen ein, die sich im Wind zu wiegen scheinen. Besonders fein wirkt die Arbeit, weil man auf Farben verzichtet hat.*

278 unten rechts *Der Name Moti Masjid (Perlenmoschee) bezieht sich auf die Farbe und die Oberflächenstruktur der Steine. Auf dem Boden bezeichnen die abgegrenzten Flächen den Platz für die Gebetsteppiche. In der Mitte des Hofs befindet sich das Wasserbecken für rituelle Reinigungen.*

279 unten *Dieser Ausschnitt eines Raums im Khas Mahal hebt einige Stilmittel der Mogularchitektur hervor. Besonders auffällig ist die Struktur der Bögen, die auf Säulen mit Blumenkapitellen ruhen.*

DIE VERBOTENE STADT

Zwischen Himmel und Erde

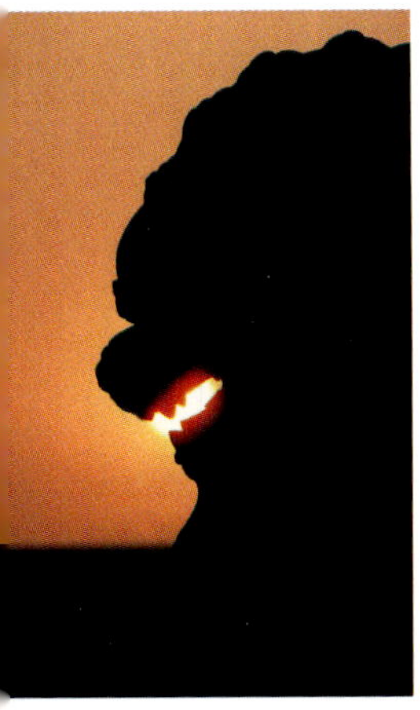

280 oben *Die wichtigsten Tore des Palasts bestehen in der Regel im oberen Teil aus einem Holzgitter, das im Inneren mit Papiermaché verkleidet sein kann. Den unteren Teil bilden solide und üppig verzierte Holzbalken.*

280 Mitte *Die beiden Bronzelöwen vor dem Tor der Höchsten Harmonie ähneln eher Fabelwesen als echten Tieren.*

280 unten *Dieser Plan der Verbotenen Stadt gehört zu einer chinesischen Handschrift aus dem 18. Jahrhundert und befindet sich heute in der British Library in London.*

Im Herzen von Peking liegt die Verbotene Stadt, der Kaiserpalast. Er ist der größte und am besten erhaltene Gebäudekomplex der Kaiserzeit in ganz China, eine Miniaturstadt mit Straßen, Tempeln, Bibliotheken, Gärten und Wohnbereichen. Die Kaiser, Kaiserinnen und Mitglieder der chinesischen Aristokratie, die Konkubinen, Eunuchen und Diener der beiden letzten Dynastien – der Ming (1368–1644) und der Ch'ing (1644–1911) lebten hier über 500 Jahre lang bis zum Ende des chinesischen Kaiserreichs und der Gründung der Republik im Jahr 1912. Die Bezeichnung „Verbotene Stadt" verweist bereits darauf, dass nur ein ausgewählter Kreis von Personen die Stadt betreten durfte.

Der Bau des Kaiserpalasts geht auf die ersten Jahrzehnte des 15. Jahrhunderts zurück. Zur damaligen Zeit herrschte in China Yongle, der dritte Kaiser der Ming-Dynastie. Um 1417 begannen die Bauarbeiten, die drei Jahre später bereits zum größten Teil abgeschlossen waren. Zieht man die Komplexität der Anlage in Betracht, so überrascht die außerordentlich kurze Bauzeit. Allerdings wirkten über eine Million Arbeiter und immerhin 100 000 Handwerker und Ingenieure an seiner Entstehung mit.

Die Konstruktion der Verbotenen Stadt gliederte sich in ein umfangreiches Konzept ein, das die Erneuerung und Aufwertung ganz Pekings vorsah. 1421 verlegte der Kaiser die Hauptstadt von Nanking nach Peking.

Heute umfasst das architektonische Meisterwerk rund 1000 unterschiedliche Gebäude, darunter herrliche und zumeist reich verzierte Paläste, Pavillons und Pagoden. Im 15. Jahrhundert präsentierte sich die Stadt vermutlich völlig anders, denn erst im Lauf der Zeit bauten die unterschiedlichen Herrscher den Kaiserpalast immer wieder um und erweiterten ihn. Mehrfach richteten Brände große Schäden an. Da viele Gebäude aus Holz bestanden, konnte sich das Feuer rasch ausbreiten, sodass anschließend umfangreiche und kostspielige Aufbauarbeiten nötig waren. Im Jahr 1421, wenige Monate vor Vollendung des Komplexes, wütete ein Feuer besonders heftig. Ursache für die verheerenden Katastrophen waren häufig Blitze oder Feuerwerke, mit denen die Chinesen Neujahr feierten.

In der traditionellen chinesischen Architektur spielt Holz als Baustoff eine wichtige Rolle. Man suchte es deshalb äußerst sorgfältig und nach exakt festgelegten Kriterien aus. Für den Bau der Verbotenen Stadt sandte Kaiser Yongle der Überlieferung zufolge eine Gruppe von Fachleuten in die verschiedenen Provinzen des Reichs, um sie vor Ort das beste Material aussuchen zu lassen. Eine besonders wertvolle Holzart, die man in der Regel für Rahmen und Dekor verwendete, fand man nur in entlegenen Gebirgsregionen der Provinz Sichuan, etwa 1500 km von Peking entfernt. Offenbar handelte es sich um ein unzugängliches und gefährliches Gebiet, hieß es doch, dass von 1000 Männern, die in dieses Gebirge zogen, nicht mehr als 500 zurückkehrten.

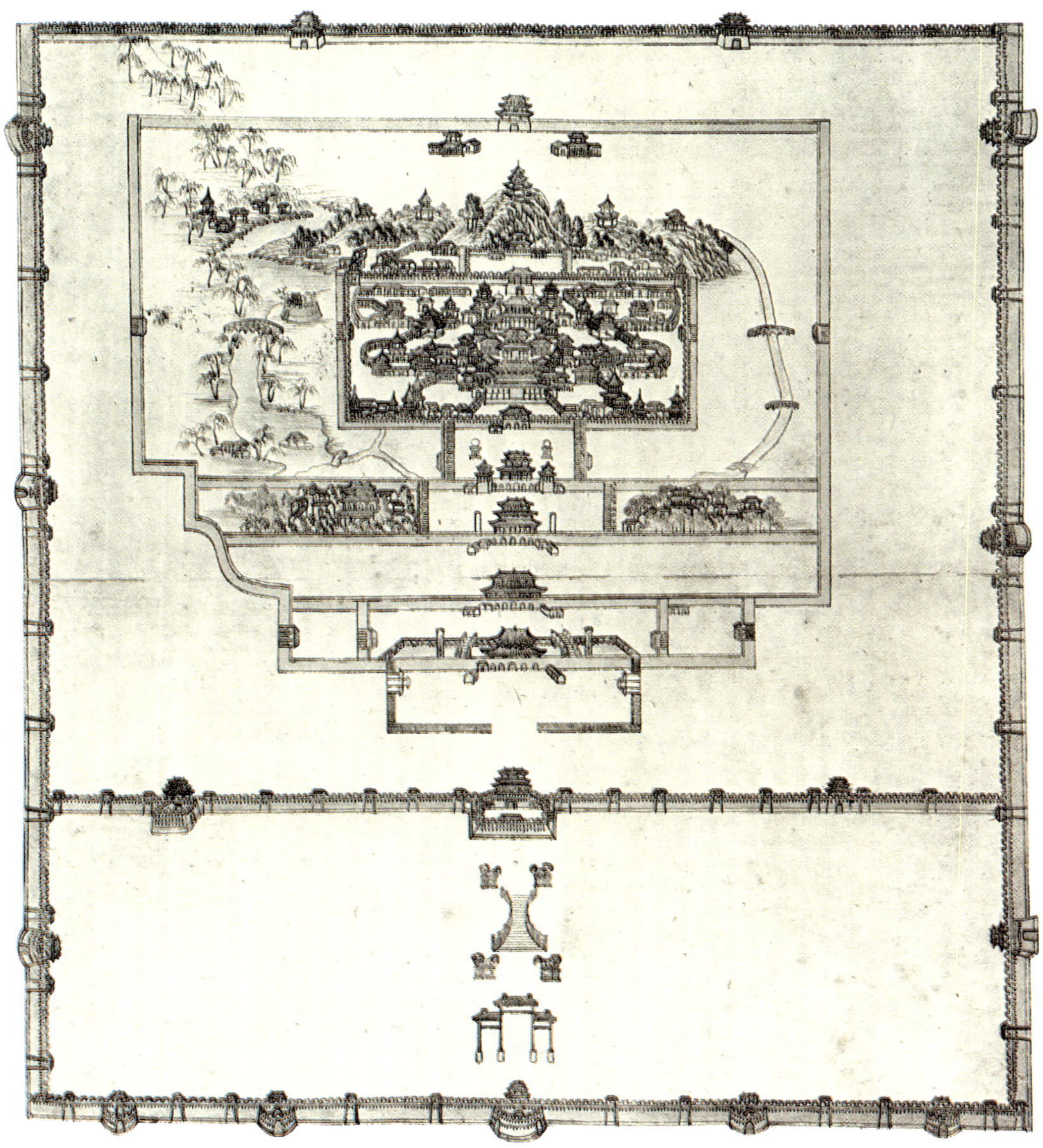

281 oben links *Der Aufstieg der Kaiserinwitwe Cixi begann 1856, als die Konkubine, die einer niederen Kaste entstammte, dem Kaiser einen Sohn gebar. Innerhalb weniger Jahre verbesserte sie ihre Position, erhöhte ihren Einfluss und regierte nach dem Tod von Xianfeng ab 1862 gemeinsam mit dem jungen Kaiser Tongzhi. Cixi baute ihre Macht weiter aus und war bis 1908 an allen wichtigen Entscheidungen beteiligt.*

280–281 *Dächer spielen in der chinesischen Architektur eine große Rolle. Der Schnitt richtet sich nach der jeweiligen Gebäudefunktion. Häufig sind Dächer mit Drachen, Löwen, Seepferdchen, geflügelten Pferden oder anderen Fabelwesen verziert, denen man eine Schutzfunktion zuschrieb.*

281 oben rechts *Die Bezeichnung „Verbotene Stadt" heißt auf Chinesisch* zi jin cheng. *Der Ausdruck bezieht sich zum einen auf den Polarstern, dem Fixpunkt in Zeit und Raum, denn so wie er lebte der Kaiser umgeben von seinen Untertanen. Zum anderen steckt das Wort „verboten" darin, weil nur wenige sich dem Herrscher nähern durften. Der dritte Teil verweist auf die befestigte, von einem Mauerring umgebene Stadt.*

281 unten *Dieser Stich des Franzosen Adolphe Rouargue aus dem 19. Jahrhundert zeigt Peking von Süden aus gesehen.*

Nachdem die Experten ihre Wahl getroffen hatten, schickten sie das Holz per Schiff, insbesondere über den Kaiser-Kanal, nach Peking. Den gleichen Weg nahmen Ziegel und Bodenfliesen, die meistens aus der benachbarten Provinz Shandong und aus der Stadt Suzhou im Südosten des Lands stammten. Für den Bau des Palasts benötigte man unvorstellbare Mengen dieser Materialien, zumal die großen Höfe oft aus drei bis sieben Schichten eines Baustoffs bestanden.
Dachziegel stellte man in der Regel in Peking selbst, jedoch außerhalb der Verbotenen Stadt im heutigen Viertel von Liulichang her. Der Name ist eine Abkürzung von „liuli wa chang“, was in etwa „Werkstatt/Fabrik zur Herstellung glasierter Ziegel“ bedeutet.
Wie alle traditionellen chinesischen Gebäude sollte auch der Kaiserpalast Ausdruck der kosmischen Ordnung sein. Die Residenz des Kaisers, das Zentrum der chinesischen Macht, galt als Mikrosymbol einer umfassenderen Ordnung des Universums. In diesem Zusammenhang spielte die Lehre von Yin und Yang und von den fünf Elementen (Wu Xing) eine wichtige Rolle.
Bei Yin und Yang handelt es sich um kosmologische Prinzipien, denen alle Wesen zugeordnet sind. Dem Yin entspricht das Weibliche (die Erde, die Nachgiebigkeit) und dem Yang das Männliche (der Himmel, die Stärke). Die fünf Elemente (Wasser, Holz, Feuer, Erde, Metall) repräsentieren fünf Kategorien, denen sich alle bekannten Phänomene zuordnen lassen und mit denen jeder Mensch permanent zu tun hat. Das Leben jedes Einzelnen – und folglich das der Gesellschaft – ordnet sich in ein komplexes System von Interaktionen und aufeinander bezogenen Ereignissen ein, in denen jedes Phänomen eine genau vorbestimmte Position einnimmt. Wenn es gelingt, die einzelnen Elemente richtig und harmonisch miteinander in Einklang zu bringen (z. B. „Wasser erzeugt Holz, das wiederum durch Feuer zerstört wird“), so sind Ordnung und Glück garantiert. Im umgekehrten Fall brechen Chaos und Leid über die Menschen herein.
Alle anderen Elemente lassen sich den fünf kosmischen Grundelementen zuordnen, wobei komplexe Verbindungen, Zusammenhänge und Objekte entstehen: Dies gilt zum Beispiel für den Kompass mit den fünf Himmelsrichtungen (die Chinesen betrachten den Mittelpunkt ebenfalls als eine Himmelsrichtung), die fünf Grundfar-

282 oben links *In der Halle der Höchsten Harmonie fanden nur besonders bedeutende Zeremonien wie die Neujahrsfeier statt. An diesem Tag zog eine lange Prozession vor der Halle vorbei, während man den Kaiser auf einer Sänfte in die Halle trug. Dort bestieg er zu Klängen traditioneller Musik feierlich den Thron.*

282 oben rechts *Die drei Empfangspavillons, die Halle der Höchsten Harmonie, die Halle der Vollkommenen Harmonie und die Halle der Erhaltung der Harmonie, liegen auf einer Terrasse.*

282–283 *Durch das Mittagstor gelangen Besucher in einen großen Hof, in dem sich fünf Brücken mit Marmorbalustraden befinden, unter denen das Goldene Wasser fließt. Das Tor der Höchsten Harmonie (Tai He Men) in der Mitte wurde 1420 erbaut. Seinen heutigen Namen erhielt es während der Ch'ing-Dynastie. Seine jetzige Form geht auf die zweite Hälfte des 19. Jahrhunderts zurück.*

282 unten *Dieses Foto zeigt eines der bronzenen Weihrauchgefäße, die neben dem Thron in der Halle der Höchsten Harmonie stehen.*

283 Mitte links *An der präzise festgelegten Größe, Anzahl und Abfolge des Tierdekors auf den Dächern konnte man die Bedeutung eines Gebäudes genau erkennen.*

283 oben rechts *Den Regeln der chinesischen Geomantie entsprechend ist der kaiserliche Thron in der Halle der Erhaltung der Harmonie in Nord-Süd-Richtung aufgestellt. Gleiches gilt für die Thronsessel in den beiden angrenzenden Hallen der Höchsten und der Vollkommenen Harmonie.*

283 Mitte rechts *In der Halle der Höchsten Harmonie bildet der kaiserliche Thron den Mittelpunkt des Raums. Zu beiden Seiten erheben sich Säulen; die sechs mittleren sind mit Drachen in zwei Goldtönen, die übrigen mit rotem Lack bemalt. Weihrauchgefäße stehen zur Linken und Rechten des goldenen Throns.*

283 unten rechts *Die Stufen des Kaiserwegs vor der Halle der Höchsten Harmonie sind mit Wolken und Drachen verziert. Im unteren Bereich brechen sich Wellen an Felsen, die die Erde symbolisieren. Die kaiserlichen Drachen, die auf dem Hochrelief durch die Wolken fliegen, finden sich auch an anderen Stellen des Kaiserwegs.*

ben (Rot, Grün, Gelb, Weiß und Schwarz), die fünf Lebensphasen, die fünf Gefühle usw. Mit Holz assoziierte man zum Beispiel Osten, die Farbe Grün, Geburt, Zorn und Wind.
Die einzelnen Gebäude der Verbotenen Stadt sind ebenso Ausdruck dieser kosmischen Symbolik wie die gesamte Anlage, die sich in zwei große Bereiche gliedert, den Äußeren Hof und die Inneren Gemächer. Im Äußeren Hof empfing der Kaiser die Minister und erledigte alle Arbeiten, die mit der Verwaltung des Reichs zu tun hatten. Dieser Teil des Palasts war dem Yang-Prinzip zugeordnet und befand sich im Süden. Die Inneren Gemächer, in denen der Kaiser mit seiner Familie lebte, gehörten hingegen zum Yin-Prinzip und lagen im Norden. Auch bei der Farbwahl gab es keine Zufälligkeiten: Grün oder Blau stand

284 oben und 284–285 *Dieses Paar fein verzierter Löwen bewacht den Eingang zum Tor der Himmlischen Reinheit. Ähnliche Statuen aus Marmor oder Bronze finden sich vor vielen Hallen der Verbotenen Stadt. Die Löwen galten als Symbol der Stärke und kaiserlichen Macht.*

als Symbol für treibende Knospen, den Beginn des Lebens und den Osten. Entsprechend färbte man die Dachziegel der Gebäude, in denen die jungen Prinzen lernten und studierten. Die Residenz der Kaiserinwitwe befand sich im westlichen Teil der Verbotenen Stadt, denn dieser Sektor verkörperte das Lebensende. Die weiße Farbe, die hier vorherrscht, symbolisierte die Trauer um den verstorbenen Kaiser. Rot galt dagegen als Farbe des Glücks und ziert daher viele Wände, Fenster, Rahmen und Säulen des Palasts. Gelb, die Farbe der Mitte, verband sich mit der Idee von Ruhm und Ehre und schmückt viele Ziegel der kaiserlichen Paläste.
Auch andere Faktoren, wie zum Beispiel Wasser und Wind, wurden bei der architektonischen Gestaltung berücksichtigt. Als idealen Ort betrachtete man ein Areal mit Hügeln im Hintergrund und einem Wasserlauf im Vordergrund. Sonne und Wind bestimmten die Ausrichtung der Gebäude.
Im Zuge der Bauarbeiten legte man zunächst einen tiefen Wassergraben an, der um die Palastmauer verlief. Mit dem hierbei anfallenden Erdreich schüttete man hinter der Verbotenen Stadt den Hügel der Langlebigkeit auf, der später Aussichtshügel oder Kohlehügel genannt wurde. Die Pavillons auf dieser Anhöhe stammen aus dem 18. Jahrhundert. Zu dieser Zeit gab es auch in der Stadt Kanäle, das Goldene Wasser.
Ästhetische und praktische Gesichtspunkte bildeten die Grundlage weiterer Arbeiten. Die Landschaft um den Palast sollte das Auge des Betrachters erfreuen, ein Kanalsystem mögliche Überschwemmungen verhindern. Auch hier galt es die Gesetze des Kosmos zu berücksichtigen. Der Fluss musste in West-Ost-Richtung verlaufen, damit die Prinzipien der chinesischen Geomantie gewahrt blieben.
Wie bereits erwähnt, gliedert sich die Verbotene Stadt in den Äußeren Hof und die Inneren Gemächer. Eine Umfassungsmauer zog sich um die gesamte Palastanlage. Diese lag wiederum im Herzen eines größeren Areals, der Kaiserlichen Stadt, die von einer eigenen Mauer umgeben war und ihrerseits den Kernbereich der Inneren Stadt bildete. Auch um die Innere Stadt im Norden von Peking schloss sich ein Mauerring. Südlich davon breitete sich die Äußere Stadt mit Geschäften, Werkstätten und Ateliers aus. Erst im 16. Jahrhundert erhielt sie ebenfalls eine Mauer.
Die Verbotene Stadt umfasst eine rechteckige Fläche von mehr als 720 000 m². Ein 8 m hoher Mauergürtel mit einer Reihe von Toren umschließt sie, und um diesen zieht sich der Wassergraben. Die Ecken der

284 unten *Das Tor der Himmlischen Reinheit bildet den wichtigsten Durchgang vom Äußeren Hof zu den Inneren Gemächern. Von dort aus gelangen Besucher in einen großen rechteckigen Hof, der zu den Drei Großen Hallen führt. Hier befand sich früher das Zentrum der kaiserlichen Macht, in dem alle wichtigen Entscheidungen getroffen wurden. Das Tor stammt ursprünglich aus dem 15. Jahrhundert, in seiner heutigen Form entstand es jedoch erst Mitte des 17. Jahrhunderts.*

285 unten links *Balustraden verzierte man in der Regel mit Skulpturen von Drachen, Meeresgetier, Bambus oder Blumenmotiven. Der Dekor der Kapitelle und Säulen richtete sich nach der Bedeutung des Gebäudes. Als Symbol kaiserlicher Macht, tauchen zumeist Drachen oder Phönixe auf, die auch für den Kaiser und die Kaiserin selbst standen. Blumen, Bambusrohre und Lotosblüten zieren die Kapitelle in den Gärten.*

285 unten links *Dieses Detail zeigt ein glasiertes Keramikornament mit Blumenmotiven. Mithilfe dieser Technik, die man in China bereits seit 1500 v. Chr. einsetzte, konnte man besonders haltbare Objekte herstellen.*

286 oben *Die Steine, die man zum Bau der Verbotenen Stadt benötigte, stammten aus verschiedenen Gegenden. Insbesondere zwei Arten fanden Verwendung, der harte weiße und grüne Marmor und der weiche weiße Jademarmor, der sich ähnlich wie Jade anfühlt.*

286–287 *Plattform, Thron und Wandschirm in der Halle der Himmlischen Reinheit sind zwar schlichter, jedoch fast genauso schön wie jene in der Halle der Höchsten Harmonie. Handgemalte Schriftzeichen der Kaiser Kangxi und Qianlong hängen an den rot lackierten Säulen, und chinesische Symbole zieren die Täfelungen des Wandschirms. Zwei Kraniche – Symbole der Langlebigkeit – stehen zu beiden Seiten des Throns.*

Mauern nehmen Wachtürme ein, dazwischen gibt es verschiedene Aussichtsposten, um die Stadt möglichst uneinnehmbar zu machen.
Exakt nach den vier Kardinalpunkten sind die Tore ausgerichtet: das Mittagstor im Süden, das Shen-Wu-Tor im Norden und die beiden Ruhmestore im Osten und Westen. Das Mittagstor ist das schönste und bildete den Haupteingang zur Verbotenen Stadt. Der mittlere seiner fünf Eingänge blieb dem Kaiser vorbehalten, durch die beiden ihm benachbarten Türen durften Mitglieder der Aristokratie sowie zivile und militärische Beamte eintreten, während die beiden äußeren nur geöffnet wurden, wenn der Kaiser öffentliche Audienzen abhielt. An diesen Tagen betraten die Beamten den Palast in der Regel durch das Osttor, während die Militärs das Westtor wählten.
Wer sich um eine Stelle als kaiserlicher Beamter in der Verbotenen Stadt bewarb, musste ein überaus langes und schwieriges Auswahlverfahren durchlaufen, denn nur die talentiertesten Männer erhielten gehobene Posten. Diese Kandidaten bekamen Nummern und gelangten entweder durch das rechte (gerade Zahlen)

oder das linke (ungerade Zahlen) Tor in den Palast.
Hatten die Chinesen einen Krieg siegreich beendet, so führte man dem Kaiser in der Nähe des Mittagstors die Gefangenen vor. An bestimmten Tagen erstatteten dort auch Adlige und Beamte dem Herrscher Bericht.
Zum Shen-Wu-Tor gehörte ursprünglich ein Aufbau mit Trommel und Glocke, die sich heute im Trommelturm (Gu Lou) und im Tempel der Großen Glocke (Da Zhong Si) befinden. In der Abenddämmerung schlug zunächst die Trommel und dann die Glocke in regelmäßigen Intervallen.
Zur Zeit der letzten Kaiserdynastie betraten Frauen und Mädchen, die im Palast dieverse Arbeiten verrichteten, die Verbotene Stadt durch das Shen-Wu-Tor.

kaiserlichen Archive, befinden sich auf der anderen Seite des Hofs.
Das Tor der Höchsten Harmonie bildet den größten Zeremonialeingang zur Verbotenen Stadt. Ihm gegenüber stehen zwei Bronzelöwen, die größten von insgesamt sechs Paaren im Kaiserpalast. Der Löwe erhielt seine Bedeutung als Symbol kaiserlicher Macht, Würde und Pracht, als der Buddhismus sich in China durchzusetzen begann. Löwenpaare finden sich häufig als Wächter vor Tempeln oder Palästen.
Die Drei Großen Hallen dienten als Audienzgebäude. Die erste und die dritte haben jeweils einen rechteckigen Grundriss, die kleinere zweite ist quadratisch. Zusammen vermitteln sie einen dynamischen und einheitlichen Eindruck.

286 unten *Weihrauchgefäße finden sich überall in der Halle der Himmlischen Reinheit. In der Regel stehen sie auf der Thronplattform oder unmittelbar in ihrer Nähe.*

287 oben *Erlesene und fein gearbeitete Zierelemente kennzeichnen den Palast der Himmlischen Reinheit.*

Besucher, die den Palast durch das Mittagstor betreten und dem Weg nach Norden folgen, gelangen zunächst zu den fünf Brücken mit Marmorbalustraden, die über das Goldene Wasser führen, und von dort aus weiter zum Äußeren Hof. Hier steht das Tor der Höchsten Harmonie (Tai He Men), das zu den Drei Großen Hallen führt: Halle der Höchsten Harmonie (Tai He Dian), Halle der Vollkommenen Harmonie (Zhong He Dian) und Halle der Erhaltung der Harmonie (Bao He Dian).
Zwei weitere Hallen und verschiedene kleinere Gebäude, darunter die

Drachen (ebenfalls Symbole der kaiserlichen Macht), Reiher und Schildkröten (als Glücksbringer und Symbole der Langlebigkeit) stehen hier wie in anderen Bereichen der Verbotenen Stadt.
Die Halle der Höchsten Harmonie ist das größte und höchste Gebäude seiner Art in China. Die äußeren Türen, Fenster und Innenrahmen leuchten golden. Im Inneren steht auf einer Plattform der kaiserliche Drachenthron aus lackiertem Holz und Gold. Zur Zeit der Kaiserherrschaft befand sich an dieser Stelle das Zentrum des Hofs mit all seinen vielfältigen Akti-

287 unten *Die Dachformen der verschiedenen Gebäude in der Verbotenen Stadt unterscheiden sich stark voneinander. Neben Satteldächern und einfachen Walmdächern gibt es häufig auch Fußwalmdächer. Das Foto zeigt ein typisches gestuftes Fußwalmdach.*

288–289 und 289 unten links *Durch das Tor der Herzensbildung gelangt man in einen Hof, in dem sich der gleichnamige Palast erhebt. Ein Bogen vor dem Hof verhindert, dass man das Gebäude von außen sieht. Der Bogen hat eine doppelte Funktion: Er soll neugierigen Blicken vorbeugen und böse Geister fernhalten.*

289 oben *Neben dem Thronsessel in der Halle der Einheit stehen zahlreiche interessante Kostbarkeiten, zum Beispiel eine große Uhr und die 25 kaiserlichen Siegel aus Jade oder Metall, mit denen man im chinesischen Kaiserreich wichtige Dokumente kennzeichnete.*

288 oben *Zwischentüren wie hier in der Halle der Einheit teilen die Räume in zwei miteinander verbundene Teile. Die Türen bestehen im oberen Teil aus einem Holzgitter, die untere Partie ist mit Schnitzwerk zum Beispiel mit Drachen und Phönixen – verziert.*

vitäten. Sämtliche wichtigen Zeremonien wie Inthronisation, Geburtstag des Kaisers und Hochzeiten fanden hier statt.
Die Halle der Vollkommenen Harmonie bildete eine Art Zwischenstation für den Kaiser, wenn er sich von seinen Privatgemächern im Norden der Stadt zur Halle der Höchsten Harmonie begab. In diesem Gebäude nahm der Herrscher Ehrenbekundungen seiner Minister entgegen und prüfte jedes Jahr das Saatgetreide.
Weiter nördlich steht die Halle der Erhaltung der Harmonie. Zur Zeit der Ch'ing-Dynastie hielt man dort Empfänge und Staatsbankette sowie die kaiserlichen Examina ab.
Im Norden der Verbotenen Stadt liegen die wesentlich kompakter angeordneten Inneren Gemächer. Hier reihen sich Pavillons, Paläste, Kioske und Gärten aneinander.
Durch das Tor der Himmlischen Reinheit betritt man den Inneren Bereich, der sich in sechs Teile untergliedert. In den Drei Hinteren Palästen residierten Kaiser und Kaiserin, in den Sechs Östlichen und den Sechs Westlichen Palästen lebten die kaiserlichen Konkubinen. Der Palast der Herzensbildung diente den Kaisern ab Mitte des 18. Jahrhunderts als Wohnstatt. In den Palast der Ruhe und Langlebigkeit zog sich die Kaiserinwitwe zurück. Außerdem befanden sich im Inneren Bereich noch die Wohnstätten der Konkubinen früherer Herrscher und der Prinzen.
Die wichtigsten Gebäude waren der Palast der Himmlischen Reinheit und der Palast der Irdischen Ruhe. Sie befinden sich im Mittelpunkt des Inneren Hofs, und hier lagen die Gemächer des Kaisers und der Kaiserin. Zusammen mit den Drei Großen Hallen des Äußeren Hofs bilden sie das Herzstück der Verbotenen Stadt. Die fünf Gebäude bezeichnete man daher oft auch nur als Drei Hallen und Zwei Paläste. Die Namen, in denen Himmel und Erde eine wichtige Rolle spielen, verweisen darauf, dass der Kaiser die Harmonie der beiden Grundprinzipien und damit der kosmischen Ordnung garantierte.
Der Palast der Himmlischen Reinheit wurde mehrmals umgebaut. Hier lebten die Kaiser der Ming-Dynastie und die der frühen Ch'ing-Dynastie. Während der ersten Jahrzehnte des 18. Jahrhunderts zog Kaiser Yongzheng in den Palast der Herzensbildung um. Der Palast der Himmlischen Reinheit diente von nun an als Audienzsaal für ausländische Gesandte.

288 unten *Der Palast der Irdischen Ruhe, der Palast der Himmlischen Reinheit und die Halle der Einheit gehören zu den Drei Hinteren Palästen. In der Halle der Einheit huldigte der Hof bei besonderen Anlässen wie dem Frühlingsfest oder der Wintersonnenwende der Kaiserin.*

289 unten rechts *Der Thron erhebt sich im Zentrum des Hauptsaals im Palast der Herzensbildung. Die hübsche Kassettendecke fällt besonders ins Auge. Vor dem lackierten Wandschirm stehen zwei große Fächer aus Pfauenfedern zur Linken und Rechten des Throns, die bei großen Zeremonien zum Einsatz kamen.*

290 *Schildkröten und Kraniche galten als Symbole der Langlebigkeit. Die Schildkröte auf diesem Bild dient als Weihrauchgefäß. Den Panzer konnte man abnehmen, um das kostbare Harz einzufüllen. Weihrauchgefäße kamen bei bedeutenden Zeremonien zum Einsatz, denn sie steigerten die geheimnisvolle Atmosphäre, die viele Rituale umgab.*

290–291 und 291 unten rechts *Bronzestatuen von Tieren finden sich häufig vor oder zu beiden Seiten von Toren, Palästen und Hallen. Sie sollen die Gebäude schützen und symbolisieren die Macht des Kaisers. In der Regel fertigte man die Skulpturen paarweise mit je einem Männchen und einem Weibchen. Die abgebildete Figur wirkt nicht nur stolz und kraftvoll, sondern verkörpert auch ihre Funktion als Mutter, die mit ihrem Jungen spielt.*

Der Palast der Irdischen Ruhe ähnelt dem Palast der Himmlischen Reinheit, ist jedoch etwas kleiner. In diesem Gebäude residierten die Kaiserinnen der Ming-Zeit und der frühen Ch'ing-Ära. Mitte des 17. Jahrhunderts, einige Jahre nachdem die Mandschukaiser die Ch'ing-Dynastie gegründet hatten, bauten sie den Palast völlig um und machten einen lamaistischen Tempel daraus, denn diese Form des Buddhismus wurde in der Mandschurei praktiziert. Der östliche Teil des Gebäudes diente traditionell als kaiserliches Hochzeitsgemach.

Der Palast der Herzensbildung steht südlich der Sechs Westlichen Paläste. Der Kaiser empfing seine Minister in den Räumen auf der Ost- oder Westseite des Palasts. Von dem Saal auf der Ostseite aus regierte Kaiserin Cixi das Reich in der zweiten Hälfte des 19. und in den ersten Jahren des 20. Jahrhunderts für die Kindkaiser, die zu dieser Zeit den Thron bestiegen. Sie saß hinter einem gelben Vorhang, der vor dem Thron aufgespannt war, und flüsterte dem Kaiser zu, wie er in Staatsangelegenheiten zu entscheiden hatte.

291 unten links *Die Gärten der Verbotenen Stadt sind unmittelbarer Bestandteil der Hallen und Paläste der Inneren Gemächer. Zu den wichtigsten gehört der immerhin 72 x 136 m große Kaiserliche Garten. Verschiedene Gebäude stehen hier, unter anderem der herrlich verzierte Kiosk der Tausend Herbste mit seinem Kegeldach.*

291 oben rechts und Mitte rechts *Dieser Bronzeelefant steht am Nordeingang zu den Gärten. Der Elefant galt im alten China als Symbol für Macht und Langlebigkeit. Die obere Fotografie zeigt einen vergrößerten Ausschnitt des mit Drachen verzierten Elefantenrückens.*

DER KÖNIGLICHE PALAST VON BANGKOK

In der Stadt der Engel

292 oben *Dieses Stickmotiv ziert das Kissen des Throns im Chakri Maha Prasat. Es zeigt Garudah, den König der Vögel, der Vishnu als Reittier diente.*

292 links *Dieses Detail am Dach des Dusit Maha Prasat zeigt deutlich die kleinen, rot und grün glasierten Tonziegel. Vergoldete Balken grenzen die 12 Stufendächer gegeneinander ab. Sie stellen naga, die göttliche Schlange dar, die Buddha schützte, während er meditierte.*

292–293 *Diese Gesamtansicht veranschaulicht die unterschiedlichen Architekturstile des Großen Palasts, der unweit des Tempelkomplexes Wat Phra Keo steht. Die blauen Dächer des Amarina Vinichai kontrastieren mit den grünen Ziegeln des Dusit Maha Prasat, der den Thinang Aphon Phimok Prasat überragt.*

292 unten links *Die Gebäude des Königlichen Palasts liegen inmitten eines herrlichen Parks. Ganz nach westlichem Vorbild wechseln hier offene Flächen mit Palastgebäuden ab.*

292 unten rechts *Im Vordergrund steht ein schmaler und eleganter Pavillon, der Thinang Aphon Phimok. Dahinter erblickt man den Dusit Maha Prasat mit dem schlanken Prasat-Turm auf den traditionellen Stufendächern.*

293 oben links *Diese alte Karte von Bangkok zeigt den Verlauf des künstlichen Kanals, den Rama I. Ende des 18. Jahrhunderts vom Menam abzweigen ließ. Auf diese Weise entstand die Insel Rattanakosin, auf der die Könige ihre Residenz errichteten.*

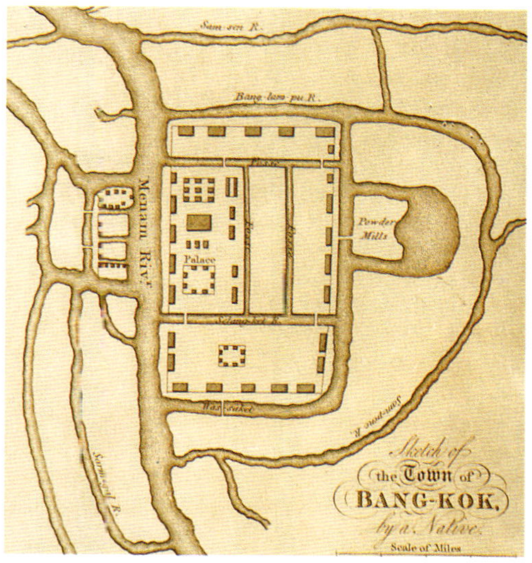

In seinem Roman „The Shadow Line" („Die Schattenlinie") entwarf der britische Autor Joseph Conrad im Jahr 1917 ein eindrucksvolles Bild der thailändischen Hauptstadt Bangkok. Noch heute wirken die überkragenden Tempeldächer mit ihren kleinen Glöckchen und die zahlreichen vergoldeten Chedis (thailändische Stupas), die sich gegen den blauen Himmel abheben, vom Ufer des Menam aus harmonisch und exotisch.
1350 wurde das Reich Ajuthia mit der gleichnamigen Hauptstadt gegründet. Es bestand bis 1767, als die Birmanen die Hauptstadt nach langer Belagerung einnahmen. Sie zogen plündernd die Spitze bewaffneter Soldaten. Nur zwei Monate nach der Invasion der Birmanen begann Phaya Taksin das Land zurückzuerobern. Er nahm Stadt um Stadt ein und sein Ansehen stieg, je weiter ihm sein Ruf vorauseilte. Im Oktober 1767 erreichte er Thon Buri. Hier bereitete er den abschließenden Angriff auf die Birmanen vor, der sein Land endgültig von den Eindringlingen befreien sollte. Innerhalb von nur sieben Monaten hatte Phya Taksin Ajuthia zurückerobert. Als Lohn für seinen Erfolg und die Zurückgewinnung der Hauptstadt wurde der Feldherr zum König ernannt, doch die Stadt war durch die Belagerung, die

293 oben rechts *Rama IV. (König Mongkut) ließ den schmalen und überaus eleganten Wat Rajapradit errichten. In der Kapelle (Bot) sind erlesene Wandmalereien aus dem Jahr 1864 zu sehen. Das Foto zeigt ein Detail der Palastanlage. Die Mauer gehört zu einem Zyklus, der den Zwölfmonats-Zeremonien gewidmet ist. Rama IV. führte sie ein, um Beginn und Ende eines Monats zu verkünden.*

durch die Straßen, nahmen alles mit, was von Wert war, und steckten die Stadt anschließend in Brand. Von der einstigen Pracht blieb fast nichts erhalten.
Zunächst schien alles verloren, zumal die Birmanen ihre Macht langsam bis zum Golf von Siam ausdehnten. Im Südosten, an den östlichen Ufern des Golfs, stellte sich jedoch bald der Führer eines kleinen Thaifürstentums an Plünderungen und das Feuer vollkommen zerstört und besaß nicht genügend Ressourcen, um sich aus eigener Kraft zu erneuern. Deshalb verlegte Phya Taksin die Hauptstadt zunächst nach Thon Buri rechts des Menam. Als der Herrscher im Alter von 48 Jahren dem Wahnsinn verfiel, machte sich dies einer der im Feldzug gegen Kambodscha erfolgreichsten Generäle zunutze: Chakri stieg zum wahren

293 unten *Im Chakri Maha Prasat befindet sich der Thronsaal, in dem der König noch immer ausländische Botschafter empfängt. Zwischen 1876 und 1882 baute ein britischer Architekt den Palast im Stil der italienischen Renaissance. Allerdings erhielt das Gebäude ein typisch thailändisches Dach.*

294 links *Der einzige im ursprünglichen Stil erhaltene Teil des Chakri Maha Prasat ist der Empfangsbereich mit dem prächtig verzierten Thronsaal. Ein neunstufiger Schirm krönt den mit Gold und Silber verzierten Holzthron, der auf einem Podest steht. Europäische Könige schenkten dem thailändischen Herrscher die herrlichen Kronleuchter.*

294 oben rechts *Der Perlmuttthron im Dusit Maha Prasat gehört zu den elegantesten im Palast. Der Raum, in dem er steht, ist wie das gesamte Gebäude im Stil der ersten Bangkok-Epoche gehalten.*

294 unten rechts *Dieser große und prächtige Saal im Chakri Maha Prasat trägt deutliche Spuren der Europäisierungstendenzen von König Rama V. (Chulalangkorn) Auf einem langen roten Läufer schreiten Besucher durch den neoklassizistischen Raum mit Marmorwänden und abendländischen Fenstern bis zur großen Tür, die sich zum Thronsaal öffnet.*

295 *Im Maha-Monthien-Komplex führt eine Tür, die Mitgliedern der königlichen Familie vorbehalten ist, zum Amarinda Vinichai. Dieser Saal ist Besuchern zugänglich. Hier befindet sich der „Thron der Throne", der Phra Thinang Busbok Mala aus der Zeit König Ramas I. Der geschnitzte Holzthron hat die Form einer Barke und ist über und über mit Gold verziert. Er ruht auf einer erhöhten, ebenfalls goldenen Plattform und erweckt so den Eindruck, als schwebe er. Heute bewahrt man hier die Urnen der Könige der Chakri-Dynastie auf.*

Führer des Lands auf und wurde 1782 als Rama I. zum König gekrönt. Er gründete die Chakri-Dynastie und ernannte Bangkok zur Hauptstadt des Reichs.

Der König wählte ein kleines Fischerdorf namens Bang Khok („Dorf der wilden Oliven") am Ostufer des Menam gegenüber von Thon Buri als Residenz. Die schmalste Stelle des Flusses ließ sich am besten verteidigen und eignete sich gut zum Bau der neuen Königsstadt. Man grub hier zunächst einen Kanal und schuf auf diese Weise die Insel Rattanakosin, mit dem Bot, der Kapelle des Smaragd-Buddha. Die neue Stadt erhielt einen langen offiziellen Namen, der bald zu Krung Thep, „Stadt der Engel", abgekürzt wurde. König Rama I. ließ eine fast 2 km lange Mauer aus Ajuthia-Ziegeln mit 14 Wachtürmen um die Hauptstadt ziehen, zweifellos, um seine neue Residenz in eine historische Kontinuität zu stellen.

Zwischen der Herrschaft Ramas I. (1782–1809) und der Regierungszeit Ramas V. (1868–1910) wuchs die Stadt immer weiter. Die neue Königsresidenz in der Stadt der Engel hieß allgemein Großer Palast.

Inmitten der chaotischen, hektischen Metropole wirkt die Anlage heute wie eine Miniaturstadt. Sie umfasst ein 260 ha großes Areal, in dem sich alltäglich unzählige Touristen tummeln. Die vergoldeten Dächer, die in den Himmel zu wachsen scheinen, der Duft nach Weihrauch und die immer noch deutlich spürbare sakrale Atmosphäre führen gleichwohl dazu, dass die meisten Besucher Stille wahren, wenn sie die verschiedenen Gebäude aufsuchen, in denen die „Herren des Lebens" über 200 Jahre lang wohnten.

Der große Komplex lässt sich in drei Bereiche untergliedern. Am ältesten ist das Hauptgebäude, der Dusit Maha Prasat. Nach ihm entstand der Maha Monthien und schließlich, unter König Rama V. (Chulalangkorn), der Chakri Maha Prasat. Der Wohnbezirk, in dem unter anderem die Gemächer der Frauen lagen, der Wirtschaftsbereich, die Sivalaya-Gärten und der Tempelkomplex Wat Phra Keo gruppieren sich um diese drei Teile.

Kurz nachdem die Umfassungsmauer vollendet war, begannen unter Ramathibodhi die Arbeiten am Wat Phra Keo (1784–1785). Dieser Tempel sollte das thailändische Nationalheiligtum, den Smaragd-Buddha, aufnehmen, den Rama I. bei seinem Sieg über Laos erobert hatte. Die 31 cm große

296 oben *Dieses Familienporträt zeigt König Chulalangkorn mit seiner Frau und fünf seiner Kinder. Der italienische Maler Edoardo Gelli schuf das Gemälde im Jahr 1897. Wie viele andere italienische Künstler arbeitete er im ausgehenden 19. Jahrhundert am Hof von Bangkok.*

297 unten *Der neoklassizistische Stil prägt diesen Korridor des Chakri Maha Prasat mit schmalen korinthischen Säulen und Soldaten in mittelalterlichen Rüstungen, die Gaslichter halten.*

Buddha-Statue wurde aus einem einzigen Block smaragdgrüner Jade geschnitzt und genießt bis heute große Verehrung. Noch immer machen sich Pilger aus dem ganzen Land auf den Weg in die Hauptstadt, um dem Smaragd-Buddha zu huldigen. Leider weiß man nur wenig über die kostbare Statue, die dem Land, das sie besitzt, Frieden und Wohlstand bringen soll. Ihre Geschichte lässt sich lediglich bis 1464 zurückverfolgen, als man sie in Chiangrai im Königreich von Lanna entdeckte. Einer laotischen Überlieferung zufolge stammte die Statue ursprünglich aus Indien. Dort ließ sie der berühmte Nagasena im 1. Jahrhundert v. Chr. während der Herrschaft von Milinda (Menander) anfertigen. Anschließend gelangte sie nach Pataliputra und blieb hier für über 800 Jahre, bis man sie nach Sri Lanka brachte. Von hier aus ging die Reise weiter nach Pagan und später nach Chiangrai.

Nachdem der große Tempel zu Ehren des Smaragd-Buddha erbaut war, ließ Ramathibodhi die Audienzhalle errichten, in der auch der Thron stand. Hier befand sich fortan das Zentrum des politischen Lebens. Leider bestand die Audienzhalle vollständig aus Holz und wurde daher bei einem Brand im Jahr 1789 völlig zerstört. Es heißt, sogar der König selbst habe sich an den Löschversuchen beteiligt, doch blieb lediglich der Thron, das Symbol der Chakri-Könige, von den Flammen verschont. Eine neue Audienzhalle, der Dusit Maha Prasat, entstand sogleich über den Ruinen des alten Gebäudes. Ramathibodhis Nachfolger ließen diesen Komplex später mehrfach umbauen. In seiner heutigen Form gehört er zu den architektonischen Meisterwerken von Bangkok. Vom 18. bis ins 20. Jahrhundert bemühte man sich, die Eleganz und Pracht der alten Ajuthia-Gebäude wieder aufleben zu lassen, die man nun aber noch üppiger mit Gold, Lack und Perlmutt verzierte.

Der Dusit Maha Prasat mit seinen Staffeldächern aus rot und grün glasierten Ziegeln steht auf einer Marmorterrasse. Darüber prangt das von vier Garudahs (Vogelkönigen) gestützte vergoldete Prasat-Dach. Der große schwarz lackierte Thron mit Einlegearbeiten aus Perlmutt steht in dem weitläufigen Saal. Rama I. benutzte ihn jedoch nur selten, um Besucher zu empfangen. Er bevorzugte einen kleinen Silberthron, der in einer Nische der Südwand zu sehen ist.

Nach seinem Tod im Jahr 1809 bahrte man den Herrscher im Dusit Maha Prasat auf. Seit dieser Zeit dient die Halle nicht mehr als Audienz- und Thronsaal, sondern ausschließlich für Begräbniszeremonien.

Wenn der König sich zum Dusit Maha Prasat begab, saß er in der Regel auf einem Thron, der auf dem Rücken eines Elefanten befestigt war. Um von dieser beachtlichen Höhe sicher auf den Boden zu gelangen, errichtete er nordöstlich des Dusit Maha Prasat den Phra Thinang Aphon Phimok Prasat, einen kleinen Pavillon auf erhöhter Basis. Hier stieg der Herrscher von seinem Reittier herab, rastete kurz und richtete seine Kleider, bevor er die Audienzhalle betrat.

Rama I. erweiterte die Stadt und fügte 1785 westlich des Dusit Maha Prasat den Wohnbezirk Maha Monthien, auch Große Residenz genannt, hinzu. Diese besteht aus drei, entlang der Nord-Süd-Achse angeordneten Gebäuden. Das erste, der Amarinda Vinichai, diente als Audienzhalle. Hier empfing der Monarch hohe Würdenträger und Botschafter. Ihre Elefanten konnten die Besucher an den großen roten Pfosten vor dem Eingang festbinden.

Der Phra Thinang Busbok Mala, ein herrlicher, barkenförmiger Thron aus vergoldetem Holz mit einem Baldachin aus neun Tiaren, steht in der Audienzhalle. Goldene Vorhänge

296 Mitte *Dieser Salon, in dem auch Gellis Familienporträt von Rama V. hängt, befindet sich im Chakri Maha Prasat. Er ist in europäischem Stil ausgestattet.*

296 unten *Die Siegeskrone der Taikönige ist die gleiche, die der in königliche Gewänder gehüllte Buddha trägt. Der Herrscher gilt als lebende Inkarnation Buddhas.*

296-297 *Dieser prächtig ausgestattete Empfangssalon im Chakri Maha Prasat erinnert stark an britische Salons des 18. Jahrhunderts. Hier hängen Porträts der Chakri-Könige und Bilder europäischer Herrscher.*

schützten den Herrscher vor den Blicken der Besucher.
Hinter dem Amarinda Vinichai liegt der Phra Thinang Phaisal Taksin, jener Raum, in dem seit der Herrschaft Ramas II. die Krönungszeremonien stattfinden. Bei dieser langwierigen Zeremonie sitzt der König zunächst auf einem achteckigen, nach Osten ausgerichteten Thron, später auf einem anderen, nach Westen gewandten. Hier erhält er die sieben Insignien der Macht: die Krone, das Schwert, das Zepter, den Fächer, den Fliegenwedel, die goldenen Schuhe und den *chatra*, einen Paradeschirm. Im Zentrum steht zwischen zwei Thronen ein Altar mit dem Phra Syamadevadhiraj, dem Symbol Thailands, das dem Staat Reichtum und Glück bescheren soll.
Vom letzten Gebäude des Maha-Monthien-Komplexes gelangt man durch ein Vorzimmer zur früheren Königsresidenz, dem Phra Thinang Chakraphat Phiman. Seit dem Tod Ramas III. im Jahr 1851 dient dieser Palast nicht mehr als ständige Wohnung, doch verbrachte jeder Herrscher seit den ersten Königen der Chakri-Dynastie hier zumindest die Nacht nach der Inthronisation, um dadurch den offiziellen Beginn seiner Regierungszeit symbolisch zu unterstreichen.
Das beeindruckendste Gebäude des Großen Palasts ist der Große Chakri-Palast (Chakri Maha Prasat), den König Chulalangkorn erbauen ließ. Dieser Herrscher spielte, genau wie sein Vater Rama IV. (König Mongkut), für die Entwicklung Thailands eine wichtige Rolle. Die beiden Monarchen wandten sich dem Westen zu und beschleunigten den Modernisierungsprozess im Land. Zu jener Zeit begannen die Europäer, Südostasien zu kolonisieren. Die Franzosen übernahmen die Macht in Laos, Kambodscha und Vietnam, die Engländer herrschten über Birma und die Niederländer annektierten den Süden von Indonesien. Thailand war von drei großen europäische Mächten umringt, konnte jedoch unter großen Anstrengungen seine Unabhängigkeit von Vertrag zu Vertrag retten. König Mongkut begriff, dass sein Land den Invasoren dauerhaft nur würde standhalten können, wenn die Herrscher sich einen Überblick über die europäischen Gegebenheiten verschafften. Er ließ daher seinen 14-jährigen Sohn englisch lernen, und dieser begann sich schon

298 oben *Über dem mittleren Teil des Wat Phra Keo prangt ein* mondop, *ein quadratischer Bau mit gestuftem Dach. Die Basis der Spitze im späten Bangkok-Stil ist reich verziert, den Abschluss bilden übereinander gesetzte Lotosblüten.*

bald für das Abendland zu interessieren. Mit 19 Jahren besuchte er Indien und Java und machte sich dort mit dem von Briten und Niederländern errichteten Kolonialsystem vertraut. Die Reisen und das lange Studium, das er unter der Obhut englischer und amerikanischer Lehrer absolvierte, veränderten das Weltbild des jungen Königs. Er wollte nicht länger als „Gott auf Erden" regieren, sondern sein Land den westlichen Verhältnissen anpassen und es gegenüber anderen Nationen repräsentieren. Sein Europäisierungswunsch beschränkte sich nicht auf administrative, bürokratische und ökonomische Reformen, Chulalangkorn begeisterte sich vielmehr auch für europäische Kunst, Architektur und Lebensart. Einige seiner Kinder studierten an den berühmtesten europäischen Universitäten. Er selbst lud europäische Juristen, Lehrer, Finanzexperten, Bildhauer, Architekten und Maler an seinen Hof.
Nach der Rückkehr von einer seiner Europareisen beschloss Chulalangkorn, den Großen Chakri Palast zu erbauen, der zwischen 1876 und 1882 errichtet wurde. In diesem Gebäude wollte er vor allem ausländische Diplomaten empfangen, eine Funktion, die bis heute beibehalten wird. Ein englischer Architekt entwarf den Palast, der auf Wunsch des Königs eine Fassade im Stil der italienischen Renaissance erhielt. Eine doppelte Treppe führt zum Haupteingang. Von dort gelangt man in den Audienzsaal mit dem herrlichen Silberthron. Der Blick jedes Besuchers richtet sich nach oben auf das typisch thailändische Dach mit glasierten Tonziegeln und drei Prasat-Türmen. Der König beabsichtigte den Bau eines italienischen, neoklassizistischen Dachs, doch setzten sich konservative Mitglieder des Hofs gegen dieses allzu westliche Gebaren durch. Chulalangkorns Herrschaft fiel in jene Zeit, als die Orientbegeisterung in Europa ihren Höhepunkt erlebte. Jeder gut situierte Bürgerhaushalt besaß einige Chinoiserien, Masken oder sonstige Objekte, die vom unbezwingbaren Eroberungswillen der Kolonisatoren zeugten und Träume von weit entfernten Ländern weckten. Rama V. hatte seinerseits eine Vorliebe für die europäische Kunst, die nicht nur im Großen Palast, sondern auch in vielen anderen Gebäuden Bangkoks zum Ausdruck kommt.
Die wichtigsten Räume des Palasts ließ er mit europäischen Gemälden, Fresken und Skulpturen verzieren, die englische, französische und italienische Künstler für ihn anfertigten. Cesare Ferro dekorierte zum Beispiel im Jahr 1909 den Phra Thinang Aphon Phimok Prasat.

298 Mitte *Ein vergoldeter* kinnara, *ein mythologisches Mensch-Vogel-Wesen, bewacht den Eingang zum Bot des Wat Phra Keo. Die Figur besteht aus vergoldeter Bronze und ist mit verschiedenfarbigen Glassteinen bedeckt.*

298–299 *Eine doppelte Mauer zieht sich um den Wat Phra Keo. In seiner Mitte steht der Bot, die Kapelle des Smaragd-Buddha. Zur Linken erhebt sich der Prasat Phra Thep Bidom, dahinter der über und über mit Gold bedeckte Chedi (thailändische Stupa) Phra Si Ratana.*

299 oben links *Der Stil des Chedi, der Phra Si Ratana genannt wird, orientiert sich am indo-singhalesischen Stupa: Über der wohlgeformten anda erhebt sich ein viereckiger Pavillon (Harmika) mit kleiner Kolonnade. Sie trägt die Spitze aus konzentrisch verjüngten Ringen.*

299 oben rechts *Zwei symmetrische Gebäude (Prang) heißen Pilger am Eingang der Kapelle willkommen, in der sich der Smaragd-Buddha befindet. Die ersten Chakri-Könige ließen diese Häuschen auf der Ostseite des Bot sowie zwei weitere desselben Typs im Khmer-Stil erbauen.*

300 oben links *Dieser Furcht einflößende Riese in militärischer Kleidung entstammt der Ramakien-Mythologie. Farbkontraste und „barocke" Formen gehören zu den typischen Merkmalen des Bangkok-Stils.*

300 Mitte links *Dieser Saal ist das Herz der Chakri-Dynastie. Auf einem über 10 m hohen Thron sitzt der Smaragd-Buddha inmitten von kostbaren Kultgegenständen. Seit 1784 befindet er sich im Besitz der Taikönige und sichert dem Land Frieden und Wohlstand.*

300 unten links *König Maha Majiravudh, Rama VI., brachte den Pantheon der Chakri-Dynastie im Prasat Phra Thep Bidom unter. Hier stehen die lebensgroßen Bronzeskulpturen aller Chakri-Könige.*

300 oben rechts *Zu den schönsten Bereichen des Wat Phra Keo gehört die Vorderfront der Kapelle, in der der Smaragd-Buddha sitzt. Eingerahmt von verschlungenen Blättern faltet eine geflügelte Gestalt inmitten Hunderter glitzernder Ziegel die Hände zum traditionellen Gruß der Tai.*

300 unten rechts *Die Anmut junger Taimädchen fing der Schöpfer dieser vergoldeten Bronzestatue ein. Sie stellt eine* kinnari, *eine Vogelfrau, dar, das weibliche Pendant zum eher Furcht einflößenden* kinnara.

301 *Riesige Dämonen wachen über den Prasat Phra Thep Bidom sowie über die umstehenden Gebäude und die Gläubigen, die hier Weihrauch anzünden und beten. Durch die unterschiedlichen Farben der Gesichter wirken die Giganten besonders stark und mächtig.*

Im Süden des Chakri Maha Prasat liegt die Innere Stadt, die alte Residenz des ausgedehnten Frauenbezirks. Hier lebten die Ehefrauen des Königs, die mit ihren zahlreichen Kindern die Familie des Herrschers bildeten. Von Ramathibodhi bis Rama V. galt für die thailändischen Monarchen die Polygamie ohne Einschränkung. Jeder König zeugte Dutzende von Kindern. Die jungen Prinzen lebten bis zur Pubertät in den Frauengemächern. Dann verließen sie mit einer feierlichen Zeremonie, der Tonsur (Chulamangkala), die Innere Stadt.
Ein italienischer Leutnant namens Gerolamo Emilio Gerini, der zwischen 1860 und 1913 in Thailand als militärischer Ratgeber arbeitete, beschrieb dieses Ritual in allen Einzelheiten. Zunächst schor man den Knaben das Haar bis auf eine einzige Locke und kleidete sie in besondere Gewänder. Dann schnitt ein Priester die verbliebene Strähne feierlich ab.
Die Sivalaya Gärten erstrecken sich nördlich des Dusit Maha Prasat im östlichen Bezirk des Palasts. Alljährlich am Geburtstag des Königs findet hier ein großer Empfang statt. In der Mitte des Gartens steht eine kleine Kapelle, der Phra Buddha Ratana Sathan, in dem nur die Königinnen beten dürfen.
Weiter östlich in Richtung der Stadtmauern gab Rama VI. (König Vajiravudh, 1910–1925) ein großes Gebäude in westlichem Stil in Auftrag. Eine Gruppe italienischer Architekten errichtete den Boromphiman Palast. Von Rama VI. bis Rama VIII. (Ananda Mahidol, 1935–1946) durften sich hier nur die Erbprinzen aufhalten.
Im Jahr 1917 bemalte der Italiener Carlo Rigoli (1883–1962) den mittleren Teil der Kuppel mit herrlichen Fresken. Sie zeigen unter anderem vier wichtige Götter – Indra, Yahuma, Varuna und Agni – darüber sind die zehn Tugenden zu erkennen, die ein Herrscher besitzen muss, um Thailand gut und gerecht regieren zu können.

EINLEITUNG
Text von Marcello Morelli
Marcello Morelli arbeitet als Lektor am Fachbereich Literatur der Universität Siena und hält Seminare für Kommunikationsanalyse und Management an der Tor-Vergata-Universität in Rom. Er ist Generalsekretär der Gesellschaft für historische Bauten Italiens und Verfasser zahlreicher Bücher.
Antonio Attini/Archiv White Star: Seite 11 oben, 13 oben; Marcello Bertinetti/Archiv White Star: Seite 15 links; Giulio Veggi/Archiv White Star: Seite 9 oben rechts, 9 unten, 15 rechts; Stefano Amantini/Atlantide: Seite 10 oben; D. Ball/Ag. Marka: Seite 1; Wojtek Buss: Seite 9 oben links, 12 oben, 12–13; Stefano Cellai: Seite 10 unten; Giovanni Dagli Orti: Seite 4–5, 6, 8 oben; Ag. Double's: Seite 7; Flavio Pagani: Seite 14 links; Photobank: Seite 14 Mitte, 14 rechts, 16–17; Ripani/Sime: Seite 6–7; R. Schmid/Bildarchiv Huber/Sime: Seite 8–9; Giovanni Simeone/Sime: Seite 2–3; Yvan Travert/Ag. Franca Speranza: Seite 10–11.

EUROPÄISCHE HÖFE
Text von Marcello Morelli
Antonio Attini/Archiv White Star: Seite 19 Mitte links; Wojtek Buss: Seite 18–19; Giovanni Dagli Orti: Seite 21 oben rechts; Frank Ihlow/Ullstein: Seite 18 oben; Photobank: Seite 21 links; Nicolas Rakhmanov/Ag. ANA: Seite 20–21; Ripani/Sime: Seite 20 oben, 21 unten rechts; Giovanni Simeone/Sime: Seite 18 unten; The Bridgeman Art Library, London: Seite 19 oben rechts

DER KÖNIGLICHE PALAST VON TURIN
Text von Maria Luisa Moncassoli Tibone
Maria Luisa Moncassoli Tibone ist Kunsthistorikerin und Journalistin. Sie verfasst Texte über die wichtigsten künstlerischen und historischen Aspekte bedeutender Bauten in Italien. Außerdem gehört sie zahlreichen Institutionen an, die sich für die Erhaltung bedeutender Kulturdenkmäler einsetzen. In der Vergangenheit unterrichtete sie Geschichte am Liceo Artistico dell'Accademia Albertina die Schönen Künste in Turin; heute betreibt sie Forschungen in Archiven und bereitet Ausstellungen vor. Sie kodiniert Forschungsprojekte, hält Vorträge und schreibt Artikel für Fachzeitschriften. Sie hat bereits über 40 Bücher veröffentlicht, unter anderem über piemontesische Kunst und erhaltenswerte Bauwerke. Auch gibt sie Museumsrundgänge heraus, die Besucher mit weniger bekannten Kunstwerken vertraut machen.
Antonio Attini/Archiv White Star: Seite 22–23; Marcello Bertinetti/Archiv White Star: Seite 22 unten links, 23 Mitte; Archivio Attilio Boccazzi Varotto: Seite 24–25, 25 oben und unten, 26 links, 26 unten rechts, 27, 28 oben und Mitte, 28–29; Archivio Scala: Seite 22 oben, 23 oben; Civica raccolta Stampe A. Bertarelli, Castello Sforzesco Milano: Seite 23 unten; Fototeca Turismo, Città di Torino: Seite 24 unten; D. Donadoni/Ag. Marka: Seite 22 unten rechts; Marco Mairani: Seite 26 oben rechts; The Bridgeman Art Library, London: Seite 28 unten.

DAS SCHLOSS VON CASERTA
Text von Salvatore Ciro Nappo
Salvatore Ciro Nappo hat an der Universität von Neapel klassische Literatur studiert und sich auf Archäologie spezialisiert. Er besuchte die Hochschule für klassische Archäologie in Neapel und nahm an zahlreichen Ausgrabungskampagnen sowie an Gemeinschaftsprogrammen italienischer und ausländischer Institute zur Erforschung von Pompeji teil. Darüber hinaus hält er Vorträge auf Kongressen und in Seminaren.
Giulio Veggi/Archiv White Star: Seite 30–31, 31 oben, 34 unten links, 35 unten; Archivio Scala: Seite 35 oben; Giovanni Dagli Orti: Seiten 30 Mitte, 30 unten, 31 unten, 32 unten, 33 unten, 36 oben links, 37 unten, 38 oben, 39 unten, 40 unten, 40–41, 41; Luciano Pedicini/Archivio dell'Arte: Seite 34 oben, 36 unten links, 36 unten rechts, 38 Mitte; Giovanni Simeone/Ag. Marka: Seite 34 unten rechts; Giovanni Simeone/Sime: Seite 34–35, 35 Mitte, 36–37, 38–39; Photo Sud/Realy Easy Star: Seite 32–33.

DAS SCHLOSS VON VERSAILLES
Text von Milena Ercole Pozzoli
Milena Ercole Pozzoli studierte an der Universität von Turin moderne Literatur und arbeitete als Assistentin an der Universität Grenoble. Über 20 Jahre lang war sie als freie Fotografin und Journalistin für Reisemagazine und Kochjournale tätig. Sie hat zahlreiche Reiseführer sowie einen Bildband über die Loire-Schlösser veröffentlicht.
C. Bowman/Ag. Double's: Seite 42 oben links; Hervé Champollion: Seite 54 unten, 54–55, 55 unten; Marco Cristofori/Sie: Seite 44 unten rechts; Giovanni Dagli Orti: Seite 42 unten links, 46 unten, 47 rechts, 48 links, 48 oben rechts, 50, 50–51, 51, 52 unten links, 52–53, 53 oben links, 53 unten, 54 Mitte, 55 oben, 56 oben und Mitte, 56–57, 57 unten; Ag. Double's: Seite 46-47, 48 Mitte rechts, 52 unten rechts; Mary Evans picture library: Seite 42 unten rechts; Anne Gaël – Serge Chirol: Seite 56 unten; HP Huber/Sime: Seite 44 oben; M. J. Jarry/J. F. Tripelon/Ag. Top: Seite 54 oben; Daniel Philippe: Seite 42–43; Agenzia Luisa Ricciarini: Seite 42 oben rechts; G. Sini/Ag. Marka: Seite 43 oben; The Bridgeman Art Library, London: Seite 45 unten, 48 unten rechts, 49, 53 oben rechts; Paul Trummer: Seite 43 unten, 44 unten links; Sandro Vannini/Ag. Franca Speranza: Seite 47 links; Hans Wiesenhofer/Ag. Regina Maria Anzenberger: Seite 45 oben; P.Wysocki - S. Frances/Hémisphères: Seite 44–45.

SCHLOSS CHAMBORD
Text von Milena Ercole Pozzoli
Archivio Scala: Seite 59 oben rechts; Wojtek Buss: Seite 62–63; Hervé Champollion: Seite 61 unten, 63 oben; Hervé Champollion/Ag. Top: Seite 62 rechts, 64 unten links; Serge Chirol: Seite 60 oben rechts, 62 unten links; Giovanni Dagli Orti: Seite 58, 59 oben links, 62 oben links und Mitte, 64 oben links, 64 rechts, 64-65, 65; Daniel Philippe: Seite 60 oben links, 60–61; Andrea Pistolesi: Seite 60 unten; P. Wysocki - S. Frances/Hémisphères: Seite 58–59.

SCHLOSS FONTAINEBLEAU
Text von Milena Ercole Pozzoli
AKG Photo: Seite 67 unten; Serge Chirol: Seite 68 Mitte, 70 oben, 70 unten links, 74–75; Marco Cristofori/Sie: Seite 72–73; Marco Cristofori/Marka: 75 oben; Giovanni Dagli Orti: Seite 66 oben rechts, 67 Mitte, 68 oben, 68 unten, 69 oben rechts, 71 oben links, 72 unten, 73 links, 73 oben rechts, 74 links, 74 oben rechts, 76, 77 unten, 78, 78–79, 79; Ag. Double's: Seite 73 unten rechts, 76–77; Franck Lechenet/Hémisphères: Seite 66–67; The Bridgeman Art Library, London: Seite 70–71, 70 unten rechts, 71 unten; Sandro Vannini/Ag. Franca Speranza: Seite 66 oben links, 68–69, 69 oben links, 71 oben rechts.

DIE ALHAMBRA
Text von Giuseppe Mazzochi
Giuseppe Mazzochi arbeitet als Spanischlektor an der Universität Ost-Piemont mit Sitz in Vercelli. Sein Fachgebiet ist die kastilische Literatur vom Mittelalter bis zum Barock. Außerdem forscht er über Kulturkontakte zwischen Christen und Arabern in Spanien. Er hat bereits mehrere Bücher und Aufsätze über spätmittelalterliche Lyrik in Spanien veröffentlicht und zahlreiche Gedichte ins Italienische übersetzt.
Antonio Attini/Archiv White Star: Seite 80 oben rechts, 81 unten rechts, 82–83, 82 unten rechts, 83, 84 oben links und Mitte, 84 Mitte und rechts, 86, 86–87, 87 unten, 88 links, 90 Mitte links, 90 rechts, 91, 92 oben links und unten, 92 oben rechts, 92–93, 93 unten; Felipe Alcoceba: Seite 87 oben; Ag. Double's: Seite 81 oben; Grafenhaim/Bildarchiv Huber/Sime: Seite 85; Johanna Huber/Sime: Seite 88–89; Flavio Pagani: Seite 80–81; Lorenzo Sechi/Realy Easy Star: Seite 80 oben links; Gerard Sioen/Ag. Regina Maria Anzenberger: Seite 90 unten links; Henri Stierlin: Seite 81 unten links, 82 oben, 82 unten links, 84 unten links, 88 oben, 88 rechts, 89 unten, 92 Mitte links.

DER KLOSTERPALAST VON EL ESCORIAL
Text von Giuseppe Mazzochi
AISA: Seite 103 oben; Archivio Scala: Seite 94 oben; Stefano Cellai: Seite 94 Mitte, 96 links, 96 oben links; Giovanni Dagli Orti: Seite 94 unten; Fotografias Oronoz: Seite 95 oben rechts, 96–97, 97 oben, 97 unten, 98 oben, 98 Mitte, 98 unten, 99, 100, 101, 102; Index Fototeca: Seite 95 oben links; Andrea Pistolesi: Seite 96 oben rechts, 102–103; Rossenbach/Zefa: Seite 94–95.

DAS SCHLOSS VON QUELUZ
Text von Giuseppe Mazzochi
Massimo Listri: Seite 104 oben, 105 oben und unten, 106, 107, 108, 109; Jean Charles Pinheira: Seite 105 Mitte; Giovanni Simeone/Sime: Seite 104–105; Henri Stierlin: Seite 104 links, 104 unten links; Pawel Wysocki/Hémisphères: Seite 104 unten rechts.

DER BUCKINGHAMPALAST
Text von Michael Leech
Michael Leech war in London, New York und Kanada im Bereich der Geisteswissenschaften tätig. Seit 1969 arbeitet er als freier Schriftsteller und hat zahlreiche Reiseführer herausgegeben. Er ist Mitglied des Pen Club und des London's Critics' Circle sowie Verfasser von Romanen und Gedichten. Außerdem veröffentlicht er Artikel in populärwissenschaftlichen Zeitschriften wie History Today und in Reisemagazinen.
Chorley Handford: Seite 110–111; Luciano Ramires/Archiv White Star: Seite 111 oben; Ripani/Sime: Seite 110 Mitte rechts; The Bridgeman Art Library, London: Seite 110 unten links; The Royal Collection © Her Majesty Queen Elizabeth II: Seiten 110 oben, 112, 113, 114, 115, 116, 117, 118, 119.

HAMPTON COURT
Text von Michael Leech
Crown Copyright: Historic Royal Palaces: Seite 120 Mitte, 120–121, 121 unten, 122 oben, 123 oben, 124, 125, 126, 127, 128, 129, Ripani/Sime: Seite 122 unten, 122–123, 123 unten; The Bridgeman Art Library, London: Seite 120 oben, 128 unten; The Royal Collection © Her Majesty Queen Elizabeth II: Seite 120 unten, 121 oben.

DER KÖNIGSPALAST VON BRÜSSEL
Text von Maria Longhena
Maria Longhena Bruyndonckx promovierte über Alte Geschichte an der Universität Bologna. Sie arbeitete mehrere Jahre am Königlichen Museum für Kunst und Geschichte in Brüssel und studierte in dieser Zeit die Geschichte und Architektur der Stadt.
Archives Du Palais Royal, Bruxelles: Seite 130 unten, 131 unten, 133 oben links; Bart Cloet: Seite 130 Mitte, 130–131, 132–133, 133 unten, 134 oben und unten,

134–135; Collection Royale Belgique: Seite 130 oben; Luc Schrobiltgen - Liste Civile Du Roi, Bruxelles: Seite 132 unten, 133 oben rechts, 135 oben.

HET LOO
Text von Adriaan Willem Vliegenthart

Adriaan Willem Vliegenthart studierte Kunstgeschichte an der Universität von Utrecht und arbeitete anschließend am kunsthistorischen Institut der niederländischen Universtiäten in Florenz. Seit April 1972 ist er Direktor von Het Loo. Zwischen 1974 und 1984 wurde das Schloss während seiner Amtszeit restauriert.
Giulio Veggi/Archiv White Star: Seite 136 oben, 137 oben links; E. Boeijinga/Paleis Het Loo: Seite 136 unten rechts, 136–137, 138–139, 140, 140–141; A.A.W. Meine Jansen/Paleis Het Loo: Seite 139 oben; R. Mulder/Paleis Het Loo: Seite 136 unten links, 137 Mitte und unten, 138, 141 unten.

SCHLOSS NEUSCHWANSTEIN
Text von Paola Calore

Paola Calore arbeitet als Kommunikatorin im Bereich Public Relations. Sie hat bereits zahlreiche Artikel und Fotografien in unterschiedlichen Reise- und Urlaubsmagazinen veröffentlicht. Sie war lange Zeit in der Tourismusbranche tätig, unter anderem für die Presseämter Bayerns, der Historischen Städte Deutschlands und des Deutschen Tourismusverbands. 1999 erschien im Karl Müller Verlag ihr Buch „Schlösser in Bayern".
Stefano Amantini/Atlantide: Seite 148 oben; L. Botta/Ag. Marka: Seite 150 unten links; Achim Bunz/Ag. Regina Maria Anzenberger: Seite 144, 145 oben rechts und Mitte, 146 Mitte und unten, 146–147, 148–149, 149 Mitte und unten, 150 oben, 150 unten rechts, 151; Giovanni Dagli Orti: Seite 142 unten links, 146 oben, 147 oben; Photobank: Seite 142 rechts; Sergio Pitamitz/Focus Team: Seite 142 oben links, 149 oben; Giovanni Simeone/Sime: Seite 143.

SCHLOSS CHARLOTTENBURG
Text von Paola Calore

Marcello Bertinetti/Archiv White Star: Seite 155; Giulio Veggi/Archiv White Star: Seite 152 unten links, 154 links, 154–155; AKG Photo: Seite 152 oben, 152 rechts, 154 unten, 158–159; Klaus Frahm: Seite 157 unten, 158 unten, 159 oben links; Gregor M. Schmid: Seite 156 links; Johann Scheibner: Seite 159 rechts; Günter Schneider/Ullstein: Seite 156–157; Stiftung Preussische Schlösser und Gärten Berlin-Brandenburg/Bildarchiv: Seite 159 unten links; Lothar Willmann/Ullstein: Seite 153.

DAS SOMMERSCHLOSS SANSSOUCI
Text von Heidi Böcker

Heidi Böcker studierte Kunstgeschichte, klassische Archäologie und Italienische Literatur in München, Wien und Florenz. Sie war jahrelang Fremdenführerin in Regensburg und anderen Städten Bayerns und freie Mitarbeiterin des bayerischen Tourismusverbandes.
Marcello Bertinetti/Archiv White Star: Seite 160 oben; AKG Photo: Seite 161 oben, 161 unten; Stiftung Preussische Schlösser und Gärten Berlin-Brandenburg/Bildarchiv: Seite 162 oben links und Mitte, 164 unten, 165 oben rechts, 165 unten; Wojtek Buss: Seite 160 Mitte; Klaus Frahm/Contur: Seite 173 unten links; Cesare Gerolimetto: Seite 166 unten, 167 oben; Brigitte Hiss/Ullstein: Seite 170–171; Frank Ihlow/Ullstein: Seite 166 Mitte oben, 167 unten; Ansgar Koch/Ullstein: Seite 168 unten links; Jurgens Ost+Europa Photos, Berlin: Seite 172 oben links; Andrea Pistolesi: Seite 166 oben, 170 Mitte, 171 oben links, 171 rechts, 172 unten links, 172 oben rechts, 173 oben; Rossenbach/Zefa: Seite 160–161, 166–167, 170 unten links; R. Schmid/Bildarchiv Huber/Sime: Seite 166 Mitte unten, 172–173; Gerd Schnürer/Ullstein: Seite 170 oben; Schulenburg/The Interior Archive: Seite 168 unten rechts; Klaus Frahm: Seite 162 unten, 162 oben rechts, 163, 164–165, 168–169, 169 oben, 169 unten, 173 unten rechts; Lothar Willmann/Ullstein: Seite 160 unten.

SCHLOSS SCHÖNBRUNN
Text von Andrea Affaticati

Andrea Affaticati stammt aus Österreich. Sie arbeitet als freie Journalistin und schreibt regelmäßig Beiträge für verschiedene italienische Zeitschriften. Ihr Schwerpunkt liegt auf kulturgeschichtlichen Themen und Reiseartikeln über Österreich.
Giulio Veggi/Archiv White Star: Seite 177 oben; Archiv Scala: Seite 175 unten rechts; Wojtek Buss: Seite 176 oben; Mary Evans picture library: Seite 175 oben; Photobank: Seite 174 unten, 176–177; J. Fuste Raga/Ag. Marka: Seite 177 unten; The Bridgeman Art Library, London: Seite 175 unten links; Prof. Gerhard Trumler: Seite 174–175, 178 oben, 179 oben und Mitte, 180, 181, 182, 183; Johannes Wagner: Seite 178 unten, 178–179, 179 unten; Hans Wiesenhofer/Ag. Regina Maria Anzenberger: Seite 174 oben; Pawel Wysocki/Hémisphères: Seite 176 unten.

DAS SCHLOSS DER ESTERHÁZY IN FERTÖD
Text von Francesco Guida

Francesco Guida ist Dozent für osteuropäische Geschichte an der TRE-Universität in Rom und Direktoriumsmitglied des Interuniversitären Zentrums für Ungarnstudien in Italien. Er hat bereits zahlreiche Bücher und Aufsätze veröffentlicht.
Manfred Horvath/Ag. Regina Maria Anzenberger: Seite 184 unten rechts; Roger Moulin/Ag. Top: Seite 189 oben rechts; Giovanni Simeone/Sime: Seite 184 Mitte, 184–185; Szépmüvészeti Museum, Budapest: Seite 185 oben rechts; Prof. Gerhard Trumler: Seite 184 oben, 184 unten links, 185 oben links, 185 unten, 186, 187–188, 188–189, 189 links,189 unten rechts.

DIE PRAGER BURG
Text von Frantisek Kadlec

Frantisek Kadlec studierte Geschichte an der Prager Karlsuniversität. Er leitet die Tourismusabteilung der Prager Burg und hat bereits zahlreiche Aufsätze und Bücher über die Prager Burg verfasst, darunter „Die Staatsgemächer der Prager Burg".
Miroslav and Barbara Hucek: Seite 190, 191, 192, 193, 194, 195.

SCHLOSS WILANÓW
Text von Gianfranco Giraudo

Gianfranco Giraudo studierte slawische Sprachen und Literatur an der Universität Venedig. Von 1972 bis 1990 unterrichtete er osteuropäische Geschichte, seit 1990 ist er Professor für slawische Philologie. Er ist Vorsitzender des Italienischen Verbands für Ukrainestudien, Mitglied des Internationalen Verbands der Ukraineforscher und des Italienischen Slawistenverbands. Außerdem gibt er mehrere Fachzeitschriften für Slawistikstudien heraus. Der Historiker und Sprachwissenschaftler hat vier Bücher und zahlreiche Artikel zur slawischen Geschichte und Sprache, Ukrainestudien und eine vergleichende Lexikographie der ostslawischen Sprachen veröffentlicht.
Archivio Scala: Seite 196 oben; Stefano Cellai: Seite 198 oben, 200 oben, 200–201, 201 unten rechts, 201 oben und unten, 204 oben rechts; Stefano Cellai/Sie: Seite 198 Mitte, 203 unten rechts; E.T. Archive: Seite 199 oben; Andrea Pistolesi: Seite 196 unten, 196–197, 197, 198 unten, 202 oben, 204 oben links, 205; R. Schmid/Bildarchiv Huber/Sime: Seite 198–199 Mark E. Smith: Seite 204 Mitte rechts; Prof. Gerhard Trumler: Seite 196 Mitte, 201 unten links, 202 Mitte und unten, 202–203, 203 unten links, 204 unten links, 204 unten rechts

SCHLOSS ROSENBORG
Text von Peter Kristiansen

Peter Kristiansen schloss sein Studium der Architekturgeschichte und Gebäudearchäologie an der Königlichen Akademie Kopenhagen 1988 mit dem Magistertitel ab. Von 1988 bis 1991 arbeitete er als Kurator am Nationalmuseum von Kopenhagen. Seit 1992 ist er Kurator der Königlich Dänischen Sammlungen von Schloss Rosenborg.
Antonio Attini/Archiv White Star: Seite 206 unten rechts, 207 Mitte, 208 oben, 209 rechts, 208–209, 209 unten, 211 unten; E.T. Archiv: Seite 206 oben; Massimo Listri: Seite 210–211, 210 oben und unten, 211 oben rechts; Gèrard Sioen/Rapho: Seiten 206–207, 207 unten; Rosenborg Slot: Seite 207 oben, 211 oben links, 211 Mitte; Angelo Toncini/Focus Team: Seite 206 unten links.

DAS KÖNIGLICHE SCHLOSS IN OSLO
Text von Thomas Thiis-Evensen

Thomas Thiis-Evensen promovierte an der Universität Oslo über Archetypen der Architektur. Zurzeit ist er Dozent für Architekturtheorie und -geschichte an der Hochschule für Architektur in Oslo. Er hat zahlreiche Bücher und Artikel über Architektur veröffentlicht, unter anderem ein Werk über die norwegischen Königsschlösser. Außerdem war er mitverantwortlich für die Sanierungsarbeiten am Königlichen Schloss der norwegischen Hauptstadt.
Jiri Havran: Seite 212, 212–213, 213 unten, 214, 215, 216, 217; Royal Palace, Oslo: Seite 213 oben.

DAS KÖNIGLICHE SCHLOSS VON STOCKHOLM
Text von Gøran Alm

Gøran Alm promovierte über Philosophie und Kunstgeschichte und leitet heute das Presseamt des schwedischen Königshofs. Er hat zahlreiche Bücher über schwedische Kunstgeschichte, besonders des 18. und 19. Jahrhunderts, veröffentlicht, hält häufig Vorträge und tritt in Fernsehsendungen auf.
Stefano Cellai: Seite 218 unten; E.T. Archive: Seite 218 oben; Massimo Listri: Seite 220–221, 221 oben, 222–223; Flavio Pagani: Seite 219 oben links, 222 Mitte; Schulenburg/The Interior Archiv: Seite 220 oben, 222 oben; Vittorio Sciosia/Focus team: Seite 218–219, 222 unten; The Royal Collection, Stockholm: Seite 219 oben rechts, 219 unten, 221 unten, 223 oben und unten.

DER KREML IN MOSKAU
Text von Gianfranco Giraudo

Marcello Bertinetti/Archivio White Star Seite 224 Mitte, 227 oben, 227 Mitte rechts, 229 oben, 236 oben, 236–237, 237 unten; Jürgens Ost–Europa Photo: Seite 224–225, 234 unten; AKG Photo: 225 unten links; Nicolas Rakhmanov/Ag. ANA: Seite 224 oben und unten, 225 unten rechts, 226 oben und unten, 226–227, 227 unten, 228 oben und Mitte, 228–229, 229 unten, 230 oben und Mitte, 230–231, 231 unten, 232 links, 232 oben rechts, 232 unten rechts, 232–233, 234-235, 235 links, 235 rechts, 236 Mitte und unten, 237 unten rechts, 238–239, 239; National Library of Russia, St. Petersburg: 225 oben links.

DIE SCHLOSSANLAGE VON ZARSKOJE SELO
Text von Gianfranco Giraudo

Giulio Veggi/Archiv White Star: Seite 241 unten rechts; Archivio Scala: Seite 240 oben, 241 oben; Benelux Press B.V.: Seite 244–245; Wojtek Buss: Seite 240 Mitte und unten, 240–241, 241 unten links; Carlos Domenech Photography: Seite 243 Mitte rechts, 244 Mitte und unten; Hazar Publishing/The Bridgeman Art Library: Seite 242–243, 243 oben links, 243 unten rechts, 244 oben, 245 oben und unten.

PETERHOF
Text von Claudia Sugliano
Claudia Sugliano war Lektorin für russische Sprache. Heute übersetzt sie russische Texte ins Italienische und veröffentlicht Beiträge über russische Kunst und Kultur in Zeitschriften und Büchern. Sie hat lange Zeit in Russland studiert und gelebt.
Giulio Veggi/Archiv White Star: Seite 252 Mitte unten, 252 rechts; Benelux Press B.V.: Seite 249 unten; Wojtek Buss: Seite 248–249; Carlos Domenech Photography: Seite 246 oben rechts, 248 unten rechts, 251 oben, 251 unten, 252 oben links, 252 Mitte oben, 253; Marco Mairani: Seite 246 Mitte; Photobank: Seite 246–247; Gregor M. Schmid: Seite 246 oben links, 246 unten, 247 unten, 248 oben, 248 unten rechts, 249 oben, 250–251, 252 unten links; Schulenburg/The Interior Archiv: Seite 250 oben; The Bridgeman Art Library, London: Seite 247 oben.

ORIENTALISCHE PALÄSTE
Text von Paola Mortari Vergara Caffarelli
Paola Mortari Vergara Caffarelli lehrt an der Universität Genua. Sie ist die einzige Professorin für ostasiatische Kunst in Italien und leitet Forschungs- und Austauschprogramme mit ausländischen Universitäten. Sie hält Seminare und Vorträge an der Universität Genua und an europäischen sowie asiatischen Instituten. Sie hat an zahlreichen Studienprogrammen in Asien teilgenommen und etwa 80 Artikel und Monographien über die Architektur in Tibet, der Mongolei, China, Korea und Japan veröffentlicht.
Giulio Veggi/Archiv White Star: Seite 256 oben; Marcello Bertinetti/Archiv White Star: Seite 255 rechts; Massimo Borchi/Archiv White Star: Seite 256 unten links; Christophe Boisvieux: Seite 257 oben links; Giovanni Dagli Orti: Seite 256–257; Ag. Double's: Seite 257 oben rechts; Flavio Pagani: Seiten 254–255; Photobank: Seite 255 oben links; Günther Thöni/Ag. Regina Maria Anzenberger: Seite 254 oben rechts.

DER TOPKAPI-PALAST
Text von Giuseppe Mazzochi
Giulio Veggi/Archiv White Star: Seite 258–259, 261 oben; Cem Akkan/Ag. Regina Maria Anzenbeger: Seite 262 unten, 262–263; Christophe Boisvieux: Seite 260 oben, 266 unten links; Marco Casiraghi: Seite 262 oben und Mitte, 263 oben, 267 Mitte; Giovanni Dagli Orti: Seite 259 unten, 261 unten links, 264–265; Ag. Double's: Seite 258 oben rechts; Namikawa Foundation, Shimane: Seite 264 oben, 264 unten, 265 oben, 265 unten; A.W.C. Images/Sie: Seite 258 unten; Andrea Pistolesi: Seite 260 unten, 260–261, 266 unten rechts, 267 oben und unten; Agenzia Luisa Ricciarini: Seite 259 oben; R. Schmid/Huber/Sime: Seite 261 unten rechts; Angelo Tondini/Focus Team: 266–267.

DIE FESTUNG VON AMBER
Text von Marilia Albanese
Marilia Albanese unterrichtet indische Sprache an der Schule für orientalische Sprachen und Kulturen in Mailand, die sie selbst leitet. Außerdem steht sie der lombardischen Abteilung des Italienischen Instituts für Afrika und den Fernen Osten in Mailand vor und hat zahlreiche Bücher und Aufsätze veröffentlicht.
Christophe Boisvieux: Seite 270 unten; Thomas Dix: Seite 268 oben rechts, 268–269, 269 oben rechts, 270–271, 271 oben und unten, 272, 272–273, 273 unten; Patrick Frilet/Hémisphères: Seite 270 oben; Laurent Giraudon/Ag. Regina Maria Anzenberger: Seite 268 unten links, 269 unten; Alain Petit/Ag. Top: Seite 271 Mitte; Photobank: Seite 269 oben links; Henri Stierlin: Seite 273 oben; Alberto Zabert/Realy Easy Star: Seite 268 Mitte links.

DAS ROTE FORT VON DELHI
Text von Marilia Albanese
Marcello Bertinetti/Archiv White Star: Seite 274 Mitte; Massimo Borchi/Archiv White Star: Seite 275 oben links, 278–279, 279 oben und Mitte; Christophe Boisvieux: Seite 277 oben links, 276–277, 278 unten links; Thomas Dix: Seite 274–275, 276 oben, 277 unten links, 277 unten rechts, 278 oben, 279 unten; Michel Dortes: Seite 274 oben rechts, 274 unten links, 277 oben rechts; Index, Firenze: Seite 274 unten rechts; Henri Stierlin: Seite 278 unten rechts; Angelo Tondini/Focus Team: Seite 275 oben rechts.

DIE VERBOTENE STADT
Text von Guido Samarani
Guido Samarani ist Dozent für chinesische Geschichte am Fachbereich für ostasiatische Studien und hält Graduiertenseminare für orientalische Sprachen und Kulturen an der Fakultät für außeritalienische Sprachen und Literatur der Ca'Foscari-Universität Venedig. Er hat bereits mehrere Bücher zur chinesischen Geschichte verfasst und Aufsätze in historischen und sinologischen Fachzeitschriften im In- und Ausland veröffentlicht.
Marcello Bertinetti/Archiv White Star: Seite 280 oben rechts, 280 Mitte, 280–281, 281 oben rechts, 282–283, 282 unten, 283 rechts, 284 oben, 285 unten links und rechs, 286 oben und unten, 287 oben, 288 oben und Mitte, 288-289, 289 oben, 289 unten links, 290–291, 290 unten, 291 unten links, 291 oben und Mitte; AKG photo: Seite 280 unten, 281 oben links; B & U: Seite 283 Mitte links; Wojtek Buss: Seite 282 oben rechts, 286-287, 291 rechts; Flavio Pagani: Seite 282 oben links, 289 unten rechts; Photobank: Seite 284 unten, 284–285, 287 unten; The Bridgeman Art Library, London: Seite 281 unten.

DER KÖNIGSPALAST VON BANGKOK
Text von Fiorella Rispoli
Fiorella Rispoli ist stellvertretende Direktorin des italienisch-thailändischen Lopburi-Regionalarchitektur-Projekts. Die Archäologin und Keramikexpertin arbeitet überdies am thailändisch-amerikanischen Thailand-Archaeometalurgy Project mit und engagiert sich für das IsIAO Asienzentrum für Archäologische Studien und Forschung und das Nationalmuseum für orientalische Künste in Rom. Von ihr stammen zahlreiche wissenschaftliche Aufsätze zur südostasiatischen Archäologie.
Marcello Bertinetti/Archiv White Star: Seite 299 oben rechts, 300 oben links, 300 oben rechts; Photobank: Seite 292, 293, 294, 295, 296, 297, 298, 298–299, 299 oben links, 300 Mitte links und unten, 300 unten rechts, 301.

Diese Aufnahme zeigt die Gartenfassade von Schloss Sanssouci bei Potsdam.